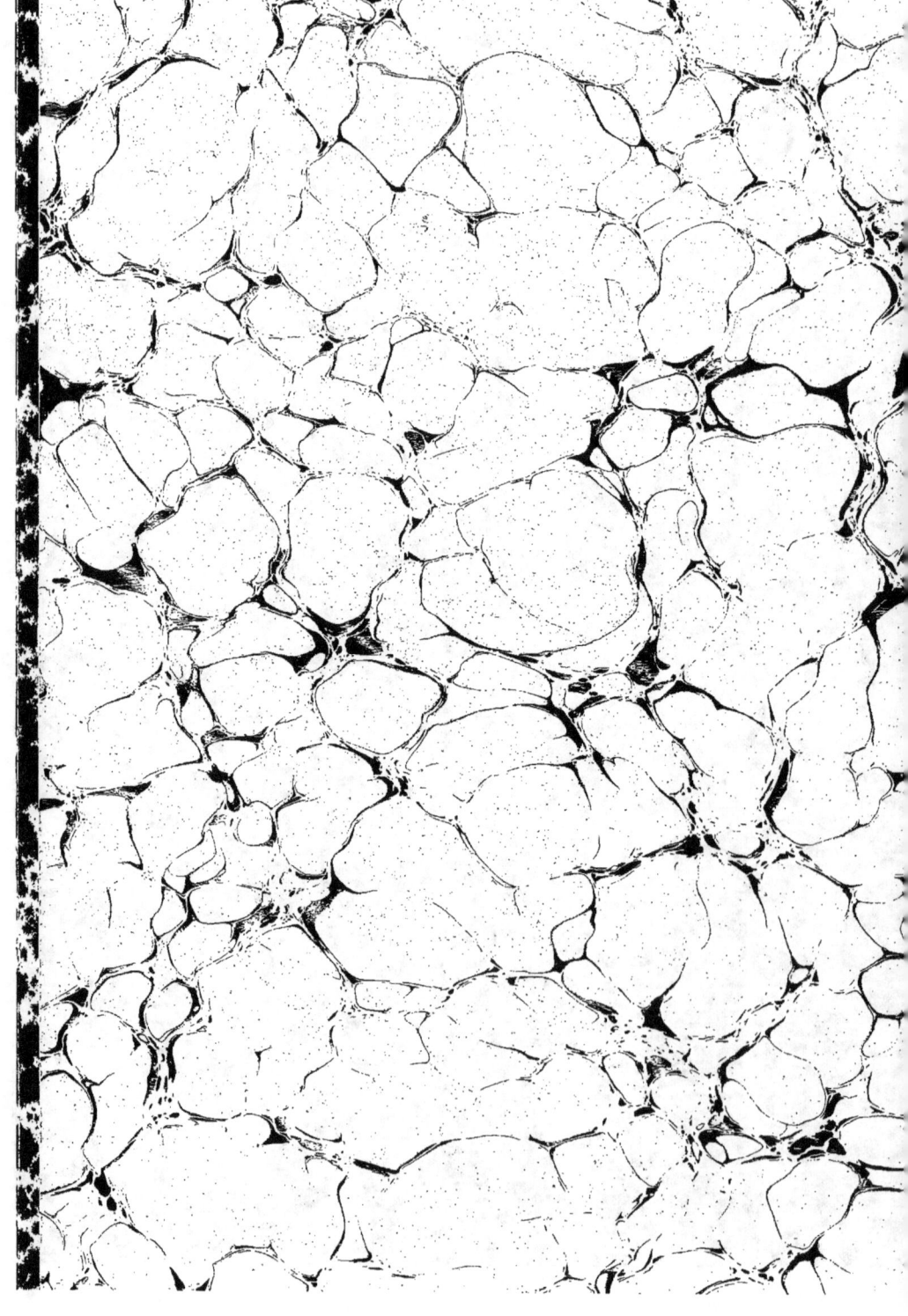

MÉMOIRES
DU
CARDINAL DE RICHELIEU

PUBLIÉS
D'APRÈS LES MANUSCRITS ORIGINAUX
POUR LA SOCIÉTÉ DE L'HISTOIRE DE FRANCE
SOUS LES AUSPICES DE
L'ACADÉMIE FRANÇAISE

TOME PREMIER

(1600-1615)

A PARIS
LIBRAIRIE RENOUARD
H. LAURENS, SUCCESSEUR
LIBRAIRE DE LA SOCIÉTÉ DE L'HISTOIRE DE FRANCE
RUE DE TOURNON, N° 6

M DCCCC VII

Exercice 1907
3ᵉ volume.

MÉMOIRES
DU
CARDINAL DE RICHELIEU

IMPRIMERIE DAUPELEY-GOUVERNEUR

A NOGENT-LE-ROTROU.

MÉMOIRES

DU

CARDINAL DE RICHELIEU

PUBLIÉS

D'APRÈS LES MANUSCRITS ORIGINAUX

POUR LA SOCIÉTÉ DE L'HISTOIRE DE FRANCE

SOUS LES AUSPICES DE

L'ACADÉMIE FRANÇAISE

A PARIS
LIBRAIRIE RENOUARD
H. LAURENS, SUCCESSEUR
LIBRAIRE DE LA SOCIÉTÉ DE L'HISTOIRE DE FRANCE
RUE DE TOURNON, N° 6

MÉMOIRES

DU

CARDINAL DE RICHELIEU

TOME PREMIER

(1600-1615)

PUBLIÉ SOUS LA DIRECTION DE

MM. Jules LAIR et le Baron DE COURCEL

MEMBRES DE L'INSTITUT

PAR

Le Comte HORRIC DE BEAUCAIRE

AVEC LA COLLABORATION DE

Fr. BRUEL

M DCCCC VII

EXTRAIT DU RÈGLEMENT.

Art. 14. — Le Conseil désigne les ouvrages à publier, et choisit les personnes les plus capables d'en préparer et d'en suivre la publication.

Il nomme, pour chaque ouvrage à publier, un Commissaire responsable, chargé d'en surveiller l'exécution.

Le nom de l'éditeur sera placé en tête de chaque volume.

Aucun volume ne pourra paraître sous le nom de la Société sans l'autorisation du Conseil, et s'il n'est accompagné d'une déclaration du Commissaire responsable, portant que le travail lui a paru mériter d'être publié.

---

*Le Directeur de la publication soussigné déclare que le tome I*er *des* Mémoires du Cardinal de Richelieu, *préparé par* MM. le Comte Horric de Beaucaire et Fr. Bruel, *lui a paru digne d'être publié par la* Société de l'Histoire de France.

Fait à Paris, le 10 mai 1908.

Signé : Alph. DE COURCEL.

Certifié :

Le Secrétaire de la Société de l'Histoire de France,

NOËL VALOIS.

*

AVANT-PROPOS

Il semble qu'une impression de grandeur mêlée de mystère domine notre esprit dès qu'il est question des *Mémoires de Richelieu*. L'imposante figure du Cardinal, bien qu'elle se dessine en traits précis devant nos yeux, n'a pas cessé de nous inquiéter, comme si la crainte révérencielle qu'elle inspirait à ses contemporains n'était pas entièrement dissipée. L'homme à la volonté impitoyable qui, par des moyens connus de lui seul, a su accomplir au bénéfice de la France de si grandes choses, qui a porté si haut le sentiment des traditions et des destinées de notre peuple, et dont on peut dire que, s'il n'avait existé, la France d'aujourd'hui ne serait pas, demeure pour nous un objet tout ensemble d'admiration et de trouble. Son image pique notre curiosité plus qu'elle ne la satisfait. Sa sombre pourpre nous attire et nous éloigne. Nous n'en distinguons pas les dessous, qui recèlent tant de secrets, dont quelques-uns terribles. A-t-il soulevé lui-même, pour la postérité, un pan de sa robe couleur de feu et de sang? A-t-il livré la clef de son ambition hautaine et de tant d'actions tragiques?

Notre temps, plus qu'aucun autre peut-être, a le goût des Mémoires. Mais il y cherche volontiers l'amusement ou les émotions du roman plutôt que l'exacte vérité; les faits l'intéressent moins que la psychologie; il se plaît aux indiscrétions, aux révélations piquantes sur les personnes; trop souvent il préfère les historiettes à l'histoire. On ne trouvera guère ce genre d'attrait dans les *Mémoires du cardinal de*

Richelieu. Le drame de l'histoire s'y déroule sous la forme la plus sévère. Assurément, la puissante personnalité du Cardinal s'en dégage; mais il faut de la réflexion pour la reconnaître et l'apprécier. La succession des événements auxquels il a été mêlé, soit comme témoin, soit comme acteur, y est exposée simplement et sans artifice littéraire, et cependant avec une fermeté de style et de pensée où se marque la griffe du lion.

Ce n'est pas à dire que la rédaction des Mémoires, tels qu'ils nous sont parvenus, soit entièrement de la main de Richelieu. Sans doute il a beaucoup écrit, depuis les ouvrages théologiques publiés au début de sa carrière; il aimait les lettres, et toute sa vie il a été grand travailleur. Mais, après son entrée au ministère, les affaires dont il était chargé prirent dans sa vie une place de plus en plus considérable, les responsabilités devinrent écrasantes, et sa santé même y succomba. Le souci de ses grandes entreprises, la nécessité de défendre sa position, les complots, les menaces dont il vivait entouré ne lui laissaient pas le loisir de rédiger avec complaisance, d'une plume ingénieuse, les souvenirs de son existence mouvementée. Il ne semble pas qu'il ait songé à composer par agrément, et pour obéir à un penchant naturel, comme beaucoup de personnages, illustres ou obscurs de leur vivant, qui se sont complu à raconter ce qu'ils ont fait ou ce qu'ils ont vu, des Mémoires proprement dits, ni que cette appellation, adoptée par les éditeurs à une date relativement récente, corresponde exactement à ses intentions. Richelieu était avant tout un homme d'action; la plupart de ses écrits, à commencer par sa vaste correspondance, sont des actes. Ce qu'on est convenu d'appeler ses Mémoires échappe-t-il à cette définition? Quel but pratique et positif s'est-il proposé lorsqu'il a entrepris cette œuvre? On s'en rendrait mieux compte peut-être si elle n'était demeurée inachevée, si elle avait pu recevoir sa forme définitive.

Le Cardinal paraît avoir conçu de bonne heure le dessein d'écrire, d'après sa connaissance des faits et à l'aide des documents à sa disposition, une Histoire de Louis XIII, en la rattachant à celle de la reine Marie de Médicis. Le titre d'*Histoire de la Mère et du Fils*, sous lequel la première partie des Mémoires fut publiée au xviiie siècle par les éditeurs d'un manuscrit qui avait appartenu à Mézeray, est-il dû à une indication provenant de Richelieu lui-même, ou bien fut-on guidé pour le choisir par ce qu'on croyait savoir de ses projets? C'est ce qu'il est difficile de démêler aujourd'hui.

En tout cas, il est certain que, pendant le cours de sa vie publique, Richelieu ne perdit pas de vue son dessein. Il est probable que sa pensée première prit plus de développement à mesure que s'affermissait son pouvoir et que l'histoire du règne de Louis XIII tendait davantage à se confondre avec celle de son propre ministère. Peut-être même, en se développant, sa pensée subit-elle quelques transformations. Ce qui avait pu être conçu d'abord comme une glorification du Roi son maître, un titre à la faveur royale, un hommage de reconnaissance envers la royauté, tant pour les bienfaits conférés à ses ancêtres et à ses plus proches parents, serviteurs fidèles et familiers de la cour, que pour l'appui déjà accordé à ses débuts, devait assez naturellement se présenter à son esprit, tandis que croissait son importance, que grandissaient le nombre de ses envieux et la brigue de ses rivaux, comme une arme de combat et un moyen de justification personnelle.

L'admiration qu'il manifeste, dès les premières pages des Mémoires, pour celui qu'il n'appelle jamais autrement que

« le Grand Henry », les louanges qu'il donne à sa sagacité, à son bon sens, à sa connaissance des hommes, à son vrai esprit de gouvernement, témoignent des sentiments qui l'inspiraient lorsqu'il mit la main à la plume, avant, sans doute, qu'il ne se sût destiné à reprendre la grande œuvre française ébauchée par le monarque habile autant que vaillant, père de son roi et mari de la reine-mère. Plus tard, lorsque Richelieu se trouva porté sur le devant de la scène et que l'ampleur de son rôle obscurcit tout le reste, les conditions même matérielles de la rédaction des Mémoires furent sensiblement modifiées. Si la complication des affaires lui ôtait la liberté de consacrer son temps et son attention à des efforts qui n'auraient pas une utilité immédiate ou prochaine, si la masse des documents, la multiplicité et l'entre-croisement des pièces à consulter augmentaient la difficulté d'une composition claire et bien ordonnée, d'autre part, le nombre et la valeur des auxiliaires réunis autour de lui, graduellement formés à l'intelligence de ses idées et de ses préoccupations, aux habitudes même de son labeur quotidien, lui offraient un secours précieux, non seulement pour le classement méthodique de ses papiers, mais pour la mise en œuvre, sous divers points de vue et à des degrés divers, des matériaux créés, accumulés par sa merveilleuse activité. Ces utiles collaborateurs, dressés à l'expédition des affaires publiques, stylés à tenir avec exactitude les journaux des lettres envoyées ou reçues, à les réunir en dossiers, à en tirer la substance des notes ou mémoires que les convenances de l'heure pouvaient réclamer, se trouvaient ainsi très bien préparés pour prêter leur concours à une autobiographie de Richelieu, soit que la récapitulation des événements et de la part qu'il y avait prise dût lui servir à lui-même d'instrument de travail, soit qu'il lui convînt de construire un arsenal de faits et d'arguments pour la confusion de ses adversaires et l'encouragement de ses partisans, soit enfin qu'il se proposât d'élever pour l'édification de la postérité un monument de sa gloire, liée à celle du souverain qu'il servait.

On peut sans invraisemblance attribuer à ces différents courants d'idées la confection des Mémoires, tels qu'ils nous sont parvenus, en partie tracés de sa main ou bien écrits sous sa dictée, en partie résultat d'un travail de compilation administrative et de rédaction anonyme, inspiré et dirigé par lui, souvent revu, corrigé, pressé dans le moule sévère de sa pensée. Personne assurément n'imaginera que la valeur intrinsèque de l'ouvrage ou le mérite personnel de l'auteur soient diminués par une collaboration ainsi comprise. Il n'en est pas moins intéressant d'éclaircir, autant que cela est possible, les secrets de fabrication d'une telle œuvre, de découvrir le nom et la part de travail des ouvriers de choix qui, sous l'œil et l'impulsion du maître, ont prêté la main à la réalisation de son plan, de fouiller les matériaux encore épars d'une construction que la maladie et la mort ont interrompue, afin d'y surprendre, aussi loin qu'il est permis de les suivre, les traces d'une pensée de Richelieu.

Notre génération, condamnée à se consoler des amertumes de la défaite et de la constante souffrance du démembrement par la contemplation de l'antique honneur de la France, porte dans l'étude des problèmes historiques une curiosité plus avivée que celle de ses devanciers, avec un souci d'exactitude plus minutieux. Les anciennes éditions des *Mémoires de Richelieu*, publiées sans beaucoup de préoccupations critiques, ne pouvaient lui suffire. Par une prédilection assez naturelle, son attention s'est tournée vers le grand homme d'État qui apparaît, dans notre histoire, comme une si haute vision de Réparateur. A le regarder, elle sent renaître l'espoir, prenant conscience que la suite de nos annales, après des désastres périodiques, présente une suite de résurrections. N'est-ce pas Richelieu qui a tiré notre pays du désordre et de l'abaissement où trois quarts de siècle de dissensions civiles et religieuses l'avaient plongé, pour le replacer victorieux en bon rang parmi les nations de l'Europe? Bien plus, n'est-ce pas lui qui, poursuivant sur nos frontières l'œuvre d'une succession de rois obstinés à croire à l'étoile de la France, après les longs malheurs causés par l'effondrement du xe siècle, s'est vu près de restaurer la grandeur carlovingienne? qui a vengé l'injure faite à la patrie par le mariage funeste de Marie de Bourgogne, affranchi les États teutoniques eux-mêmes de l'oppression exercée par la Maison d'Autriche et préparé, entre l'Allemagne et nous, le rétablissement de rapports communs, fondés, non sur le préjugé haineux des langues, mais sur le respect dû à la géographie, c'est-à-dire à la nature des choses, conformes d'ailleurs aux droits et aux souvenirs de l'histoire?

Une réédition des *Mémoires de Richelieu* devait donc être aujourd'hui une entreprise populaire. Ce n'est que justice de faire remonter aux études si intéressantes, si personnelles, si vivantes de M. Hanotaux sur les origines du Cardinal le mérite de ce mouvement des esprits. Lorsque M. Hanotaux, après avoir raconté la jeunesse de Richelieu et éclairé d'une lumière toute nouvelle le milieu de famille d'où il était sorti, devint lui-même son successeur à la tête de la politique extérieure de la France, un des plus distingués parmi les sous-directeurs du ministère des Affaires étrangères, M. le comte Horric de Beaucaire, eut l'impression juste que le moment était venu de mettre à la portée du public une nouvelle édition des célèbres Mémoires, plus complète et mieux étudiée que les précédentes. Il était assuré de pouvoir compter sur la bienveillance et sur le puissant appui de son chef pour que l'exécution matérielle de ce travail lui fût facilitée. Toutefois, il ne tarda pas à constater lui-même que la tâche était au-dessus des forces d'un seul, et que les recherches nécessaires à la réalisation du programme, s'il devait être convenablement rempli, exigeraient, de la part de ceux qui les entreprendraient, outre une compétence spéciale et une science très sûre, un labeur de plusieurs années. Obéissant à d'aussi honorables scrupules, M. de Beaucaire pensa alors à invoquer l'aide et la haute direction scientifique de la Société de l'Histoire de France, à laquelle il s'offrit comme collaborateur ; en même temps, il lui fit part de ses premiers travaux personnels. Ces démarches remontent à l'année 1898.

La Société de l'Histoire de France reconnut sans hésiter l'opportunité des projets de M. de Beaucaire ; mais il lui aurait été malaisé de les adopter tout d'abord, car ses moyens d'action se trouvaient escomptés déjà pour d'autres publications. Bientôt cependant l'Académie française, avertie par M. Hanotaux, se montrait sensible à l'importance de l'hommage qu'il s'agissait de rendre à son illustre Fondateur et désireuse d'y contribuer. Sur son initiative, les autres classes de l'Institut de France examinèrent le projet d'une édition nouvelle des *Mémoires de Richelieu*, s'y déclarèrent favorables, et, d'accord avec elle, décidèrent d'en confier l'exécution à la Société de l'Histoire de France, à laquelle l'Institut tout entier vota, en 1903 et 1904, sur les fonds dont il pouvait disposer, deux subventions de dix et de cinq mille francs.

La Société, pour l'accomplissement du mandat qui lui était confié, et dont elle sentait le poids non moins que l'honneur, a cru devoir remettre à l'un de ses membres, sous l'autorité et le contrôle de son Comité de publication, le soin de diriger l'édition nouvelle des Mémoires. M. Jules Lair, de l'Académie des inscriptions et belles-lettres, lui était désigné par l'étendue de sa science, son infatigable ardeur, et les beaux travaux historiques qui ont illustré son nom. Il s'est mis immédiatement à l'œuvre, et, dès le 5 janvier 1904, il était en mesure d'adresser à M. Léopold Delisle, président du Comité de publication, un premier rapport, suivi de deux autres à quelques mois d'intervalle, sur les principes qui devaient présider à la publication projetée.

M. Lair a bien vu, et il n'a pas eu de peine à établir que l'édition en préparation devait être essentiellement une édition critique, visant à la fixation d'un texte définitif, correct et conforme aux manuscrits; indiquant, lorsqu'il y aurait lieu, les rédactions successives et par conséquent les modifications apportées au texte primitif par le « Secrétaire des Mémoires » ou par Richelieu lui-même; faisant enfin connaître les documents originaux qui ont servi de sources pour la rédaction et dont des fragments importants sont presque constamment intercalés dans le texte des Mémoires.

Aller au delà serait s'exposer à manquer le but. Il ne saurait donc être question de contrôler, d'expliquer ou de discuter les faits rapportés par l'auteur des Mémoires, de rapprocher ses récits de la version d'autres historiens, d'étudier la valeur relative des uns et de l'autre, d'accompagner en un mot notre texte d'une suite de commentaires historiques sur les événements ou sur les personnes. Les notes seront réduites aux indications strictement nécessaires pour éclairer le texte et en faciliter la lecture.

Telles sont les règles qu'avec une remarquable précision

de vues, sous l'approbation du Comité de publication de la Société, M. Lair a établies pour la présente édition des *Mémoires de Richelieu*. On se propose de suivre fidèlement, dans la suite de cet ouvrage, les avis d'un guide si sûr.

D'autre part, avant de livrer au public notre premier volume, M. Lair a bien vu que toute une série de travaux préparatoires et d'études préliminaires seraient indispensables pour éclairer les sources et le mode de composition des Mémoires, identifier les noms et déterminer la part de coopération des auxiliaires du Cardinal. Grâce au zèle et au flair scientifique d'un groupe de collaborateurs de choix, rassemblés autour de M. Lair, de précieuses découvertes ont été faites; d'ingénieux rapprochements ont amené des constatations non moins probantes qu'inattendues, et un jour nouveau a été répandu sur l'atelier d'où les Mémoires sont sortis. Les notes rédigées par MM. Robert Lavollée, François Bruel, Gabriel de Mun, Léon Lecestre forment un recueil de prolégomènes dont la connaissance est nécessaire pour nous orienter dans le travail de Richelieu, et qui sont la meilleure introduction à ses Mémoires.

D'autres études semblables seront désirables encore, on doit le prévoir, pour la continuation de notre publication. Hélas! celui qui devait les inspirer et les conduire n'est plus. Jules Lair a succombé à un mal sans rémission, emportant dans la tombe l'unanime regret de ceux qui ont connu son autorité indiscutée et si douce, sa foi de savant et de patriote, son cœur ardent au travail comme à l'amitié. Il a disparu, mais son nom reste gravé en caractères durables au frontispice des *Mémoires de Richelieu*.

Alph. DE COURCEL.

MÉMOIRES

DU

CARDINAL DE RICHELIEU

ANNÉES 1600-1610[1].

En l'an 1600, le grand Henri, qui étoit digne de vivre autant que sa gloire, ayant affermi sa couronne sur sa tête, calmé son État, acquis par son sang la paix et le repos de ses sujets, vaincu par les vœux de la France et par la considération du bien de son peuple qui pouvoit tout sur lui, se résolut, chargé de victoires, de se vaincre soi-même sous les lois du mariage, pour avoir lieu de laisser à cet État des héritiers de sa couronne et de sa vertu.

---

1. La partie des Mémoires de Richelieu qui s'étend de 1600 à 1619 est connue, depuis 1730, sous le titre d'*Histoire de la mère et du fils*, par l'édition qui en fut faite à cette époque, en un volume in-4°, d'après une copie exécutée au xvıı^e siècle pour l'historiographe Eudes de Mézeray. Les manuscrits qu'on connaît de cette première partie et qui ont servi à l'établissement du présent texte sont au nombre de trois : le manuscrit du Dépôt des Affaires étrangères portant la cote France 49-56, qui provient du cabinet du Cardinal et qui sera désigné dans les notes par la lettre B; le manuscrit de la Bibliothèque nationale, fonds Français 20795, qui a appartenu à Mézeray, et qu'on

Pour cet effet, il jette les yeux sur toute l'Europe pour chercher une digne compagne de sa gloire, et, après en avoir fait le circuit, sans omettre aucune partie où il pût trouver l'accomplissement de ses désirs, il s'arrête à Florence, qui contenoit un sujet digne de borner le cours de sa recherche.

désignera par la lettre M; enfin, un manuscrit qui n'est qu'une copie du précédent et que possède M. Hanotaux; on le représentera par la lettre H. — Le texte du manuscrit de Mézeray (M) est précédé du titre suivant : HISTOIRE DE LA MÈRE ET DU FILS, DE MARIE DE MÉDICIS, FEMME DU GRAND HENRI, ET DE LOUIS XIIIe DE CE NOM; et ce titre fut reproduit en tête des éditions successives qu'on en donna au xviiie siècle, sous le nom de Mézeray, avec la variante suivante : *Histoire de la mère et du fils, c'est-à-dire de Marie de Médicis, femme du grand Henri et mère de Louis XIII, roi de France et de Navarre.* Il a semblé impossible de conserver ce titre en tête des Mémoires du Cardinal; car, d'une part, il paraîtrait s'appliquer à leur ensemble, ce qui ne serait pas exact, et, d'autre part, on ne peut dire qu'il ait été choisi par Richelieu lui-même, puisque le manuscrit B des Affaires étrangères, manuscrit du cabinet du Cardinal, présente une lacune pour ses premiers feuillets. — De même, on n'a pas cru devoir reproduire en tête de ces dix premières années le sous-titre et le sommaire suivants que nous ont conservés les manuscrits M et H : *Premier livre, qui contient succinctement ce qui doit être remarqué en la vie du grand Henri sur le sujet de la Reine sa femme et du Roi.* En effet, les divers manuscrits des Mémoires ne donnent qu'une division par années, et non par livres, si ce n'est pour cette narration récapitulative de 1600 à 1610. Cependant il faut noter que l'on trouvera dans le texte des Mémoires des phrases de ce genre : « comme il a été dit au livre précédent »; mais ce n'est là sans doute qu'une façon de parler. — Pour plus de détails sur le titre des *Mémoires*, on pourra se reporter au travail que M. François Bruel a inséré sur ce sujet dans le troisième fascicule des *Rapports et notices sur l'édition des Mémoires du cardinal de Richelieu préparée par la Société* (1906).

Il est touché de la réputation d'une princesse qui étoit en ce lieu, princesse petite-fille de l'Empereur à cause de sa mère, et, à raison de son père, sortie d'une maison qui a presque autant d'hommes illustres que de princes[1].

Cette princesse, en la fleur de ses ans, faisoit voir en elle les fruits les plus mûrs de sa vertu, et il sembloit que Dieu l'eût rendue si accomplie, que l'art, qui porte envie à la nature, eût eu peine à beaucoup ajouter à son ouvrage.

L'amour étant impatient, ce grand prince envoie promptement offrir sa couronne à cette princesse, et Dieu, qui ordonne souvent les mariages au ciel avant qu'on en ait connoissance en terre, fait que, bien qu'elle eût refusé la couronne impériale[2], elle accepte avec contentement celle qui lui étoit présentée, faisant voir par cette action qu'il faut avoir plus d'égard au mérite qu'à la qualité des personnes, et qu'une dignité inférieure, en un prince de singulière recommandation, surpasse la plus grande du monde en un sujet de moindre prix.

Le traité de ce mariage n'est pas plus tôt commencé

---

1. Marie de Médicis, née le 26 avril 1573 à Florence, morte à Cologne le 3 juillet 1642, fille de François-Marie de Médicis, grand-duc de Toscane, et de Jeanne d'Autriche; elle était, par sa mère, petite-fille de l'empereur Ferdinand Ier.
2. Une notice manuscrite sur Léonora Galigaï qui a fourni plusieurs pages aux *Mémoires* et qui se trouve au Dépôt des Affaires étrangères (fonds France, vol. 771, fol. 95) dit : « L'Empereur, les rois de France et d'Espagne, les ducs de Bavière et de Savoie, et Ranucio, fils aîné d'Alexandre, prince de Parme, déclarèrent en divers temps les sentiments qu'ils avoient pour cette beauté toscane. »

par le sieur de Sillery[1], qui depuis a été chancelier de France, qu'il se conclut et s'accomplit à Florence en vertu de la procuration du Roi portée au Grand-Duc[2] par le duc de Bellegarde[3], le tout avec des magnificences dignes de ceux entre qui il se contracte.

Le passage de cette grande princesse se prépare; elle part du lieu de sa naissance; elle s'embarque. La mer et les vents lui sont contraires; mais son courage, sa fortune et son bonheur sont plus forts.

Elle arrive à Marseille[4], qui lui fait connoître que les cœurs des François lui sont aussi ouverts que les portes de la France.

Aux instantes prières de celui qui l'attend avec impatience, sans s'arrêter en ce lieu, elle passe outre

---

1. Nicolas Brûlart, marquis de Sillery (1544-1624), conseiller, puis président à mortier au parlement de Paris. Successivement ambassadeur vers les Suisses et Grisons en 1589, 1593 et 1602, plénipotentiaire pour la paix de Vervins en 1599, député en Italie la même année, il négocia à la cour pontificale le divorce d'Henri IV avec Marguerite de Valois, et, à la cour de Florence, son mariage avec Marie de Médicis. Garde des sceaux en décembre 1604, chancelier en septembre 1607, il mourut en 1624 dans cette charge, dont Concini l'avait destitué en mai 1616, mais qu'il avait recouvrée en janvier 1623.

2. Ferdinand Ier de Médicis, grand-duc de Toscane, qui avait succédé en 1587 à son frère aîné François-Marie, père de Marie de Médicis, épousa cette dernière par procuration à Florence, le 6 octobre 1600, au nom de Henri IV.

3. Roger de Saint-Lary, baron de Termes (1563-1646), duc de Bellegarde, gouverneur de Bourgogne et de Bresse, grand écuyer de France. La terre de Bellegarde n'ayant été érigée en duché qu'en 1620, la qualification de duc ici donnée à M. de Saint-Lary est une première preuve que la rédaction de cette partie des *Mémoires* n'est pas antérieure à cette date.

4. Le vendredi 3 novembre 1600.

pour aller à Lyon[1], où ce grand prince, vrai lion en guerre et agneau en paix[2], la reçoit avec une joie incroyable et des témoignages d'amour correspondant à ceux du respect qu'elle lui rendoit.

D'abord, il tâche de la voir sans être connu d'elle[3] : à cette fin, il paroît dans la foule[4]; mais, bien que d'ordinaire[5] ce qui se loge au cœur y prenne entrée par les yeux, l'amour que le ciel lui avoit mis au cœur pour ce grand prince le fit discerner à ses yeux.

Dieu, vrai auteur de ce mariage[6], unit leurs cœurs de telle sorte, que d'abord ils vécurent avec autant de liberté et de franchise que s'ils eussent été toute leur vie ensemble.

Toute la cour n'ouvre les yeux que pour la voir et l'admirer, et ne se sert de sa langue que pour louer et publier la France heureuse par celle qu'on prévoyoit y apporter toutes bénédictions.

La paix[7] qui fut faite au même temps avec le duc

1. Elle y arriva le 3 décembre 1600.
2. Dans le manuscrit H, les huit derniers mots ont été biffés.
3. « Quand le Roi arriva, la Reine étoit à son souper, et, la voulant voir et considérer à table sans être connu, il entra jusques en la sallette, qui étoit fort pleine, tant de gentilshommes servants que de quelques autres; mais il n'y eut pas plus tôt mis le pied, qu'il fut reconnu de ceux qui étoient plus près de la porte; ils se fendirent pour lui donner passage; ce qui fit que S. M. sortit à l'instant sans entrer plus avant. » (Palma Cayet, *Chronologie septenaire*, éd. Michaud, p. 123.)
4. *Var.* : Il paroît en foule (M, H).
5. *Var.* : Mais que d'ordinaire (M, H).
6. Célébré à Lyon les samedi 9 et dimanche 10 décembre 1600, d'après L'Estoile, mais en réalité le dimanche suivant 17 décembre (Relation du *Mercure françois*, t. I, fol. 190-192).
7. Le traité de Lyon, signé le 17 janvier 1601.

de Savoie[1] fut reçue comme prémices du bonheur qu'elle apportoit avec elle.

Elle vint[2] à Paris, cœur de ce grand royaume, qui lui offre le sien pour hommage.

Dans la première année de son arrivée en France, Dieu, bénissant son mariage, lui donna un dauphin, non pour signe de tempête, mais, au contraire, pour marque assurée qu'il n'en peut plus venir qui ne soit calmée par sa présence.

Un an après, accouchant d'une fille, elle donne lieu à la France de se fortifier par alliance.

Ensuite, Dieu voulant donner de chaque sexe autant de princes et princesses à ce royaume qu'il a de fleurs de lys, il lui donna trois fils et trois filles[3].

En diverses occasions, elle reçoit des preuves de l'affection du Roi, qui la contentant en beaucoup d'autres, elle lui rend des témoignages de son amour qu'il satisfait.

Un jour, allant à Saint-Germain avec le Roi, le

---

1. Charles-Emmanuel Ier (1562-1630).
2. *Var.* : Elle vient (H).
3. Les enfants de Henri IV et de Marie de Médicis furent six en tout, et non huit, comme on pourrait le croire d'après les phrases précédentes : 1° Louis XIII, né le 27 septembre 1601 ; 2° Nicolas, duc d'Orléans, né le 16 avril 1607, mort le 17 novembre 1611 ; 3° Jean-Baptiste-Gaston, né le 25 avril 1608, d'abord duc d'Anjou, puis duc d'Orléans après la mort de son frère ; 4° Élisabeth, née le 22 novembre 1602, mariée le 18 octobre 1615 à Philippe IV, roi d'Espagne ; 5° Chrétienne ou Christine, née le 10 février 1606, mariée le 10 février 1619 au prince de Piémont Victor-Amédée ; 6° Henriette-Marie, née le 25 novembre 1609, mariée le 11 mai 1625 à Charles Ier, roi de la Grande-Bretagne.

cocher qui les menoit ayant été si malheureux que de les verser, au passage d'un bac, dans la rivière, du côté de la portière où elle étoit, elle se trouve en si grand péril de sa vie que, si le sieur de la Châtaigneraie[1] ne se fût promptement jeté dans l'eau, du fond de laquelle il la retira par les cheveux, elle se fût noyée. Mais cet accident lui fut extrêmement heureux, en ce qu'il lui donna lieu de faire paroître que les eaux, qui l'avoient presque suffoquée, n'eurent pas la force d'éteindre son affection envers le Roi, dont elle demanda soigneusement des nouvelles au premier instant qu'elle eut de respirer[2].

1. André de Vivonne, baron de la Châtaigneraie, que Marie de Médicis, reconnaissante, gratifia d'un présent de pierreries et d'une pension annuelle, et qu'elle fit plus tard capitaine de ses gardes (*Mercure françois*, t. I, fol. 107 v°); il devint grand fauconnier de France en 1612, après M. de la Vieuville, et mourut en 1616.

2. « La Reine n'eut pas sitôt pris l'air pour respirer, que, jetant un soupir, elle demanda par parole réitérée où étoit le Roi : parole qui montroit qu'il vivoit toujours en sa pensée durant qu'elle mouroit en son péril, que ses flammes conjugales étoient aussi vives dans les eaux que sur la terre, et qu'elle étoit plus troublée du péril de son cher époux que du sien même. » (*Discours sur le malheur que le Roy et la Royne ont failly* (sic) *en passant l'eau au port de Neuilly, le vendredy 9 juin 1606, sur les cinq heures du soir* [par Nervèze, secrétaire de la chambre du Roi]. Paris, A. du Brueil, 1606, in-8°, p. 3.) Ce récit fut reproduit presque textuellement dans le *Mercure françois* (t. I, fol. 106 v° et 107). « Cet accident guérit le Roi d'un grand mal de dents qu'il avoit, dont, le danger étant passé, il s'en gaussa, disant que jamais il n'y avoit trouvé meilleure recette, au reste qu'ils avoient mangé trop de salé à dîner et qu'on les avoit voulu faire boire après... » (*Mémoires-Journaux de P. de l'Estoile*, t. VIII, p. 223.)

Ses premières pensées n'ayant autre but que de lui plaire, elle se fait force pour se rendre patiente en ce en quoi non seulement l'impatience est pardonnable aux femmes les plus retenues, mais bienséante. Les affections de ce grand prince, qui lui étoient dues entières, sont partagées par beaucoup d'autres. Plusieurs esprits malins ou craintifs lui représentent les suites de ce partage périlleuses pour elle; mais, bien qu'on ébranlât la confiance qu'elle a en lui, on ne peut tout à fait la lui faire perdre : sans considérer les accidents qui lui pouvoient arriver de l'excès des passions où souvent le Roi se laissoit transporter, la jalousie lui étoit un mal assez cuisant pour la porter à beaucoup de mauvais conseils qui lui étoient suggérés sur ce sujet.

Elle parle plusieurs fois au Roi pour le détourner de ce qui lui étoit désagréable; elle tâche de l'émouvoir par la considération de sa santé qu'il ruinoit, par celle de sa réputation qui, d'ailleurs, étoit si entière, par celle, enfin, de sa conscience, lui représentant qu'elle souffriroit volontiers ce qui le contente, s'il ne désagréoit à Dieu. Mais toutes ces raisons, si puissantes qu'il n'y en a point au monde qui le puissent être davantage, étoient trop foibles pour retirer ce prince, qui, pour être aveuglé de passions, n'en connoissoit pas le poids.

D'autres fois, elle se sert d'autres moyens : elle proteste qu'elle fera faire affront à ses maîtresses; que, si même la passion qu'elle a pour lui la porte à leur faire ôter la vie, cet excès, pardonnable en tel cas à toute femme qui aime fidèlement son mari, ne sera blâmé en elle de personne; elle lui fait donner divers avis sur ce sujet par des personnes confidentes. Ces moyens, quoique plus foibles que les premiers, font plus d'effet, parce qu'ils tirent leur force des intérêts de ses maîtresses, auxquels il étoit aussi sensible qu'il étoit insensible aux siens.

Il fit une fois sortir de Paris la marquise de Verneuil[1] bien accompagnée, sur un avis qui lui fut donné par Conchine[2] que la Reine s'assuroit de personnes affidées pour lui procurer un mauvais traitement : ce qui, toutefois, n'étoit qu'une feinte, étant certain qu'elle n'avoit dessein, en cette occasion, que de lui faire peur d'un mal qu'elle ne lui vouloit pas faire. Il eut diverses alarmes de pareille nature ; mais elles furent toutes sans effet.

Comme la jalousie rendoit la Reine industrieuse en inventions propres à ses fins, l'excès de la passion du Roi le rendoit si foible en telle occasion, qu'encore qu'il eût bien témoigné en toutes rencontres être prince d'esprit et de grand cœur, il paroissoit dénué de jugement et de force en celle-là[3].

1. Catherine-Henriette de Balzac d'Entraigues, marquise de Verneuil (1579-1633), fille de François de Balzac d'Entraigues, gouverneur d'Orléans, et de Marie Touchet. Henri IV eut d'elle deux enfants : 1° Henri, duc de Verneuil, né en octobre 1601, mort sans postérité en 1682 ; 2° Gabrielle-Angélique, légitimée de France et mariée en 1622 à Bernard de Nogaret, duc d'Épernon, morte en 1627.
2. Concino Concini, fils d'un ministre de Côme de Médicis, vint en France avec Marie de Médicis et fut naturalisé en juillet 1601. Devenu en 1610 marquis d'Ancre en Picardie, premier gentilhomme de la chambre, lieutenant général de Péronne, Roye et Montdidier, puis maréchal de France en 1614, il fut assassiné le 24 avril 1617.
3. *Var.* : Il paroissoit en celle-là [si] dénué de jugement et

En tout autre sujet que celui-ci, le mariage de LL. MM. étoit exempt de division; mais il est vrai que les amours de ce prince et la jalousie de cette princesse, jointe à la fermeté de son esprit, en causèrent de si grandes et si fréquentes entre eux, que, outre que le duc de Sully[1] m'a dit[2] plusieurs fois qu'il ne les avoit jamais vus huit jours sans querelle, il m'a dit aussi qu'une fois, entre autres, l'excès de la colère de la Reine la transporta jusqu'à tel point, étant proche du Roi, que, levant le bras, il eut si grande peur qu'elle passât outre, qu'il le rabattit avec moins de respect qu'il n'eût désiré, et si rudement, qu'elle disoit par après qu'il l'avoit frappée[3] : ce qui n'empêcha pas qu'elle ne se louât de son procédé, au lieu de s'en plaindre, reconnoissant que son soin et sa prévoyance n'avoient pas été inutiles.

de force qu'il étoit susceptible de toute appréhension (M). — Il paroissoit en celle-là dénué de jugement et de force et qui étoit susceptible de toute appréhension (H).

1. Maximilien de Béthune, premier duc de Sully (1559-1641).

2. On remarquera que l'auteur des *Mémoires*, c'est-à-dire le Cardinal, se met lui-même en scène et fait appel à ses souvenirs personnels; nous allons en trouver quelques autres exemples dans ces premières années; mais, par la suite, il ne parlera plus de lui qu'à la troisième personne.

3. Le rédacteur de ce passage a probablement connu le mémoire intitulé : *les Principaux sujets de la mauvaise intelligence d'entre le feu roi Henri IIII et de la Reine mère du Roi* (Bibl. nat., ms. Franç. 3445, fol. 43 ; publié par Mme d'Arconville dans sa *Vie de Marie de Médicis*, t. I, p. 525), qui raconte ainsi les faits : « ... On sait que M. de Sully se trouva présent comme plusieurs fois le Roi et la Reine étant en grand courroux l'un contre l'autre (et ce nécessairement sur les causes de jalousie qu'il avoit d'elle), elle devint si outrée que, levant le bras, elle voulut donner un soufflet au Roi. M. de Sully l'arrêta si rude-

J'ai aussi appris du comte de Gramont[1] qu'une fois, le Roi étant outré des mauvaises humeurs qu'elle avoit sur pareils sujets, après avoir été contraint de la quitter à Paris et s'en aller à Fontainebleau, il envoya vers elle pour lui dire que, si elle ne vouloit vivre plus doucement avec lui et changer sa conduite, il seroit contraint de la renvoyer à Florence avec tout ce qu'elle avoit amené de ce pays, désignant la maréchale d'Ancre[2] et son mari[3].

---

ment, que son bras en demeura meurtri, et, jurant, lui dit : « Êtes-vous folle, Madame ? Il vous peut faire trancher la tête « en demi-heure. Avez-vous perdu le sens en ne considérant « pas ce que peut le Roi ? » qui sortit ; et, après plusieurs allées et venues, il les apaisa, et la Reine, depuis, s'est plainte que le duc de Sully l'avoit frappée. »

1. Antoine de Gramont, fils de Philibert comte de Guiche et de Diane d'Andoins dite « la belle Corisande, » vice-roi de Navarre, gouverneur et maire perpétuel et héréditaire de Bayonne, duc de Gramont par brevet du 13 décembre 1643, mort en août 1644. D'après les *Mémoires du chevalier de Gramont*, son fils, « Henri IV vouloit à toute force le reconnoître, et jamais ce traître d'homme n'y voulut consentir. » D'où la confiance et l'affection que lui témoignait le Roi.

2. Léonora Dori ou Galigaï accompagna Marie de Médicis en France et devint sa dame d'atour, épousa en juillet 1601 son compatriote Concini, dont elle fit la fortune et partagea la ruine. Elle fut décapitée, puis brûlée en place de Grève, le 8 juillet 1617.

3. *Les Principaux sujets de la mauvaise intelligence*, etc., fol. 45 v° et 46, disent : « Et, sur le sujet de l'amour de Fontlebon, qui le suivit après [l'amour du Roi pour la princesse de Condé], il est certain que, comme la Reine faisoit plus la farouche que jamais, disant que, pour le dehors de sa maison, avec grand'peine elle prenoit patience, mais que, pour le dedans, elle mourroit plutôt que de le souffrir : sur quoi elle se résolut de la faire sortir de sa maison et de la cour par le

Et j'ai su de ceux qui avoient en ce temps grande part au maniement des affaires, que l'excès de la mauvaise intelligence qui étoit quelquefois entre LL. MM. étoit venu jusques à tel point, que le Roi leur a dit plusieurs fois qu'il se résoudroit enfin de la prier de vivre en une de ses maisons séparée ; mais la colère fait si souvent dire ce que pour rien du monde on ne voudroit faire, qu'il y a grande apparence que cette passion tiroit ces paroles de sa bouche, bien qu'en effet il n'en eût pas le sentiment au cœur.

Il est difficile de ne croire pas que la Reine fût échauffée en ses jalousies par certaines personnes, qui ne lui donnoient pas seulement mauvais conseil en ce sujet, mais en beaucoup d'autres. Et, de fait, le même duc de Sully, dont elle faisoit grand cas, en ce temps où il étoit considéré comme le plus puissant en l'esprit de son maître, m'a dit qu'un jour elle l'envoya quérir pour lui communiquer une résolution que Conchine lui avoit fait prendre, d'avertir le Roi de certaines personnes de la cour qui lui parloient d'amour [1].

moyen d'un auquel elle se confia, par la voie de la feue marquise de Guercheville, pour faire venir sa mère et lui faire entendre que, si elle n'emmenoit sa fille, elle les ruineroit toutes deux ; ce qu'étant sur l'exécution, le Roi partit de colère et de Paris alla à Fontainebleau, et lui manda par le comte de Gramont que, si elle faisoit partir Fontlebon de la cour, il la feroit sortir aussi et la renvoieroit en Italie avec son Conchine. » Charlotte de Fontlebon, l'une des « filles et damoiselles » de Marie de Médicis, aux appointements de deux cents livres, entra à son service en 1606 et le quitta en 1610. (*État des officiers et domestiques de la maison de la reine Marie de Médicis... depuis le 1er janvier 1601 jusques en 1632 ;* bibl. Sainte-Geneviève, ms. 848, fol. 245 et suiv.)

1. Tout ce qui suit n'est que le développement du fragment

Conchine, qui étoit présent, soutenoit que, par ce moyen, la Reine feroit connoître au Roi qu'elle n'étoit pas capable de rien savoir sans le lui communiquer. Le duc lui répondit d'abord, avec sa façon[1] aussi brusque que peu civile, que cette affaire étoit si différente de celles dont il avoit le soin, qu'il ne pouvoit lui donner aucun avis, mais qu'ayant aussitôt changé ce discours après que Conchine, devant qui il ne vouloit point parler[2], se fut retiré, il lui dit qu'il étoit trop son serviteur pour ne l'avertir pas qu'elle prenoit la plus mauvaise résolution qui se pût prendre en telles matières, et qu'elle alloit donner au Roi le plus grand et le plus juste soupçon qu'un mari de sa qualité pût avoir de sa femme, attendu qu'il n'y avoit point d'homme de jugement qui ne sût fort bien qu'on ne parloit point d'amour à une personne de sa condition sans avoir premièrement reconnu qu'elle l'auroit agréable et sans qu'elle fît la moitié du chemin, et que le Roi pourroit penser que les motifs qui l'auroient portée à faire cette découverte seroient ou la crainte qu'elle auroit qu'elle fût connue par autre

---

suivant : « Conchine aussi, jaloux du duc de Bellegarde, conseilla la Reine de se plaindre au Roi qu'il lui avoit parlé d'amour : ce à quoi étant résolue pour satisfaire à la passion de l'autre, elle voulut premier en demander l'avis de M. de Sully, qui lui dit que c'étoit le moyen pour faire croire au Roi qu'il y auroit eu pire, et que la jalousie ou le dépit la porteroit à faire une plainte si extravagante, de quoi elle se devoit bien garder, et que c'étoit le vrai chemin de se perdre, et par ce moyen l'en dissuada. » (*Les Principaux sujets*, etc., fol. 41 v°.)

1. *Var.* : En affectant encore plus qu'à l'ordinaire sa façon (H).
2. *Var.* : Mais aussitôt qu'ayant changé ce discours, Conchine, devant qui il ne vouloit point parler (M).

voie, ou le dégoût qu'elle auroit pris de ceux qu'elle vouloit accuser par la rencontre de quelques autres plus agréables à ses yeux, ou enfin la persuasion d'autres[1] assez puissantes sur son esprit pour la porter à cette résolution.

Ces considérations pressèrent sa raison de telle sorte, qu'elle suivit, pour cette fois, les avis du duc de Sully, bien qu'en d'autres occasions il l'eût souvent trouvée[2] peu capable de conseil[3], et que, dès le temps de sa jeunesse, elle fût si attachée à ses propres volontés que la Grande-Duchesse[4], sa tante, qui avoit le soin de sa conduite, se plaignoit d'ordinaire souvent de la fermeté qu'elle avoit en ses résolutions.

Il arrivoit souvent beaucoup de divisions semblables entre LL. MM.; mais l'orage n'étoit pas plus tôt cessé, que le Roi, jouissant du beau temps, vivoit avec tant de douceur avec elle, que je l'ai vue souvent, depuis la mort de ce grand prince, se louer du temps qu'elle a passé avec lui et relever la bonté dont il usoit en son endroit autant qu'il lui étoit possible.

Si elle lui demande quelque chose qui se puisse accorder, elle n'en est jamais refusée; s'il la refuse, c'est en faisant cesser ses demandes par la connoissance qu'il lui donne qu'elles tournent à son préjudice.

Un jour, elle le prie d'accorder la survivance d'une

1. D'autres personnes.
2. Dans le manuscrit H, les mots *elle l'eût souvent trouvée* ont été effacés et remplacés par *elle se fût souvent trouvée*.
3. Capable de suivre un conseil.
4. Christine de Lorraine, mariée en 1589 à Ferdinand Ier de Médicis, grand-duc de Toscane, morte en 1637.

charge pour quelqu'un de ses serviteurs ; il la refuse avec ces paroles : « Le cours de la nature vous doit donner la mienne ; et lors vous apprendrez par expérience que qui donne une survivance ne donne rien en l'imagination de celui qui la reçoit, n'estimant pas que ce qu'il tient[1] encore lui puisse être donné[2]. »

La prise du maréchal de Biron[3], dont le mérite et la vertu[4] émurent la compassion de tout le monde, lui donna lieu d'en parler au Roi, plutôt pour apprendre son sentiment, que le duc de Sully, qui étoit fort bien

1. *Var. :* Que ce qui tient (H).
2. La même idée se trouve exprimée beaucoup plus clairement par le Cardinal dans son *Testament politique* (éd. de 1764, p. 235), à la section III du chapitre v « qui condamne les survivances » : « Celui ne pense pas qu'on lui donne ce dont il voit son père ou un autre parent en possession ; il croit que l'assurance qu'on lui en procure est plutôt d'hérédité qu'un effet de la bonté du prince. » Les *Mémoires* de Fontenay-Mareuil (éd. Michaud, p. 34) s'expriment ainsi : « La Reine accorda des survivances à tous ceux qui, ayant des charges et des gouvernements, eurent des enfants ou des héritiers en âge de les posséder... Ceux qui les ont eues ne s'en sont point tenus si obligés, croyant qu'on les leur devoit, que les autres, qui n'avoient rien, en sont devenus refroidis et moins disposés à servir, voyant les récompenses plus éloignées. »
3. Charles de Gontaut, duc de Biron (1562-1602), colonel des Suisses, amiral en 1592, maréchal de France en 1594, fut condamné à mort et exécuté le 31 juillet 1602 pour avoir conspiré contre la sûreté de l'État. Faut-il voir dans la partialité de l'appréciation des Mémoires une suite des bons rapports qui unissaient la famille du condamné et celle de Richelieu ? Le Cardinal lui-même avait été tenu sur les fonts à Saint-Eustache, le 5 mai 1586, par Armand de Gontaut-Biron, maréchal de France, père du conspirateur.
4. *Vertu* semble pris ici au sens latin du mot « virtus » : courage, grandeur d'âme.

avec elle, désiroit savoir, que pour le porter à aucune fin déterminée.

Le Roi lui dit que ses crimes étoient trop avérés, et de trop grande conséquence pour l'État[1], pour qu'il le pût sauver; que, s'il eût été assuré de vivre autant que ce maréchal, il lui eût volontiers donné sa grâce, parce qu'il eût pensé se garantir de ses mauvais desseins, mais qu'il avoit trop d'affection pour elle et pour ses enfants pour leur laisser une telle épine au pied, dont il les pouvoit délivrer avec justice; que, s'il avoit osé conspirer contre lui, dont il connoissoit le courage et la puissance, il le feroit bien plus volontiers contre ses enfants.

Il ajouta qu'il savoit bien qu'en pardonnant au maréchal, plusieurs loueroient hautement sa clémence, et qu'on épandoit faussement par le peuple que l'appréhension de ce personnage faisoit plus contre lui que ses crimes, mais qu'il falloit se moquer des faux bruits en matière d'État; que la clémence en certaine occasion étoit cruauté, et qu'outre que ce seroit chose répugnante à son courage que de faire mal sans l'avoir mérité, s'il le faisoit, il appréhendoit les châtiments de Dieu, qui ne bénit jamais les princes qui usent de telle violence.

En cela, la Reine, qui déféroit beaucoup en toutes occasions à son autorité, déféra en celle-là tout à sa raison, qui, ne pouvant être contredite par personne,

---

1. Dans le manuscrit M, il y a ici un renvoi en marge et cette mention : « Ici, l'on a ôté deux feuillets. » Il ne semble pas, cependant, y avoir de lacune dans le texte. La rédaction primitive s'étendait peut-être plus longuement sur l'affaire du maréchal de Biron.

le devoit être moins par une princesse de sa naissance et de sa maison, qui ne laisse jamais impuni aucun crime qui concerne l'État.

Une autre fois, le duc de Sully lui ayant encore fait connoître que la puissance et l'humeur du duc de Bouillon[1] devoient être suspectes à la sûreté de ses enfants, si le Roi venoit à lui manquer, elle en parla au Roi, lorsqu'il fut tombé dans sa disgrâce et que S. M. entreprit expressément le voyage de Sedan pour châtier sa rébellion[2]. Le Roi lui répondit, avec sa promptitude ordinaire, qu'il étoit vrai que le parti et l'humeur de cet homme étoient ennemis du repos de la France, qu'il s'en alloit d'autant plus volontiers pour le châtier qu'il étoit si malavisé que de croire qu'il n'oseroit l'entreprendre, et qu'il le mettroit assurément en état de ne lui pouvoir nuire à l'avenir.

Il partit en cette résolution, et, comme il fut résolu à faire le contraire, il dit à la Reine qu'il en usoit ainsi parce qu'il pouvoit ne le faire pas ; que le duc de Bouillon n'étoit pas en état de lui résister, et que chacun connoîtroit que la grâce qu'il recevroit n'au-

1. Henri de la Tour (1555-1623), vicomte de Turenne, devint duc de Bouillon du chef de Charlotte de la Marck, qu'il épousa le 15 octobre 1591 ; maréchal de France en 1592, il fut, sous la minorité de Louis XIII, l'un des principaux chefs des mécontents.

2. Cette expédition eut lieu en mars 1606. A l'approche des troupes royales, le duc se résigna à un accord et abandonna Sedan pour quatre ans, comme caution de sa fidélité ; Henri IV y entra le 6 avril 1606 et y mit une garnison (*Mercure françois*, t. I, p. 105). La place fut restituée au duc de Bouillon en janvier 1608, après que ses gens et les habitants de Sedan eurent prêté serment de fidélité au roi de France (Bibl. nat., ms. Dupuy 625, fol. 142-144).

roit autre motif que sa clémence; qu'au reste, comme c'étoit grande prudence de considérer quelquefois l'avenir et prévenir les maux prévus par précaution, celle qui portoit quelquefois les princes à ne rien émouvoir de peur d'ébranler le repos dont ils jouissoient n'étoit pas moindre.

Peu de temps après, elle lui demanda avec instance une place pour le duc de Sully, qui avoit l'honneur de sa confiance. Ne voulant pas la lui accorder, il lui répondit qu'il savoit bien que Saint-Maixent étoit la plus mauvaise place de son royaume, mais que, tandis que le parti des huguenots subsisteroit, les moindres de la France seroient importantes, et que, si un jour il étoit par terre, les meilleures ne seroient d'aucune considération; qu'il ne vouloit pas la lui donner[1], parce qu'il n'y avoit quasi dans un État que celui qui manioit les finances à qui il ne falloit pas consigner de retraite assurée pendant qu'il étoit en cette administration, d'autant que lui donner un lieu où il pût sûrement retirer de l'argent étoit quasi honnêtement le convier à en prendre;

Qu'au reste, un établissement parmi les huguenots étoit capable de l'empêcher de se faire catholique et de le porter à les favoriser en ce qu'il pourroit, pour rendre son appui plus considérable;

Qu'il vouloit le détacher, autant qu'il pourroit, de ce parti et le mettre par ce moyen en état d'être plus facilement détrompé de l'erreur de leur créance[2].

A ce propos, il confessa à la Reine qu'au commen-

1. *Var. :* Qu'il ne vouloit pas lui donner (M).
2. Leur croyance.

cement qu'il fit profession d'être catholique, il n'embrassa qu'en apparence la vérité de la religion pour s'assurer en effet sa couronne; mais que, depuis la conférence qu'eut à Fontainebleau le cardinal du Perron[1] avec le Plessis-Mornay[2], il détestoit autant par raison de conscience la créance des huguenots, comme leur parti par raison d'État.

En cette occasion et plusieurs autres, il lui dit que les huguenots étoient ennemis de l'État, que leur parti feroit un jour du mal à son fils, s'il ne leur en faisoit;

Que, d'autre part, elle avoit aussi à prendre garde à certaines personnes qui, faisant profession de piété par un zèle indiscret, pourroient un jour favoriser l'Espagne, si ces deux couronnes venoient en rupture, d'autant que la prudence des rois Catholiques avoit été telle jusqu'alors qu'ils avoient toujours couvert leurs intérêts les plus injustes d'un spécieux prétexte de piété et de religion;

Qu'il étoit bien aise qu'elle sût que, comme la malice des uns lui devoit être perpétuellement suspecte, elle

1. Jacques Davy du Perron (1556-1618), évêque d'Évreux depuis 1595. Cette conférence fameuse eut lieu le 4 mai 1600, et son succès pour le parti catholique fit la fortune de l'évêque, qui obtint le chapeau en 1604.

2. Philippe de Mornay, seigneur du Plessis-Marly (1549-1623), avait longtemps servi Henri IV, qui le fit en 1587 conseiller d'État et le nomma gouverneur de Saumur. C'était la récompense de négociations habilement conduites à la cour d'Élisabeth d'Angleterre, avec laquelle du Plessis-Mornay négocia aussi en faveur des États de Flandres. — Il écrivit en 1598 un traité : *De l'institution de l'Eucharistie*, où Jacques du Perron prétendit avoir relevé cinq cents fausses citations. C'est à la suite de cette allégation que du Plessis-Mornay défia l'évêque d'Évreux au colloque de Fontainebleau.

ne devoit pas être sans soupçon du scrupule des autres en certaines occasions.

Lorsqu'il avoit quelque affliction, il s'en déchargeoit souvent avec elle; et, quoiqu'il n'y trouvât pas toute la consolation qu'il eût pu recevoir d'un esprit qui eût eu de la complaisance et de l'expérience des affaires, il le faisoit volontiers, parce qu'il la trouvoit capable de secret.

La considération de son âge fit qu'il la pressa souvent de prendre connoissance des affaires, d'assister au Conseil, pour tenir avec lui le timon de ce grand vaisseau; mais, soit que lors son ambition ne fût pas grande, soit qu'elle fût fondée en ce principe qu'il sied bien aux femmes de faire les femmes, tandis que les hommes font les hommes comme ils doivent, elle ne suivit pas en cela son intention.

Il la mène en tous ses voyages, et, contre la coutume des rois, ils ne font deux chambres que pour avoir lieu d'être le jour séparément.

Il la trouve tellement à son gré qu'il dit souvent à ses confidents que, si elle n'étoit point sa femme, il donneroit tout son bien pour l'avoir pour maîtresse.

Deux fois en sa vie, il la dépeint[1] des couleurs qu'il estime lui être convenables.

Une fois, touché d'affection, après qu'il eut évité le péril qu'ils avoient couru de se noyer ensemble[2], et l'autre, piqué de colère sur le sujet de quelque passion qu'il avoit en la fantaisie. La première, il loua grandement son naturel, parce qu'elle l'avoit demandé en

---

1. *Var. :* Il l'a dépeinte (H).
2. Ci-dessus, p. 7.

ce péril; son courage, parce qu'elle ne s'étoit point étonnée; sa reconnoissance, parce qu'elle le pria instamment de faire du bien à celui[1] qui avoit exposé sa vie pour les garantir de ce péril.

Et, prenant là-dessus occasion de rapporter les autres qualités qu'il avoit remarquées en elle, il la loua d'être secrète, parce que souvent il l'avoit pressée, jusque même à se fâcher contre elle, pour savoir les auteurs de quelques avis qu'on lui donnoit, sans qu'elle voulût les découvrir.

En riant, il ajouta qu'elle étoit désireuse d'honneur, magnifique et somptueuse en ses dépenses, et glorieuse par excès de courage, et que, si elle ne prenoit garde à réprimer ses sentiments, elle seroit vindicative; ce qu'il disoit pour l'avoir vue plusieurs fois si piquée de la passion qu'il avoit pour quelques femmes, qu'il n'y a rien qu'elle n'eût fait pour s'en venger.

Il l'accuse en outre de paresse, ou, pour le moins, de fuir la peine, si elle n'est poussée à l'embrasser par passion.

Il lui fait la guerre d'être moins caressante que personne du monde, grandement défiante; enfin, il conclut ses défauts dépendre plutôt de ses oreilles et de sa langue que d'autres choses, en ce qu'il ne lui déplaisoit pas d'ouïr faire quelques contes aux dépens d'autrui, ni même d'en médire sans grand fondement.

L'autre fois, qu'il étoit animé contre elle, il tourna son courage en gloire[2] et sa fermeté en opiniâtreté, et disoit souvent à ses confidents qu'il n'avoit jamais

1. M. de la Châtaigneraie : ci-dessus, p. 7, note 1.
2. Le terme « gloire » doit être compris ici dans le sens d' « orgueil ».

vu femme plus entière et qui plus difficilement se relâchât de ses résolutions.

Un jour, ayant témoigné au Roi de la douleur de ce qu'il l'appeloit Madame la Régente : « Vous avez raison, dit-il, de désirer que nos ans soient égaux; car la fin de ma vie sera le commencement de vos peines : vous avez pleuré de ce que je fouettois votre fils avec un peu de sévérité; mais quelque jour vous pleurerez beaucoup plus ou du mal qu'il aura, ou de celui que vous recevrez vous-même.

« Mes maîtresses souvent vous ont déplu; mais difficilement éviterez-vous d'être un jour maltraitée par celles qui posséderont son esprit. D'une chose vous puis-je assurer, qu'étant de l'humeur que je vous connois, et prévoyant celle dont il sera, vous entière, pour ne pas dire têtue, Madame, et lui opiniâtre[1], vous aurez assurément maille à départir ensemble. »

Il lui tint ce langage ensuite de ce que Monsieur le Dauphin ne voulut jamais, quoi qu'il lui dît, sauter un petit ruisseau qui est dans le parc de Fontainebleau, ce qui le mit, à la vue de la cour, en telle colère que, si on ne l'eût empêché, il vouloit le tremper dedans.

En un mot, dix ans se passent avec grande satisfaction pour cette grande princesse, les traverses qu'elle y rencontre étant si légères, qu'il semble que Dieu les ait plutôt permises pour réveiller que pour travailler son esprit.

---

1. La complaisance avec laquelle sont rapportés dans tout ce début les différents traits peu flatteurs du caractère de Marie de Médicis peut faire penser que cette partie des *Mémoires* n'a pas été rédigée avant 1630, époque du grave différend qui divisa le Cardinal et la Reine mère.

Ses véritables douleurs commencèrent[1] en l'an 1610, auquel temps le Roi s'ouvrit à elle de la résolution qu'il avoit prise de réduire à son obéissance Milan, Montferrat, Gênes et Naples, donner au duc de Savoie la plus grande partie du Milanois et du Montferrat, en échange du comté de Nice et de la Savoie, ériger le Piémont et le Milanois en royaume, faire appeler le duc de Savoie roi des Alpes, et, à la séparation de la Savoie et du Piémont, faire une forteresse pour borner ces royaumes et se conserver l'entrée d'Italie.

Son intention étoit d'intéresser tous les princes d'Italie en ses conquêtes, la république de Venise par quelque augmentation contiguë à ses États, le grand-duc de Florence en le mettant en possession des places qu'il prétend lui être usurpées par les Espagnols, les ducs de Parme et de Modène[2] en les accroissant en leur voisinage, et Mantoue[3] en le récompensant grassement du Montferrat par le Crémonois.

Pour plus facilement exécuter ce grand dessein, il vouloit passer en Flandre, donner ordre aux troubles arrivés à Clèves et à Juliers par la mort du prince qui en étoit duc[4], allumer la guerre en Allemagne, non à dessein d'y chercher quelque établissement au delà du Rhin, mais pour occuper et divertir les forces de ses ennemis.

Peut-être que l'appétit lui fût venu en mangeant, et qu'outre le dessein qu'il faisoit pour l'Italie, il se

1. L'édition de 1730 porte : « commenceront ».
2. Ranuce Ier, duc de Parme de 1592 à 1622; César d'Este, duc de Modène, Ferrare et Reggio de 1597 à 1628.
3. Vincent Ier de Gonzague, duc de Mantoue de 1587 à 1612.
4. Jean-Guillaume, duc de Clèves, mort le 25 mars 1609 sans laisser d'enfants de son mariage avec Jacqueline de Bade.

fût résolu d'attaquer la Flandre, où ses pensées se portoient quelquefois, aussi bien qu'à rendre le Rhin la borne de la France, y fortifiant trois ou quatre places. Mais, pour lors, son vrai dessein étoit d'envoyer le maréchal de Lesdiguières[1], avec quinze mille hommes de pied et deux mille chevaux, en Italie, dont l'amas étoit déjà presque fait dans le Dauphiné, pour joindre avec le duc de Savoie[2], qui devoit envoyer dix mille hommes de pied et mille chevaux, commencer l'exécution de son dessein en Italie au même temps qu'il passeroit actuellement en Flandre et à Juliers avec l'armée qu'il avoit en Champagne, qui eût été de vingt-cinq mille hommes de pied et trois mille chevaux.

Le sujet de Juliers étoit assez glorieux pour être le seul motif et l'unique cause de son entreprise; car, en effet, le duc de Clèves étant mort, et n'ayant laissé que deux filles héritières de ses États[3], l'aînée desquelles étoit mariée à l'électeur de Brandebourg[4], et

1. François de Bonne (1543-1626), seigneur, puis duc de Lesdiguières, maréchal de France en 1608, converti au catholicisme en 1622 lors de sa nomination comme connétable.
2. Par les traités de Brusol (Bruzolo, près Suse), signés par Claude de Bullion le 25 avril 1610, Henri IV avait obtenu une intervention efficace de Charles-Emmanuel.
3. Lisez « deux sœurs » et non « deux filles ». Les *Mémoires* semblent ici confondre le duc Jean-Guillaume, mort en 1609 sans postérité, avec son père le duc Guillaume, mort en 1592. C'est de ce dernier et de Marie d'Autriche que sont filles les deux princesses dont il s'agit.
4. Marie-Éléonore de Clèves, qui avait épousé en 1573 Albert-Frédéric de Brandebourg-Anspach, était morte depuis 1608. Ses droits éventuels à la succession de Clèves avaient donc passé à sa fille aînée : Anne, mariée en 1594 à Jean-Sigismond,

l'autre au duc de Neubourg¹, l'Empereur², selon la coutume ordinaire de la maison d'Autriche, qui ne perd aucune occasion de s'agrandir sous des prétextes spécieux, envoya si promptement, après la mort du duc de Juliers, l'archiduc Léopold³ avec ses armes, qu'il se saisit de la place dont il portoit le nom⁴, comme si tout ce qui relève de l'Empire y devoit être réuni par faute d'héritiers masculins.

S'agissant en cette rencontre de protéger le foible contre la puissance qui étoit lors la plus redoutée dans l'Europe, de maintenir une cause dont le droit étoit si clair que les prétentions, au contraire, n'avoient pas même d'apparence, ce n'est pas sans raison que je dis que cette occasion étoit assez importante pour être seule la cause du préparatif de si grandes armées que le Roi mettoit sur pied. Mais, cependant, la sincérité que l'histoire requiert m'oblige à ajouter que non seulement estimè-je que les autres desseins que j'ai rapportés ci-dessus, fondés en la justice qui donne droit à tout prince de reconquérir ce qui lui appartient, doivent être joints aux motifs de ses armées⁵, mais encore que l'amour n'étoit pas la dernière cause de ce

---

électeur de Brandebourg; elle avait quatre autres sœurs, dont deux avaient aussi épousé des princes de la maison de Brandebourg; c'est cette aînée qui est ici confondue avec sa mère.

1. Anne de Clèves, seconde fille du duc Guillaume, avait épousé en 1574 Philippe-Louis de Bavière, duc de Neubourg (1547-1614).

2. Rodolphe II, empereur d'Allemagne de 1576 à 1612.

3. Léopold d'Autriche (1584-1632), fils de l'archiduc Charles et d'Anne de Bavière, cousin germain de Rodolphe II.

4. C'est-à-dire Juliers.

5. L'édition de 1730 porte : « de ses armes ».

célèbre voyage; car il est vrai qu'il vouloit se servir de cette occasion à contraindre l'Archiduc à lui remettre Madame la Princesse[1] entre les mains. Sur quoi, il est impossible de ne considérer pas en ce lieu combien cette passion, ordinaire presque à tous les hommes, est dangereuse aux princes quand elle les porte à l'excès d'un aveuglement dont les suites sont fort périlleuses et pour leurs personnes et pour leurs États.

Ainsi l'amour, lui fermant les yeux, lui avoit servi d'aiguillon en tout ce grand dessein. Il y a grande apparence qu'après qu'il eût terminé le différend de Juliers et retiré des mains des étrangers Madame la Princesse, elle lui eût servi de bride pour l'arrêter et le divertir du reste. Qui se laisse guider à un aveugle se fourvoie bien souvent de son chemin et ne va jamais bien sûrement au lieu où il veut arriver.

La Reine, peu préparée à la perte d'une si douce et heureuse compagnie, se trouve surprise de cette nouvelle. Outre le regret qu'elle a de son éloignement, elle entre en appréhension du succès d'une si haute entreprise; elle essaie de l'en divertir, lui remettant devant les yeux la jeunesse de son fils, le peu d'expérience qu'il avoit dans les affaires, et le nombre de ses années, qui le convioient à jouir paisiblement du fruit des victoires qu'il avoit si chèrement acquises; mais en vain, y ayant peu de princes et même d'hommes qui défèrent assez à la raison pour ne se laisser pas

---

1. Charlotte-Marguerite de Montmorency (1594-1650), dernière fille du duc Henri Ier, avait épousé le 17 mai 1609 Henri II de Bourbon, prince de Condé. On sait que, pour soustraire sa femme aux assiduités de Henri IV, le prince de Condé l'avait emmenée en Flandre en novembre 1609.

emporter aux efforts de l'amour et de la gloire, les deux plus puissantes et pressantes passions dont l'esprit humain souffre quelquefois la violence[1].

Il continue sa résolution, met sur pied une armée royale si puissante, qu'elle étonne ses ennemis, met en admiration ses amis, tient toute l'Europe en crainte et même l'Orient, où le Grand-Seigneur[2] fait la paix avec le Persan, pour, en cas d'invasion, être prêt à se défendre et arrêter le cours de ses armes.

Je ne dois pas oublier à remarquer, en cette occasion, quelques particularités importantes connues de peu de gens, mais que j'assure être véritables, pour les avoir apprises de la Reine et du président Jeannin[3], qui les savoient de la bouche du Roi.

Ce grand prince méditoit de notables changements en l'administration de ses affaires, et ne savoit cependant comment les mettre en exécution.

Il étoit peu satisfait de la personne du sieur de Sully; il pensoit à lui ôter le maniement de ses finances et vouloit en commettre le soin à Arnauld[4]. Il avoit dit

1. Dans l'édition de 1730 : « souffre quelquefois violence ».
2. Au moment où Henri IV se préparait à entrer en campagne, le sultan Achmed Ier avait effectivement engagé des négociations en vue de traiter avec le schah de Perse Abbas; mais la paix ne fut signée qu'en 1612.
3. Pierre Jeannin (1540-1622), fils d'un tanneur d'Autun, avocat au parlement de Bourgogne en 1569, député du tiers état aux États de Blois en 1576, prit part à la rédaction de l'Édit de Nantes et devint membre du conseil du roi; Henri IV le fit premier président du parlement de Dijon, et lui confia plusieurs missions diplomatiques; il devint surintendant des finances en 1611.
4. Isaac Arnauld, seigneur de Corbeville, intendant des finances en 1605, mort en octobre 1617 à l'âge de cinquante ans.

plusieurs fois à la Reine qu'il ne pouvoit plus souffrir ses mauvaises humeurs et que, s'il ne changeoit de conduite, il lui apprendroit à ses dépens combien la juste indignation d'un maître étoit à craindre. Son mécontentement étoit formé, sa résolution prise de le dépouiller de sa charge; mais le temps en étoit incertain. Le grand dessein qu'il avoit en tête lui faisoit penser que peut-être il n'étoit pas à propos de le commencer par un tel changement; d'autre part, les contradictions du duc de Sully et le soupçon qu'il avoit, non de la fidélité de son cœur, mais de la netteté de ses mains, faisoient qu'il avoit peine à se résoudre de le supporter davantage.

S'il étoit mécontent de ce personnage, il n'étoit pas satisfait du chancelier de Sillery; bien qu'il eût de bonnes parties, qu'il eût beaucoup d'expérience, et qu'il ne manquât pas d'esprit et d'adresse aux affaires de la cour, il avoit ce malheur qu'il n'étoit pas cru entier en sa charge, et qu'on le connoissoit peu capable d'une résolution où il eût été besoin d'autant de cœur que d'industrie.

Il avoit eu plusieurs fois envie de l'ôter de sa charge et de l'éloigner de la cour; il persistoit au dégoût qu'il avoit de lui, ce qu'il lui eût témoigné sans la nécessité de l'occasion présente, qui l'obligea à prendre ce tempérament de le laisser auprès de la Reine pour la soulager au maniement des affaires qui se présenteroient en son absence, et donner les sceaux[1] au président Jeannin, qu'il vouloit mener avec lui, comme un homme dont la probité étoit connue d'un chacun, et qu'il savoit

1. La charge de garde des sceaux.

être fort et solide en ses pensées et constant en l'exécution de ses conseils.

Ces changements, la passion qu'il avoit en la tête et la grandeur de l'entreprise qu'il méditoit, inquiétoient grandement son esprit, mais ne le détournoient pas de son dessein.

Ne sachant pas comme il plairoit à Dieu de disposer de lui, il se résolut de laisser la régence à la Reine pour assurer son État et sa couronne à ses enfants. Il entretint plusieurs fois cette princesse de ce dessein et, entre plusieurs choses générales qu'il faut observer pour régner heureusement, dont il lui parloit souvent à diverses reprises, il lui donna quelques préceptes particuliers nécessaires au gouvernement de cet État[1].

Le premier fut d'être fort retenue et réservée au changement des ministres, lui disant que, comme on ne doit les appeler au maniement des affaires qu'avec grande connoissance de leur mérite, aussi ne faut-il les en éloigner qu'après être certainement informé de leurs mauvais déportements.

Non seulement, lui dit-il, les derniers venus sont-ils

---

1. Nous n'avons trouvé dans aucun des mémoires du temps trace de ces préceptes laissés par le Roi à Marie de Médicis. S'il est vrai qu'ils concordent avec ce qu'on peut savoir des idées de Henri IV en fait de politique intérieure, du moins est-il permis de croire que Richelieu, en écrivant ses *Mémoires*, insiste principalement sur les points qui s'accordent avec ses idées personnelles. Ministre lui-même, il appuie sur l'utilité du maintien des ministres au pouvoir. Et, d'autre part, la défiance où l'on doit tenir les parlements, et surtout la nécessité de châtier quelque jour l'insolence des huguenots ne rentrent-elles pas plus encore dans le programme de Richelieu que dans celui de Henri IV ?

moins nourris aux affaires, mais souvent ils prennent des résolutions contraires à ceux qui les ont précédés, pour décrier leurs personnes, ce qui apporte un changement notable à l'État ; et, qui plus est, le malheur de leurs prédécesseurs leur donnant lieu de croire qu'il y a peu de sûreté dans l'esprit de leur maître, il est à craindre qu'ils fassent des cabales pour trouver en icelles la protection qu'ils doivent attendre de sa bonté et de leurs services.

Le second, qu'elle ne se laissât pas gouverner à des étrangers[1] et surtout qu'elle ne leur donnât point de part à la conduite de ses États, parce que tel procédé lui aliéneroit les cœurs des François, vu que, quand même telles gens seroient capables de connoître les vrais intérêts de la France, et assez gens de bien pour les procurer, ils ne seroient jamais estimés tels.

Le troisième, qu'elle maintînt les parlements en l'autorité qui leur appartenoit de rendre la justice au tiers et au quart ; mais qu'elle se donnât bien garde de leur laisser prendre connoissance du gouvernement de l'État, ni faire aucune action par laquelle ils pussent apparemment[2] autoriser la prétention imaginaire qu'ils avoient d'être tuteurs des rois ; qu'il avoit eu plusieurs disputes avec eux[3] ; qu'en cela il n'avoit pas été plus heureux que ses prédécesseurs, et qu'elle ni son fils ne le seroient pas davantage.

Le quatrième, qu'elle ne prît point conseil de ses passions, ni ne formât aucune résolution pendant

---

1. Allusion directe aux Concini.
2. *Var.* : Ils pussent séparément (H).
3. *Var.* : Plusieurs disputes avec lui (M).

qu'elle en seroit préoccupée, parce que jamais personne ne s'en étoit bien trouvé, ce qu'il savoit par sa propre expérience.

Le cinquième, qu'elle traitât bien les Jésuites, mais qu'elle en empêchât, autant qu'elle pourroit, l'accroissement, sans qu'ils s'en aperçussent, et surtout leur établissement ès places frontières. Il estimoit ces bons religieux utiles pour l'instruction de la jeunesse, mais faciles à s'emporter, sous prétexte de piété, contre l'obéissance des princes; surtout ès occasions où Rome prendroit intérêt, il ne doutoit nullement qu'ils ne fussent toujours prêts d'exciter les communautés[1] à rébellion et dispenser ses sujets de la fidélité qu'ils lui avoient promise.

Ces impressions étoient encore un reste de la teinture qu'il avoit reçue pendant qu'il étoit séparé de l'Église, vu que les ministres[2] n'ont pas de plus grand soin que de publier et persuader, autant qu'ils peuvent, que ces bons religieux, qu'ils haïssent plus que tous les autres, sont ennemis des rois et tiennent des maximes contraires à leur sûreté et celle de leurs États.

La cause de la haine qu'ils leur portent est parce que leur institut les oblige à une particulière profession des lettres, et, leur donnant toutes les commodités nécessaires pour s'y rendre excellents, ils sont d'ordinaire plus capables que les autres de confondre leurs erreurs.

Les moyens dont ils se servent, la malice dont ils usent pour rendre odieux ces grands serviteurs de

1. Les communautés d'habitants, le peuple.
2. Les ministres protestants.

Dieu, sous le prétexte des rois, sont de dire qu'ils enseignent que les princes ne possèdent leur temporel qu'avec dépendance des papes, ce qu'ils ne pensèrent jamais, et dont toutefois ils tâchent de donner impression, leur imputant comme un crime la doctrine de saint Thomas et de tous les théologiens, et même de leurs propres auteurs, qui enseignent que les sujets sont dispensés d'obéir à leur prince, lorsqu'il les veut empêcher de professer la vraie religion.

Le sixième, de ne point avantager les grands en ce en quoi le service du Roi peut recevoir préjudice et son autorité diminution; mais qu'ès choses indifférentes et qui ne peuvent être de cette conséquence, elle fût soigneuse de les contenter, de crainte que ses refus peu nécessaires n'altérassent leur affection, et que, quand ils verroient qu'il n'y auroit rien à espérer pour eux, il n'y ait beaucoup à craindre pour l'État.

Enfin que, tôt ou tard, elle seroit contrainte d'en venir aux mains avec les huguenots; mais qu'il ne falloit pas leur donner de légers mécontentements, de crainte qu'ils ne commençassent la guerre avant qu'elle fût en état de l'achever. Que, pour lui, il en avoit beaucoup souffert[1], parce qu'ils l'avoient un peu servi, mais que son fils châtieroit quelque jour leur insolence.

Lorsqu'il parloit du mariage du Roi son fils, il estimoit toujours que le plus avantageux qu'on pût faire étoit l'héritière de Lorraine[2], si le duc n'avoit point

1. Il en avait supporté beaucoup de choses.
2. Nicole de Lorraine (1608-1657), fille du duc Henri II et de Marguerite de Gonzague, sa seconde femme, épousa en 1621 son cousin germain Charles de Vaudémont, auquel elle apporta le duché de Lorraine.

d'autres enfants; ajoutant que ce lui seroit un grand contentement de voir que ce royaume fût agrandi des dépouilles de ceux[1] dont il avoit reçu des maux indicibles.

Il témoignoit souvent être du tout éloigné de marier sa fille aînée au roi d'Espagne, qui depuis l'a épousée[2], alléguant pour raison que la disposition de ces deux États étoit telle, que la grandeur de l'un étoit l'abaissement de l'autre; ce qui rendant l'entretien d'une bonne intelligence entre eux du tout impossible, les alliances étoient inutiles à cette fin entre les deux couronnes, qui considèrent toujours plus leurs intérêts que leurs liaisons. Pour preuve de quoi, il alléguoit d'ordinaire l'exemple du mariage d'Élisabeth avec Philippe second[3], qui ne produisit autre fruit qu'une misérable mort à cette innocente et vertueuse princesse.

Il ajoutoit à ce discours que, s'il eût désiré marier une de ses filles en Espagne, c'eût été avec un des puînés déclaré duc de Flandre, et non avec l'héritier de la couronne. Et il y a lieu de croire qu'il se proposoit, s'il eût vécu encore dix ans, tellement travailler l'Espagne par la guerre des Hollandois, que, pour

1. Les mots « de ceux » figurent, sous forme d'addition, dans le manuscrit H seulement.
2. Élisabeth de France (ci-dessus, p. 6) épousa Philippe IV le 18 octobre 1615. Son père l'avait promise au fils du duc de Savoie, Thomas, prince de Piémont, par une clause spéciale des traités de Brusol.
3. Élisabeth de France (1545-1568), fille de Henri II et de Catherine de Médicis, épousa le roi d'Espagne Philippe II en vertu du traité de Cateau-Cambrésis. Elle mourut prématurément, et l'on attribua généralement sa mort à un empoisonnement.

se priver des dépenses indicibles qu'il lui falloit faire pour conserver la Flandre, elle se fût enfin résolue d'en donner la souveraineté à un de ses cadets, à condition que, épousant une de ses filles, il eût moyenné avec les États une bonne paix, dont il eût été d'autant plus volontiers le ciment qu'il s'y fût trouvé obligé par les intérêts de son gendre et de sa fille, et par la plus haute considération d'État que la France puisse avoir devant les yeux sur ce sujet, étant certain que voir diviser les provinces de Flandre du corps de la monarchie d'Espagne est un des plus grands avantages qu'elle et toute la chrétienté puissent acquérir.

Sept mois avant sa mort, étant à Fontainebleau, le dessein qu'il avoit de marier Mlle de Verneuil[1] avec le petit-fils du duc de Lesdiguières[2], lui donna lieu, en traitant cette affaire, d'entretenir ledit duc, en présence du sieur de Bullion[3], de la plupart de

---

1. Gabrielle-Angélique : ci-dessus, p. 9, note 1.
2. Le duc de Lesdiguières (ci-dessus, p. 24), dont l'entretien avec Henri IV va être rapporté, avait marié en 1595 sa fille Madeleine de Bonne à Charles de Créquy, prince de Poix, pair et maréchal de France. C'est au fils aîné issu de cette union, François de Bonne de Créquy (1600-1677), d'abord comte de Sault, puis duc de Lesdiguières par lettres du 29 juillet 1627, et petit-fils du premier duc de Lesdiguières, que Henri IV destinait sa fille naturelle.
3. Claude de Bullion, seigneur de Bonnelles, maître des requêtes depuis 1605, fut chargé, le 23 octobre 1609, quelques jours après l'entretien dont il s'agit, d'aller négocier avec le duc de Savoie les traités de Brusol. Il représenta Louis XIII en 1611 à l'assemblée tenue à Saumur par les députés des calvinistes, et en 1614 aux conférences de Soissons; surintendant des finances en 1632, il fut, la même année, chargé de tenter une réconciliation entre le Roi et Monsieur, auquel

tout ce que dessus, et ensuite des principaux desseins qu'il avoit pour l'établissement de tous ses enfants.

Il lui dit[1], entre autres choses, qu'il se proposoit de faire comme un architecte, qui, entreprenant un grand édifice, regarde principalement à en assurer le fondement, et qui veut appuyer son bâtiment de divers arcs-boutants puissants en eux-mêmes, et d'autant plus utiles à sa fin qu'ils ne sont faits qu'en cette considération ;

Qu'il vouloit établir le règne de Monsieur le Dauphin, en sorte que toute la puissance de ses autres enfants légitimes et naturels fût soumise à son autorité, et destinée à servir de soutien et d'appui à sa grandeur contre la maison de Lorraine, qui, de tout temps, s'étoit proposée d'affoiblir l'État pour s'emparer plus aisément de quelqu'une de ses parties ;

Qu'en cette considération il auroit marié son second fils, qui portoit le titre de duc d'Orléans[2], avec

---

il promit témérairement la grâce de Montmorency; successivement garde des sceaux et président à mortier au parlement de Paris, il mourut le 22 décembre 1640.

1. Tout le passage qui suit n'est que la reproduction, avec quelques suppressions et modifications, du *Discours de ce qui s'est passé, le vendredi dix-septiesme d'octobre mil six cens neuf, entre le Roy et Monsieur le mareschal Desdiguières dans la gallerie de la Reyne à Fontainebleau*, que l'on trouvera à l'Appendice. Ce discours, dont nous avons conservé trois exemplaires, est sans nul doute l'œuvre de Bullion, seul témoin de l'entretien, et que Henri IV avait précédemment chargé de faire des ouvertures au maréchal pour la conclusion du mariage dont il s'agit. C'est très probablement sur la demande du Cardinal qu'il mit en ordre ses souvenirs à l'intention des rédacteurs des *Mémoires*.

2. Nicolas, duc d'Orléans, né le 16 avril 1607, mourut le

Mlle de Montpensier[1], tant parce que c'étoit une riche héritière, qu'afin d'empêcher qu'il ne prît un jour quelque alliance étrangère qui pût être préjudiciable au repos de ce royaume;

Qu'il avoit tellement le bien de l'État devant les yeux[2], qu'il étoit en doute s'il lui donneroit en propre le duché d'Orléans; mais que, s'il lui destinoit cet apanage, il le priveroit de la nomination des bénéfices et offices, parce qu'il ne savoit en user autrement sans énerver l'autorité royale et communiquer la puissance du maître à ceux qui doivent obéir comme sujets;

Qu'il ne parloit point de partager le second[3], vu que, si Dieu lui laissoit la vie quelques années, il prétendoit le jeter au dehors en lieu utile à la France et dont ses alliés ne pourroient prendre jalousie;

Qu'il avoit toujours destiné sa fille aînée pour la Savoie[4], estimant qu'il étoit plus utile à un grand roi de prendre des alliances avec des princes ses infé-

---

17 novembre 1611. Son titre passa, après sa mort, à son frère cadet Gaston.

1. Marie de Bourbon-Montpensier (1605-1627), fille unique de Henri de Bourbon, duc de Montpensier, et de Henriette-Catherine de Joyeuse; destinée au second fils de Henri IV par accord du 14 janvier 1608, elle épousa, le 6 août 1626, Gaston de France, frère cadet de son premier fiancé; voyez le mémoire intitulé : *Négociation du mariage de Monsieur avec Mademoiselle de Montpensier et tout ce qui fut fait pour y parvenir* (Aff. étr., France 767, fol. 36).

2. *Var.* : Devant ses yeux (H).

3. Le second de ses fils, non compris le Dauphin, c'est-à-dire le troisième, Gaston, plus tard duc d'Orléans, alors duc d'Anjou.

4. Ci-dessus, p. 33, note 2.

rieurs, capables de s'attacher à ses intérêts, qu'avec d'autres qui fussent en prétention d'égalité;

Qu'il n'avoit point encore de dessein pour ses deux autres filles, mais qu'il ne doutoit pas qu'avec le temps Dieu ne fît naître des occasions qu'il étoit impossible de prévoir;

Que, par souhait, il en eût bien voulu mettre une en Flandre aux conditions exprimées ci-dessus[1], et l'autre en Angleterre, en sorte qu'elle y pût apporter quelque avantage à la religion[2].

Il ajouta ensuite qu'il se promettoit que ses enfants naturels ne manqueroient jamais au Roi son fils, vu les liens par lesquels il prétendoit les attacher à leur devoir;

Qu'il les vouloit opposer à tous les princes de Lorraine, qui avoient toujours l'image du roi de Sicile devant les yeux[3], aux branches des maisons de Savoie et de Gonzague, qui avoient fait souches en cet État[4],

1. Ci-dessus, p. 33 et 34.
2. Le mariage de Henriette de France avec Charles Ier, en juin 1625, réalisa le second vœu.
3. Les princes de Lorraine, qui descendaient du roi René par Yolande, sa fille, mariée en 1441 à Ferri de Vaudémont, ne reconnurent jamais le testament par lequel il institua en 1480 Charles III, comte du Maine, son héritier universel, non plus que la cession de tous ses droits sur Naples, la Sicile et le comté de Provence faite par Charles du Maine à Louis XI et aux rois de France ses successeurs. C'est en vertu de ces prétentions qu'Henri II de Guise tenta en 1647 l'expédition de Naples. Sur les ambitions des Lorrains à l'égard du comté de Provence, voyez ci-dessous, p. 40, et il y a, dans les *Économies royales*, une lettre du Roi à Sully, en date du 25 mars 1607, qui montre la défiance où les tenait Henri IV.
4. Ci-après, p. 38-39.

et à toutes les autres des grands de ce royaume, qui pouvoient avoir l'audace de résister aux justes volontés du Roi;

Que le duc de Vendôme[1] étoit de fort bon naturel, et que sa nourriture[2] étoit si bonne, qu'il osoit se promettre que sa conduite ne seroit jamais mauvaise; qu'il l'avoit marié avec la plus riche héritière du royaume; qu'il lui avoit donné le gouvernement de Bretagne, pour le rendre plus puissant à servir le Roi; qu'il le vouloit rendre capable d'affaires, à ce qu'il pût servir l'État aussi bien de sa tête que de son épée; qu'il le faisoit marcher devant les ducs de Nemours, de Guise, de Nevers et de Longueville[3], afin de l'obliger à être plus attaché à son souverain; qu'il le feroit marcher après tous ces princes, du jour qu'il se méconnoîtroit envers lui.

Il s'étendit à ce propos sur l'opinion qu'il avoit de ces quatre maisons de princes, qui seuls ont été reconnus en cette qualité par ses prédécesseurs et par lui-même.

Il lui dit qu'il ne comptoit point la première, tant parce qu'elle ne subsistoit qu'en la seule personne du duc de Nemours[4], qui apparemment n'auroit point

1. César, duc de Vendôme (1594-1665), fils naturel de Henri IV et de Gabrielle d'Estrées, légitimé en janvier 1595; titré duc de Vendôme par lettres du 3 avril 1598, et fiancé avec Françoise de Lorraine, fille du duc de Mercœur, il fut pourvu du gouvernement de Bretagne le 26 avril.
2. Au sens d'éducation.
3. Voyez ci-après, p. 39.
4. Henri Ier de Savoie (1572-1632), fils cadet de Jacques de Savoie, duc de Nemours, et d'Anne d'Este. Il porta d'abord le titre de marquis de Saint-Sorlin et embrassa le parti de la

d'enfants, que parce qu'aussi il n'y avoit[1] rien à craindre de son humeur, la musique, des carrousels et des ballets étant capables de le divertir des pensées qui pourroient être préjudiciables à l'État;

Qu'il ne faisoit pas grand cas de celle de Mantoue, attendu que le duc de Nevers[2], qui en étoit le chef, feroit plus de châteaux, non en Espagne, mais en Orient[3], où il prétendoit renverser l'empire du Grand-Turc, et le remettre en la famille des Paléologue, dont il soutenoit être descendu par sa mère[4], que de desseins qui puissent réussir en ce royaume;

Que le duc de Longueville[5] étoit fils d'un père[6] en la foi duquel il y avoit peu d'assurance, et qui avoit souvent au cœur le contraire de ce qu'il avoit en la bouche. Sur quoi, il ajouta en riant, selon sa coutume, qui le portoit souvent à faire des rencontres aussi

---

Ligue à la suite de son frère aîné, Charles de Savoie, duc de Nemours, mort en 1595 et dont il releva le titre. Contrairement aux prévisions de Henri IV, il épousa, le 14 avril 1618, Anne de Lorraine, fille de Charles, duc d'Aumale, dont il eut deux fils.

1. *Var.* : Que parce, aussi, qu'il n'y avoit (M).

2. Charles de Gonzague-Clèves, duc de Nevers et de Rethel, devint en 1627 duc de Mantoue et de Montferrat à la mort de son cousin le duc Vincent II. Il épousa en 1599 Catherine de Lorraine et mourut le 21 décembre 1637.

3. Sur ses projets en Orient, voyez G. Fagniez, *le Père Joseph et Richelieu*, t. I, p. 120 et suivantes.

4. Henriette de Clèves, fille de François Ier de Clèves, duc de Nevers, sœur et héritière des deux derniers ducs de Nevers de la maison de Clèves, François II et Jacques, et qui porta par son mariage le duché à Louis de Gonzague.

5. Henri II d'Orléans (1595-1663), duc de Longueville, comte de Dunois, épousa : 1° en 1617, Louise de Bourbon-Soissons; 2° en 1642, Anne-Geneviève de Bourbon-Condé.

6. Henri Ier d'Orléans, duc de Longueville, mort en 1595.

promptes que pleines de bon sens, qu'étant petit comme il étoit, il ne pouvoit croire qu'il pût jamais frapper un grand coup contre l'État; que son oncle, le comte de Saint-Pol[1], avoit l'esprit aussi bouché que ses oreilles, et que sa grande surdité le rendoit presque incapable d'entendre autre chose que les trompes et les cors de la chasse, où il s'occupoit continuellement;

Qu'il falloit plus prendre garde à la maison de Guise qu'à aucune autre, tant à cause du grand nombre de têtes qu'elle avoit, qu'à raison de la proximité des États de Lorraine dont ils étoient sortis, et des mauvais desseins qu'ils avoient toujours eus contre la France sur les folles prétentions du comté de Provence[2], èsquelles ils se flattoient, bien que sans fondement, lorsqu'ils étoient enfermés en leurs cabinets;

Que de tous ceux qui portoient le nom de Lorraine en France, les ducs de Guise[3] et de Mayenne[4], son oncle, étoient les plus considérables; que le premier avoit plus de montre que d'effet, qu'il avoit quelque

---

1. François d'Orléans-Longueville, comte de Saint-Pol, fils de Léonor d'Orléans, duc de Longueville, et de Marie de Bourbon-Vendôme, mort le 7 octobre 1631.

2. Ci-dessus, p. 37, note 3.

3. Charles de Lorraine (1571-1640), duc de Guise, était grand maître de France, amiral des mers du Levant, gouverneur de Champagne et de Provence; compromis dans la disgrâce de Marie de Médicis, il dut s'exiler en Italie en 1631 et y mourut près de Sienne, le 30 septembre 1640.

4. Charles de Lorraine (1554-1611), marquis, puis duc de Mayenne (1573), gouverneur de Bourgogne sous Henri III, devint, après l'assassinat de ses frères (1588), le chef effectif du parti ligueur, fut vaincu par Henri IV à Arques et à Ivry (1590), et ne cessa néanmoins la lutte qu'en janvier 1596.

éclat et quelque agrément dans les compagnies; qu'il sembloit capable de grandes choses à qui n'en connoissoit pas le fond; mais que sa paresse et sa fainéantise étoient telles, qu'il ne songeoit qu'à ses plaisirs, et qu'en effet son esprit n'étoit pas plus grand que son nez;

Que le duc de Mayenne étoit homme d'esprit, d'expérience et de jugement, mais qu'encore que, par le passé, il eût eu tous les mauvais desseins que peut avoir un sujet contre son roi et l'État auquel il est né, il ne croyoit pas qu'à l'avenir il fût capable de telles pensées, les malheurs auxquels il s'étoit vu étant plus que suffisants de le détourner de s'exposer de nouveau à de semblables inconvénients, et qu'il y avoit lieu de croire que les folies de ses jeunes ans le rendroient sage en sa vieillesse;

Qu'encore que tous ces princes ne fussent pas fort considérables, si on les regardoit séparément, ils ne laissoient pas de l'être tous ensemble;

Qu'il ne vouloit point s'allier avec eux par ses enfants naturels, mais à des gentilshommes qui s'en tiendroient bien honorés, au lieu que l'orgueil de ces princes étoit assez grand, pour qu'ils pensassent obliger ses enfants par leurs alliances, qui ne leur apporteroient autre chose qu'un hôpital, vu le mauvais état où étoient leurs affaires, et qu'en effet il n'eût pas fait le mariage du duc de Vendôme[1] sans la qualité d'héritière qu'avoit la femme qu'il lui avoit donnée.

Poursuivant son discours, il lui dit encore que, reconnoissant que le chevalier de Vendôme[2] avoit l'es-

1. Ci-dessus, p. 38, note 1.
2. Alexandre, chevalier de Vendôme (1598-1629), fils natu-

prit gentil, agréable et complaisant à tout le monde, il le vouloit avancer autant qu'il lui seroit possible; qu'outre le grand prieuré de France qu'il avoit, il lui seroit aisé de le rendre riche et puissant en bénéfices;

Qu'il lui vouloit donner la charge d'amiral et de général des galères, le gouvernement de Lyonnois et celui de Provence, afin qu'étant ainsi établi il fût plus utile au Roi son fils.

Il lui dit encore le dessein qu'il avoit d'attacher à l'Église le fils de Mme de Verneuil[1] et le rendre grand et considérable cardinal; qu'ayant cent mille écus de rente en bénéfices, il pourroit servir utilement à Rome, où il falloit une personne de cette qualité pour y maintenir les affaires de France avec éclat et y soutenir dignement la qualité de protecteur[2], dont il vouloit qu'il fît les fonctions.

Il ajouta aussi que son dessein étoit de marier Mlle de Vendôme[3] avec le duc de Montmorency[4]; que ses pre-

---

rel de Henri IV et de Gabrielle d'Estrées, légitimé en avril 1599, et nommé grand prieur de France.

1. Ci-dessus, p. 9, note 1.

2. Le « Protecteur » était un cardinal chargé de la défense des intérêts de chaque couronne catholique à la cour de Rome et de toutes les affaires relatives aux bénéfices.

3. Catherine-Henriette, fille légitimée de Henri IV et de Gabrielle d'Estrées, n'épousa pas le duc de Montmorency, mais, en février 1619, Charles de Lorraine, duc d'Elbeuf; elle mourut le 20 juin 1663.

4. Henri II (1595-1632), duc de Montmorency et de Damville à la mort de son père, en 1614, épousa en 1612 Marie-Félice des Ursins, fille du duc de Bracciano, qu'on prétendait avoir été l'amant de Marie de Médicis. La Reine ajouta les 50,000 livres qui manquaient pour parfaire la dot de 450,000 livres promise par la fiancée. *Les Principaux sujets de la mauvaise intelligence d'entre le feu roi Henri IV et de la*

mières pensées avoient été de la donner au marquis de Rosny[1], sur la proposition que lui en avoit faite le cardinal du Perron, l'assurant que, par ce moyen, il se feroit catholique; mais que Dieu en avoit disposé autrement; qu'il avoit eu autrefois quelque envie de la donner au duc de Longueville; qu'il en avoit été passé un contrat entre sa mère[2] et la duchesse de Beaufort[3]; mais qu'ils témoignoient en cette maison faire si peu d'état de cette alliance; qu'il n'y pensoit plus en aucune façon; que le duc de Montmorency, à qui il la destinoit, étoit bien fait et témoignoit avoir beaucoup de cœur; qu'il avoit en horreur l'héritière de Chemillé[4], tant il désiroit avoir l'honneur d'être son beau-fils.

Reine mère du Roi disent (fol. 47) : « Ayant suborné [il s'agit de Marie de Médicis] tous ceux qu'elle crut capables de l'être et entr'autres le duc de Montmorency, lequel elle avoit marié, pour s'en mieux assurer, à la fille de Don Virginie Ursin, qu'elle avoit tant aimé autrefois... » L'année même du mariage, Montmorency reçut la charge d'amiral de France.

1. Maximilien de Béthune (1588-1634), marquis de Rosny, grand maître de l'artillerie, fils du grand Sully.
2. Catherine de Gonzague-Nevers (1569-1630), fille de Louis, duc de Nevers, et de Henriette de Clèves, femme de Henri Ier d'Orléans, duc de Longueville.
3. Gabrielle d'Estrées, mariée d'abord à M. de Liancourt, devint la maîtresse du Roi, qui fit casser son mariage; elle fut créée successivement marquise de Monceaux (1595), et duchesse de Beaufort par lettres du 10 juillet 1597. Elle mourut le 10 avril 1599.
4. Jeanne de Scépeaux, duchesse de Beaupreau, comtesse de Chemillé, fille de Guy V de Scépeaux, épousa en 1609 Henri II de Montmorency, alors âgé de quatorze ans. Ce mariage fut cassé, comme non accompli en raison de la jeunesse des époux, lorsqu'on projeta de marier Henri II avec Mlle de Vendôme; Jeanne de Scépeaux, devenue libre, épousa Henri de Gondy, duc de Retz.

Qu'il ne lui parloit point de sa fille de Verneuil[1], parce qu'il savoit bien qu'il la destinoit au fils aîné de Créquy, son petit-fils[2], auquel il vouloit faire tomber le gouvernement de Dauphiné, s'assurant qu'il seroit bien aise de le voir gouverneur en chef d'une province dont il n'avoit été que lieutenant de roi.

Après tout ce discours, il lui fit connoître qu'il en avoit souvent entretenu la Reine, qu'il se promettoit qu'elle suivroit ses intentions, mais qu'il s'en tiendroit bien plus assuré si elle étoit défaite de la princesse de Conti[3], dont les artifices étoient incroyables, qu'elle et sa mère[4] empoisonnoient son esprit, en sorte que, bien qu'il eût pris soin de lui faire connoître leurs malices, elle ne pouvoit toutefois s'en garantir.

Il lui conta à ce propos qu'un jour, pour détromper la Reine, il l'avoit disposée, lorsqu'elles[5] l'animoient le plus contre la marquise de Verneuil, de feindre quelques desseins contre elle et les leur communiquer, pour voir si aussitôt elles n'en avertiroient pas la marquise, bien que, devant la Reine, elles jetassent feu et

---

1. Ci-dessus, p. 9 et 42.
2. Charles, duc de Créquy (1575-1638), et son fils François : ci-dessus, p. 34, note 2.
3. Louise-Marguerite de Lorraine, fille du duc Henri Ier de Guise et de Catherine de Clèves, avait épousé à Meudon, le 24 juillet 1605, François de Bourbon, prince de Conti. Richelieu, qui ne lui pardonna pas d'avoir été sa rivale heureuse en influence sur l'esprit de Marie de Médicis, obtint son exil après le complot de Lyon (1630). Elle mourut à Eu le 30 avril 1631, « outrée de douleur, dit Bassompierre (*Mémoires*, t. IV, p. 140), de se voir séparée de la Reine mère ».
4. Catherine de Clèves (1548-1633), veuve d'Antoine de Croy, puis de Henri Ier, duc de Guise, massacré en 1588.
5. *Var.* : Lorsqu'ils (H).

flamme contre elle; que la Reine, ayant en cela suivi son conseil, leur communiqua une entreprise qu'elle feignit avoir de la faire enlever, passant au bac d'Argenteuil; ce que les bonnes dames ne surent pas plus tôt qu'elles se servirent du duc de Guise pour en donner avis à la marquise : ce qu'il fit avec tant de circonstances que, sur la plainte qu'elle en fit au Roi, la Reine fut contrainte de reconnoître l'esprit et le génie de ces femmes et d'avouer qu'elles n'aimoient rien dans la cour que les intrigues, èsquelles elles n'étoient pas peu industrieuses.

Par tout ce que dessus[1], il paroît que le sens et la ratiocination de ce prince avoient des racines profondes ; mais la plupart des événements ayant été tout autres qu'il se les promettoit[2], il paroît aussi combien est véritable le dire commun qui nous apprend que la proposition des choses dépend bien de l'esprit des hommes, mais que la disposition[3] est tellement en la main de Dieu, qu'il ordonne souvent par sa providence le contraire de ce qui est désiré par l'appétit humain et prévu par la prudence des créatures.

Bien que ce prince eût tant d'expérience, qu'il pût être dit avec raison le plus grand de son siècle, il est vrai qu'il étoit si aveuglé de la passion de père, qu'il ne connoissoit point les défauts de ses enfants et raisonnoit si foiblement en ce qui les touchoit, qu'il prenoit souvent le contre-pied de ce qu'il devoit faire.

Il se loue de la nourriture du duc de Vendôme et

1. Ici s'arrêtent les emprunts faits au *Discours...* rapporté par Bullion : ci-dessus, p. 35, note 1.
2. *Var.* : Se le promettoit (H).
3. *Var.* : Mais que sa disposition (H).

de son bon naturel, et toutefois, dès ses premières années, sa mauvaise éducation étoit visible à tout le monde, et sa malice si connue, que peu de gens en évitoient la piqûre.

Il estime que le grand établissement qu'il donne à ce prince et celui auquel il se proposoit d'établir son frère étoient les vrais moyens d'assurer l'autorité du Roi son fils, et cependant on peut dire avec vérité que tous deux ont beaucoup contribué aux plus puissants efforts qui se soient faits pour l'ébranler, et, sans la prudence et le bonheur de ce règne, ces deux esprits eussent fait des maux irréparables à ce royaume[1].

Les mariages qu'il ne vouloit pas ont été faits[2], ceux qu'il se proposoit ne l'ont pu être[3], ce qu'il estimoit devoir être le ciment d'un grand repos a été la semence de beaucoup de troubles[4], et Dieu a permis que sa prudence ait été confondue, pour nous apprendre qu'il

---

1. Ce passage est important pour la détermination de l'époque à laquelle fut rédigée cette partie des *Mémoires*. La réflexion finale nous reporte évidemment à une date postérieure au mois de juin 1626, lorsque les deux frères Vendôme furent arrêtés à Blois à l'instigation personnelle de Richelieu, après avoir trempé dans la révolte des princes.

2. Les mariages espagnols de Louis XIII avec Anne d'Autriche et d'Élisabeth de France avec Philippe IV, qui furent un désaveu infligé à la politique de Henri IV.

3. Les mariages que Henri IV avait projetés de Louis XIII avec l'héritière de Lorraine, d'Élisabeth avec le prince de Piémont, de Mlle de Vendôme avec le duc de Montmorency, de Mlle de Verneuil avec François de Créquy.

4. Nouvelle allusion aux idées fausses que le Roi s'était faites des Vendôme, peut-être aussi au peu de succès du mariage de Gaston d'Orléans, d'abord avec Mlle de Montpensier (6 août

n'y a point de sûreté aux ratiocinations qui suivent les passions des hommes, et qu'on se trompe souvent lorsqu'on se propose ce qu'on désire, plus par le dérèglement de ses passions que par le vrai discours d'une juste raison.

En un mot, il semble que la Sapience, qui n'a point de fond, a voulu faire voir combien les bornes de la sagesse humaine ont peu d'étendue, et que la perfection des hommes est si imparfaite, que les bonnes qualités des plus accomplis sont contrepesées par beaucoup de mauvaises qui les accompagnent toujours.

Comme roi, ce prince avoit de très grandes qualités; comme père, de grandes foiblesses, et, comme sujet aux plus grands dérèglements des passions illicites de l'amour, un grand aveuglement.

Quiconque considérera l'entreprise qu'il fit sur la fin de ses jours ne doutera pas du bandeau qu'il a[voit] sur les yeux, puisqu'il s'embarquoit en une guerre qui sembloit présupposer qu'il fût au printemps de son âge; au lieu qu'approchant de soixante ans, qui est au moins l'automne des plus forts, le cours ordinaire de la vie des hommes lui devoit faire penser à sa fin, causée peu après par un funeste accident.

Pendant les grands préparatifs qu'il faisoit pour la guerre, il témoignoit souvent que la charge de connétable et celle de colonel de l'infanterie lui étoient grandement à charge, et disoit qu'en la division en laquelle le royaume étoit entretenu par le parti des huguenots,

1626), puis avec Marguerite de Lorraine (31 janvier 1632). Si cette dernière hypothèse était vérifiée, cela reporterait au moins aux années 1632 et 1633 la rédaction dernière de cette partie des *Mémoires*.

si on les souffroit en toute l'étendue que la négligence des rois leur avoit laissé prendre, [elles] rendroient ceux qui les possédoient trop puissants pour que leur pouvoir ne dût pas être suspect[1]. Il ne céloit point à ceux à qui il estimoit pouvoir ouvrir son cœur avec franchise, que si Dieu appeloit le duc de Montmorency[2] de ce monde (ce qu'il croyoit devoir arriver bientôt à cause du grand âge de ce duc), il supprimeroit pour jamais la première de ces charges, dont il étoit possesseur, et que, parce qu'il croyoit que le duc d'Épernon[3] n'étoit pas pour mourir si tôt, et que, comme sa charge lui étoit odieuse, sa personne ne lui étoit pas fort agréable, sans attendre sa mort, il ne perdroit aucune occasion de réduire cet office à tel point qu'il pût être supporté jusqu'à ce qu'on eût lieu de l'éteindre tout à fait. Il désiroit, sur toutes choses, priver ledit duc de la possession en laquelle il s'étoit mis, pendant la grande faveur qu'il avoit eue auprès de Henri III, de pourvoir à toutes les charges de l'infanterie ; ce qui, à la vérité, étoit de très dangereuse conséquence et du tout insupportable.

Après tant de sages et importants avis que la Reine

---

1. Nous ferons, à propos de ce passage et de l'intention prêtée à Henri IV de supprimer à la mort des ducs de Montmorency et d'Épernon les charges dont ils étaient titulaires, la même observation qu'au sujet des préceptes de politique intérieure donnés à Marie de Médicis : ci-dessus, p. 29, note 1.

2. Henri Ier, duc de Montmorency (1534-1614), maréchal de France le 10 février 1566, connétable en décembre 1593 ; il était fils du connétable Anne et de Madeleine de Savoie.

3. Jean-Louis de Nogaret de la Valette (1554-1642), duc d'Épernon, fut nommé colonel général de l'infanterie française, le 15 septembre 1581, sur la démission de Strozzi.

reçut de lui en diverses occasions, afin que la dignité fût jointe à la suffisance, il voulut la faire sacrer, en intention de la laisser en France comme une seconde Blanche[1] pendant son voyage.

Jamais assemblée de noblesse ne fut si grande qu'en ce sacre[2], jamais de princes mieux parés, jamais les dames et les princesses plus riches en pierreries ; les cardinaux et les évêques en troupe honorent l'assemblée ; divers concerts remplissent les oreilles et les charment ; on fait largesses de pièces d'or et d'argent, avec la satisfaction de tout le monde.

Cependant, on prépare son entrée pour le dimanche suivant[3] avec grande magnificence ; on ne voit qu'arcs triomphaux, que devises, que figures, que trophées, que théâtres qui doivent retentir de concerts.

Partout on trouve des fontaines artificieuses[4] pour marque de grâces représentées par les eaux ; grand nombre de harangues se préparent ; les cœurs se disposent à parler plus que les langues ; tout Paris se met en armes ; nul n'épargne la dépense pour se rendre

1. Blanche de Castille, régente de France de 1248 à 1254, pendant que son fils Louis IX était à la croisade. Cette comparaison des deux reines est fréquente : « Il est vrai, Madame, qu'ils [nos regrets] sont bien adoucis par les heureux effets de votre régence qui a... fait voir... que l'Italie a produit une Blanche à Louis XIII comme l'Espagne à Louis IX... » (*Histoire de la mort déplorable de Henry IIII*, [par P. Matthieu], épître dédicatoire à Marie de Médicis).

2. Le sacre eut lieu à Saint-Denis le jeudi 13 mai 1610, veille de l'assassinat de Henri IV. Les détails qui suivent sont empruntés au *Mercure françois*, t. I, fol. 418 et suivants.

3. Le dimanche 16 mai.

4. On dirait aujourd'hui artificielles, et c'est le terme donné par l'édition de 1730.

digne de paroître devant cette grande princesse, qui, vraiment triomphante pour être femme d'un roi révéré et redouté de tout le monde, doit entrer en un char de triomphe.

Tous ces préparatifs se font; mais un coup funeste en arrête le cours : une parricide main ôte la vie à ce grand Roi, sous les lois duquel toute la France vivoit heureuse[1].

Comme le feu Roi ne prévoyoit pas assurément sa mort, il ne donna pas une instruction entière et parfaite à la Reine, ainsi qu'il eût pu faire, s'il eût eu déterminément sa fin devant les yeux.

Tout ce que dessus a été ramassé de plusieurs discours qu'il lui a faits, et à des princes et autres grands de ce royaume, en différentes occasions sur divers sujets[2]; ce qui fait que le lecteur ne trouvera pas étrange s'il reste beaucoup de choses à dire sur un sujet si important, parce que, comme j'ai protesté, je ne fais pas état[3] d'écrire ce qui se pourroit penser de mieux sur les matières dont je traite, mais seulement la vérité de ce qui s'est passé.

Ce grand prince[4] est mis par terre comme à la veille du jour qui lui préparoit des triomphes. Lorsqu'il meurt d'impatience[5] de se voir à la tête de son armée, il meurt en effet, et le cours de ses desseins et celui

---

1. C'est le 14 mai que Henri IV fut assassiné par Ravaillac.
2. Notons l'intérêt de ce passage, qui indique la manière dont fut composée cette partie des *Mémoires*.
3. *Var.* : Je ne fais d'état (H).
4. Ici commence le manuscrit B des Affaires étrangères, dont les premiers feuillets manquent, comme il a été dit ci-dessus, p. 1-2, note.
5. *Var.* : Dans l'impatience (M, H).

de sa vie sont retranchés d'un même coup, qui, le mettant au tombeau, semble en tirer ses ennemis, qui se tenoient déjà vaincus.

A cette triste nouvelle, les plus assurés sont surpris d'une telle frayeur, que chacun ferme ses portes dans Paris. L'étonnement ferme aussi d'abord la bouche à tout le monde; l'air retentit ensuite de gémissements et de plaintes; les plus endurcis fondent en larmes, et, quelque témoignage qu'on rende de deuil et de douleur, les ressentiments intérieurs sont plus violents qu'ils ne paroissent au dehors.

Les cris publics et la tristesse du visage des ministres qui se présentent au Louvre apprennent cette déplorable nouvelle à la Reine. Elle est blessée à mort du coup qui tue celui avec qui elle n'est qu'une même chose; son cœur est percé de douleur; elle fond en larmes, mais de sang, larmes plus capables de la suffoquer que de noyer ses ressentiments, si excessifs que rien ne la soulage et ne la peut consoler.

En cette extrémité, les ministres lui représentent que, les rois ne mourant pas[1], ce seroit une action digne de son courage de donner autant de trêve à sa douleur que le requéroit le bien du Roi son fils, qui

---

1. « M. le Chancelier, qui étoit lors au Conseil, où pareil avis étoit venu, étant monté vers elle (la Reine), la rencontra à la sortie et l'arrêta. Elle, dès qu'elle le vit, lui dit : « Hélas, « le Roi est mort. » Lui, sans faire semblant d'aucune émotion, repartit : « Votre Majesté m'excusera; les rois ne meurent « point en France. » (*Procès, examen et confession de Ravaillac;* Paris, J. Richer, 1611, in-8°, p. 5.) Ce passage a été reproduit presque textuellement dans le *Mercure françois* (t. I, fol. 423 v°).

ne pouvoit subsister que par son soin[1]. Ils ajoutent que les plaintes sont non seulement inutiles, mais préjudiciables aux maux qui ont besoin de prompt remède.

Elle cède à ces considérations et, bien qu'elle fût hors d'elle-même, elle s'y retrouve, et pour mettre ordre aux intérêts du Roi son fils, et pour faire une exacte perquisition des auteurs d'un si abominable crime que celui qui venoit d'être commis.

Chacun court au Louvre, en cette occasion, pour l'assurer de sa fidélité et de son service[2]; le duc de Sully, qui devoit plus à la mémoire du feu Roi, y rend le moins et manque à son devoir en ce rencontre.

Son esprit fut saisi d'une telle appréhension à la première nouvelle de la mort de son maître, qu'au lieu d'aller trouver la Reine à l'heure même, il s'enferma dans son Arsenal[3] et se contenta d'y envoyer sa femme[4], pour reconnoître comme il seroit reçu et la supplier d'excuser un serviteur qui n'avoit pu souffrir la perte de son maître sans être outré de douleur et perdre quasi l'usage de la raison[5].

---

1. *Var.* : Que par ses soins (H).
2. « En même temps, tous les grands de la cour... allèrent au Louvre saluer Monseigneur le Dauphin pour lui donner des assurances de leur fidélité et de leur service » (*Mémoires du duc d'Estrées*, éd. Michaud et Poujoulat, p. 375). Ces Mémoires furent composés à l'instigation de Richelieu, qui comptait y trouver des matériaux pour la rédaction de ses propres Mémoires.
3. L'Arsenal de Paris, où il logeait comme grand maître de l'artillerie.
4. Anne de Courtenay, qui avait épousé M. de Sully en 1583.
5. Le procédé du rédacteur des *Mémoires* est bien sensible dans ce passage, qui n'est que la paraphrase de ces lignes des *Mémoires du duc d'Estrées* (p. 375) : « On remarqua que M. de

La connoissance du grand nombre de gens qu'il avoit mécontentés, le peu d'assurance qu'il avoit des ministres dont le feu Roi s'étoit servi dans ses conseils avec lui, et la défiance ouverte en laquelle il étoit de Conchine, qu'il estimoit avoir grand pouvoir auprès de la Reine et qu'il croyoit avoir maltraité pendant sa puissance, lui firent faire cette faute.

Quelques-uns de ses amis n'oublièrent rien de ce qu'ils purent pour le conjurer de satisfaire à son devoir, passant par-dessus ces appréhensions et ces craintes; mais, comme les esprits les plus audacieux sont souvent les moins hardis et les moins assurés, il fut d'abord impossible de lui donner la résolution nécessaire à cet effet.

Il se représentoit que, quelque temps auparavant, il avoit parlé ouvertement contre Conchine, sur ce que n'ayant pas voulu laisser ses éperons, entrant au Palais, les clercs s'en étoient tellement offensés, qu'animés sous main par quelques personnes qui ne croyoient pas déplaire au Roi, ils s'attroupoient par la ville et faisoient contenance de chercher Conchine, pour tirer raison de l'injure qu'ils estimoient leur avoir été faite.

Sully... ne vint point au Louvre comme les autres, à quoi on trouva beaucoup à redire, et de ce qu'il envoya seulement sa femme pour reconnoître l'état des choses et faire ses excuses sur la douleur où il étoit d'avoir fait une si grande perte. » Les *Économies royales* donnent pour raison de cette retraite de Sully les observations qu'on lui fit de toutes parts, et notamment les conseils de Vitry, affirmant « qu'il y avoit bien de la suite en ce dessein (l'assassinat du Roi) » (éd. Michaud, t. II, p. 383). Comparez les récits analogues des *Mémoires du maréchal de Bassompierre*, t. I, p. 277, et du *Mercure françois*, t. I, fol. 425.

Les images qu'il avoit[1] présentes de ce qui s'étoit passé en ce rencontre, et le souvenir qu'en toutes les brouilleries qui avoient été entre Don Jean[2], oncle naturel de la Reine, et ledit Conchine, il avoit, au moins de paroles, suivant l'exemple du feu Roi et son inclination, favorisé le premier contre le dernier, le troubloient de telle sorte, qu'encore que, pendant la vie du feu Roi, il eût toujours eu particulière intelligence avec la Reine, il fut longtemps sans pouvoir s'assurer.

Sur le soir, Saint-Géran[3], qu'il avoit obligé et qui témoignoit être fort de ses amis, l'étant venu trouver, il le fit résoudre[4] à quitter son Arsenal et aller au Louvre.

Comme il fut à la Croix-du-Trahoir[5], ses appréhensions le saisirent de nouveau et si pressamment, sur quelque avis qu'il reçut en ce lieu, qu'il s'en retourna, avec cinquante ou soixante chevaux qui l'accompagnoient, à la Bastille, dont il étoit capitaine, et pria le sieur de Saint-Géran d'aller faire ses excuses à la Reine et l'assurer de sa fidélité et de son service.

Pendant ces incertitudes du duc de Sully, le Chan-

---

1. *Var.* : Les intrigues qu'il avoit (H).
2. Jean de Médicis (1567-1624), fils naturel du grand-duc Côme Ier et d'Éléonore Albizzi, accompagna en France Marie de Médicis, puis, ayant eu des difficultés avec Concini, s'en retourna en Italie.
3. Jean-François de la Guiche, seigneur de Saint-Géran, capitaine-lieutenant des gendarmes de la garde, maréchal de France en 1619, mort en 1632.
4. *Var.* : Il le fit enfin résoudre (M, H).
5. L'emplacement dit la Croix-du-Tiroir ou du-Trahoir se trouvait rue Saint-Honoré, à l'angle de la rue de l'Arbre-Sec, très proche du Louvre.

celier, le sieur de Villeroy[1] et le président Jeannin travailloient au Louvre à penser ce qui étoit le plus nécessaire en un tel accident.

Aussitôt qu'ils eurent un peu affermi l'esprit de la Reine, ils se retirèrent dans le Cabinet aux livres[2], où les secrétaires d'État[3], et le sieur de Bullion, qui dès lors étoit employé par le Roi en diverses occasions, se trouvèrent aussi.

On proposa tout ce qui se pouvoit faire pour assurer l'État en un tel changement, et si inopiné qu'il surprenoit tout le monde.

Tous demeurèrent d'accord que la régence de la Reine étoit le moyen le plus assuré d'empêcher la perte du Roi et du royaume, et que, pour l'établir, il n'étoit question que de mettre en effet, après la mort de ce grand Roi, ce qu'il vouloit pratiquer durant sa vie.

Il n'y avoit pas un de ces messieurs qui n'eût cer-

---

1. Nicolas de Neufville, seigneur de Villeroy (1542-1617), secrétaire d'État et ministre sous les règnes de Charles IX, Henri III, Henri IV et Louis XIII; il était alors chargé des affaires étrangères.

2. C'est la pièce dont Sully parle dans les *Économies*, et où, nous dit Ronsard, Catherine de Médicis avait amassé beaucoup d'anciens ouvrages « hébreux, grecs et latins, traduits et à traduire ». M. L. Delisle, dans le *Cabinet des manuscrits*, t. 1, p. 207, 209 et 217, et surtout M. Rathery, dans sa *Notice historique sur l'ancien cabinet du roi et sur la bibliothèque impériale du Louvre* (1858), ont parlé de ce « cabinet des livres ».

3. Il y avait alors quatre secrétaires d'État en exercice : Martin Ruzé, seigneur de Beaulieu, pourvu de cette charge depuis le 15 septembre 1588; Pierre Forget, seigneur de Fresnes, et Louis Potier de Gesvres, nommés en 1589; Pierre Brûlart, vicomte de Puyzieulx, secrétaire d'État en survivance de Villeroy depuis 1606.

taine connoissance de l'intention qu'avoit ce prince de laisser la régence à la Reine pendant son voyage.

Ils savoient tous semblablement qu'il n'eût pas oublié, dans le pouvoir qu'il lui en eût laissé, de la déclarer telle au cas qu'il plût à Dieu l'appeler de ce monde pendant son voyage.

La pratique ordinaire le requéroit ainsi, et la raison ne lui eût pas permis d'en user autrement, étant certain que, s'il jugeoit son gouvernement utile pendant sa vie, il l'eût assurément jugé nécessaire après sa mort.

Il connoissoit trop bien la différence qu'il y a entre la liaison que la nature met entre une mère et ses enfants, lorsqu'ils sont en bas âge, et celle qui se trouve entre un roi enfant et les princes qui, étant ses héritiers, pensent avoir autant d'intérêt en sa perte qu'une mère en sa conservation.

En un mot, le Roi avoit si souvent appelé la Reine Madame la Régente, lui avoit tant de fois témoigné publiquement que le commencement de son gouvernement seroit celui de sa misère[1], qu'il étoit impossible de ne savoir pas qu'il la destinoit pour gouverner le royaume après sa vie, si Dieu l'appeloit auparavant que Monsieur le Dauphin eût assez d'âge pour le faire lui-même[2]. Il n'étoit question que de justifier la volonté de ce grand prince au public, par la déclaration que chacun savoit qu'il devoit faire en faveur de la Reine avant que d'entreprendre son voyage.

---

1. Ci-dessus, p. 22.
2. Louis XIII, né le 27 septembre 1601, n'avait pas encore neuf ans au moment où mourut son père.

Tous convinrent que c'étoit le meilleur expédient. Les sieurs de Villeroy et président Jeannin soutinrent qu'il s'en falloit servir; Villeroy offrit de dresser la déclaration et la signer; mais le Chancelier, qui avoit le cœur de cire, ne voulut jamais la sceller. Il connoissoit aussi bien que les autres ce qui étoit nécessaire; mais il n'avoit ni bras ni mains pour le mettre en exécution. Il dit ouvertement[1] à ceux qu'il pouvoit rendre confidents de sa crainte[2], qu'il lui étoit impossible de s'ôter de la fantaisie que, s'il scelloit cette déclaration, le comte de Soissons[3] s'en prendroit à lui et le tueroit. Il falloit en cette occasion mépriser sa vie pour le salut de l'État; mais Dieu ne fait pas cette grâce à tout le monde. La chose étoit juste; tout ce qu'il falloit faire avoit pour fondement la raison et la vérité; nul péril ne devoit détourner si bonne fin[4], et qui eût eu cœur et jugement tout ensemble, eût bien compris[5] qu'il n'y avoit rien à craindre. Mais ce vieillard aima mieux exposer l'État en péril que de manquer à ce qu'il estimoit pouvoir servir à la sûreté de sa personne; pour avoir trop de soin de ses intérêts, il méprisa ceux de son maître et du public tout ensemble.

Le Parlement n'en fit pas de même : au contraire,

---

1. L'édition de 1730 dit : « hautement ».
2. Les trois manuscrits portent tous ici en marge la mention : « A Bullion. » M. Avenel (*Journal des Savants*, février 1859, p. 124, note 2) a pensé que cette mention dans le manuscrit B pouvoit être de la main même du Cardinal.
3. Charles de Bourbon (1566-1612), comte de Soissons, appelé ordinairement Monsieur le Comte, fils de Louis Ier, prince de Condé, et de Françoise d'Orléans-Longueville.
4. *Var.* : Le détourner d'une si bonne fin (H).
5. Édition de 1730 : « eût bien connu ».

l'intérêt public lui fit passer par-dessus les bornes de son pouvoir pour assurer la régence à la Reine, bien que les parlements ne se fussent jamais mêlés de pareilles affaires.

Pendant l'agitation et les difficultés qui se trouvoient aux premiers moments d'un si grand changement, comme ceux qui se noient se prennent, durant le trouble où ils sont, à tout ce qu'ils estiment les pouvoir sauver, la Reine envoya sous main, par l'avis qui lui en fut donné, avertir le premier président[1] de Harlay[2], homme de tête et de courage, et qui lui étoit affectionné, d'assembler promptement la cour, pour faire ce qu'ils pourroient en cette occasion pour assurer la régence.

Ce personnage, travaillé de ses gouttes, n'eut pas plus tôt cet avis qu'il sortit du lit et se fit porter aux Augustins[3], où lors on tenoit le Parlement, parce que

1. *Var.* : Avertir le président (H).
2. Achille 1er de Harlay (1536-1619) succéda en 1572 à Christophe de Harlay, seigneur de Beaumont, son père, en qualité de président à mortier au parlement de Paris, et en 1582 à Christophe de Thou, son beau-père, comme premier président. De tout temps attaché à la cause de Henri IV, il fut l'un des chefs des « Politiques » au temps de la Ligue ; il se démit de ses fonctions en 1616. C'était le cousin germain du père de Harlay-Sancy, évêque de Saint-Malo, qui fut le « Secrétaire des Mémoires » (voyez les *Rapports et notices sur l'édition des Mémoires du cardinal de Richelieu*, fascicule I, p. 47 et suivantes).
3. Le couvent des Grands-Augustins occupait l'emplacement compris entre le quai, la rue Dauphine, la rue des Grands-Augustins et la rue Christine. Les grandes salles du couvent servirent, pendant le xviie et le xviiie siècle, aux chapitres généraux de l'ordre du Saint-Esprit, aux audiences du Parlement ou de la Chambre des comptes quand le Palais

l'on préparoit la grande salle du Palais pour y faire le festin de l'entrée de la Reine. Les chambres ne furent pas plus tôt assemblées, que le duc d'Épernon s'y présente et leur témoigne comme le Roi avoit toujours eu intention de faire la Reine régente.

Les plus sages représentoient les maux qui pouvoient arriver, si l'on apercevoit un seul moment d'interruption en l'autorité royale et si l'on pouvoit croire que Dieu, nous privant du feu Roi, nous eût privés de la règle et discipline nécessaire à la subsistance de l'État.

Ils conclurent tous qu'il valoit mieux faire trop que trop peu en cette occasion, où il étoit dangereux d'avoir les bras croisés, et qu'ils ne sauroient être blâmés de déclarer la volonté du Roi, puisqu'elle leur étoit connue, et à tous ceux qui avoient l'honneur de l'approcher.

Sur ce fondement et autres semblables, ils passèrent en ce rencontre très utilement les bornes de leur pouvoir ; ce qu'ils firent plutôt pour donner l'exemple[1] de reconnoître la Reine régente, que pour autorité qu'ils eussent d'y obliger le royaume en vertu de leur arrêt, qu'ils prononcèrent dès le soir même[2].

était en réparation, aux assemblées générales du clergé, et même aux États généraux, comme en 1614.

1. Les trois manuscrits portent en marge de ce passage la citation suivante : « Bono magis exemplo quam concesso jure. Tacit., l. I. Ann. » Dans le chapitre xxxviii du livre I de ses *Annales*, auquel est empruntée cette citation, Tacite raconte que le préfet Mennius, pour réprimer une sédition militaire, fit mettre à mort deux soldats, quoique ce châtiment dépassât ses pouvoirs.

2. Il est à remarquer combien le rédacteur insiste sur l'excès

Le lendemain 15ᵉ mai, la Reine vint en cet auguste sénat, où elle conduisit le Roi son fils, qui, séant en son lit de justice, par l'avis de tous les princes, ducs, pairs et officiers de la couronne, suivant les intentions du feu Roi son père, dont il fut assuré par ses ministres, commit et l'éducation de sa personne et l'administration de son État à la Reine sa mère, et approuva l'arrêt que le Parlement avoit donné sur ce sujet le jour auparavant.

En cette occasion, la Reine parla plus par ses larmes que par ses paroles; ses soupirs et ses sanglots témoignèrent son deuil, et peu de mots entrecoupés une extrême passion de mère envers son fils et son État. Elle alla du Palais droit à l'église cathédrale, pour consigner le dépôt qu'elle avoit reçu entre les mains de Dieu et de la Vierge, et réclamer leur protection.

M. le comte de Soissons, qui s'étoit retiré en une de ses maisons avant la mort du feu Roi pour ne vouloir pas consentir que la femme du duc de Vendôme, fils naturel du Roi, portât au couronnement de la Reine une robe semée de fleurs de lis[1], comme les princesses

---

de pouvoir commis par le Parlement en la circonstance. La même idée a déjà été exprimée plus haut (p. 57-58); cette critique est d'ailleurs pleinement d'accord avec l'opinion attribuée ci-dessus à Henri IV (p. 29, note 1, et p. 30).

1. C'est à Blandy que le comte de Soissons s'était retiré avec la comtesse, « fort mal satisfait du Roi », non seulement « parce qu'ayant prétendu que, sur le manteau que les princesses du sang porteroient au couronnement de la Reine, il devoit y avoir quelques rangs de fleurs de lys plus qu'à celui de Mᵐᵉ de Vendôme, pour y mettre de la différence, le Roi ne l'avoit jamais voulu », mais encore « pour le refus de la lieutenance générale de l'armée du Roi, destinée pour le prince

du sang, ce que le Roi désiroit avec une passion déréglée, s'étoit mis en chemin pour retourner à la cour, dès qu'il eut reçu la triste nouvelle de la mort du Roi. Il ne fit pas si grande diligence à revenir, que celle des bons François à faire déclarer la Reine régente ne le prévînt; il apprit à Saint-Cloud que c'en étoit fait. Cet avis l'étonne et le fâche; il ne laisse pas pourtant d'arriver à Paris le lendemain[1].

D'abord il jette feu et flamme; premièrement, il se plaint de ce que cette résolution avoit été prise et exécutée en son absence[2]; il dit que, par cette précipitation, on lui a ôté le gré du consentement qu'il y eût, disoit-il, apporté, ainsi qu'il avoit promis à la Reine de longtemps[3]. Passant outre, il soutient en ses discours que la régence est nulle, qu'il n'appartient point au Parlement de se mêler du gouvernement et

---

Maurice... ». (*Mémoires de Fontenay-Mareuil*, éd. Michaud, p. 16.) Il ne faut pas oublier que les Mémoires de Fontenay-Mareuil n'ont été écrits qu'après la mort de Richelieu.

1. En marge des trois manuscrits figure la note suivante : « Le comte de Soissons arriva à Paris le 15e ou le 16e mai. » D'après le *Mercure françois* (t. I, fol. 439 v°), ce fut le 16 mai, et d'après Bassompierre (t. I, p. 281) le 18. L'Estoile et Pontchartrain s'accordent sur la date du lundi 17. Nous adoptons cette dernière, formellement donnée par une lettre de Bouthillier à Richelieu du samedi 22 mai (Aff. étr., France 767, fol. 205).

2. Ce passage semble emprunté aux *Mémoires du duc d'Estrées*, éd. Michaud, p. 375 : « M. le comte de Soissons, arrivant à Saint-Cloud, apprit cette nouvelle et témoigna quelque ressentiment de ce que toutes les résolutions avoient été prises en son absence et sans sa participation, et lui eût ôté l'avantage d'y donner son consentement, qu'il y auroit sans doute apporté à cause des liaisons étroites qu'il avoit avec la Reine. »

3. *Var. :* Dès longtemps (H).

de la direction du royaume, moins encore de l'établissement d'une régence, qui ne pouvoit être établie que par le testament des rois, par déclaration faite de leur vivant, ou par assemblée des États généraux. Il ajoute que, quand même le Parlement pourroit prétendre le pouvoir de délibérer et ordonner de la régence, ce ne pourroit être qu'après avoir dûment averti et appelé les princes du sang, ducs, pairs et grands du royaume, comme étant la plus importante affaire de l'État, ce qui n'avoit pas été pratiqué en cette occasion.

Poursuivant sa pointe, il dit que, depuis que la monarchie française est établie, il ne se trouve aucun exemple d'une pareille entreprise; que le pouvoir du Parlement est restreint dans les bornes de l'administration de la justice, qui ne s'étend point à la direction générale de l'État; qu'au reste la pratique ordinaire étoit que les mères des rois avoient l'éducation de leurs enfants, et que le gouvernement en appartenoit aux princes du sang, à l'exclusion de tous autres.

Les ministres s'opposoient le plus doucement qu'il leur étoit possible à ses prétentions; ils jugeoient bien que, s'il avoit son compte, la Reine n'auroit pas le sien, ni eux aussi; mais, d'autre part, ils appréhendoient l'indignation d'un homme de sa qualité et désiroient le contenter. Ils se déchargeoient, autant qu'il leur étoit possible, sur le Parlement[1], qu'ils soutenoient, à cet effet, avoir fait la déclaration de la régence de son propre mouvement, sans y être suscité de personne. Ils excusoient ensuite cette célèbre compagnie,

---

1. Les trois mots : *sur le Parlement* sont ajoutés en interligne dans le manuscrit B.

disant¹ qu'en une action si-importante elle n'avoit pas dû tant considérer son pouvoir comme la nécessité de prévenir les maux qui pouvoient² arriver dans l'incertitude de l'établissement d'une régence ; que, voyant Monsieur le Prince³ hors du royaume, Monsieur le Comte hors de la cour mécontent⁴, le prince de Conti⁵ seul présent, mais comme absent par sa surdité et par l'incapacité de son esprit, qui étoit connue de tout le monde, on n'avoit pu faire autre chose que ce qui

1. Ce mot *disant* a été ajouté en marge du manuscrit B par une main que M. Avenel croit être celle de Richelieu lui-même (*Journal des Savants*, février 1859, p. 124, note 2).

2. *Var.* : Pourroient (H).

3. Henri II, prince de Condé (1588-1646). On a vu plus haut (p. 26, note 1) quel avait été le motif de son exil volontaire. Plusieurs lettres de Villeroy, adressées à Villiers-Hotman, affirment que le Roi lui avait offert son pardon s'il revenait à la cour, l'autorisant même à laisser la Princesse et sa sœur à Bréda, et laissent entendre que les avances de l'Espagne avaient été pour beaucoup dans son départ (Lettres de Villeroy des 31 janvier, 22 février et 1ᵉʳ mars 1610 : Bibl. nat., ms. Franç. 4030, fol. 45 v°, 56 et 58 v°). Sans parler du jugement, peut-être partial, que le Roi porte de lui dans le *Discours... du 27 octobre 1609...* (reproduit à l'Appendice), ni de ses mœurs universellement blâmées, il était tout au moins singulier, si l'on ajoute foi au dire d'un contemporain anonyme (Brunet, *Nouveau siècle de Louis XIV*, p. 15) : « Monsieur le Prince, père du grand Condé, s'imaginoit être quelquefois oiseau et d'autres fois sanglier, et se cachoit sous les lits et sous les tables comme s'il avoit été dans les forêts. »

4. Le mot *mécontent* n'est pas dans les manuscrits M et H.

5. François de Bourbon, prince de Conti (1558-1614), fils de Louis de Bourbon, prince de Condé, et d'Éléonore de Roye, marié : 1° en janvier 1582 à Jeanne de Coesme ; 2° le 24 juillet 1605 à Louise-Marguerite de Lorraine-Guise : ci-dessus, p. 44, note 3.

s'étoit fait, étant impossible d'attendre le retour de ces princes sans un aussi manifeste péril pour l'État que celui d'un vaisseau qui seroit longtemps à la mer sans gouvernail.

Ils ajoutoient en outre que le bien de l'État, préférable à toutes choses, avoit requis qu'on prévînt les diverses contentions qui fussent nées, sans doute, entre les princes du sang sur ce sujet, si on les eût attendus; que le Parlement n'avoit point tant prétendu établir la régence de la Reine par son autorité, comme déclarer que la volonté du feu Roi avoit toujours été que le gouvernement fût entre ses mains, non seulement en son absence pendant son voyage, mais en cas qu'il plût à Dieu disposer de lui; que l'action du Parlement, ainsi interprétée, étoit dans l'ordre et les formes accoutumées à telles compagnies, qui ont toujours enregistré les déclarations des régences que les rois ont faites, quand ils se sont absentés de leur royaume, ou lorsque la mort les en a privés en les tirant du monde; que les rois mêmes à qui la couronne tomboit sur la tête en bas âge ne se déclaroient jamais majeurs qu'en faisant la première action de leur majorité dans leur Parlement; enfin, que le Roi, accompagné de la Reine sa mère et de tous les grands qui étoient lors auprès de lui, ayant été, le lendemain du malheur qui lui étoit arrivé, en son Parlement, pour y déclarer, comme il avoit fait séant en son lit de justice, que, suivant l'intention du feu Roi son père, sa volonté étoit que la Reine sa mère eût la régence de son royaume, il n'y avoit rien à redire[1] à ce qui s'étoit passé.

1. *Var.* : Rien à dire (H).

Cependant, sans s'amuser au mécontentement et aux plaintes de Monsieur le Comte[1], la Reine fait voir que, si jusques alors elle ne s'étoit mêlée des affaires, ce n'étoit pas qu'elle n'en eût la capacité, puisqu'elle prend en main le gouvernement de l'État, pour conduire ce grand vaisseau jusques à ce que le Roi son fils pût ajouter le titre et l'effet de pilote à celui que sa naissance lui donnoit d'en être le maître. Considérant que la force du prince est autant en son Conseil qu'en ses armes, pour suivre en tout ce qui lui seroit possible les pas du feu Roi son seigneur, elle se sert de ceux qu'elle trouve avoir été employés par lui au maniement des affaires et continue auprès de la personne du Roi son fils tous ceux qui avoient été choisis pour son institution[2] par le Roi son père.

Prières publiques[3] sont faites par toute la France pour celui qu'elle avoit perdu; on en fait de particulières au Louvre; la Reine y vaque si assidûment, que ce sujet, sa douleur et les soins qu'elle prend de l'avenir la privent de repos presque neuf nuits consécutives.

Elle s'emploie à la perquisition des complices de celui qui, donnant la mort au Roi, l'avoit privée de la douceur de sa vie. On avoit expressément garanti ce misérable de la fureur du peuple, afin qu'en lui arrachant le cœur on découvrît la source de son entreprise détestable.

Ce monstre fut interrogé par le président Jeannin et

---

1. Ce mot « Comte », laissé en blanc par le copiste du manuscrit B, a été ajouté après coup, soit par Richelieu, soit par son secrétaire, Charpentier.
2. Édition 1730 : « Pour son instruction ».
3. *Var.* : Les prières publiques (M, H).

le sieur de Boissise[1], personnages du Conseil des plus affidés à ce grand prince, qui les avoit toujours employés ès plus importantes affaires de l'État. Par après, il fut mis entre les mains du parlement de Paris, ce qu'il suffit de rapporter pour faire connoître qu'on n'oublia rien de ce qui se pouvoit pour savoir l'origine de ce forfait exécrable. On ne put tirer de lui autre chose, sinon que le Roi souffroit deux religions en son État et qu'il vouloit faire la guerre au Pape[2], en considération de quoi il avoit cru faire une œuvre agréable à Dieu de le tuer; mais que, depuis avoir commis cette maudite action, il avoit reconnu la grandeur de son crime[3].

Il est interrogé à diverses fois; on l'induit par espérance, on l'intimide par menaces, on lui représente que le Roi n'est pas mort, on se sert de tourments et de peines pour arracher de lui la vérité; il est appliqué à la question extraordinaire la plus rigoureuse qui se donne.

D'autant qu'on juge que, sur le point qu'on doit par-

1. Jean de Thumery, sieur de Boissise (1549-1625), conseiller au parlement de Paris en 1573, puis conseiller d'État; ambassadeur à Londres de 1598 à 1602, il fut chargé en 1609 d'une mission près des princes allemands à l'assemblée de Hall à propos de la succession de Clèves et de Juliers, prit part aux négociations qui amenèrent la paix accordée en 1614 au prince de Condé à Sainte-Menehould, et fut envoyé comme ambassadeur en Hollande en 1618.
2. Paul V (Camille Borghèse), pape de 1605 à 1621.
3. En marge des trois manuscrits se trouve cette citation : « Perfecto demum scelere magnitudo ejus intellecta est. Tacit., l. XIV. » Cette citation du chapitre x du quatorzième livre des *Annales* a trait dans l'auteur latin aux remords qu'éprouva Néron après l'assassinat d'Agrippine.

tir de ce monde, rien n'est plus fort que les considérations de la vie ou de la mort de l'âme immortelle, Le Clerc[1] et Gamache[2], deux des lecteurs de la Sorbonne, docteurs de singulière érudition et de probité du tout exemplaire, sont appelés; ils lui représentent l'horreur de son crime, lui font voir qu'ayant tué le Roi, il a blessé à mort toute la France, qu'il s'est tué lui-même devant Dieu, duquel il ne peut espérer aucune grâce si son cœur n'est pressé de l'horreur de sa faute et s'il ne déclare hautement ses complices et ses adhérents. Ils lui font voir le paradis fermé, l'enfer ouvert, la grandeur des peines qui lui sont préparées; ils l'assurent de deux choses fort contraires, de la rémission de sa faute devant Dieu, s'il s'en repent, comme il doit, et en déclare les auteurs, comme il est tenu en sa conscience; d'autre part, de la damnation éternelle, s'il cèle la moindre circonstance importante en un fait de telle conséquence, et lui dénient l'absolution, s'il ne satisfait à ce qu'ils lui ordonnent de la part de Dieu.

Il dit hautement, au milieu des tourments et hors

1. Antoine Le Clerc, sieur de la Forest (1563-1628), qui abjura le calvinisme en 1595 et se fit connaître par de nombreux écrits historiques et théologiques. Ni L'Estoile, ni le *Mercure françois*, ni le procès-verbal de l'interrogatoire et de l'exécution de Ravaillac n'en font mention comme ayant été appelé auprès de l'assassin de Henri IV; ils citent Jean Filesac, théologal de Notre-Dame et curé de Saint-Jean-en-Grève, et Gamache.

2. Philippe de Gamache (1568-1625), lecteur du Roi en théologie, docteur en Sorbonne et abbé de Saint-Julien de Tours, déplut fort dans la suite à Richelieu pour avoir pris la défense du livre de Richer: *De Ecclesiastica et politica potestate*.

d'iceux, qu'il est content d'être privé d'absolution, et demeurer coupable de l'exécrable attentat dont il se repentoit, s'il cèle quelque chose qu'on veuille savoir de lui. Il se déclare entre les hommes le seul criminel du forfait qu'il avoit commis; il reconnoît bien, en l'état auquel il étoit, que ce damnable dessein lui avoit été suggéré par le malin esprit, en ce qu'un homme noir s'étant une fois apparu à lui, il lui avoit dit et persuadé qu'il devoit entreprendre cette action abominable; que, depuis, il s'étoit plusieurs fois repenti d'une si détestable résolution, qui lui étoit toujours revenue en l'esprit jusqu'à ce qu'il l'eût exécutée. Ensuite de ce que dessus, il permit que sa confession fût révélée à tout le monde, pour donner plus de connoissance de la vérité de ce fait. En un mot, toutes ses actions font que cet auguste sénat, qui avoit examiné sa vie pour condamner son corps[1], et ces deux docteurs, qui l'avoient épluchée pour sauver son âme, conviennent, en cette croyance, qu'autre n'est auteur de cet acte que ce misérable, et que ses seuls conseillers ont été sa folie et le diable.

Il y eut, à mon avis, quelque chose d'extraordinaire en la mort de ce grand prince; plusieurs circonstances, qui ne doivent pas être passées sous silence, donnent lieu de le croire. La misérable condition de ce maudit assassin, qui étoit si vile que son père et sa mère vivoient d'aumônes et lui de ce qu'il pouvoit gagner à apprendre à lire et à écrire aux petits enfants[2] d'An-

---

1. En marge des trois manuscrits se trouve ici la note suivante : « Il fut exécuté à mort le 27ᵉ mai. »
2. *Var.* : Aux enfants (M, H).

goulême, doit être considérée en ce sujet ; la bassesse de son esprit, qui étoit blessé de mélancolie et ne se repaissoit que de chimères et de visions fantastiques, rend la disgrâce du Roi d'autant plus grande, qu'il n'y avoit pas apparence de croire qu'un homme si abject eût pu se rendre maître de la vie d'un si grand prince, qui, ayant une armée puissante sur sa frontière pour attaquer ses ennemis au dehors, a, dans le cœur de son royaume, le cœur percé par le plus vil de ses sujets.

Dieu l'avoit jusques alors miraculeusement défendu de semblables attentats, comme la prunelle de son œil. Dès l'an 1584[1], le capitaine Michau vint expressément des Pays-Bas pour l'assassiner[2]. Rougemont

---

1. Toute l'énumération qui va suivre est empruntée au *Mercure françois*, t. I, fol. 437 v°.

2. Nous croyons intéressant de reproduire textuellement le récit de cette aventure peu connue. Henri IV était alors retenu à Bazas, où il attendait que le maréchal de Matignon se fût emparé du fort de Casse : « Lors il se présenta au service du Roi un nommé le capitaine Michau, soi-disant être fort mal content du prince Guillaume d'Orange, et qu'il le venoit servir. Cependant, un ministre de la religion prétendue réformée, envoyé de Poitiers, avoit averti le Roi de s'en prendre garde, et qu'il étoit venu avis que ce capitaine Michau, remarqué pour être borgne de l'œil droit, ne prétendoit rien moins que de faire sauter la vie du Roi ; c'étoient les mots dont il avoit usé, en faisant sa paction avec ceux qui l'envoyoient des Pays-Bas. Le Roi, bien averti, s'en tenoit sur ses gardes ; mais, chassant aux forêts d'Aillas, ce capitaine Michau, bien monté, se trouva aux talons du Roi, et le Roi seul, qui, lors s'apercevant et le voyant si près de lui, fit un trait de sa générosité. Il lui dit : « Capitaine Michau, mets pied à terre ; je veux « essayer ton cheval, s'il est si bon que tu dis. » Le capitaine Michau se trouve étonné, se présente, met pied à terre, aide

fut sollicité pour le même effet et en eut dessein en l'an 1589[1]. Barrière, en 1593, osa bien entreprendre sur sa personne[2]. Jean Châtel, en 1594, le blessa d'un coup de couteau[3].

à monter le Roi, lequel, trouvant deux pistoles bandées et amorcées à l'arçon, les met à sa main, lui demande s'il en vouloit tuer quelqu'un, que l'on lui avoit dit qu'il vouloit le tuer, mais que, s'il vouloit, qu'il le tueroit bien lui-même; puis le Roi tira les pistoles en l'air et lui commanda de le suivre, montant sur le cheval du Roi. Et ainsi, étant arrivé à Bazas, deux jours après prit congé du Roi, après beaucoup d'excuses, et s'en alla. » (*Arrest de la court de Parlement contre le très meschant parricide François Ravaillac, avec un bref sommaire de tous les très meschans parricides qui ont par cy-devant attenté contre la personne de très heureuse mémoire Henry IIII, roy de France et de Navarre;* Rouen, J. Petit, s. d., in-8°, p. 7.)

1. Rougemont sollicité, dit le *Mercure françois*, par « le petit Feuillant », c'est-à-dire par le Frère Bernard, l'un des prédicateurs les plus acharnés du parti ligueur, ne mit pas son dessein à exécution et dévoila le complot à la Noue.

2. Pierre Barrère, ou Barrière, dit La Barre, né à Orléans en 1566, d'abord batelier, puis soldat, fut encouragé dans son dessein, au dire de L'Estoile (t. VI, p. 81-82), par le jésuite Claude de Varades et par Aubry, curé de Saint-André-des-Arcs. Signalé au Roi par un gentilhomme venant de Lyon, il fut aperçu à Melun, le 26 août 1593, devant la maison où Henri IV était descendu. On l'arrêta le lendemain à la porte de la ville, comme il y rentrait, et l'on trouva sur lui un couteau d'un pied de long, à deux tranchants, « caché en ses chausses sous sa chemise ». Il prétendit avoir voulu se servir « d'un pistolet chargé de deux balles, avec un carreau d'acier qu'il esmorceroit de poudre fricassée et posée sur le feu, dedans laquelle il mêleroit du soufre, afin qu'elle ne faillît à prendre feu » (Bibl. nat., ms. Dupuy 88, f. 13). Il fut exécuté à Melun le 31 août. Voyez l'*Extraict du procès criminel faict à Pierre Barrière...;* Melun, 1593, in-8°.

3. Ce jeune garçon, nommé Jean Châtel, âgé de dix-neuf

En 1597, Davesnes[1], Flamand, et un laquais lorrain[2] furent exécutés pour un semblable dessein, que plusieurs autres ont encore eu[3], tous sans effet par la spéciale protection de Dieu. Et maintenant, après tant de dangers heureusement évités, après tant d'entre-

ans, était fils d'un drapier de Paris; il blessa le Roi à la lèvre et aux dents d'un coup de couteau le 27 décembre 1594. Henri IV « crut que c'étoit une folle appelée Mathurine, à laquelle il dit : « Au diable soit la folle! je crois qu'elle m'a « blessé », personne ne s'étant aperçu du coup » (*Mémoires de Cheverny*, éd. Michaud, 1re série, t. X, p. 540). Quoique Jean Châtel n'eût rien avoué, pas même au lieutenant criminel, qui, s'étant déguisé en moine, le confessa, les Jésuites, chez lesquels il avait fait sa philosophie au collège de Clermont, furent accusés de complicité et bannis du royaume, et le P. Guignard, qui avait approuvé le meurtrier, fut lui-même pendu en place de Grève.

1. Davesnes avoua qu'il était venu par trois fois de Flandre pour tuer Henri IV, mais qu'ayant assisté à sa conversion à Saint-Denis en juillet 1593, il n'en avait pas eu le courage, « voyant que le Roi étoit bon catholique ». Il avait néanmoins eu l'intention de le tuer à Brie-Comte-Robert, au retour d'une chasse; mais il fut dénoncé et arrêté.

2. C'est aussi en 1593 que fut exécuté en place de Grève ce laquais lorrain, dont le duc de Lorraine avait dénoncé les intentions à Henri IV. Pour être complète, cette liste de tentatives d'assassinat dirigées contre le Roi devrait comprendre en outre celle d'un Italien, trahi en 1599 par un capucin de Milan, et celle de Nicole Mignon, hôtelière à Saint-Denis, qui, en mai 1600, tenta de s'introduire dans la chambre du Roi pour répandre sur le lit une certaine eau qui devait lui causer une maladie de langueur suivie de mort; le comte de Soissons, auquel elle avait offert la couronne s'il l'aidait dans son entreprise, la dénonça.

3. Le manuscrit B portait d'abord « encore vu », corrigé en « encores eu. » — *Var.* : Que plusieurs autres ont vu tous sans effet (M, H).

prises contre sa personne, lorsqu'il est florissant et victorieux, et qu'il semble être au-dessus de toute puissance humaine, Dieu, tout à coup, par un conseil secret, l'abandonne et permet qu'un misérable ver de terre, un insensé sans conduite et sans jugement, le mette à mort.

Cinquante-six ans auparavant ce funeste accident, à pareil jour que celui auquel il arriva, le 14ᵉ mai, en 1554, le roi Henri II, ayant trouvé de l'embarras en la rue de la Ferronnerie[1], qui l'avoit empêché de passer, fit une ordonnance[2] par laquelle il enjoignoit de faire abattre toutes les boutiques qui sont du côté du cimetière de Saint-Innocent[3], afin que le chemin fût plus ouvert pour le passage des rois ; mais un mauvais démon[4] empêcha l'effet de cette prévoyance.

Camerarius, mathématicien allemand et de réputation[5], fit imprimer un livre, plusieurs années avant la

---

1. Cette rue, qui, continuant la rue Saint-Honoré, longeait au sud le cimetière des Innocents, faisait partie de la grande artère conduisant de la porte Saint-Honoré à la Bastille.
2. En date du 14 mai 1554. Voyez le *Mercure françois*, t. I, fol. 435, auquel tout ce passage est emprunté, et les réflexions du rédacteur.
3. L'église et le cimetière des Innocents étaient situés sur l'emplacement occupé dans la suite par le marché et la fontaine du même nom. C'est en 1786 que l'église et les charniers furent démolis.
4. Édition de 1730 : « un démon ».
5. Jean-Rodolphe Camerarius (en allemand Cammermeister), médecin et astrologue, est l'auteur d'un ouvrage imprimé en 1607 à Francfort sous le titre : *Horarum natalium centuria una;* il était prédit dans ce livre que Henri IV mourrait de mort violente à l'âge de cinquante-six ans, neuf mois et vingt-un jours. Le rédacteur du *Mercure françois*, qui a eu cet ouvrage

mort du Roi, dans lequel, entre plusieurs nativités, il mit la sienne, en laquelle il lui prédisoit une mort violente par attentat des siens[1].

Cinq ans avant ce parricide coup, les habitants de Montargis envoyèrent au Roi un billet qu'un prêtre avoit trouvé sous la nappe de l'autel en disant la messe, qui désignoit l'an, le mois, le jour et la rue où cet assassinat devoit être commis[2].

On imprima dans Madrid, en 1609, un pronostic de l'an 1610, qui contenoit divers effets qui devoient arriver en diverses parties du monde, et particulièrement en l'horizon de Barcelone et Valence. Ce livre, composé par Jérôme Oller[3], astrologue et docteur en

---

entre les mains, dit que Henri IV devait, d'après Camerarius, mourir dans sa cinquante-septième année; en fait, il mourut à cinquante-six ans et cinq mois.

1. En marge dans les manuscrits M et H : « Pronostications sur la mort de Henri le Grand. »

2. D'après L'Estoile (*Mémoires-Journaux*, t. X, p. 351-352), cet événement aurait eu lieu le 15 octobre 1607. Pierre Matthieu, dans son *Histoire de la mort déplorable de Henry IIII* (p. 56), rapporte le même fait. Il était pourtant de pure invention au dire du sieur d'Autreville, qui assure avoir fait lui-même une enquête sur les lieux (*Estat général des affaires de France sur tout ce qui s'est passé tant dedans que dehors le royaume depuis la mort déplorable de Henry le Grand...*; Paris, 1617, in-8°, p. 22).

3. Nous n'avons pu retrouver aucune mention de Jérôme Oller ni de sa prophétie en dépit de recherches activement poursuivies à Valence et à Madrid. Les PP. de Backer signalent bien dans leur *Bibliothèque des auteurs de la Compagnie de Jésus* (t. II, col. 1611) un professeur de théologie au collège de Saragosse du nom de Raphael Oller, né à Majorque, mort à Minorque en 1621, mais qui n'est connu que comme auteur de la table formant le tome VII des *Annales* de Jérôme Zurita. Quant

théologie, dédié au roi Philippe III[1], imprimé à Valence avec permission des officiers royaux et approbation des docteurs, porte exprès en la page 5ᵉ :
Dichos daños empeçaran los primeros de henero el presente anno 1610, y duraran toda la quarta hyemal y parte del verano, señal de la muerte d'un principe o rey, el qual nacio en el anno 1553, a 14 decembre a 1 hora 52 minutes de media noche : qui rex, anno 19 œtatis suœ fuit detentus sub custodiâ, deinde relictus fuit : tiene este rey 24 grados de libra por ascendente y viene en quadrado preciso del grado y signo donde se hizo eclipse que le causara muerte o enfermedad de grande consideracion.

Cinq ou six mois avant la mort du Roi, on manda d'Allemagne à M. de Villeroy qu'il courroit très grande fortune le 14 mai, jour auquel il fut tué. De Flandre on écrivit, du 12 mai, à Roger[2], orfèvre et valet de

---

à la prédiction, Pierre Matthieu (*Histoire déplorable...*, p. 57) y fait allusion en écrivant : « Durant l'appareil du couronnement, on lui montra [à Henri IV] une prédiction venue d'Espagne, qui portoit qu'un grand Roi, qui avoit été prisonnier en sa jeunesse, mourroit au mois de mai. Il dit que c'étoit des artifices des Espagnols pour troubler le couronnement, et qu'on leur devoit renvoyer l'étœuf par pareil avis. »

1. Philippe III (1578-1621) avait succédé à son père Philippe II, comme roi d'Espagne, en 1598.

2. Nicolas Roger, l'un des seize valets de chambre « à neufvingts livres » d'appointements de Marie de Médicis, entré à son service en 1601 et démis de sa charge en 1626 (*État manuscrit de la maison de Marie de Médicis;* bibl. Sainte-Geneviève, ms. 848, fol. 245 et suivants). Il était en même temps orfèvre de la Reine, comme nous le confirme l'« Inventaire des pièces, meubles et hardes que la Reine régente a fait prendre et choisir parmi les besognes que le feu Roi... a fait venir de

chambre de la Reine, une lettre par laquelle on déploroit la mort du Roi, qui n'arriva que le 14.

Plusieurs[1] semblables lettres de même date[2] furent écrites à Cologne et en d'autres endroits d'Allemagne, de Bruxelles, d'Anvers et de Malines[3].

Et, plusieurs jours avant sa mort, on disoit à Cologne qu'il avoit été tué d'un coup de couteau[4]; les

Pau..., dont avoit la charge particulière Nicolas Rogier et Pierre Courtois, ses orfèvres et valets de chambre de ladite dame Reine, lesquelles besognes Sadite Majesté, après le décès dudit Courtois, a fait mettre ès mains dudit Rogier seul » (Aff. étr., France 769, fol. 9). Il y eut toute une dynastie de Roger valets de chambre; outre Nicolas, Guillaume Roger servit Marie de Médicis de 1601 à 1613, et Corneille Roger Anne d'Autriche de 1616 à 1644.

1. Ce paragraphe et les suivants ont été empruntés à un très curieux rapport de Jean Hotman de Villiers, fils du célèbre jurisconsulte, et qui était alors en Allemagne chargé de négociations auprès des princes protestants. Ce rapport ne contient pas moins de trente-trois articles relatant des écrits et des propos prouvant « que ce méchant assassinat a été concerté et su en Flandre et Brabant, et que ceux de Cologne et Aix en ont eu avis des premiers et s'en sont réjouis, l'appelant coup du ciel » (Bibl. nat., ms. Dupuy 90, fol. 18-21).

2. Les trois derniers mots ne sont pas dans les manuscrits M et H.

3. « Est vrai que, huit ou dix jours avant la nouvelle de la mort du Roi, le bruit qu'il avoit été tué ou le seroit courut tant à Cologne qu'à Juliers, Duren et par tout ce pays, et ce bruit par ceux tant seulement qui venoient ou écrivoient de Bruxelles, Anvers et Malines » (Rapport de Villiers-Hotman).

4. « Le sieur Resseteau, marchand flamand, demeurant à Cologne, dit que, trois jours auparavant le 14, un maçon, travaillant en son logis, assuroit avoir ouï dire au dôme (qui est la grande église) parmi les gens d'église, que le Roi avoit eu un coup de couteau à la gorge; un prêtre de Cologne a dit le même à un tailleur » (Rapport de Villiers-Hotman).

Espagnols, à Bruxelles, se le disoient à l'oreille[1] l'un de l'autre[2]; à Maestricht[3], un d'entre eux assura que, s'il ne l'étoit encore, il le seroit infailliblement[4].

Le premier jour du mois de mai, le Roi voyant planter le mai[5], il tomba par trois fois; sur quoi il dit au maréchal de Bassompierre[6] et à quelques autres qui étoient avec lui : « Un prince d'Allemagne feroit de mauvais présages de cette chute, et ses sujets tiendroient sa mort assurée; mais je ne m'amuse pas à ces superstitions[7]. »

Quelques jours auparavant, La Brosse, médecin du comte de Soissons, qui se mêloit de mathématiques et

1. « Un jeune soldat, nommé Édouard Leake, que le sieur Griffin Markam dit être fils d'un chevalier anglais, étant arrivé en cette ville le 21 de mai, dit et assura qu'aucuns jours avant le 14, les Espagnols à Bruxelles disoient à l'oreille l'un à l'autre : « Il est mort » (Rapport de Villiers Hotman).

2. *Var.* : L'un à l'autre (M, H).

3. « J'ai depuis appris par personnes dignes de foi qu'environ huit jours avant la mort du Roi, un capitaine italien étant en garnison à Maëstricht dit en pleine table, en présence de deux bourgeois d'Aix, dont l'un est encore vivant, et se tient aux faubourgs d'Aix : « S'il n'est mort, il mourra comme un chien » (Rapport de Villiers Hotman).

4. *Var.* : Il le croyoit infailliblement (M, H).

5. L'arbre vert que les clercs de la bazoche plantaient chaque année dans la cour du Palais.

6. François de Bassompierre (1579-1646) entra dès 1599 au service de Henri IV, devint colonel général des Suisses en 1614, maréchal de France en 1622, et fut chargé de diverses ambassades, en Espagne en 1621, en Suisse en 1625 et en Angleterre en 1626; à la suite du complot de 1630, il fut arrêté (janvier 1631) et enfermé à la Bastille, où il demeura jusqu'au 19 janvier 1643. C'est l'auteur des *Mémoires* bien connus.

7. Cet incident, d'après les *Mémoires de Bassompierre* lui-même (t. 1, p. 271), se passa dans la cour du Louvre.

de l'astrologie, donna avis qu'il se donnât dé garde[1] du 14 mai, et que, s'il vouloit, il tâcheroit de remarquer l'heure particulière qui lui étoit plus dangereuse[2], et lui désigneroit la façon, le visage et la taille de celui qui attenteroit sur sa personne. Le Roi, croyant que ce qu'il lui disoit n'étoit que pour lui demander de l'argent, méprisa cet avis et n'y ajouta point de foi[3].

Un mois auparavant sa mort, en plusieurs occasions, il appela sept ou huit fois la Reine : « Madame la Régente[4]. »

Environ ce temps, la Reine étant couchée auprès du Roi, elle s'éveilla en cris et se trouva baignée de larmes. Le Roi lui demanda ce qu'elle avoit. Après avoir longtemps refusé de lui dire, elle lui confessa qu'elle avoit songé qu'on le tuoit; ce dont il se moqua[5], lui disant que songes étoient mensonges[6].

1. *Var.* : Qu'il se donnât garde (H).
2. *Var.* : Qui lui étoit la plus dangereuse (H).
3. Voyez le *Mercure françois*, t. I, fol. 435 v°; P. Matthieu, *Histoire déplorable...*, p. 48, et l'*Histoire mémorable de ce qui s'est passé tant en France que aux païs estrangers... soubz le règne de Louys le Juste*, par P. Boitel; Rouen, 1620, in-8°, p. 135. Dans ce dernier ouvrage, ainsi que dans l'*Estat général des affaires de France...*, par d'Autreville (p. 355), La Brosse est qualifié médecin du prince de Conti.
4. Ci-dessus, p. 22 et 56.
5. *Var.* : De quoi il se moqua (H).
6. « Le triste songe que, peu de jours auparavant, la Reine, sa fidèle épouse, avoit fait de lui, couchée à ses côtés et réveillée en sursaut par l'effroi de sa vision, étoit presque une parlante image du malheur à venir qui lui devoit servir d'un oracle pour le faire davantage veiller à sa conservation, si le courage de ce prince eût été capable de frayeur... » (*Dis-*

Cinq ou six jours auparavant le couronnement de la Reine[1], cette princesse allant d'elle-même à Saint-Denis voir les préparatifs qui se faisoient pour cette cérémonie, elle se trouva, entrant dans l'église, saisie d'une si grande tristesse qu'elle ne put contenir ses larmes sans en savoir aucun sujet.

Le jour du couronnement, il prit Monsieur le Dauphin entre ses bras, et, le montrant à tous ceux qui étoient présents, il leur dit : « Messieurs, voilà votre Roi; » et, cependant, on peut dire qu'il n'y avoit prince au monde qui prît moins de plaisir à penser ce que l'avenir devoit apparemment produire sur ce sujet que ce grand Roi.

Pendant la cérémonie du couronnement, la pierre qui couvre l'entrée du sépulcre des rois se cassa d'elle-même[2].

Le duc de Vendôme le pria, le matin même dont il fut tué le soir, de prendre garde à lui cette journée-là, qui étoit celle que La Brosse lui avoit désignée; mais il s'en moqua et lui dit que La Brosse étoit un vieil fol[3].

Le jour qu'il fut tué, avant que partir du Louvre pour aller à l'Arsenal, par trois fois il dit adieu à la

---

cours funèbre sur la mort du feu Roy par Messire J. Bertaut, évêque de Sées; Paris, veuve L'Angelier, 1616, in-8°, p. 8). Voyez aussi P. Matthieu, Histoire déplorable..., p. 72.

1. Ci-dessus, p. 49, note 2.

2. Félibien, dans son Histoire de l'abbaye de Saint-Denis, ne parle point de cette particularité, dont l'exactitude est bien douteuse.

3. « M. de Vendôme a dit à plusieurs personnes que cela étoit faux, et que La Brosse ne lui en avoit jamais parlé » (Mémoires du duc de Nevers; Paris, 1665, in-folio, t. II, fol. 895).

Reine, sortant et rentrant en sa chambre avec beaucoup d'inquiétude; sur quoi la Reine lui dit : « Vous ne pouvez partir d'ici; demeurez, je vous supplie; vous parlerez demain à M. de Sully. » A quoi il répondit qu'il ne dormiroit point en repos, s'il ne lui avoit parlé et ne s'étoit déchargé de tout plein de choses qu'il avoit sur le cœur.

Le même jour et la même heure de sa mort, environ sur les quatre heures, le prévôt des maréchaux de Pithiviers[1], jouant à la courte boule dans Pithiviers, s'arrêta tout court, après avoir un peu pensé, dit à ceux avec qui il jouoit : « Le Roi vient d'être tué. » Et, comme depuis ce funeste accident on voulut éclaircir comme il avoit pu savoir cette nouvelle, le prévôt, ayant été amené prisonnier à Paris, fut un jour trouvé pendu et étranglé dans la prison[2].

Une religieuse de l'abbaye de Saint-Paul près Beauvais[3], ordre de saint Benoît, âgée de quarante deux ans, sœur de Villers-Houdan[4], gentilhomme assez

---

1. Les manuscrits donnent la forme ancienne *Piviers*.
2. Ces détails sont empruntés au *Mercure françois* (t. 1, fol. 493 v°). Le prévôt de Pithiviers fut trouvé étranglé dans sa prison avec le cordon de son caleçon; on le pendit néanmoins le 19 juin en place de Grève. Une lettre d'André Cioli, envoyé de Côme II de Médicis, reproche à Sillery de l'avoir, avec peu de souci de la mémoire du feu Roi, remis en liberté une première fois. Il était en effet très suspect comme ayant deux fils Jésuites et étant en relations suivies avec le barbier de M. d'Entraigues, frère de la marquise de Verneuil.
3. Cette abbaye de femmes, fondée au viie siècle, était alors dirigée par Madeleine Escoubleau de Sourdis.
4. François de Monceaux, sieur de Villers-Houdan, fut blessé au combat de Fontaine-Française et obtint en 1611 le gouvernement de Dieppe, grâce à l'appui de Concini. Il est appelé

connu du temps du feu Roi pour l'avoir servi en toutes ses guerres, étant demeurée dans sa chambre à l'heure du dîner, une de ses sœurs l'alla chercher en sa chambre, selon la coutume de tous les monastères, où elle la trouva tout éplorée; lui demandant pourquoi elle n'étoit pas venue dîner, elle lui répondit que, si elle prévoyoit comme elle le mal qui leur alloit arriver, elle n'auroit pas envie de manger, et qu'elle étoit hors d'elle-même d'une vision qu'elle avoit eue de la mort du Roi, qui seroit bientôt tué. La religieuse, la voyant opiniâtrée à ne point quitter sa solitude, s'en retourna sans s'imaginer qu'une telle pensée eût autre fondement que la mélancolie de cette bonne religieuse; cependant, pour s'acquitter de son devoir, elle fit rapport de ce qui s'étoit passé à l'abbesse, qui commanda qu'on laissât cette fille en sa chambre, et pensa plutôt à la faire purger qu'à croire ce qu'elle estimoit une pure imagination. L'heure de vêpres étant venue, et cette religieuse se présentant aussi peu à l'office qu'à dîner, l'abbesse y envoya deux de ses filles, qui la trouvèrent encore en larmes, et leur dit affirmativement qu'elle voyoit que l'on tuoit le Roi à coups de couteau; ce qui se trouva véritable.

Le même jour de ce funeste accident, une capucine, fondant en pleurs, demanda à ses sœurs si elles n'entendoient pas qu'on sonnoit pour les avertir de la fin du Roi. Incontinent après, le son de leurs cloches frappe les oreilles de toute la troupe à l'heure indue;

Villiers-Houdan dans l'*Histoire universelle* d'Agrippa d'Aubigné et dans les *Lettres de Richelieu,* Villars-Houdan dans les *Mémoires de Fontenay-Mareuil,* comme dans les trois manuscrits des présents Mémoires.

elles coururent à l'église, où elles trouvèrent la cloche sonnant, sans que âme vivante lui touchât[1].

Le même jour, une jeune bergère, âgée de quatorze ou quinze ans, nommée Simonne, native d'un village nommé Patay[2], qui est entre Orléans et Châteaudun, fille d'un boucher dudit lieu, ayant le soir ramené ses troupeaux à la maison, demanda à son père ce que c'étoit que le Roi. Son père lui ayant répondu que c'étoit celui qui commandoit à tous les François, elle s'écria : « Bon Dieu ! j'ai tantôt entendu une voix qui m'a dit qu'il avoit été tué; » ce qui se trouva véritable. Cette fille étoit dès lors si dévote, que, son père l'ayant promise en mariage à un homme fort riche et de naissance[3], elle se coupa les cheveux pour se rendre difforme, et fit vœu d'être religieuse ; ce qu'elle accomplit après en la maison des Petites-Hospitalières de Paris, dont elle fut, peu de temps après, supérieure[4].

Le christianisme nous apprenant à mépriser les superstitions qui étoient en grande religion parmi les païens, je ne rapporte pas ces circonstances pour croire

---

1. *Var.* : Que personne y touchât (M, H).
2. Chef-lieu de canton du département du Loiret, où Jeanne d'Arc avait remporté une victoire sur les Anglais.
3. *Var.* : Fort riche de naissance (B).
4. Il s'agit ici des Hospitalières de la Charité Notre-Dame, établies vers 1625 près la place Royale, rue de la Chaussée-des-Minimes; leur fondatrice fut cette Simonne Gaguin ou Gaugain, native de Patay, qui fut d'abord religieuse dans un couvent d'Hospitalières à Louviers (Hélyot, *Histoire des ordres monastiques*, t. IV, p. 361 et suivantes). On les appelait Petites-Hospitalières pour les distinguer des Hospitalières de Saint-Anastase ou de Saint-Gervais, établies dès le xive siècle près de l'église de ce nom.

qu'il y faille avoir égard en d'autres occasions; mais, l'événement ayant justifié la vérité de ces présages, prédictions et vues extraordinaires, il faut confesser qu'en ce que dessus il y a beaucoup de choses étranges dont nous voyons les effets et en ignorons la cause. Vrai est que, si la fin nous en est inconnue, nous savons bien que Dieu, qui tient en main le cœur des rois, n'en laisse jamais la mort impunie. Qui fait ses volontés a part à sa gloire; mais qui abuse de sa permission n'échappe jamais à sa justice, comme il appert en la personne de ce malheureux, qui meurt par un genre de supplice le plus rigoureux que le Parlement ait pu inventer, mais trop doux pour la grandeur du délit qu'il a commis.

Tant de pronostics divers de la mort de ce prince, que j'assure être véritables pour avoir eu le soin de les éclaircir et justifier moi-même[1], et la misérable et funeste fin qui a terminé le cours d'une si glorieuse vie doivent bien donner à penser à tout le monde. Il est certain que l'histoire nous fait voir que la naissance et la mort des grands personnages est souvent marquée par des signes extraordinaires, par lesquels il semble que Dieu veuille, ou donner des avant-coureurs au monde de la grâce qu'il leur veut faire par la naissance de ceux qui les doivent aider extraordinairement, ou avertir les hommes qui doivent bientôt finir leur course d'avoir recours à sa miséricorde lorsqu'ils en ont plus de besoin.

Je m'étendrois au long sur ce sujet, digne d'un livre

1. Il faut reconnaître que plusieurs de ces « pronostics » sont pour le moins douteux.

entier, si les lois de l'histoire ne me défendoient d'y faire le théologien autrement qu'en passant. Il est raisonnable de se resserrer dans la multitude des considérations que ce sujet fournit, mais non pas de passer sans considérer et dire que ceux qui reçoivent les plus grandes grâces de Dieu en reçoivent souvent les plus grands châtiments quand ils en abusent[1].

Beaucoup croient que le peu de soin que ce prince a eu d'accomplir la pénitence qui lui fut donnée lorsqu'il reçut l'absolution de l'hérésie, n'est pas la moindre cause de son malheur. Aucuns estiment que la coutume qu'il avoit de favoriser sous main les duels[2], contre lesquels il faisoit des lois et des ordonnances, en est une plus légitime cause. D'autres ont pensé que, bien qu'il pût faire une juste guerre pour l'intérêt de ses alliés, qu'encore que ravoir le sien soit un sujet légitime à un prince de prendre les armes, les prendre sous ce prétexte, sans autre fin que d'assouvir ses sensualités au scandale de tout le monde, ne fut pas un foible sujet d'exciter le courroux du Tout-Puissant. Quelques autres ont eu opinion que n'avoir pas ruiné l'hérésie en ses États a été la cause de sa ruine. Pour moi, je dirois volontiers que ne se contenter pas de faire un mal, s'il n'est aggravé par des circonstances pires que le mal même, ne se plaire pas aux paillar-

---

1. Fontenay-Mareuil dit de même : « Étant très certain qu'il [Dieu] punit souvent, même dès cette vie, ceux qui, abusant trop des grâces qu'il leur fait, se laissent emporter à leurs passions » (*Mémoires*, éd. Michaud, p. 29).

2. Fontenay-Mareuil (p. 30) compte au nombre des fautes qui déchaînèrent contre le Roi la colère de la Providence « le peu de soins qu'il prit d'empêcher les duels ».

dises et adultères, s'ils ne sont accompagnés de sacrilèges, faire et rompre des mariages[1] pour, à l'ombre des plus saints mystères, satisfaire à ses appétits déréglés et, par ce moyen, introduire une coutume de violer les sacrements et mépriser ce qui est de plus saint en notre religion, est un crime qui, à mon avis, attire autant la main vengeresse du grand Dieu que les fautes passagères de légèreté sont dignes de miséricorde.

Mais ce n'est pas à nous à vouloir pénétrer[2] les conseils de la Sagesse infinie; ils sont impénétrables aux plus clairvoyants; c'est pourquoi, s'humiliant en la considération de leur hautesse et confessant que les plus grands esprits de ce monde y sont aveugles, il vaut mieux en quitter la contemplation et suivre le cours de notre histoire, disant que le monde fut délivré le [27] mai[3] de ce misérable parricide, qui, après avoir eu le poing coupé, été tenaillé en divers lieux de la ville, souffert les douleurs du plomb fondu et de l'huile bouillante jetés dans ses plaies, fut tiré vif à quatre chevaux, brûlé, et ses cendres jetées au vent.

Lors, la maladie de penser à la mort des rois étoit si pestilentielle, que plusieurs esprits furent, à l'égard du fils, touchés et saisis d'une fureur semblable à celle de Ravaillac au respect du père. Un enfant même de

---

1. Fontenay-Mareuil dit encore de même : « Comme ces mariages faits et défaits et cette prétention si injuste de faire revenir Madame la Princesse malgré Monsieur le Prince. »

2. *Var.* : Mais ce n'est pas à nous à pénétrer (M, H).

3. Les manuscrits B et M donnent la date du 17 mai, au lieu de celle du 27; elle a été laissée en blanc dans le manuscrit H. Voyez l'annotation marginale relevée ci-dessus, p. 68.

douze ans osa bien dire qu'il seroit assez hardi pour tuer le jeune prince. Ses premiers juges le condamnèrent à la mort, dont, ayant appelé, la nature fut assez clémente pour venger elle-même l'outrage qu'elle avoit reçu de ce monstre, en prévenant les châtiments qu'il devoit attendre de la justice des lois[1].

La Reine n'eut pas plus tôt satisfait à ce que sa douleur et les ressentiments de toute la France exigeoient d'elle, qu'elle fit renouveler, dès le 22 mai, l'édit de Nantes[2], pour assurer les huguenots et les retenir dans les bornes de leur devoir[3]. Et, parce que, dans l'étonnement que la nouvelle de la mort du Roi porta dans toutes les provinces, quelques-uns, croyant, non sans apparence, que la perte de ce grand prince causeroit celle de l'État, s'étoient saisis des places fortes qui étoient dans leur bienséance, elle fit publier, le 27 mai, une déclaration qui, portant abolition de ce qui s'étoit fait, portoit aussi commandement de remettre les places saisies en l'état qu'elles étoient, sur peine de crime de lèse-majesté[4]. Il ne se trouva personne qui ne rendît une prompte obéissance aux volontés du Roi.

Au même temps, le Parlement, voulant empêcher qu'à l'avenir les pernicieuses maximes qui avoient

---

1. Ceci se passa en juin 1610. L'Estoile (t. X, p. 280), qui nous apprend que l'enfant, en ayant appelé de la sentence du Châtelet, fut condamné au fouet et aux galères, ne mentionne pas cette mort subite.

2. Le texte de cette déclaration de la Régente se trouve au *Mercure françois*, t. I, fol. 462.

3. *Var. :* Et les retenir dans leur devoir (H).

4. *Mercure françois*, t. I, fol. 464.

séduit l'esprit de Ravaillac ne pussent produire[1] le même effet en d'autres, enjoignit, par arrêt du 27 mai[2], à la Faculté de théologie, de délibérer de nouveau sur le sujet du décret émané de ladite Faculté le 13 décembre 1413[3], par lequel cent quarante-un docteurs assemblés censurèrent et condamnèrent la folie et la témérité de ceux qui avoient osé mettre en avant qu'il étoit loisible aux sujets d'attenter à la vie d'un tyran, sans attendre à cet effet la sentence ou le mandement des juges. Ensuite de quoi, le concile de Constance confirma ce décret deux ans après[4], en 1415, et déclara que ladite proposition étoit erronée en la foi et aux bonnes mœurs, qu'elle ouvroit le chemin à fraude, trahison et parjure, et étoit telle enfin qu'on ne pouvoit la tenir et la défendre avec opiniâtreté sans hérésie. La Faculté s'assembla, au désir de l'arrêt de la cour, le quatrième jour de juin[5], renouvela et confirma son ancien décret[6], auquel, de plus, elle ajouta

1. *Var.* : Ne fissent produire (H).
2. Le texte de cet arrêt est dans le *Mercure françois*, t. I, fol. 457-458.
3. Cette assemblée eut lieu non le 13, mais le 20 décembre 1413 (*Chronique de Monstrelet*, édition de la Société de l'Histoire de France, t. I, p. 177, et t. II, p. 415). La Faculté de théologie y condamna la doctrine émise par maître Jean Petit, qui, pour justifier l'assassinat de Louis d'Orléans par Jean sans Peur, avait soutenu en public, le 8 mars 1407, qu'il était permis, et même louable, de tuer certains princes.
4. Dans sa quinzième session, le 6 juillet 1415.
5. *Var.* : Le 14ᵉ jour de juin (M, H).
6. Cette confirmation du décret de 1413 fut imprimée sous le titre de *Censure de la sacrée Faculté de théologie de Paris contre les impies et exécrables parricides des rois et des princes*; Paris, H. Blanvillain, 1610, in-8°.

que, dorénavant, les docteurs et bacheliers d'icelle jureroient d'enseigner la vérité de cette doctrine en leurs leçons et d'en instruire les peuples par leurs prédications.

En conséquence de ce décret, la cour condamna, le 8ᵉ juin, un livre de Mariana[1], auteur espagnol, livre intitulé : *De Rege et Regis institutione*[2], à être brûlé par la main du bourreau, et défendit, sous grandes peines, de l'imprimer et le vendre en ce royaume, attendu qu'il contenoit une doctrine formellement contraire audit décret et louoit l'assassin du roi Henri III, disant, en termes exprès, que telles gens que l'on punit justement pour ces exécrables attentats ne laissent pas d'être des hosties agréables à Dieu.

Les ennemis des Pères Jésuites leur mettoient à sus que la doctrine de Mariana étoit commune à toute leur Société ; mais le P. Coton[3] éclaircit fort bien la

---

1. Le jésuite espagnol Juan Mariana (1537-1624), qui composa en 1590 et 1591 le traité intitulé : *De Rege et Regis institutione libri tres*, imprimé à Tolède en 1599. On y trouve une apologie du tyrannicide. Le texte du décret du 8 juin 1610 a été imprimé dans le *Mercure françois*, t. I, fol. 460-461.

2. *Var.* : Condamna le 8ᵉ juin un livre intitulé : *De Rege et Regis institutione* (M, H).

3. Pierre Coton (1564-1626), jésuite, confesseur de Henri IV, sur lequel il avait une grande influence, fut aussi confesseur de Louis XIII, puis s'éloigna de la cour en 1617. Une campagne très vive fut menée à la mort de Henri IV contre le P. Coton, qui publia, pour sa défense et celle de son ordre, une *Lettre déclaratoire de la doctrine des Pères Jésuites conforme aux décrets du concile de Constance, adressée à la Royne mère du Roy, régente en France;* Paris, Claude Chappelet, 1610, in-12. Cette publication fut suivie de l'*Anticoton*, et le jésuite riposta par la *Réponse à l'Anticoton*.

Reine et le Conseil du contraire, leur faisant voir qu'en l'an 1606[1] ils l'avoient condamnée en une de leurs congrégations provinciales; que leur général, Acquaviva[2], avoit commandé que tous les exemplaires de ce livre fussent supprimés comme très pernicieux; qu'au reste, ils reconnoissoient la vérité de la doctrine du décret du concile de Constance porté en la session XVe, et soutenoient partout que la déclaration faite en la Sorbonne en l'an 1413, et celle du 4 juin de la présente année, devoient être reçues et tenues inviolables de tous les chrétiens.

Cette secousse, qui pouvoit ébranler les esprits plus affermis, n'abattit point tellement le courage des Jésuites qu'ils n'entreprissent incontinent d'ouvrir leurs collèges et faire leçons publiques dans Paris. Il[3] y avoit longtemps qu'ils avoient ce dessein; mais ils n'avoient osé[4] s'en découvrir. Ils avoient, dès

1. Cette censure, prononcée en 1606 par les représentants de la Compagnie de Jésus de la province de Paris, ne fut pas rendue publique.
2. Claude Acquaviva (1542-1615), général de l'ordre en 1581, interdit, par un décret du 6 juillet 1610, toute controverse sur la question du régicide aux membres de sa Compagnie.
3. Le manuscrit B porte en marge de ce paragraphe, d'une main qui n'est celle ni de Richelieu ni d'un de ses secrétaires, mais peut-être celle de Mézeray : « L'histoire du P. d'Aubigny est oubliée. » La même mention se trouve dans le manuscrit M. On sait que Ravaillac avait prétendu s'être ouvert de son dessein au jésuite Jacques d'Aubigny qui, confronté avec lui, nia l'avoir jamais vu.
4. Dans le manuscrit B, les mots *ils n'avoient osé* ont été substitués, par Richelieu ou plutôt par son secrétaire Charpentier, à une première rédaction ainsi conçue : *ils l'avoient tenu caché, n'osant.*

l'an 1609, obtenu des lettres du Roi, par lesquelles il leur étoit permis de faire une leçon de théologie en leur collège[1]. Ils n'avoient lors demandé que la permission de cette leçon, qui sembloit ne blesser pas l'Université, à qui tout l'exercice des lettres humaines et de la philosophie demeuroit libre[2]. Néanmoins, s'y étant opposée, sur la créance qu'elle avoit que ces bons Pères aspiroient à plus, ils se désistèrent de leur poursuite. Maintenant que le Roi est décédé et que sa mort a tout mis en trouble, ils n'ont pas plus tôt surmonté les tempêtes qui s'étoient excitées contre eux, qu'ils poursuivent non seulement ce qu'ils avoient demandé du temps du feu Roi, mais la permission pure et simple d'enseigner publiquement dans leur collège de Clermont[3], et en obtiennent des lettres patentes du 26e août[4]. L'Université s'y oppose derechef; mais, nonobstant que, par divers moyens, ils

1. Ces lettres patentes du 13 octobre 1609, qui autorisaient les Jésuites à ouvrir au collège de Clermont un cours de théologie, ne furent pas exécutées, l'Université ayant protesté; les cours ne recommencèrent qu'en 1618, sur lettres patentes de Louis XIII datées du 15 février.

2. *Var.* : Et de la philosophie devoit appartenir (M); — devroit appartenir (H).

3. Ce collège, qui prit sous Louis XIV le nom de collège Louis-le-Grand, fut établi rue de la Harpe en 1562, après que les Jésuites, vivement attaqués par l'Université et par le Parlement, eurent obtenu, le 20 février 1560, des lettres de jussion pour l'enregistrement des lettres patentes que leur avait octroyées Henri II en janvier 1551. Il tirait son nom de l'hôtel de Clermont, cédé en 1559 à la Compagnie par Guillaume du Prat, évêque de Clermont.

4. Ces lettres patentes, en réalité du 20 août 1610, furent présentées le 23 du même mois au Parlement pour y être enregistrées.

eussent gagné une partie des suppôts d'icelle, ils furent contraints de caler voile pour cette année, à cause d'un orage qui s'émut de nouveau contre eux, sur le sujet d'un livre que le cardinal Bellarmin[1] fit pour réponse à celui de Barclay[2], *De Potestate Papæ*.

Le Parlement prétendoit que ce livre contenoit des propositions contraires à l'indépendance que l'autorité royale a de toute autre puissance que de celle de Dieu; en considération de quoi, par arrêt du 26ᵉ novembre[3], il fit défense, sous peine de crime de lèse-majesté, de recevoir, tenir, imprimer ni exposer en vente ledit livre. Le nonce du Pape[4] en fit de grandes plaintes, qui portèrent le Roi, suivant la piété de ses prédécesseurs vers le saint-siège, d'en faire surseoir l'exécution.

En ce même temps, le roi d'Espagne ayant fait par édit[5] public[6], le 3ᵉ octobre, des défenses très expresses d'imprimer, vendre et tenir en ses États l'onzième

---

1. Robert Bellarmin (1542-1621) entra dans la Compagnie de Jésus, devint archevêque de Capoue, bibliothécaire du Vatican, cardinal en 1568. Son livre, intitulé : *De potestate Summi Pontificis in rebus temporalibus*, parut en 1610.

2. Jean Barclay (1582-1621), fils du jurisconsulte écossais Guillaume Barclay, dont il publia en 1607 l'ouvrage intitulé : *De Potestate Papæ*. Son livre le plus célèbre est l'*Argenis*, roman allégorique et satirique en latin, mêlé de prose et de vers, publié en 1621.

3. Voyez le texte de cet arrêt dans le *Mercure françois*, t. II, fol. 24 et suivants.

4. Robert Ubaldini, nonce à Paris de 1607 à 1616, cardinal le 2 décembre 1615, mort le 22 avril 1635.

5. Le *Mercure françois*, t. II, fol. 19 v° et suiv., donne la traduction de cet édit de Philippe III.

6. *Var.* : Dans le manuscrit B, le mot *publier*, qui se trouve dans les deux autres manuscrits, a été remplacé par le mot *public*.

tome des *Annales* de Baronius[1], si premièrement on n'y avoit retranché ce qu'il estimoit y être au préjudice de son autorité et de ses droits sur la Sicile, ses volontés furent rigoureusement exécutées, sans considération des instances du nonce. La Chrétienté eut, en cette occasion, lieu de reconnoître la différence qu'il y a entre les véritables sentiments que les François ont de la religion et l'extérieure ostentation que les Espagnols en affectent; mais beaucoup estimèrent aussi, non sans raison, que notre légèreté[2] nous fait relâcher en certaines rencontres où la fermeté nous seroit souvent bienséante et quelquefois nécessaire.

Mais je ne considère pas que la condamnation du livre de Mariana, qui fut faite incontinent après la mort du Roi, m'a emporté au discours des autres choses qui arrivèrent aux Jésuites cette année, et qu'il est temps que nous retournions à la cour, où nous avons laissé la Reine en peine de faire agréer à Monsieur le Comte la déclaration de sa régence.

Après lui avoir fait entendre toutes les raisons qui avoient obligé à se conduire ainsi qu'on avoit fait, n'étant plus question de convaincre l'esprit, mais de gagner la volonté, un jour le sieur de Bullion étant allé voir Monsieur le Comte, après qu'il eut fait de

---

1. César Baronius (1532-1607), supérieur de la congrégation de l'Oratoire en Italie, cardinal en 1596, publia à Rome, de 1588 à 1593, une Histoire de l'Église en douze volumes, sous le titre de : *Annales Ecclesiastici a Christo nato ad annum 1198*. Il y soutenait dans le tome XI que la Sicile devait en droit appartenir au saint-siège. Ce passage fut supprimé dans les éditions suivantes données à Anvers.

2. *Var.* : Mais beaucoup estiment aussi que notre légèreté (M, H).

nouveau toutes ses plaintes, lesquelles ledit sieur de Bullion adoucit et détourna avec industrie, il lui dit : « Si au moins on faisoit quelque chose de notable pour moi, je pourrois fermer les yeux à ce que l'on désire. » Sur quoi le sieur de Bullion, poussant l'affaire plus avant, le pria de lui faire connoître ce qui pouvoit le satisfaire. Il demanda cinquante mille écus de pension, le gouvernement de Normandie, qui étoit lors vacant par la mort du duc de Montpensier[1], décédé dès le temps du feu Roi, la survivance du gouvernement du Dauphiné et de la charge de grand maître pour son fils[2], qui n'avoit lors que quatre ou cinq ans ; et, de plus, qu'on l'acquittât de deux cent mille écus qu'il devoit à M. de Savoie, à cause du duché de Montafié[3], appartenant à sa femme[4], qui étoit dans le Piémont. Ces demandes étoient grandes ; mais elles sembloient petites au Chancelier, au sieur de Villeroy, au président Jeannin et à la Reine, qui n'en furent pas plus tôt avertis par Bullion que S. M. envoya quérir ledit sieur Comte pour les lui accorder de sa propre bouche. Ainsi Monsieur le Comte fut content et entra dans les intérêts de la Reine, auxquels il fut attaché quelque temps.

1. Henri de Bourbon, duc de Montpensier, était mort en 1608.
2. Louis de Bourbon-Soissons, né le 11 mai 1604, était alors âgé de six ans. Il succéda à son père dans la charge de grand maître de France en 1612.
3. *Var.* : Montasier (M, H).
4. Charles de Bourbon, comte de Soissons, avait épousé, le 27 décembre 1601, Anne de Montafié. Montafié est le nom francisé de Montafia, ville du Piémont, située entre Chieri et Asti.

Ce prince ne fut pas plus tôt en cet état que les ministres résolurent avec lui le traité d'un double mariage entre les enfants de France et ceux d'Espagne.

Au même temps, il se mit en tête d'empêcher que Monsieur le Prince, qui étoit à Milan, ne revînt à la cour. La Reine et les ministres l'eussent désiré aussi bien que lui; mais il étoit difficile d'en venir à bout par adresse, d'autant que ledit sieur Prince se disposoit à revenir : il n'y avoit pas aussi d'apparence de le faire par autorité, la foiblesse du temps ne permettant pas d'en user ainsi. Le[1] comte de Fuentès[2], gouverneur de Milan, se promettoit qu'il ne seroit pas plus tôt à la cour qu'il ne brouillât les affaires. En cette considération, il le porta, autant qu'il put, à prétendre la royauté et lui promit à cette fin l'assistance de son

---

1. Tout le passage qui va suivre est emprunté aux *Mémoires d'Estrées* : « M. le prince de Condé se trouvant à Milan, le comte de Fuentès, ayant appris le décès du Roi, le fut voir, et le voulut saluer comme roi de France, et il n'y eut offres qu'il ne lui fit de la part de son maître, pour lui aider à maintenir cette prétention, s'il s'en vouloit servir » (ms. Nouv. acq. franç. 2069, fol. 2 v°; édition Michaud, p. 375). Nous avons déjà eu occasion de citer ces Mémoires, ci-dessus, p. 52, 53 et 61, et ces citations ont été faites d'après l'édition de la collection Michaud et Poujoulat. Depuis lors, M. Paul Bonnefon ayant entrepris pour notre Société une nouvelle édition de ces Mémoires d'après le manuscrit de la Bibliothèque nationale Nouv. acq. franç. 2069, dont le texte, qui semble être la rédaction réelle de l'auteur, est quelque peu différent de celui connu jusqu'à ce jour, nous donnerons dorénavant d'après ce manuscrit les passages de ces Mémoires, en indiquant néanmoins la page correspondante de l'édition Michaud.

2. Don Pedro Enriquez d'Azevedo, comte de Fuentès (1560-1643), était gouverneur du Milanais depuis 1600; il fut tué à la bataille de Rocroy.

maître. Mais ledit sieur Prince lui témoignant qu'il aimeroit mieux mourir que d'avoir cette prétention, et qu'il n'avoit autre dessein que de se rendre auprès du Roi, à qui la couronne appartenoit légitimement, pour le servir, lors le comte lui déconseilla ce voyage[1], et lui fit connoître honnêtement qu'il ne pouvoit le laisser partir qu'il n'en eût eu auparavant ordre d'Espagne, qu'il fallut attendre en effet, quelque instance que ledit sieur Prince fît au contraire.

Cet ordre étant venu, Monsieur le Prince prit de Milan son chemin en Flandre, où il avoit laissé sa femme. Il dépêcha en partant un gentilhomme[2] au Roi, que la Reine lui renvoya en diligence avec beaucoup de témoignages de sa bonne volonté, et assurance qu'il auroit auprès du Roi son fils et auprès d'elle le rang et le crédit que sa naissance et sa bonne conduite lui devoient faire espérer. Il ne fut pas plus tôt à Bruxelles qu'on lui fit les mêmes sollicitations[3] qui lui avoient été faites à Milan[4]; mais il ne voulut jamais y prêter l'oreille, ce qui dégoûta fort les Espa-

1. *Var.* : Lui conseilla ce voyage (M, H).
2. « Le gentilhomme de Monsieur le Prince, qu'il avoit au partir de Milan dépêché au Roi et à la Reine, lui fut renvoyé avec toute assurance de la bonne volonté de LL. MM. et témoignages de désir de le revoir bientôt près d'elles » (*Mémoires d'Estrées*, ms. Nouv. acq. franç. 2069, fol. 7 ; éd. Michaud, p. 377). Ce messager s'appelait Claude-Énoch Virey et était secrétaire et valet de chambre du prince de Condé.
3. *Var.* : Les mêmes sollicitations qu'à Milan (M, H).
4. « Passant à Bruxelles, il fut de nouveau sollicité par les Espagnols des mêmes choses dont il avoit été recherché à Milan par le comte de Fuentès, à quoi il ne voulut non plus entendre que la première fois » (*Mémoires d'Estrées*, ms. Nouv. acq. franç. 2069, fol. 7 ; éd. Michaud, p. 377).

gnols, qui désiroient si passionnément l'embarquer à ce dessein, que leur ambassadeur qui étoit à Rome avoit déjà voulu pénétrer de S. S.[1] s'il se porteroit à le reconnoître en cette qualité.

Auparavant l'arrivée de Monsieur le Prince, la Reine ne se trouva pas peu en peine pour l'établissement des Conseils nécessaires à la conduite de l'État. Si le petit nombre de conseillers lui étoit utile pour pouvoir secrètement ménager les affaires importantes, le grand lui étoit nécessaire pour contenter tous les grands, qui désiroient tous y avoir entrée, la condition du temps ne permettant pas d'en exclure aucun qui pût servir ou nuire. Les ministres, pour ne mécontenter personne, prenoient des heures particulières pour parler séparément les uns après les autres à la Reine et l'instruire de ce qui devoit venir à la connoissance de tous ceux qui étoient admis au conseil du Roi[2].

Quelques-uns proposèrent d'abord, par ignorance ou par flatterie, que toutes les expéditions de la Régence, les lettres patentes, les édits et déclarations, devoient être faites sous le nom de la Reine, et que son effigie devoit être dans la monnoie qui se battroit pendant son administration. Cette question fut agitée au

---

1. « L'ambassadeur d'Espagne, qui étoit à Rome, voulut sonder la volonté du pape Paul V et lui fit de grandes ouvertures, auxquelles S. S. ne voulut jamais entendre. » (*Ibidem*, fol. 3; éd. Michaud, p. 376.) Le pape Paul V, Camille Borghèse, occupa le siège pontifical du 16 mai 1605 au 28 janvier 1621.

2. « Cependant, les ministres prenoient des heures particulières, selon les occasions, pour parler séparément à la Reine et la préparer aux choses qui auroient à se résoudre après en la présence de tous » (*Mémoires du duc d'Estrées*, ms. Nouv. acq. franç. 2069, fol. 4 v°; éd. Michaud, p. 376).

Conseil, où les ministres n'eurent pas plus tôt représenté à la Reine que, par la loi du royaume, en quelque âge que les rois viennent à la couronne, quand ils seroient même au berceau, l'administration de l'État doit être faite sous leur nom, qu'elle résolut qu'on suivroit la forme qui avoit été gardée du temps de la reine Catherine de Médicis, pendant la régence[1] de laquelle les lettres patentes et brevets étoient expédiés sous le nom du Roi, avec expression de l'avis de la Reine sa mère; et pour les dépêches qui se faisoient dedans et dehors le royaume, le secrétaire d'État qui avoit contresigné les lettres du Roi, en écrivoit aussi de la part de la Reine, qu'il contresignoit semblablement.

En ce temps, le duc d'Épernon, jugeant que la foiblesse de la minorité étoit une couverture favorable pour se tirer une épine du pied qui l'incommodoit fort et rendoit son autorité au gouvernement de Metz moins absolue qu'il ne la désiroit, résolut d'ôter de la citadelle le sieur d'Arquien[2], que le feu Roi y avoit mis. A cette fin, il obtint de la Reine, par surprise ou autrement, un commandement audit sieur d'Arquien de remettre entre ses mains ladite citadelle. D'Arquien n'eut pas plus tôt reçu ce commandement, qu'il obéit, et n'eut pas plus tôt obéi, que la Reine, reconnoissant la faute qu'elle avoit faite, lui témoigna qu'elle eût bien désiré qu'il n'eût pas été si religieux et si prompt à suivre les ordres qu'il avoit reçus.

1. Cette régence dura du 5 décembre 1560 au 17 août 1563, époque de la majorité de Charles IX.
2. Antoine de la Grange, seigneur d'Arquien, frère cadet du maréchal de Montigny, avait été nommé en 1603 lieutenant de la ville et citadelle de Metz; il mourut le 9 mai 1626.

Ce gentilhomme fut fâché d'avoir mal fait en faisant bien, et cependant la Reine lui sut tant de gré de son aveugle obéissance, qu'elle lui confia le gouvernement de Calais, qui vaqua en ce temps-là par la mort du feu sieur de Vic[1], que les siens disoient être mort du regret qu'il avoit eu de la perte du feu Roi son bon maître.

Ledit sieur de Vic étoit d'assez basse naissance[2], mais d'une haute valeur, et qui, par la noblesse de son courage, releva glorieusement celle de son extraction. Il fut longtemps capitaine au régiment des gardes, où il se signala en tant d'occasions, que le Roi, en la journée d'Ivry, voulut qu'il fît la fonction de sergent de bataille, où il correspondit à l'attente de S. M., qui ne fut pas plus tôt maître de Saint-Denis, qu'il lui en donna le gouvernement, parce que cette place, ouverte de tous côtés, dans le voisinage de Paris, ne pouvoit être conservée que par un homme vigilant et de grand cœur. La foiblesse de la place faisant croire aux Ligueurs qu'elle ne pouvoit être défendue, ils y firent entreprise dès le deuxième jour qu'il en eut la charge. Le chevalier d'Aumale[3] y entra la nuit avec toutes ses

1. Dominique de Vic (1551-1610), seigneur d'Ermenonville, dit *le capitaine Sarred*, du nom de sa mère; d'abord capitaine aux gardes, il fut gouverneur de Saint-Denis et de Calais et vice-amiral de France; il mourut le 14 août 1610, et était frère de Merry de Vic, garde des sceaux en 1621.
2. Les deux frères de Vic étaient fils de Raymond de Vic, d'une famille de Guyenne, et de Comtesse de Sarred, ou plutôt de Sarret, en Auvergne.
3. Claude de Lorraine, chevalier d'Aumale (1562-1591), fils de Claude de Lorraine, duc d'Aumale, était général des galères de l'ordre de Malte. L'attaque de Saint-Denis, où il trouva la mort, eut lieu le 3 janvier 1591.

troupes. Au premier bruit de l'alarme, le sieur de Vic monte à cheval, nu en chemise, avec quatorze des siens, va droit à l'ennemi, l'attaque si vivement qu'il l'étonne; et, fortifié des siens qui venoient à la file, il les chasse hors de la ville avec tant de confusion et de perte, que le chevalier d'Aumale y fut tué : ce qui lui donna tant de réputation que Paris n'osa plus attaquer Saint-Denis, dont le Roi le retira aussitôt qu'il fut entré dans Paris, pour lui donner le gouvernement de la Bastille. Depuis, ayant repris Amiens, il ne jugea pas pouvoir mieux confier cette grande place qu'à sa vertu et sa vigilance, qui obligea le Roi à l'en tirer pour le mettre à Calais, aussitôt que les Espagnols l'eurent remis entre ses mains par la paix de Vervins. Il s'y gouverna avec tant d'ordre et fit observer une si exacte discipline entre les gens de guerre, que les meilleures maisons du royaume n'estimoient pas que leurs enfants eussent été nourris en bonne école, s'ils n'avoient porté l'arquebuse sous sa charge.

A sa mort, le sieur de Valençay[1], qui avoit épousé la fille de sa femme, se rendit maître de la citadelle et dépêcha à la Reine pour l'assurer qu'il la garderoit aussi fidèlement qu'avoit fait son beau-père.

Cette façon de demander un gouvernement fut trou-

---

1. Jacques d'Estampes (1579-1639), seigneur de Valençay, lieutenant de la compagnie des gendarmes de Monsieur le Prince, maréchal de camp en 1622. Sa femme, Louise Blondel de Joigny, était fille d'un premier mariage de Jeanne de Morainvilliers, qui avait épousé en secondes noces Dominique de Vic.

vée si mauvaise que, non seulement elle obligea la Reine de l'en faire sortir[1], mais elle ne voulut pas l'envoyer ambassadeur en Angleterre, où il avoit été destiné.

Le duc d'Épernon, ayant fait retirer Arquien de Metz et mis en sa place Bonnouvrier[2], l'une de ses créatures, pour garder la citadelle comme son lieutenant et non celui du Roi, ainsi qu'étoit Arquien, se mit par ce moyen en plus grande considération qu'il n'étoit auparavant.

Il sembloit lors que la régence[3] fût autant affermie qu'elle le pouvoit être; le parlement de Paris et tous les autres ensuite étoient intéressés à sa subsistance; toutes les villes et communautés du royaume avoient juré fidélité au Roi et s'étoient aussi volontairement soumises à l'obéissance de la Reine qu'ils y étoient obligés par les dernières volontés du feu Roi; tous les gouverneurs des provinces et des places avoient fait de même; tous les grands de la cour, par divers

1. *Var.* : Que non seulement l'obligea-t-elle d'en sortir, mais ne le voulut pas envoyer (B).
2. Pépin Bonnouvrier, seigneur de Hauteville, lieutenant en la citadelle de Metz, capitaine au régiment des gardes, mort le 1er octobre 1617. Il avait été longtemps maréchal de camp sous les ordres du duc d'Épernon. D'après Pontchartrain (*Mémoires*, éd. Michaud, p. 303), la citadelle de Metz aurait été remise, après le départ de M. d'Arquien, à un chevalier de Trémigères; mais il faut lire Fromigères, comme l'a dit exactement l'historiographe du duc d'Épernon, Girard (*Vie du duc d'Épernon*, t. II, p. 360); c'était un capitaine au régiment des gardes.
3. *Var.* : La Reine (M, H).

motifs, témoignoient n'avoir autre but que de conspirer au repos de ce royaume, en servant le Roi sous la conduite de la Reine. La maison de Guise affectoit de paroître inviolablement attachée à ses volontés; le duc d'Épernon, fort considéré en ce temps-là, ne respiroit que les commandements du Roi et de la Reine et ne regardoit que leur autorité. Tous les ministres étoient unis à cette fin. Conchine et sa femme, qui avoient la faveur de la Reine, promettoient de se gouverner sagement et n'avoir autre but que les intérêts de leur maîtresse. Les expédients ci-dessus rapportés avoient contenté le comte de Soissons. On se promettoit, par mêmes moyens, de satisfaire le prince de Condé, qui étoit en chemin pour venir à la cour : la connoissance que l'on avoit de son esprit faisoit croire qu'on en viendroit à bout, vu principalement qu'il trouveroit les choses si bien affermies, qu'il ne pourroit juger par raison avoir avantage à entreprendre de les ébranler. On espéroit aussi contenir les huguenots par l'entretènement de leurs édits, et l'intérêt des ducs de Bouillon, de Rohan[1] et de Lesdiguières, qui étoient les principaux chefs de leur parti.

Et cependant le cours de la régence de la Reine nous fera[2] voir le vrai tableau de l'inconstance des François, même de ceux qui devroient être les plus retenus et les plus sages, et les diverses faces de la fidélité des grands, qui d'ordinaire n'est inviolable qu'à

---

1. Henri de Rohan (1579-1638), duc de Rohan par lettres du mois d'avril 1603.
2. *Var.* : Le cours de la régence nous fera (H).

leurs intérêts, et qui changent souvent sur la moindre espérance qu'ils ont d'en tirer avantage, puisqu'en effet nous verrons tous ceux qui sont maintenant attachés au Roi et à la Reine les quitter tour à tour[1] l'un après l'autre, selon que leurs passions et leurs intérêts les y portent.

Les princes du sang seront divisés et unis, et, en quelque état qu'ils soient, manqueront à ce qu'ils doivent. La maison de Guise sera unie et séparée de la cour et ne fera jamais ce qu'on doit attendre ni de la fidélité qu'ils ont promise, ni du cœur de ses prédécesseurs. Les parlements favoriseront les troubles à leur tour. Les ministres se diviseront, et, épousant divers partis, se rendront artisans de leur perte.

Le maréchal d'Ancre, qui doit être inséparable des intérêts de celle qui l'a élevé au plus haut point où étranger puisse aspirer raisonnablement, sera si aveuglé, qu'il agira contre les volontés de sa maîtresse pour suivre un parti qu'il estime capable de le maintenir. Les divers caprices de sa femme nuiront encore beaucoup à sa maîtresse. Tant qu'il y aura de l'argent dans l'Épargne pour satisfaire à l'appétit déréglé d'un chacun, les divisions demeureront dans le cabinet et dans la cour, et le repos de la France ne sera pas ouvertement troublé; mais, lorsque les coffres de l'Épargne seront épuisés, la discorde s'étendra dans les provinces et partagera la France, en sorte que, bien que l'autorité royale ne puisse être qu'en un lieu, son ombre paroîtra en diverses parties du royaume, où

---

1. *Var.* : Tous à leur tour (H).

ceux qui prendront les armes protesteront ne les avoir en main que pour le service du Roi, contre qui ils agiront.

Jamais on ne vit plus de mutations sur un théâtre qu'on en verra en ces occasions : la paix et la guerre se feront plusieurs fois; et, bien que la cour et la France soient toujours en trouble, on peut toutefois dire avec vérité que jamais minorité n'a été plus paisible ni plus heureuse.

Pour distinguer et mieux connoître les changements désignés ci-dessus, il faut noter que l'administration que la Reine a eue de cet État pendant sa régence et quelque temps après, a eu quatre faces différentes.

La première conserva pour un temps des marques de la majesté que la vertu du grand Henri avoit attachée à sa conduite, en tant que les mêmes ministres qui avoient sous son autorité supporté les charges de l'État durant sa vie, en continuèrent l'administration, sans se séparer ouvertement les uns des autres, ce qui dura jusqu'à la défaveur et la chute du duc de Sully.

La seconde retint encore quelque apparence de force en sa foiblesse, en ce que l'union qui demeura entre le Chancelier, le président Jeannin et Villeroy, et la profusion des finances qui fut introduite sous l'administration qu'en eut le président Jeannin, aussi homme de bien que peu propre à résister aux importunes et injustes demandes du tiers et du quart, firent que les grands, arrêtés par des gratifications extraordinaires, demeurèrent en quelque règle et obéissance, ce qui dura jusques à ce que les coffres fussent épuisés et que la femme du sieur de Puyzieulx[1], fille de Villeroy, fût décédée[2].

La troisième fut pleine de désordre et de confusion, qui tirèrent leur origine de la division ouverte des ministres, qui fut causée par la dissolution de l'alliance qui étoit entre le Chancelier et Villeroy, qui ne fut pas plus tôt arrivée, que l'imprudence et l'ambition du Chancelier et de son frère[3] les portèrent à complaire au maréchal d'Ancre et adhérer au déréglement de ses passions, à beaucoup desquelles ils avoient résisté auparavant, et l'eussent toujours pu faire, si leurs divisions ne les en eussent rendus incapables. En ce divorce, tous les grands prirent le dessus, Villeroy déchut de sa faveur, le Chancelier subsista pour un temps, en suivant les volontés de ceux qui auparavant étoient contraints de s'accommoder à beaucoup des

---

1. Pierre Brûlart (1583-1640), vicomte de Puyzieulx, puis marquis de Sillery, fils du chancelier et de Claude Prudhomme, épousa, 1° en 1606, Madeleine de Neufville-Villeroy, fille de Charles, gouverneur du Lyonnais, et petite-fille du ministre Villeroy; 2° en 1615, Charlotte d'Estampes-Valençay. Secrétaire d'État le 4 mars 1606, sur la résignation du grand-père de sa femme, il fut, en outre, grand trésorier des ordres du Roi, puis ambassadeur en Espagne en 1612.

2. Madeleine de Neufville mourut le 24 novembre 1613. « Mme de Puyzieulx, petite-fille de M. de Villeroy, mourut quelques jours après, et lors la désunion d'entre la maison de Villeroy et celle de Sillery parut évidemment » (*Mémoires d'Estrées*, ms. Nouv. acq. franç. 2069, fol. 78 v°; éd. Michaud et Poujoulat, p. 402).

3. Noël Brûlart, dit le commandeur de Sillery, premier écuyer de la Reine et ambassadeur de l'ordre de Malte en France. Dans le manuscrit H, le mot *frère* est corrigé par celui de *fils*; il s'agirait alors de M. de Puyzieulx.

siennes. Enfin le mariage du Roi étant accompli, au retour du voyage entrepris à cette fin, après que les uns et les autres eurent eu le dessus et le dessous, chacun à son tour, [ils] furent disgraciés et éloignés, plus par leur mauvaise conduite que par la puissance du maréchal d'Ancre et de sa femme.

La quatrième n'eut quasi autre règle que les volontés du maréchal et de sa femme, qui renversèrent souvent les meilleurs conseils par leur puissance. Cette saison fut agitée de divers mouvements, estimés du vulgaire beaucoup plus violents qu'ils ne l'étoient, si l'on en considère la justice, et qui, en effet, étoient aussi utiles à l'État qu'ils sembloient rigoureux à ceux qui les souffroient les ayant mérités.

Entre les affaires de poids qui se présentèrent au commencement de cette régence, celle de la continuation ou du changement des desseins du feu Roi pour la protection des États de Juliers et de Clèves[1] fut la plus importante. La mort de ce duc, arrivée avant celle du Roi, ayant été suivie d'une grande dispute pour sa succession, les parties qui la prétendent s'y échauffent jusques aux armes; les princes catholiques d'Allemagne favorisent une part, les protestants une autre; les Hollandois et les Espagnols se mêlent en ce différend; l'Anglois y soutient ceux de sa croyance; plusieurs villes sont prises; on craint que la trêve de Flandre se rompe et que le feu se mette en toute la Chrétienté. Les uns[2] conseilloient à la Reine d'aban-

1. Voyez ci-dessus (p. 24 et suiv.) l'exposé des desseins de Henri IV à ce sujet.
2. Tout le passage qui suit provient manifestement des *Mémoires du duc d'Estrées* (p. 376 et suivantes de l'édition

donner cette affaire, le dessein de laquelle sembloit être rompu par la mort du feu Roi. On représente qu'il n'est pas à propos d'irriter l'Espagne à l'avènement du Roi à sa couronne; ains, qu'il valoit mieux, pour fortifier la jeunesse de S. M., s'allier avec elle par le nœud d'une double alliance. Les autres disoient au contraire que, si l'on ne suivoit les desseins du feu Roi, nos alliés auroient grand lieu de soupçonner que nous voulussions nous séparer d'eux et les abandonner; qu'il étoit dangereux de montrer de la foiblesse en ce commencement; qu'un tel procédé donneroit hardiesse aux Espagnols de nous attaquer; que le vrai moyen de parvenir à cette double alliance étoit de conserver la réputation de la France; qu'au reste, si nous voulions délivrer l'Espagne de la jalousie de nos armes, il valoit mieux licencier l'armée de Dauphiné, qui leur en donnoit beaucoup plus que celle de Champagne. Outre que, désarmant par ce moyen le maréchal[1] de Lesdiguières, huguenot, le Roi en tireroit un autre avantage bien nécessaire en ce temps, où la puissance de ce personnage devoit être suspecte.

Cet avis fut suivi[2]; mais il n'y eut pas peu de peine à choisir pour cette armée un chef. Le maréchal de Bouillon eût bien désiré l'être; mais sa religion et son

---

Michaud), auxquels on se bornera désormais à renvoyer, sans citer les passages empruntés, à moins qu'il y ait nécessité d'en confronter le texte avec celui des Mémoires du Cardinal.

1. Ce mot a été substitué après coup au mot « connétable » dans le manuscrit B. La nomination de Lesdiguières au grade de connétable ne date que du 29 août 1622.

2. C'était celui du chancelier de Sillery (*Mémoires d'Estrées*, p. 376).

humeur inquiète et remuante empêchèrent avec raison qu'on ne lui donnât le commandement des armées du Roi qui se devoient joindre à celle des États généraux et des protestants d'Allemagne, et le maréchal de la Châtre[1] fut honoré de cette charge.

Ainsi la Reine exécute généreusement la résolution que le feu Roi avoit prise de s'y interposer; elle envoie des forces pour rendre les raisons avec lesquelles elle veut composer ce différend, plus fortes et plus puissantes. L'Empereur, l'Espagne et la Flandre font mine de s'opposer à leur passage; mais, connoissant que l'armée du Roi étoit résolue de prendre d'elle-même ce qu'on ne pouvoit lui dénier avec raison, ils changèrent d'avis et donnèrent passage aux troupes françoises, qui contribuoient tout ce qu'on pouvoit attendre d'elles pour conserver à cette couronne le glorieux titre d'arbitre de la chrétienté, que ce grand monarque lui avoit acquis. Au reste, la Reine reçut beaucoup de louanges de tous les gens de bien, de ce qu'elle eut le soin de conserver la religion catholique en tous les lieux où elle étoit auparavant.

Le duc de Bouillon fit de grandes plaintes de ce qu'en cette occasion on avoit préféré le maréchal de la Châtre à sa personne. Le soupçon qu'il eut que le comte de Soissons, le cardinal de Joyeuse[2] et le duc

1. Claude de la Châtre, baron de la Maisonfort (1536-1614), l'un des chefs du parti ligueur, nommé par Mayenne maréchal de France le 8 juin 1593, avait été confirmé dans ce grade par Henri IV en 1594.

2. François de Joyeuse (1562-1615) fut successivement archevêque de Narbonne, de Toulouse et de Rouen; cardinal le 12 décembre 1583, légat en France en 1606, il sacra Louis XIII

d'Épernon, étroitement unis ensemble, n'avoient pas
peu contribué à son mécontentement, fit qu'il attendoit avec grande impatience la venue de Monsieur le
Prince, afin de former avec lui un parti dans la cour
par l'union de la maison de Guise, du duc de Sully et
de plusieurs autres grands.

Cependant la Reine, en la mémoire de laquelle le
feu Roi est toujours vivant, se résout de le faire porter à Saint-Denis, pour lui rendre ses derniers devoirs.
Jugeant que ceux qui l'avoient précédé au règne
devoient faire de même en la sépulture, elle envoya
quérir le corps de Henri III, son prédécesseur, et de
la reine Catherine de Médicis, sa mère[1], et les fit porter au lieu destiné pour leur sépulture, à Saint-Denis[2].

Je ne veux pas omettre en ce lieu une prédiction
faite au feu Roi, qui l'avoit empêché de faire enterrer
son prédécesseur. On lui avoit dit, depuis qu'il fut
venu à la couronne, que, peu de jours après que le
corps de Henri III seroit porté en terre, le sien y seroit
mis aussi ; il s'imaginoit volontiers que différer l'enterrement de ce prince prolongeoit le cours de sa vie,
et ne s'apercevoit pas que la seule crainte et la supers-

à Reims le 17 octobre 1610, et présida les États généraux de
1614. Tout ce qui précède sur le mécontentement du duc de
Bouillon et la formation des deux partis rivaux à la cour est
emprunté à d'Estrées. (*Mémoires*, p. 377.)

1. Mère de Henri III.

2. Le corps de Henri III fut apporté de Compiègne à Saint-Denis le mardi 19 juin 1610 (Lettre de Bouthillier à Richelieu
en date du 25 juin 1610. Aff. étr., France 767). La cérémonie
funèbre eut lieu le 23 (*P. de l'Estoile*, t. X, p. 285-286). Catherine de Médicis, qui était morte à Blois en 1589 et y avait été
enterrée, fut ramenée sans pompe dans le tombeau de Henri II.

tition qui l'empêcheroient de s'acquitter du dernier office qu'il pouvoit rendre à celui qui lui avoit laissé la couronne, donneroit lieu à la vérité de ce qui lui avoit été prédit[1]; ce qui fut si véritable que, le roi Henri III ayant été mis en terre le [23 juin 1610[2]], le feu Roi y fut mis ensuite le premier jour de juillet, avec les cérémonies et les pompes funèbres dues aux personnes de sa qualité. Les louanges qui furent données à ce grand prince en diverses oraisons funèbres qui furent faites par toute la France, et en beaucoup de lieux même de la chrétienté, seroient trop longues à rapporter[3]. Il fut pleuré et regretté de tous les gens de bien et loué de ses propres ennemis, qui trouvèrent encore plus de sujet de l'estimer en sa vertu que de le craindre en sa puissance.

Il étoit d'un port vénérable, vaillant et hardi, fort et robuste, heureux en ses entreprises, débonnaire, doux et agréable en sa conversation, prompt et vif en ses reparties, et clément à l'égard même de ses propres ennemis.

Ces derniers devoirs étant rendus à la mémoire de ce grand prince, la Reine pense sérieusement à s'acquitter de ceux qu'elle doit au Roi son fils et à son État. Elle décharge le peuple, et, par déclaration du 22e juillet, fait surseoir quatorze commissions[4] extraor-

1. Cette prédiction est mentionnée dans le *Mercure françois*, t. I, fol. 470, et dans les *Mémoires de l'Estoile*, t. X, p. 285.
2. Cette date a été laissée en blanc dans les manuscrits.
3. Voyez le *Mercure françois*, t. I, fol. 471 et suivants.
4. La liste complète de ces quatorze commissions et des cinquante-huit autres que l'on révoqua se trouve dans le *Mercure françois*, t. I, fol. 506 et suiv. Les *Mémoires du duc d'Estrées*

dinaires dont il n'eût pas reçu peu de foule[1]. Elle en révoque cinquante-huit autres, toutes vérifiées au Parlement, et diminue d'un quart le prix du sel. Elle continue les bâtiments du feu Roi, commence ceux du Bois-de-Vincennes, pour pouvoir toujours tenir le Roi avec sûreté ès environs de Paris, et, par le conseil du grand cardinal du Perron, elle fait travailler à ceux des collèges royaux[2].

Tandis que ces choses se passent, Monsieur le Prince part de Bruxelles et s'achemine à la cour. La Reine lui dépêche le sieur de Barrault[3], qui le rencontre à la frontière, et l'assure, de la part de LL. MM., qu'il y seroit reçu comme il le pouvoit désirer.

La maison de Lorraine[4], les ducs de Bouillon et de Sully, qui avoient dessein de s'unir à lui, vont au-devant jusques à Senlis : le comte de Soissons et ses adhérents assemblent au même temps tous leurs amis. La Reine, craignant qu'il n'arrivât du désordre de telles assem-

(p. 377) ne mentionnent que cinquante-quatre édits, c'est-à-dire commissions vérifiées en Parlement.

1. Au sens d'oppression.

2. Ces dernières lignes semblent n'être qu'un résumé du *Mercure françois*, t. I, fol. 510. Le jeune roi Louis XIII posa, le 17 août 1610, la première pierre des constructions qui furent ajoutées au château de Vincennes. C'étaient deux ailes, qu'on nomma Pavillon du Roi et Pavillon de la Reine, et qui ne furent terminées qu'au début du règne de Louis XIV.

3. Aimery Jaubert, comte de Barrault, baron de Blaignac, sénéchal de Bazadais, conseiller d'État, successivement chargé de missions diplomatiques à la cour de Savoie et en Espagne, où il fut, à deux reprises, ambassadeur de France.

4. Pour tout ce qui va suivre, comparez les *Mémoires d'Estrées* (p. 377 de l'édition Michaud), dont l'utilisation par Richelieu est manifeste.

blées, fut conseillée de faire armer le peuple. Monsieur le Prince entra dans Paris le 15⁰ juillet[1], accompagné de plus de quinze cents gentilshommes; ce qui donna quelque alarme à la Reine, qui considéroit qu'ayant les canons, la Bastille et l'argent du feu Roi en sa puissance par le duc de Sully, si le Parlement et le peuple n'eussent été fidèles, il pouvoit entreprendre des choses de très dangereuse conséquence pour le service du Roi. Monsieur le Prince n'étoit pas en moindre méfiance que celle qu'on avoit de lui. Il reçut trois ou quatre avis, en arrivant[2], que la Reine, à la suscitation du comte de Soissons, avoit dessein de se saisir de sa personne et de celle du duc de Bouillon; ce qui fit que, nonobstant la bonne chère qu'il reçut de LL. MM., il fut trois nuits alerte, en état de sortir de Paris au premier bruit qu'il entendroit de quelque entreprise contre lui. Aussitôt qu'il fut rassuré de ses premières appréhensions, il fit connoître ses prétentions à son tour, ainsi qu'avoit fait Monsieur le Comte. Il eût bien voulu contester la régence, s'il eût osé; mais il en fut diverti par le bon traitement qui lui fut fait[3] : on lui donna deux cent mille livres de pension,

1. Condé ne fit son entrée à Paris que le 16 juillet (*Relation autographe du voyage du prince*, publiée par le duc d'Aumale : *Histoire des princes de Condé*, t. II, p. 579).
2. C'est au Bourget que le prince reçut ces « trois ou quatre avis » (*Mémoires d'Estrées*, p. 377).
3. M. d'Estrées (*Mémoires*, ms. Nouv. acq. franç. 2069, fol. 18 v°; éd. Michaud, p. 381) dit : « Monsieur le Prince cependant demanda la survivance de la charge de connétable, et fit quelques autres ouvertures, desquelles il ne remporta qu'un refus, au lieu de quoi, on lui donna seulement l'hôtel de Gondy. »

l'hôtel de Gondy au faubourg Saint-Germain[1], qui fut acheté deux cent mille francs, le comté de Clermont[2], et beaucoup d'autres gratifications.

La Reine, par le conseil des vieux ministres, ouvrit au même temps sa main fort largement à tous les autres princes et seigneurs. Elle leur départ de grandes sommes de deniers pour s'acquérir leurs cœurs et le repos de ses peuples par un même moyen. Beaucoup ont pensé qu'elle eût mieux fait de n'en user pas ainsi, et que la sévérité eût été meilleure, parce qu'on perd plutôt la mémoire des bienfaits que des châtiments, et que la crainte retient plus que l'amour. Mais ce n'est pas un mauvais conseil de retenir, en certaines occasions semblables à celles de la régence, les esprits remuants avec des chaînes d'or; il y a quelquefois du gain à perdre en cette sorte, et il ne se trouve point de rentes plus assurées aux rois que celles que leur libéralité se constitue sur les affections de leurs sujets; les gratifications portent leurs intérêts en temps et lieu, et l'on peut dire qu'il est des mains du prince comme des artères du corps qui s'emplissent en se dilatant.

1. Cet hôtel, appelé depuis lors hôtel de Condé, fut donné le 2 septembre 1612 par Louis XIII au prince de Condé. Il occupait l'emplacement actuellement borné par la rue Monsieur-le-Prince, la rue de Condé, la rue de Vaugirard et le carrefour de l'Odéon. Il fut démoli au xviiie siècle.
2. Le comté de Clermont-en-Beauvaisis fut cédé le 26 août 1610 par François de Lorraine, comte de Vaudémont, à Henri de Bourbon, prince de Condé, pour une somme de trois cent mille livres tournois. L'entrée en jouissance était fixée au 1er janvier suivant. Cette cession fut confirmée par lettres royales du 13 mars 1611.

Cependant Monsieur le Prince et le comte de Soissons vivoient toujours appointés contraires[1]. Cette division n'étoit pas désagréable à la Reine et aux ministres; mais elle l'étoit bien au maréchal de Bouillon, qui, par l'habitude qu'il avoit aux brouilleries et par la malice de son naturel, ne pouvoit souffrir le repos de l'État. Les bienfaits qu'il avoit reçus de la Reine avoient plutôt ouvert que rassasié l'appétit qu'il avoit de profiter de la minorité du Roi. Il se servit du marquis de Cœuvres[2], en qui le comte de Soissons avoit grande confiance, pour former l'union qu'il désiroit; il l'engagea d'autant plus aisément à son dessein, qu'il lui protesta d'abord n'en avoir point d'autre que le service du Roi, [et] qu'il détestoit et avoit en horreur les troubles et les guerres civiles.

1. Tout le passage qui va suivre sur la rivalité du prince et du comte et sur le rôle du marquis de Cœuvres dans la réconciliation est copié textuellement dans les *Mémoires* de ce dernier (*Mémoires du duc d'Estrées*, p. 378).

2. François-Annibal d'Estrées (1573-1670), frère de Gabrielle, nommé évêque de Noyon en 1594, quitta l'état ecclésiastique en 1596 et prit le nom de marquis de Cœuvres; sous la minorité de Louis XIII, il embrassa d'abord le parti des princes, mais devint par la suite un des principaux agents de Richelieu, qui l'envoya en Valteline en 1614; maréchal de France en 1626, ambassadeur à Rome en 1636, il obtint en 1645 l'érection de sa terre de Cœuvres en duché-pairie d'Estrées. C'est à la demande de Richelieu qu'il composa ses *Mémoires* (ci-dessus, p. 52). Leur date de rédaction ne peut être antérieure à 1622, époque à laquelle Richelieu reçut le chapeau, puisqu'on y lit à l'année 1616 (p. 412) : « La Reine... lui envoya deux fois M. le cardinal de Richelieu, lors son premier aumônier. » Il est même probable que ces *Mémoires*, relatant des faits qui se passèrent en 1630, n'ont été rédigés en leur totalité qu'après cette date, et cela reporteroit à 1631 ou 1632 le commencement de la

Ensuite de cette première couche[1], il lui représenta que les divisions qui paroissoient entre Monsieur le Prince et Monsieur le Comte, et les serviteurs de l'un et de l'autre, ne pouvoient être utiles qu'aux ministres, qui seroient d'autant plus fidèlement attachés au Roi[2] qu'il y auroit un contre-poids dans la cour capable de les contenir en leur devoir; qu'autrement ils rendroient de bons et de mauvais offices à qui il leur plairoit auprès de la Reine, avanceroient les leurs et éloigneroient les plus gens de bien; qu'il croyoit que Monsieur le Comte avoit contribué à l'aversion que la Reine témoignoit avoir de lui, mais que cela n'empêchoit pas qu'il ne portât Monsieur le Prince à vivre en bonne intelligence avec lui, ce qu'il estimoit si utile et si nécessaire à l'État, qu'il ne craignoit point que la Reine en eût connoissance, ains au contraire désiroit la parachever avec son consentement.

Le marquis de Cœuvres n'eut pas plus tôt fait cette ouverture à Monsieur le Comte, qu'il la lui fit goûter. Au même temps, Monsieur le Comte en avertit la Reine, et lui en fit faire si délicatement la proposition, que, la croyant impossible, elle témoigna ne l'avoir pas désagréable.

rédaction des *Mémoires de Richelieu*. On a vu (p. 46, note 4) que nous sommes provisoirement arrivés d'autre part à une conclusion analogue. On connaît aux *Mémoires du maréchal-duc d'Estrées* une suite encore inédite, qui se rapporte à l'époque de la régence d'Anne d'Autriche. Nous avons dit ci-dessus, p. 93, note 1, que M. Paul Bonnefon en préparait une nouvelle édition complète pour notre Société.

1. Terme de jeu, au sens de ce que l'on met sur une carte.
2. Dans le manuscrit B, le mot « attachés » a été ajouté en interligne d'une main plus récente.

Le cardinal de Joyeuse et les plus entendus des deux partis estimèrent qu'il falloit tirer un consentement plus exprès et plus formel de la Reine, et que, lui en parlant en présence des ministres, ils n'oseroient s'y opposer, de peur de s'attirer par ce moyen la haine des princes du sang et de tous les grands. Ce dessein réussit ainsi qu'il avoit été projeté; les ministres approuvèrent cette réconciliation devant le monde et en exagérèrent tellement par après la conséquence à la Reine, à Conchine et à sa femme, qu'on n'oublia rien de ce qui se put pour l'empêcher.

On assura, à cette fin, M. de Guise du mariage de Mme de Montpensier[1], qu'on avoit traversé jusques alors, et entretint-on Monsieur le Prince de beaucoup d'espérances imaginaires, qui différèrent pour un temps l'exécution de cette union, sans la rompre, comme nous verrons sur la fin de l'année.

Ce pendant[2] les ambassadeurs que la plupart des princes de la Chrétienté envoyèrent au Roi, pour se condouloir de la mort du feu Roi son père et se réjouir de son avènement à la couronne, arrivèrent à Paris. Le duc de Feria[3] y vint de la part du roi d'Espagne,

---

1. Henriette-Catherine de Joyeuse (1585-1656) épousa : 1° le 15 mai 1597, Henri de Bourbon, duc de Montpensier, dont elle devint veuve en 1608; 2° en 1611, Charles de Lorraine, duc de Guise.

2. Tout cet alinéa, ainsi que le précédent, se retrouve dans les *Mémoires du duc d'Estrées*, ms. Nouv. acq. franç. 2069, fol. 13, et éd. Michaud, p. 379.

3. Don Gomez de Figueroa et de Cordova, duc de Feria, gouverneur du Milanais en 1618, en remplacement de Don Pedro de Tolède, mourut en 1634; il arriva à Paris le 8 septembre 1610.

et, après que le comte de Fuentès et les ministres de Flandre eurent sollicité, comme nous avons vu[1], Monsieur le Prince d'entreprendre contre le repos de l'État, il offrit toutes les forces de son maître contre ceux qui voudroient troubler la régence de la Reine.

Il fit aussi l'ouverture du double mariage qui fut depuis contracté entre les enfants de France et d'Espagne; et, par accord secret entre les ministres de l'État et lui, il fut arrêté que le roi son maître n'assisteroit point les esprits brouillons de ce royaume, et que nous ne les troublerions point aussi dans leurs affaires d'Allemagne, qui n'étoient pas en petite confusion entre l'empereur Rodolphe et Mathias[2] son frère, qui s'étoit élevé contre lui et l'avoit dépouillé d'une partie de ses provinces héréditaires et de ses autres États. Cet attentat de Mathias contre son frère, si âgé qu'il sembloit être à la veille de recueillir sa succession, fait bien paroître que l'ambition n'a point de bornes, et qu'il n'y a point de respects si saints et si sacrés qu'elle ne soit capable de violer pour venir à ses fins. Il justifie encore la pratique d'Espagne, qui tient les frères des rois en tel état que, s'ils ont tant soit peu de jugement, ils ne sauroient avoir la volonté de nuire, connoissant qu'on leur en a retranché tout pouvoir.

Le duc de Savoie, sachant la proposition du mariage d'Espagne, donna charge à ses ambassadeurs d'en faire de grandes plaintes; il n'oublia pas de représen-

---

1. Voyez ci-dessus, p. 93-94.
2. Matthias (1557-1619), archiduc d'Autriche, succéda en 1612 à son frère Rodolphe comme empereur d'Allemagne.

ter que le feu Roi disoit que, pour la grandeur de son fils, il étoit beaucoup meilleur qu'il eût des beaux-frères que des égaux[1]; mais on eut peu d'égards à ses plaintes; bien lui envoya-t-on un ambassadeur[2], pour essayer de le contenter de paroles, lorsqu'on ne pouvoit le satisfaire par les effets qu'il désiroit.

En ce temps, la Reine se résolut de faire sacrer le Roi son fils à Reims, où elle le mena à cette fin. Pendant ce voyage, le duc de Guise demeura dans Paris, à cause de la dispute qu'il avoit pour le rang avec le

---

1. *Var.* : Qu'il eut des beaux-pères égaux (M, H). C'était aussi la version primitive du manuscrit B, qu'une main contemporaine a corrigée en « des beaux-frères que des égaux ». La même idée a déjà été exprimée, et d'une façon plus claire, ci-dessus, p. 36-37. Il convient d'ailleurs, pour comprendre ce passage, d'avoir recours à celui des *Mémoires du duc d'Estrées* qui lui a servi de source (ms. Nouv. acq. franç. 2069, fol. 14, et éd. Michaud, p. 380) : « Représentant que l'on suivoit peu les maximes et intentions du feu Roi, qui disoit, sur le sujet des mariages d'Espagne et de Savoie, que, pour faire son fils grand roi, il n'étoit pas nécessaire de faire ses filles reines... » C'est-à-dire qu'il valait mieux, politiquement, que les beaux-frères du Roi lui fussent inférieurs en puissance, et ne fussent pour lui que des beaux-frères, qui deviendraient facilement des alliés, tandis qu'un beau-frère tel que le roi d'Espagne serait forcément un rival.

2. Cette mission fut confiée à Bullion, qui avait déjà négocié, comme on l'a vu (p. 34), les traités de Brusol en 1609. L'ambassadeur était chargé de « retirer de lui [du duc de Savoie] les écrits qui avoient été faits sur les mariages et lui porter plus de bonnes paroles que de bons effets » (*Mémoires d'Estrées*, ms. Nouv. acq. franç. 2069, fol. 14, et éd. Michaud, p. 380). Le mariage projeté dont on ne vouloit plus était celui d'Élisabeth, fille aînée de Henri IV, avec le prince de Piémont (ci-dessus, p. 33, note 2, et 36).

duc de Nevers, qui, étant en son gouvernement, sembloit le devoir précéder en cette occasion.

Le Roi fut sacré le 17ᵉ octobre[1], et, le 18ᵉ, il reçut l'ordre du Saint-Esprit. M. le cardinal de Joyeuse et Monsieur le Prince le devoient aussi recevoir; mais le cardinal s'en excusa, parce que l'état présent des affaires rendant Monsieur le Prince plus considérable que lui, il ne voulut pas faire juger la dispute qui étoit entre eux pour la préséance, ce dont l'événement n'eût pu être que mauvais au service du Roi, pour le mécontentement de Monsieur le Prince s'il eût perdu sa cause, ou à l'Église, si le cardinal de Joyeuse fût déchu de la possession où les cardinaux sont de tout temps de précéder tous les souverains, excepté les rois[2].

Pendant le voyage du Roi, qui fut de retour à Paris le 30ᵉ du mois, le duc de Bouillon, qui, pour n'avoir pas parachevé l'union qu'il avoit commencée entre Messieurs les princes du sang et les grands du royaume attachés à leurs intérêts, n'en avoit pas perdu le dessein, renoua cette affaire durant le séjour que le Roi fit à Reims, à l'insu de la Reine et des ministres qui en furent fort fâchés. Pour mieux confirmer cette union, lorsque le Roi partit de Reims pour venir à Paris, il mena lesdits princes, les ducs de Longueville, de Nevers, marquis de Cœuvres et quelques autres à Sedan, où il étreignit la nouvelle liaison qu'il avoit

---

1. La cérémonie du sacre est décrite dans le *Mercure françois*, t. I, fol. 530 et suiv. D'Estrées, dans ses *Mémoires* (p. 380), donne à tort la date du mois de novembre.

2. C'est-à-dire les princes souverains non rois, comme les ducs de Savoie et de Lorraine ou les électeurs d'Allemagne.

faite par un second nœud, pour la rendre indissoluble. Ensuite, pour avoir plus de lieu de faire ses affaires et troubler le repos du gouvernement, il porta les huguenots à demander une assemblée générale; ce qui lui fut fort aisé, leur représentant qu'il falloit qu'ils profitassent du bas âge du Roi et de l'ébranlement que l'État avoit reçu par la perte du feu Roi. Ils se résolurent d'autant plus volontiers à ce qu'il désiroit, que le temps auquel, par l'édit de 1597[1], ils pouvoient en demander, échéoit cette année.

La Reine, qui jugea bien qu'ils ne manqueroient de faire des demandes si extraordinaires et si injustes, que, ne pouvant être accordées, elles pourroient porter aux extrémités, essaya de gagner temps et différer cette assemblée; mais leurs instances furent si pressantes, qu'il fut impossible de s'exempter de leur permettre, par brevet, de s'assembler l'année suivante en la ville de Saumur[2].

Un différend[3] intervenu au voyage de Reims entre

1. Lisez *1598*. Il s'agit de l'édit de Nantes, comme nous le prouve le passage suivant des *Mémoires d'Estrées* (fol. 39 v°; éd. Michaud, p. 386), utilisé par le rédacteur des *Mémoires* : « Ceux de la Religion prétendue réformée ayant demandé la permission de tenir leur assemblée, étant dans le temps et aux termes portés par l'édit, elle leur fut accordée à Saumur, pour être tenue le ..... (*en blanc*), bien qu'on eût désiré qu'il eût été possible de la différer encore. » L'édit de Nantes accordait aux protestants le droit de se réunir en assemblées générales tous les trois ans.

2. Ce premier brevet, du 10 octobre 1610, autorisa les protestants à se réunir le 15 mai 1611 à Châtellerault; il fut annulé par un second brevet du 2 mai 1611, qui désigna Saumur (*Mercure françois*, t. II, p. 72).

3. D'Estrées (*Mémoires*, p. 380) est plus explicite. Il y eut,

[1610] DE RICHELIEU. 119

le marquis d'Ancre et le sieur de Bellegarde, grand écuyer de France, pour leurs rangs, donna lieu au duc d'Épernon de témoigner son aigreur ordinaire contre ledit marquis, qui, en cette considération, se résolut de se mettre bien avec Monsieur le Comte, pour empêcher qu'il ne favorisât à son préjudice ledit duc, qui étoit joint avec lui.

Monsieur le Comte[1] lui témoigna avoir grand sujet de se plaindre de lui, à cause du mariage de Mme de Montpensier avec le duc de Guise, qui avoit été résolu peu de temps auparavant par son seul avis, les ministres lui ayant fait sentir adroitement qu'ils n'y avoient eu aucune part. Il ajouta qu'il ne pouvoit être son ami s'il ne réparoit cette faute, faisant agréer à la Reine le mariage de Mlle de Montpensier[2] avec le prince d'Enghien[3], son fils; qu'aussi bien étoit-il croyable que, Mme de Guise[4] la privant de son bien, qu'elle donne-

d'après lui, une première contestation entre les gens du cardinal de Joyeuse et ceux de la marquise d'Ancre, suivie d'une seconde entre Concini et le duc de Bellegarde pour leurs rangs à l'entrée du Roi. Les choses en étaient venues à ce point que ni le comte de Soissons, pour les raisons exposées dans le paragraphe suivant, ni le duc d'Épernon, n'adressaient plus la parole à Concini.

1. Les *Mémoires d'Estrées* (ms. Nouv. acq. franç. 2069, fol. 16, et éd. Michaud, p. 380 et suivantes) ont fourni au rédacteur tout le passage qui va suivre.

2. Ci-dessus, p. 36.

3. Louis de Bourbon-Soissons (1604-1641), fils de Charles de Bourbon-Soissons et d'Anne de Montafié. Il porta le titre de comte ou duc d'Enghien jusqu'à la mort de son père (novembre 1612). Le titre passa ensuite aux Condés.

4. Le rédacteur donne ici son nouveau titre à la duchesse de Montpensier, qui venait d'épouser en secondes noces le duc de Guise (ci-dessus, p. 114, note 1).

roit sans doute aux enfants qu'elle auroit du second lit, Monsieur[1] ne penseroit jamais à sa fille lorsqu'il seroit en âge de se marier. Il représentoit encore qu'il étoit à craindre qu'elle eût dessein de marier cette héritière, princesse du sang, à quelqu'un des cadets de la maison de Guise ; et, pour conclusion, qu'il ne vouloit point d'accommodement avec lui s'il ne se faisoit par le commandement de la Reine et à la connoissance des ministres.

En ces entrefaites[2], il arriva, en présence de la Reine, une grande dispute entre le duc de Sully et Villeroy, sur le sujet de trois cents Suisses que le dernier demandoit pour la garde de Lyon, dont Alincourt[3] son fils avoit depuis peu acheté le gouvernement du duc de Vendôme, vendant par même moyen la lieutenance de Roi qu'il en avoit à Saint-Chamond[4]. Le duc de Sully lui dit sur ce sujet des paroles si piquantes, que l'autre en demeura mortellement offensé.

Il faut remarquer en cet endroit que, pendant le sacre du Roi, auquel le duc de Sully ne s'étoit pas trouvé à cause de sa religion, mais étoit allé se promener en sa maison, Villeroy qui désiroit l'ordre dans les

1. Nicolas, duc d'Orléans, second fils de Henri IV (ci-dessus, p. 35-36).
2. *Mémoires d'Estrées*, fol. 16, et p. 380 de l'édition Michaud.
3. Charles de Neufville, marquis d'Alincourt, fils du ministre Villeroy et de Madeleine de l'Aubespine, gouverneur du Lyonnais jusqu'à sa mort, survenue en 1642.
4. Melchior Mitte de Miolans (1586-1649), marquis de Saint-Chamond, seigneur de Chevrières, lieutenant de roi au gouvernement de Lyon en 1610, maréchal de camp en 1628, chargé en 1627 et en 1635 de plusieurs missions diplomatiques en Italie et en Allemagne.

affaires, considérant que tout le monde étoit déjà accoutumé aux refus du duc de Sully, n'oublia rien de ce qu'il put pour persuader à la Reine qu'il étoit de son service de conserver ledit duc en sa charge, et lui donner toute l'autorité qu'elle pourroit, eu égard au temps de la minorité du Roi, auquel il ne pouvoit et ne devoit pas espérer la même qu'il avoit du temps du feu Roi. Bullion eut ordre de s'avancer pour le trouver à Paris à son retour de ses maisons, et lui faire entendre la bonne volonté de la Reine, qui vouloit avoir en lui pareille confiance qu'avoit eue le feu Roi.

Il accepta l'offre de la Reine avec autant de civilité que son naturel rude et grossier lui permit d'en faire. Cependant il ne demeura pas satisfait, parce qu'il prétendit une commission scellée pour l'exercice de la charge des finances, ce qu'on ne voulut pas lui accorder, attendu que, du temps du feu Roi, il n'en avoit pas eu seulement un brevet[1]. Ce refus mit cet homme en de grandes méfiances du Chancelier, de Villeroy, et de Conchine, qu'il tenoit pour son ennemi.

Il continua néanmoins, depuis le retour du sacre, l'exercice de sa charge environ quinze jours ou trois semaines, après lequel temps le différend des Suisses de Lyon, dont j'ai déjà parlé[2], se renouvela sur ce que Villeroy vouloit en assurer le paiement sur la recette

---

1. D'Estrées ne donne pas ce motif de la mauvaise humeur de Sully. Les *Économies royales*, dont on peut peut-être suspecter le témoignage, disent que le ministre de Henri IV reçut en 1596, puis en 1597, des « provisions pour les finances » avec « toutes les expéditions nécessaires pour cet effet » (éd. Michaud, t. I, p. 224 et suiv., et 250).

2. Ci-dessus, p. 120.

générale dudit lieu. Ledit duc de Sully s'aigrit tellement sur cette affaire que, non content de soutenir qu'il n'étoit pas raisonnable de charger le Roi d'une telle dépense, les habitants pouvant faire la garde de Lyon, comme ils avoient toujours accoutumé, il se prit au Chancelier, qui favorisoit Villeroy, et lui dit qu'ils s'entendoient ensemble à la ruine des affaires du Roi[1]. Comme cette offense étoit commune à tous les ministres, ils s'accordèrent tous de ruiner ce personnage, dont l'humeur ne pouvoit être adoucie.

Alincourt, intéressé au sujet dont il s'agissoit, s'adressa pour cet effet au marquis de Cœuvres, qu'il savoit être fort mal affectionné au duc de Sully, à cause de la charge de grand maître de l'artillerie qu'il avoit obtenue du feu Roi, nonobstant que ledit marquis en eût la survivance[2]; il lui proposa l'éloignement dudit duc de la cour, auquel il lui fit sentir que tous les ministres contribueroient volontiers, si Monsieur le Comte y vouloit porter le marquis d'Ancre[3].

Cette ouverture ne fut pas plus tôt faite au marquis

1. On trouvera dans les *Économies royales*, t. II, p. 407, la contre-partie de tout ce plaidoyer contre Sully. Il y est donné une longue liste d'affaires, presque toutes d'ordre financier, sur lesquelles il se trouva en désaccord avec les ministres.

2. Le père de M. de Cœuvres, Antoine d'Estrées, avait eu la grande maîtrise de l'artillerie en 1597, avec la survivance pour son fils; mais il s'en était démis en 1599 en faveur de Sully.

3. D'Estrées, auquel tout ce passage semble emprunté (*Mémoires*, p. 380), mentionne, outre M. d'Alincourt et lui-même, M. de Châteauneuf comme instigateur de l'alliance du comte de Soissons et du marquis d'Ancre en vue de la disgrâce du duc de Sully. Châteauneuf fut, avec les présidents Jeannin et de Thou, l'un des conseillers d'État qui succédèrent à Sully dans la direction des finances (ci-après, p. 137).

de Cœuvres, qu'il proposa cette affaire à mondit sieur le Comte, et lui représenta que cette occasion lui serviroit à faire consentir les ministres au mariage de son fils avec Mlle de Montpensier ; il se résolut aussitôt de parler au marquis d'Ancre, qui lui promit d'assister les ministres en ce rencontre, pourvu qu'il voulût faire de même.

Il fut question ensuite de s'assurer des ministres sur le sujet du mariage désiré par Monsieur le Comte. Le marquis de Cœuvres[1], adroit et entendu en affaires de la cour, le leur fit consentir, soit qu'ils le voulussent en effet, soit que le bas âge des parties leur fit croire qu'ils ne manqueroient pas d'occasions d'empêcher l'accomplissement de cette proposition. Par ce moyen, Monsieur le Comte et le marquis d'Ancre se lièrent ensemble, et les ministres se joignirent à eux pour le fait particulier du duc de Sully, dont l'éloignement fut différé par l'occasion suivante.

Le comte de Soissons étant gouverneur de Normandie, il fut obligé d'en aller tenir les États[2], pendant lesquels le duc de Sully recommença, la veille de Noël, une nouvelle querelle dans le Conseil avec Villeroy sur le même sujet, qui le porta à des paroles si pleines d'aigreur, que Villeroy fut contraint de se retirer à Conflans[3] jusques au retour de Monsieur le Comte[4], après

---

1. Cette négociation de M. d'Estrées est racontée tout au long dans ses *Mémoires* (fol. 16 v°, et éd. Michaud, p. 381).

2. Le comte de Soissons partit pour Rouen le 1er décembre 1610 (*Mémoires de Pontchartrain*, éd. Michaud, p. 306).

3. Conflans-l'Archevêque, près Charenton, où les Villeroy avaient une terre.

4. Ces lignes reproduisent presque textuellement le passage

lequel nous parachèverons l'histoire de la disgrâce du duc de Sully.

Cependant, avant que clore cette année, je ne puis que je ne rapporte qu'elle produisit en Espagne le plus hardi et le plus barbare conseil dont l'histoire de tous les siècles précédents fasse mention ; ce qui donna occasion à la France de rendre un témoignage de son humanité et de sa pitié tout ensemble. L'Espagne étoit remplie de Morisques[1], qui étoient ainsi appelés parce que, de père en fils, ils descendoient des Maures qui l'avoient autrefois subjuguée et commandée sept cents ans durant. Le mauvais traitement qu'ils recevoient du roi et le mépris qu'ils souffroient des vieux chrétiens, firent que la plus grande part d'entre eux conservèrent secrètement l'impiété et fausse religion de leurs ancêtres contre Dieu, pour la haine particulière qu'ils avoient contre les hommes.

Étant traités comme esclaves, ils cherchent les moyens de se mettre en liberté ; le soupçon qu'on en a fait qu'on leur ôte toutes leurs armes, et particulièrement aux royaumes de Grenade et de Valence, où tout le peuple étoit presque infecté de ce venin ; il ne leur étoit même pas permis de porter de couteaux, s'ils n'étoient épointés.

suivant des *Mémoires du duc d'Estrées* (fol. 19 v°, et éd. Michaud, p. 382) : « Quelques jours avant le retour de Monsieur le Comte, qui fut la veille de Noël, MM. de Sully et de Villeroy entrèrent encore en contestation, et se passa entre eux dans le Conseil beaucoup de paroles pleines d'aigreur, dont ce dernier, étant mal satisfait, se retira à Conflans jusques à l'arrivée dudit sieur Comte. »

1. Tout ce passage relatif aux Maures d'Espagne paraît n'être qu'un résumé du *Mercure françois*, t. II, fol. 1 et suivants.

Le conseil d'Espagne, considérant que le feu Roi s'engageoit en une grande entreprise contre eux, eut au même temps appréhension que ces peuples prissent cette occasion d'allumer une guerre civile dans le cœur de leur État. Pour prévenir ce dessein, qui n'étoit pas sans fondement, le roi Catholique fit, au commencement de cette année, un commandement[1] à tous ces gens-là de sortir d'Espagne, avec leurs femmes et leurs enfants, dans trente jours pour tout délai, pendant lesquels il leur étoit permis de vendre tous leurs meubles et en emporter avec eux le prix, non en argent, mais en marchandises du pays non défendues, tous leurs immeubles demeurant confisqués au roi et réunis à son domaine.

Ceux qui étoient près de la marine s'embarquèrent pour passer en Barbarie, et, pour ce sujet, tous les vaisseaux étrangers qui étoient dans leurs ports furent arrêtés; les autres prirent le chemin de la frontière de la France pour passer par les États du Roi[2].

Il est impossible de représenter la pitié que faisoit ce pauvre peuple, dépouillé de tous ses biens, banni du pays de sa naissance : ceux qui étoient chrétiens, qui n'étoient pas en petit nombre, étoient encore dignes d'une plus grande compassion, pour être envoyés comme les autres en Barbarie, où ils ne pouvoient qu'être en péril évident de reprendre contre leur gré la religion mahométane. On voyoit les

---

1. Une traduction française de l'édit de Philippe III, en date du 9 décembre 1609, se trouve dans le *Mercure françois*, t. II, fol. 5 et suivants.

2. D'après le *Mercure françois* (t. II, fol. 109), plus de cent cinquante mille Morisques entrèrent alors en France.

femmes, avec leurs enfants à la mamelle, les chapelets en leur main, qui fondoient en larmes et s'arrachoient les cheveux de désespoir de leurs misères, et appeler Jésus-Christ et la Vierge, qu'on les contraignoit d'abandonner, à leur aide.

Le duc de Medina[1], amiral de la côte d'Andalousie, donna avis au conseil d'Espagne de cette déplorable désolation ; mais il reçut un nouveau commandement de n'épargner âge, sexe ni condition, la raison d'État contraignant à faire pâtir les bons pour les méchants ; ce qui obligea le duc à obéir contre son gré, disant hautement qu'il étoit bien aisé de commander de loin ce qu'il étoit impossible d'exécuter sans compassion extrême.

On fait compte de plus de huit cent mille de ces habitants[2], de sorte que cette transmigration ne fut pas moindre que celle des Juifs hors de l'Égypte, y ayant toutefois ces deux différences entre les deux, qu'en celle-là les Hébreux contraignoient les Égyptiens de les laisser aller, en celle-ci les Morisques sont contraints de sortir ; en celle-là les Hébreux s'en vont d'une terre étrangère pour sacrifier à Dieu et passer en une abondante qui leur est promise ; en celle-ci les Morisques sortent de leur pays natal pour passer en une terre inconnue, où ils doivent vivre comme étrangers, non sans grand hasard d'abandonner le vrai culte de Dieu.

Le roi Henri le Grand, ayant avis que plusieurs de ces pauvres gens s'acheminoient en son royaume, qui est réputé par tout le monde l'asile des affligés, tou-

---

1. Emmanuel-Dominique-François-de-Paule Perez de Guzman (1579-1636), huitième duc de Medina-Sidonia.
2. *Var.* : De ces gens (M, H).

ché de compassion de leur misère, fit publier au mois de février[1] une ordonnance qui obligeoit ses lieutenants et officiers à leur faire[2] entendre, sur la frontière, que ceux qui voudroient vivre en la religion catholique, en faisant profession devant l'évêque de Bayonne[3], auroient ensuite permission de demeurer dans ses États, au deçà des rivières de Garonne et de Dordogne, où ils seroient reçus, faisant apparoître à l'évêque du diocèse où ils voudroient s'habituer, de l'acte de leur profession de foi, et, quant aux autres qui voudroient vivre en la secte de Mahomet, on leur pourvoiroit de vaisseaux nécessaires pour les faire passer en Barbarie. La mort de ce grand prince prévint l'exécution de son ordonnance; mais la Reine la fit exécuter avec soin.

Il y eut quelques officiers qui, abusant de l'autorité qui leur étoit donnée pour l'accomplissement de ce bon œuvre, commirent force larcins et souffrirent même quelques meurtres sur ceux d'entre ces misérables qui vouloient passer en Barbarie; mais on fit faire un châtiment si exemplaire des coupables, qu'il empêcha les autres de se porter à de semblables violences.

En cette année, décéda l'Électeur palatin[4], dont la mort mérite d'être remarquée comme un présage de

---

1. Le 22 février 1610. Voyez le texte de cette ordonnance dans le *Mercure françois*, t. II, fol. 9 et suivants.

2. Le mot « faire » est omis dans les manuscrits B et M.

3. Le siège épiscopal de Bayonne était alors occupé par Bertrand d'Eschaux, qui devint premier aumônier du roi en 1611, et archevêque de Tours en 1622.

4. Frédéric IV, électeur, comte palatin du Rhin, fils de

beaucoup de maux qui arriveront ès années suivantes par l'ambition de son fils[1] qui, suivant les conseils du duc de Bouillon et de quelques autres de ses alliés, fut, au jugement de beaucoup de personnes dépouillées de passion, justement privé de ses États pour en avoir voulu trop injustement envahir d'autres. L'ambition de ce prince a allumé un feu dans la chrétienté qui dure encore, et Dieu seul sait quand on le pourra éteindre[2].

ANNÉE 1611.

Au lieu que la première année de la régence de la Reine, que nous avons vue au livre précédent, conserva aucunement[3] la majesté avec laquelle Henri le Grand avoit gouverné son État, celle-ci commence à en déchoir par la désunion des ministres, qui se font la guerre les uns aux autres, en sorte que trois, réunis ensemble, chassent le quatrième.

Nous avons déjà dit le sujet pour lequel on entreprit d'éloigner le duc de Sully[4]. Le comte de Sois-

Louis V et d'Élisabeth de Hesse, né en 1574, avait succédé à son père en 1583, et mourut le 9 septembre 1610.

1. Frédéric V (1596-1632) se mit à la tête des protestants d'Allemagne et accepta la couronne de Bohême que lui offrirent les habitants, révoltés contre l'Empereur. Battu à la Montagne-Blanche (1620), il fut obligé de s'exiler en Hollande.

2. Ici, dans les manuscrits M et H : « Fin de l'année 1610. » — Richelieu fait allusion à la guerre de Trente ans.

3. C'est-à-dire « en quelque façon ».

4. Ci-dessus, p. 122. Tout le récit de la disgrâce du duc de Sully est résumé d'après les *Mémoires d'Estrées*, ms. Nouv. acq. franç. 2069, fol. 27, et éd. Michaud, p. 385.

sons, sollicité par les ministres plus que par l'ancienne animosité qu'il avoit eue contre lui, se rendit chef de ce parti, auquel il attira Monsieur le Prince.

Mais il marchoit si lentement en cette affaire, qu'il ne désiroit avancer qu'à mesure qu'on effectueroit les promesses qu'on lui avoit faites sur le sujet de ses intérêts, et particulièrement en ce qui étoit du mariage du prince d'Enghien, son fils, avec Mlle de Montpensier, qui, en vertu de ce complot, devoit être, à la sollicitation des ministres, agréé de la Reine[1].

Dès qu'il fut de retour du voyage qu'il avoit fait en Normandie[2], les ministres le pressèrent de parachever ce qui étoit projeté entre eux. Il s'y portoit assez froidement; mais deux querelles qui arrivèrent, donnant lieu à une plus étroite liaison entre Monsieur le Comte et Conchine, qui étoit de la partie, lui firent entreprendre cette affaire avec plus de chaleur.

La première arriva le 3e janvier entre M. de Bellegarde et le marquis d'Ancre, ce dernier voulant, outre le logement que sa femme avoit au Louvre, avoir, cette année-là qu'il étoit en exercice de premier gentilhomme de la chambre, celui qui étoit destiné à cette charge, comme la raison le requéroit. Bellegarde le refusa avec tant d'obstination, qu'ils en vinrent aux grosses paroles. Le marquis d'Ancre, reconnoissant que son adverse partie avoit beaucoup plus d'amis que lui dans la cour, estima se devoir appuyer du comte de Soissons; il emploie à cet effet le marquis de Cœuvres[3], en qui le prince avoit beau-

1. Ci-dessus, p. 119.
2. Ci-dessus, p. 123.
3. D'Estrées (*Mémoires*, éd. Michaud, p. 382) raconte tout

coup de confiance. Il lui dit qu'encore que Monsieur le Prince et le duc d'Épernon lui eussent envoyé offrir leur entremise pour accommoder cette affaire, néanmoins il n'en vouloit sortir que par celle de Monsieur le Comte, entre les mains duquel il remettoit son intérêt et son honneur, ce qu'il faisoit d'autant plus volontiers, qu'il étoit résolu de faire plus d'état de ceux dudit Comte que des siens propres.

Le comte de Soissons, sachant que la plus grande finesse de la cour consiste à ne pas perdre les occasions de faire ses affaires quand elles se présentent favorables, bien aise d'obliger le marquis pour qu'il se mît en ses intérêts, s'employa de telle sorte en cette affaire que, nonobstant les artifices du duc d'Épernon, qui, piqué du déplaisir[1] qu'il avoit de n'y être pas employé, n'oublia rien de ce qu'il put pour la brouiller, il la termina selon que la raison le requéroit, sans que le duc de Bellegarde en fût mécontent.

Le marquis en eut tant de satisfaction, qu'il lui promit de porter les ministres à ce qu'il désiroit pour le mariage[2]; et, en effet, pour avoir leur consentement,

au long sa négociation et insiste sur les mauvaises dispositions du comte de Soissons à l'endroit de Concini, peut-être afin de faire davantage apprécier son habileté de conciliateur.

1. Dans le manuscrit B, le mot « déplaisir » termine le verso du folio 40; le recto du folio 41 est resté blanc, sans doute par mégarde du scribe, et le texte continue, au verso du folio 41, par les mots « qu'il avoit ».

2. Concini retourna, le soir même de l'accommodement, chez le comte de Soissons avec d'Estrées, et s'engagea à obtenir des ministres les trois objets suivants : mariage du duc d'Enghien, disgrâce de Sully et permission au comte de Brigueil de se défaire du gouvernement de Ham.

il s'obligea à faire résoudre Monsieur le Comte de parachever, conjointement avec eux, le dessein projeté contre le duc de Sully.

Ainsi les ministres, qui ne vouloient que prêter l'épaule au temps[1] et gouverner doucement jusques à la majorité du Roi, conseillèrent à la Reine de consentir au mariage désiré par le comte de Soissons pour son fils : en quoi ils ne se donnèrent pas de garde qu'ils offensèrent le cardinal de Joyeuse et le duc d'Épernon[2], alliés de ladite princesse, qui, lorsque cette affaire fut publiée, firent de grandes plaintes à la Reine de ce qu'elle l'avoit conclue sans leur en donner part. Le comte de Soissons s'excusa, disant que, par discrétion, il en avoit usé ainsi, d'autant qu'étant une affaire qui regardoit Monsieur et la Reine, il avoit cru être obligé de tirer le consentement de S. M. avant que de former aucun dessein ; mais ils ne se payèrent point de ces excuses et demeurèrent mal avec lui jusques à sa mort.

Peu de jours après, il survint une seconde querelle qui fut entre lui-même et le prince de Conti, et ensuite la maison de Guise. Les carrosses des deux premiers s'étant rencontrés dans la rue[3], parmi un

1. C'est-à-dire « vivre au jour le jour ». Richelieu dit de même dans son *Testament politique* : « C'est une chose ordinaire aux esprits communs de se contenter de *pousser le temps avec l'épaule* et d'aimer mieux conserver leur aise un mois durant, que de s'en priver ce peu de temps pour se garantir du trouble pendant plusieurs années. »
2. Concini et les ministres croyaient le comte de Soissons d'accord avec le cardinal de Joyeuse et Épernon (*Mémoires d'Estrées*, éd. Michaud, p. 383).
3. Cette rencontre eut lieu rue Saint-Honoré, au coin de la

embarras de charrettes, dans lequel il étoit nécessaire que l'un s'arrêtât pour laisser passer l'autre, l'écuyer du comte de Soissons, ne reconnoissant pas le carrosse du prince de Conti, l'arrêta avec menaces et fit passer celui de son maître; lequel, s'en étant aperçu, envoya incontinent faire ses excuses au prince de Conti, l'assurant que ce qu'il avoit fait n'avoit été avec aucun dessein de l'offenser, mais par mégarde, et qu'il étoit son très humble serviteur.

Il croyoit par là que la chose fût assoupie; mais, le lendemain, M. de Guise, montant à cheval, accompagné de plus de cent gentilshommes, et passant assez près de l'hôtel de Soissons[1], alla voir le prince de Conti[2]. Le comte de Soissons, qui crut avec raison que cela avoit été fait pour le braver, voulut monter à cheval pour les aller rencontrer. Quantité de ses amis se joignent à lui. Monsieur le Prince le vint trouver avec grande compagnie. La Reine, en ayant avis, et craignant l'inconvénient qui en pourroit arriver, envoya prier Monsieur le Comte de ne pas sortir, et manda à M. de Guise qu'il se retirât chez lui, ce qu'il fit sans

rue de l'Arbre-Sec, au lieu dit la Croix-du-Trahoir (*Mémoires du maréchal d'Estrées*, p. 384; *Mercure françois*, t. II, fol. 2; *Mémoires de Pontchartrain*, coll. Michaud, p. 308; *Mémoires de Fontenay-Mareuil*, ibidem, p. 42).

1. Construit par Catherine de Médicis et acquis en 1607 par Charles de Bourbon, comte de Soissons, cet hôtel était situé rue des Deux-Écus, dans le quartier Saint-Eustache, à peu près sur l'emplacement où fut plus tard la Halle-au-Blé.

2. Le prince de Conti logeait à l'abbaye de Saint-Germain-des-Prés, et M. de Guise dans son hôtel de la rue de Paradis, au Marais. Ce passage reproduit presque textuellement les *Mémoires du maréchal d'Estrées*, p. 384 de l'édition Michaud.

voir la Reine, que Monsieur le Comte alla trouver au Louvre[1].

M. de Guise trouva, du commencement, bonne la proposition que la Reine fit qu'il allât trouver Monsieur le Comte comme par visite, pour lui faire ses excuses et l'assurer qu'il étoit son serviteur; mais, quand il en eut parlé à M. du Maine[2], le vieil levain de la maison de Guise contre celle de Bourbon parut encore; car il l'en dissuada, lui fit retirer la parole qu'il en avoit donnée à la Reine; et, enfin, pour tout accommodement, M. du Maine vint le lendemain trouver la Reine, et, en présence des plus grands de la cour, lui fit des excuses pour son neveu, assurant S. M. que toute la maison de Guise demeureroit toujours avec Monsieur le Comte dans les termes de civilité, d'honneur et de bienséance qu'ils devoient, et qu'ils l'honoreroient et seroient ses serviteurs, s'il vouloit bien vivre avec eux.

A quoi la Reine répondit qu'elle le feroit entendre à Monsieur le Comte et le prieroit d'oublier ce qui s'étoit passé et de recevoir cette satisfaction.

Ce peu de respect dont la Reine souffrit que le duc de Guise usât envers elle, manquant à la parole qu'il lui avoit donnée, sentoit déjà bien la désunion du Conseil, la foiblesse de la Reine et la diminution de son autorité, laquelle ne peut être si petite qu'elle ne

---

1. Le récit de M. d'Estrées (p. 384) a été ici très résumé par le rédacteur des *Mémoires*. Le maréchal de Brissac fut envoyé au comte de Soissons par la Reine, et le baron de Lux dépêché au duc de Guise.

2. Le duc du Maine ou de Mayenne, son oncle, l'ancien chef de la Ligue.

soit de grande conséquence, l'expérience nous apprenant qu'il est beaucoup plus aisé de la maintenir inviolable qu'il n'est d'empêcher son entière ruine, quand elle a reçu la moindre atteinte[1].

La Reine accorda aussi presque en ce même temps, par sa prudence, une querelle importante, qui eût attiré une dangereuse suite, si elle n'eût été promptement assoupie. Un jour, étant à table, un grand bruit s'émut dans la chambre; on lui rapporta qu'on y étoit aux mains, ce qui n'étoit pas vrai, mais bien en étoit-on venu aux paroles rudes et atroces. Le baron de la Châtaigneraie[2], son capitaine des gardes, homme hardi, mais brutal, ayant cru que les ducs d'Épernon et de Bellegarde lui rendoient de mauvais offices sur la prétention qu'il avoit d'obtenir un gouvernement de la Reine, les trouvant au sortir du cabinet de S. M., les entreprit de paroles, qui vinrent jusques à un tel point, qu'il étoit impossible de ne connoître pas qu'elles intéressoient grandement le duc d'Épernon et outrageoient tout à fait le duc de Bellegarde. Ces seigneurs, pleins de ressentiment, professoient vouloir tirer raison de cette offense; Châtaigneraie, d'autre part, ne demandoit pas mieux que de la leur faire.

Cette querelle eût été capable de faire beaucoup de mal dans la cour, qu'elle eût partagée indubitablement, si la Reine n'eût été conseillée d'y prendre inté-

1. Tout ce paragraphe de conclusion semble particulier aux *Mémoires*, ainsi que le récit qui va suivre de l'altercation entre MM. de la Châtaigneraie, d'Épernon et de Bellegarde, dont nous n'avons trouvé la source nulle part.
2. Ci-dessus, p. 7, note 1.

rêt, comme en effet elle y en avoit beaucoup, vu que, ce désordre étant arrivé en sa chambre, le respect qui lui étoit dû avoit été violé. Elle eût volontiers remis ce qui la touchoit à Châtaigneraie, qui une fois lui avoit sauvé la vie[1] ; mais il valoit mieux pour lui-même qu'elle le châtiât en apparence, pour satisfaire les grands en effet, que de laisser sa faute impunie, ce qui fit qu'elle se porta sans peine à l'envoyer à la Bastille, où il ne fit qu'entrer et sortir, pour se retirer d'un mauvais pas où il s'étoit mis[2] inconsidérément.

Incontinent après, on mit les fers au feu pour éloigner le duc de Sully. Le comte de Soissons[3] y disposa Monsieur le Prince ; le marquis de Cœuvres eut charge de savoir le sentiment du duc de Bouillon sur ce sujet, qui lui dit qu'il ne pouvoit rien arriver au duc de Sully qu'il n'eût mérité[4], mais qu'il n'y vouloit en rien contribuer, tant pour ce qu'il jugeoit bien qu'il n'étoit pas nécessaire, que pour ce qu'il ne vouloit pas que les huguenots lui pussent reprocher qu'il eût éloigné un des frères du ministériat.

1. Ci-dessus, p. 6-7.
2. Les manuscrits portent : « Où il s'y étoit mis. »
3. D'après Fontenay-Mareuil (*Mémoires*, éd. Michaud, p. 42), l'animosité du comte de Soissons contre Sully provenait en grande partie de ce que ce dernier s'était rangé du côté des Guises lors de la querelle rapportée ci-dessus, p. 132-133.
4. Voici les termes de cette réponse, suivant d'Estrées (fol. 27 v°, et éd. Michaud, p. 385) : « A quoi il répondit que, pour M. de Sully, il ne lui pouvoit rien arriver qu'il ne méritât ; qu'il n'y vouloit rien contribuer, ne l'estimant pas nécessaire ; d'ailleurs, qu'il ne vouloit pas qu'il lui fût reproché dans le parti de la Religion qu'il eût été l'instrument de sa ruine. »

Monsieur le Prince et M. le comte de Soissons en parlèrent les premiers à la Reine, les ministres suivirent, et le marquis d'Ancre lui donna le dernier coup.

Ainsi, il se vit contraint de se retirer au commencement de février[1], chargé de biens que le temps auquel il avoit servi lui avoit acquis, mais d'envie pour la grande autorité avec laquelle il avoit fait sa charge, et de haine pour son humeur farouche. On peut dire avec vérité que les premières années de ses services furent excellentes, et, si quelqu'un ajoute que les dernières années furent moins austères, il ne sauroit soutenir qu'elles lui aient été utiles sans l'être beaucoup à l'État[2].

1. Il convient de rapprocher de ce passage le témoignage suivant emprunté à Pontchartrain (*Mémoires*, éd. Michaud, p. 311) : « Il y avoit alors quelques semaines que la Reine sollicitoit M. de Sully à reprendre le soin des finances, où il s'étoit acquis une grande expérience, et dont personne ne pouvoit s'acquitter aussi bien que lui ; mais mondit sieur de Sully, qui voyoit la grande autorité que Messieurs les princes du sang se donnoient dans les affaires,... fit tant d'instances auprès de la Reine de l'en dispenser, qu'il obtint à la fin sa démission le 26 de ce mois [janvier 1611]. » Sully (*Économies royales*, éd. Michaud, t. II, p. 410) cite une lettre de la Reine mère, en date du 24 janvier 1611, à lui adressée, et qui lui enjoignait de faire connaître sa décision de rester aux affaires, ou de s'en éloigner. D'après Fontenay-Mareuil (p. 42), Sully demanda lui-même son congé, n'ignorant pas la cabale ourdie contre lui. Toutes ces données peuvent très bien se concilier.

2. Ce reproche, plus ou moins fondé, de concussion est formulé ou sous-entendu en maints endroits des *Mémoires*; voyez ci-dessus, p. 18, 27, 28, et les pages ci-après. Les auteurs contemporains de mémoires, qui s'accordent à faire le procès de l'humeur intraitable de Sully, n'ont pas envisagé, peut-être intentionnellement, le point de vue de la « netteté des mains ».

Sa retraite n'est pas plus tôt faite, que plusieurs se mettent en devoir de poursuivre la victoire contre lui pour avoir ses dépouilles. Pour parvenir à cette fin, on essaya de rompre le mariage du marquis de Rosny avec la fille du maréchal de Créquy[1], pour n'avoir pas en tête le maréchal de Lesdiguières, et on fit proposer par le marquis de Cœuvres à M. de Bouillon de lui donner le gouvernement de Poitou qu'il avoit : à quoi ledit duc témoignant incliner, le marquis d'Ancre lui en alla porter parole expresse de la part de la Reine ; mais, enfin, elle changea d'avis avec grand sujet, n'étant pas raisonnable de maltraiter un personnage dont les services avoient été avantageux à la France, sans autre prétexte que, parce qu'étant utile au public, il l'avoit été à lui-même[2].

La charge de surintendant fut divisée entre le président Jeannin, les sieurs de Châteauneuf[3] et de Thou[4], qui furent nommés directeurs des finances, le dernier y ayant été mis pour le faire départir de la prétention qu'il avoit en la charge de premier président, qu'il désiroit avoir du président de Harlay, son beau-frère : à quoi le nonce du Pape s'opposoit tant qu'il pouvoit,

1. Le marquis de Rosny (ci-dessus, p. 43) avait épousé en 1609 Françoise de Créquy, qui mourut en 1657.

2. Sully conserva le gouvernement de Poitou, les charges de grand maître de l'artillerie, de grand voyer et de surintendant des fortifications, et reçut trois cent mille livres.

3. Guillaume de l'Aubespine (1547-1629), baron de Châteauneuf, était conseiller d'État et chancelier des ordres.

4. Jacques-Auguste de Thou (1553-1617), fils du premier président Christophe de Thou, successivement maître des requêtes, conseiller d'État, grand maître de la librairie du roi, était, depuis 1595, président à mortier au Parlement de Paris.

pour le soupçon qu'il avoit donné par son *Histoire* de n'avoir pas les sentiments tels qu'un vrai catholique doit avoir pour la foi[1].

Pour obtenir l'éloignement de ce personnage[2], les ministres représentèrent à la Reine que la rudesse de son esprit lui en faisoit perdre beaucoup d'autres; que, outre son propre naturel, qui le portoit à traiter incivilement avec tous ceux qui étoient au-dessous de lui, il en usoit ainsi pour avoir droit d'être peu civil avec elle; qu'il avoit vécu de cette sorte avec le feu Roi, qui le souffroit, tant par une bonté extraordinaire, que parce qu'il estimoit que cette humeur barbare effarouchoit ceux qui autrement l'eussent accablé d'importunités et de demandes, mais que la saison ne permettoit plus ni les contestations d'un tel esprit envers son maître, ni les offenses qu'un chacun recevoit plus de l'aigreur de ses refus que des refus mêmes; que, bien qu'il agît avec peu de prudence dans les affaires, il ne laissoit pas néanmoins de s'attribuer[3] la gloire et les effets des bons conseils qui ne venoient pas de lui; qu'au reste, s'il avoit bien fait les affaires du Roi en

---

1. La célèbre *Histoire universelle* du président de Thou (1546-1607), écrite en latin, avait paru en quatre volumes in-folio, en 1604, 1606, 1607, 1608. Elle lui avait attiré une condamnation à Rome en novembre 1609. L'hostilité de la cour pontificale, son trop entier attachement au prince de Condé, et surtout la destination que Villeroy avait déjà faite de la place de premier président en faveur de son allié le président de Verdun, firent écarter de Thou. Il dut se contenter, comme compensation, de diriger les finances royales avec Châteauneuf, sous l'autorité de Jeannin, nommé contrôleur général. Voyez les *Mémoires d'Estrées*, p. 385.

2. C'est du duc de Sully dont il est de nouveau question.

3. *Var.* : De s'en attribuer (M, II).

son administration, il n'avoit pas oublié les siennes, ce qui paroissoit d'autant plus clairement, qu'étant entré avec six mille livres de rente en la charge, il en sortoit avec plus de cent cinquante, ce qui l'avoit obligé à retirer de la Chambre des comptes la déclaration de son bien qu'il avoit mise au greffe quand il entra dans les finances, afin qu'on n'eût pas de quoi justifier par son propre seing qu'il eût tant profité des deniers du Roi.

Ils ajoutèrent qu'il étoit à propos d'éteindre la qualité de surintendant des finances, qui donnoit trop d'autorité à celui qui en étoit pourvu, et qu'il valoit mieux diviser cette charge à plusieurs personnes de robe longue, dont la Reine disposeroit avec plus de facilité, que de la laisser à un homme seul, et particulièrement d'épée, dont la condition rendoit d'ordinaire les hommes insolents; mais ils ne disoient pas qu'en s'ôtant de dessus les bras un ennemi puissant, leur intention étoit de se réserver toute l'autorité de sa charge : ils prétendoient tous y avoir part, et le but du Chancelier étoit de la réunir à la sienne, ainsi qu'en effet il arriva, le président Jeannin, qui fut créé contrôleur général, et tous les autres directeurs des finances, dépendant absolument de lui, en tant qu'ils ne pouvoient rien conclure sans sa voix.

La maison de Guise fut la seule qui assista le duc de Sully. Elle essaya d'empêcher ou retarder sa chute, non pour l'affection qu'elle lui portoit, mais par opposition au comte de Soissons et à la maison de Bourbon. Entre les seigneurs de la cour, Bellegarde fut aussi le seul qui parla pour lui, à cause de l'étroite liaison qu'il avoit avec ceux de Guise; de son chef, il étoit son ennemi plus qu'aucun autre, pour en avoir reçu de très mauvais offices du temps du feu Roi[1].

Si la foiblesse avec laquelle nous avons remarqué, au livre précédent, que le duc de Sully se gouverna quand il perdit son maître[2], et l'étonnement et l'irrésolution en laquelle il se trouva lors, témoignent clairement que les esprits présomptueux et farouches ne sont pas souvent les plus courageux, sa conduite en ce nouvel accident fait voir que ceux qui sont timides dans les périls où ils croient avoir à craindre pour leur vie, ne le sont pas moins aux occasions où ils voient bien que le plus qu'ils peuvent appréhender est la diminution de leur fortune.

La Reine, lui redemandant sa charge, lui demanda aussi le gouvernement de la Bastille[3], dans laquelle étoient les finances du Roi. Bien que ce coup ne le surprit pas à l'impourvu[4] et qu'il le vît venir de loin, il ne put toutefois composer son esprit en sorte qu'il ne le reçût avec foiblesse. Il céda parce qu'il falloit obéir; mais ce fut avec plaintes[5], et, sur ce que la

---

1. Le sens de tout ce paragraphe se retrouve dans les *Mémoires du maréchal d'Estrées*, p. 385 de l'édition Michaud.

2. Ci-dessus, p. 52-54.

3. Le brevet du Roi, en date du 26 janvier 1611 (date de la démission du ministre), « pour décharger M. de Sully des prisonniers de la Bastille », a été reproduit dans les *Économies royales* (éd. Michaud, t. II, p. 410).

4. C'est-à-dire « à l'improviste ». Cette locution était encore donnée par le *Dictionnaire de l'Académie* en 1718.

5. Sully adressa notamment à la Reine mère une lettre dans laquelle il rappelait ses services, et qui fut imprimée dans le *Mercure françois*, t. II, fol. 6.

Reine lui fit dire qu'il lui avoit plusieurs fois offert de se démettre de ses charges, il répondit qu'il l'avoit fait ne croyant pas qu'on le dût prendre au mot. Il demanda d'abord d'être récompensé; puis, revenant à soi et s'apercevant de sa faute, il se plaignit des offres qu'on lui fit sur ce sujet, comme s'il n'y eût pas donné lieu par ses demandes. Il est vrai qu'on n'avoit autre intention que de lui faire un pont d'or, que les grandes âmes souvent méprisent, lorsque, en leur retraite, ils peuvent eux-mêmes s'en faire un de gloire.

On a vu peu de grands hommes déchoir du haut degré de la fortune sans tirer après soi beaucoup de gens; mais, la chute de ce colosse n'ayant été suivie d'aucune autre, je ne puis que je ne remarque la différence qu'il y a entre ceux qui possèdent les cœurs des hommes par un procédé obligeant et leur mérite, et ceux qui les contraignent par leur autorité. Les premiers s'attachent tellement leurs amis, qu'ils les suivent en leur bonne et mauvaise fortune, ce qui n'arrive pas aux autres.

Pendant que ces choses se passent à la cour, le duc de Savoie, qui, à la mort du feu Roi, étoit armé pour son service contre les Espagnols, s'étant accommodé avec eux, fait passer ses troupes de Piémont en Savoie, avec dessein de se servir du temps pour assiéger Genève.

Il est à noter, à ce propos, que cette place est de longtemps en la protection du Roi. Feu Sancy[1], étant

1. Nicolas de Harlay (1546-1629), seigneur de Sancy, conseiller d'État et premier maître d'hôtel du Roi, fut chargé de diverses ambassades en Suisse, en Allemagne et en Angleterre; surintendant des bâtiments en 1594, il eut en 1596 la charge

ambassadeur en Suisse en l'an 1579, traita le premier une alliance perpétuelle de cette ville avec le roi Henri III*e*, la recevant et comprenant dans le traité qui est entre la couronne de France et les Ligues, et fit qu'aucuns cantons s'obligèrent à fournir un certain nombre d'hommes pour sa défense au cas qu'elle fût attaquée par quelqu'un de ses voisins. Elle fut ensuite comprise dans la paix de Vervins sous le nom des alliés et confédérés des seigneurs des Ligues : d'où vient que le duc de Savoie, qui a toujours mugueté[1] cette ville, qui est en sa bienséance, n'a jamais osé l'attaquer à force ouverte; mais seulement a-t-il tâché de la surprendre auparavant qu'elle pût être secourue du Roi, qui témoigna toujours la vouloir défendre, et leur donna avis de la dernière entreprise que le Terrail[2] avoit [faite] sur elle : dont elle se donna si bien de garde, qu'elle l'attrapa au pays de Vaud et lui fit trancher la tête.

Au premier bruit des desseins du duc de Savoie, force huguenots de qualité s'y rendent, et, d'autre part, la Reine envoie le sieur de Barrault audit duc

de colonel général des Suisses. C'est le père d'Achille de Harlay, évêque de Saint-Malo, le « secrétaire des *Mémoires* » (ci-dessus, p. 56). L'expression de « feu Sancy » prouve que la rédaction de cette partie des *Mémoires* a été achevée postérieurement au 17 octobre 1629, date de sa mort.

1. *Mugueter*, vieux mot pour *convoiter*, s'employait surtout dans le sens de faire le galant auprès des dames. Dans le manuscrit B, une main plus récente a biffé le mot *mugueté* et écrit au-dessus *inquiété*.

2. Louis de Comboursier, seigneur du Terrail, cornette de la compagnie des gendarmes du Dauphin, avait essayé, en avril 1609, de s'emparer de Genève pour le compte du duc de Savoie; il fut pris et décapité.

pour le convier à désarmer, lui remontrant qu'il tenoit ses voisins en jalousie, et qu'elle ne pouvoit souffrir l'entreprise qu'on disoit qu'il vouloit faire contre les alliés de cette couronne.

Barrault étant revenu avec réponse qui ne contentoit pas S. M., elle lui renvoya La Varenne[1], qui lui parla de sorte qu'il licencia ses troupes, voyant bien que ses desseins ne lui réussiroient pas pour lors.

Bellegarde, qui, sur la nouvelle de ce siège, avoit été envoyé en son gouvernement, voulant en visiter toutes les places, ne fut pas bien reçu à Bourg-en-Bresse, où il fut tiré des mousquetades à quelques-uns des siens qui en approchèrent de trop près[2].

Le sieur d'Alincourt, à qui cette place faisoit ombre pour être trop proche de Lyon, qui, par ce moyen, n'étant plus frontière, étoit de moindre considération, prit cette occasion de faire conseiller à la Reine d'en ôter Boësse[3] et la faire démanteler, sous ombre que Boësse étoit huguenot, et que les Suisses, Genève, Bourg et M. de Lesdiguières étoient trop proches, tous

---

1. Guillaume Foucquet, marquis de la Varenne, familier du comte de Soissons, mort en 1616. Le *Mercure françois* (année 1611, fol. 50 v°), d'après lequel cet événement est rapporté, mentionne en outre l'intervention des Bernois comme ayant motivé le désistement du duc de Savoie.

2. Ce passage est également résumé du *Mercure françois* (année 1611, fol. 51), qui ajoute : « Toutefois cela fut réputé à un accident, et ce fait ne passa point plus avant. »

3. Pierre d'Escodeca, baron de Boësse et de Pardaillan, mestre de camp du régiment de Navarre, fut nommé gouverneur de Bourg-en-Bresse en 1602, puis, à la suite des événements de 1611, gouverneur de Monheurt et de Sainte-Foy. Il fut assassiné à Gensac en 1621.

d'un même parti. On pouvoit récompenser Boësse, y mettre un catholique affidé au Roi et conserver la place; mais on fit trouver meilleur de donner à Boësse cent mille écus qu'il voulut avoir avant que d'en sortir, puis la raser. On devoit par raison d'État la conserver; mais le mal de tous les États est que souvent l'intérêt des particuliers est préféré au public.

Le prince de Condé[1], qui, dès le temps du feu Roi, avoit eu le gouvernement de Guyenne, témoigna désirer en vouloir aller prendre possession; cela donna quelque soupçon à la Reine. Néanmoins, comme elle le vit affermi en cette résolution, elle ne crut pas[2] s'y devoir opposer formellement; mais elle donna si bon ordre à tout, que, quand il eût eu intention de mal faire, il n'eût su l'effectuer.

Le duc d'Épernon profita de ce soupçon : car, étant sur le point de partir mal content de la cour, on lui donna charge de veiller aux actions dudit prince, et lui fit-on force caresses en partant.

Le temps de l'assemblée de Saumur étant arrivé, chacun la considéroit comme un orage qui menaçoit la France; mais la bonace[3] fut bientôt assurée, et les

---

1. En marge des trois manuscrits on lit : « Monsieur le Prince partit en juin, ce semble; car il fit son entrée à Bordeaux le 2ᵉ juillet. Vide *Merc.*, 1611, fol. 122, p. 1. » C'est une preuve de plus que le rédacteur des *Mémoires* a sans cesse eu le *Mercure* sous les yeux.

2. *Var.* : Néanmoins, comme elle l'y vit résolu, elle ne crut pas (M, H).

3. Terme de marine pour dire le calme, l'apaisement de la mer. Deux historiens contemporains, dont le récit fut peut-être connu du rédacteur des *Mémoires*, emploient la même expression à propos de l'accalmie qui marqua le début de l'année 1611 : ce sont Antoine Loisel (*Thrésor de l'histoire géné-*

mauvais desseins des esprits factieux, qui, pour profiter de nos malheurs, avoient entrepris en cette assemblée de prendre les armes, furent dissipés.

Pour mieux comprendre ce qui se passa en cette assemblée, il faut remarquer qu'aussitôt que le feu Roi fut mort, ceux de la Religion prétendue réformée commencèrent à considérer les moyens qu'il y auroit de profiter du bas âge du Roi et de l'étonnement auquel tout l'État étoit par la perte d'un si grand prince. Pour parvenir à leurs desseins, ils poursuivirent une assemblée générale, et en firent d'autant plus d'instance, que le temps auquel il leur étoit permis par l'édit de 1597[1] de la demander pour nommer leurs députés généraux, échéoit cette année[2].

La Reine mère, qui avoit été déclarée régente, et le conseil qui étoit auprès d'elle jugèrent bien qu'ils ne manqueroient point de faire des cahiers, par la difficulté ou impossibilité desquels ils réduiroient les choses aux extrémités : tellement qu'afin de gagner temps, on ne leur bailla point de brevet pour s'assembler cette année-là, mais seulement pour la suivante, que l'on comptoit 1611, et ce en la ville de Saumur[3].

---

rale de notre temps, in-8°, p. 16) et Gérard d'Autreville (*Estat général des affaires de France...*, p. 156).

1. Lisez *1598*. Même remarque que ci-dessus, p. 118, note 1. Toute cette fin de phrase est d'ailleurs identique à celle que nous avons annotée p. 118. Ajoutons que le rôle de l'Assemblée générale consistait à élire, de trois ans en trois ans, six députés, parmi lesquels le Roi en choisissait deux qui, séjournant à la cour, devaient lui signaler les infractions à l'Édit (*Mercure françois*, année 1611, fol. 72).

2. C'est-à-dire en 1610, comme on va le voir quelques lignes plus loin.

3. Ci-dessus, p. 118, note 2. Le texte des deux brevets, du

Or, il est à remarquer que le malheur de la mort du Roi trouva M. de Sully dans l'emploi et M. de Bouillon éloigné de la cour. Ainsi celui-là favorisoit les intentions de S. M., et celui-ci se vouloit autoriser par le parti des huguenots : ce qui fit qu'en l'intervalle du brevet et de la tenue de l'assemblée, ledit sieur de Bouillon envoya dans les provinces gens exprès vers les ministres[1], avec des mémoires pour charger les cahiers des assemblées provinciales qui devoient précéder la générale. Ces mémoires ne contenoient que plaintes et requêtes de choses irréparables et impossibles, afin que, par ces difficultés et sous le prétexte de ne pouvoir obtenir leurs demandes, l'assemblée générale demeurât toujours sur pied, et que, cela ne pouvant être supporté par raison, les choses allassent à ce point ou que l'on commençât la guerre pour les faire cesser, ou qu'on les tolérât par impuissance, et par ce moyen mettre État contre État.

Les ministres, susceptibles[2] de toutes les choses qui choquoient l'autorité royale, font des colloques chacun en leur détroit[3], communiquent lesdits mémoires et se préparent de les faire passer aux assemblées provinciales.

Pendant qu'on travaille de cette façon dans leurs églises particulières, les faces changent à la cour, la Reine commandant à M. de Sully de se retirer[4] et à M. de Bouillon de s'approcher de LL. MM.

---

10 octobre 1610 et du 2 mai 1611, se trouve dans le *Mercure françois*, année 1611, fol. 72 et 73.

1. C'est-à-dire vers les pasteurs protestants.
2. Au sens d'inquiets.
3. Au sens de département.
4. Ci-dessus, p. 128 et suivantes.

En ce changement, le duc de Rohan s'intéressa dans la disgrâce du duc de Sully, son beau-père, et, ayant concerté avec lui de ce qu'ils avoient à faire, trouvèrent, par l'avis de leurs amis, qu'il n'y avoit point de meilleur remède pour eux que d'appuyer et faire valoir les avis que M. de Bouillon avoit envoyés. Ce dernier, au contraire, eût bien désiré de les ravoir, ou, en tout cas, de faire connoître que les affaires n'étoient plus aux termes où elles étoient auparavant, et qu'il avoit trouvé la cour bien disposée à l'avantage de leurs églises, ce qu'il fit entendre au mieux qu'il put aux ministres; mais il ne fut pas malaisé aux autres de persuader à tous les prétendus réformés, de quelque qualité qu'ils se trouvassent, que son intérêt le faisoit parler ainsi, que c'étoit un membre gâté, et qu'il y avoit plus d'apparence[1] de le retrancher que de le croire. Il promet néanmoins à la cour qu'il a assez de puissance pour se faire élire président à l'assemblée, et qu'il y aura assez d'amis pour empêcher qu'elle ne grossisse le cahier de ses demandes d'articles qui puissent fâcher. Surtout il s'assure que Le Plessis-Mornay, gouverneur de Saumur, le secondera[2] comme son ami, et comme celui duquel il disoit avoir la parole.

Enfin, les mois de mars et d'avril arrivèrent, destinés à tenir les assemblées provinciales qui devoient précéder la générale, et auxquelles on devoit nommer les députés qui s'y devoient trouver.

C'est là où tout le pouvoir dudit duc de Bouillon, qui vouloit défaire ce qu'il avoit fait, fut en vain, le parti contraire l'ayant tellement prévalu, qu'il fit résoudre

1. C'est-à-dire, « plus d'apparence de succès. »
2. *Var.* : Le considérera comme son ami (H).

tous les articles et demandes qu'il voulut, et députer ceux qu'ils estimoient les plus séditieux et les plus éloignés du repos et de leur devoir.

Les provinces avoient grande raison de ne croire pas le duc de Bouillon, lors plus intéressé dans la cour qu'à leur cause ; mais ils ne devoient pas suivre les autres, qu'ils connoissoient préoccupés de passion pour avoir été maltraités de la cour.

Tous se trouvèrent à Saumur au mois de mai[1], où le duc de Bouillon fut bien étonné lorsqu'il apprit de ses amis que Le Plessis avoit changé de note ; qu'il avoit été ménagé par les ducs de Sully et de Rohan, arrivés quelques jours auparavant, et qu'au lieu de le porter à la présidence, on savoit avec certitude qu'il étoit résolu de la briguer pour soi, ce qui parut le lendemain en ce que de huit-vingts suffrages[2] qu'il y avoit, il n'y en eut pas dix pour lui[3]. On lui donne pour adjoint le ministre Chamier[4], et pour scribe Des

1. Les manuscrits B et M portent ici en marge : « L'assemblée commença le 27ᵉ mai. » Elle se tint à l'hôtel de ville de Saumur et réunit soixante-dix députés, dont trente gentilshommes, vingt pasteurs ou ministres, seize anciens, c'est-à-dire seize députés du tiers état, et les quatre députés de la maison de ville ou du gouvernement de la Rochelle. Ces détails sont empruntés au *Mercure françois*, année 1611, fol. 73 v°, où l'on trouvera un exposé très complet de la question protestante avant l'assemblée de Saumur, ainsi que des revendications et des opérations de ladite assemblée (fol. 54-121).

2. *Var.* : De cent soixante suffrages (M, H). Ce chiffre est très exagéré, puisque nous avons vu (ci-dessus, note 1) que le nombre total des députés était de soixante-dix. D'après Rohan (*Mémoires*, éd. Petitot, p. 93), Bouillon « n'eut les voix que de six provinces, et du Plessis-Mornay de dix ».

3. C'est-à-dire pour le duc de Bouillon.

4. Daniel Chamier (1565-1621), savant théologien et ardent

Bordes-Mercier[1], deux des plus séditieux qui fussent en France, comme ils témoignèrent pendant tout le cours de l'assemblée, où celui-là ne fit que prêcher feu et sang, et celui-ci porter les esprits autant qu'il lui fut possible à des résolutions extrêmes.

Le duc de Bouillon ne fut pas seulement tondu en ce commencement, mais en toute la suite de l'assemblée, en laquelle il ne put jamais s'assurer plus de vingt-deux voix de la noblesse et de celle d'un ministre; encore peut-on dire avec vérité qu'ils n'étoient pas attachés à sa personne, mais à la raison et au bien de l'État, qu'il tâchoit de procurer par son intérêt. Le nombre des bons étant du tout inférieur à celui des malintentionnés, il fut impossible d'empêcher que les cahiers fussent composés de façon que, quand le Conseil même eût été huguenot, il n'eût su leur donner contentement.

Boissise et Bullion, députés du Roi en cette assemblée[2], n'oublièrent rien de ce qu'ils purent, dès son commencement jusques à sa fin, pour les porter à la raison; mais leur peine fut inutile.

Leurs demandes, portées à la cour par deux[3] dépu-

apôtre de la Réforme; il fut tué au siège de Montauban le 17 octobre 1621. Sur ce personnage, voyez Ch. Read, *Daniel Chamier*, Paris, 1858, in-8°, et *Daniel Chamier (1565-1621). Journal de son voyage à la cour de Henri IV en 1607 et sa biographie par le Rev. John Quick...*, Paris, 1858, in-8°.

1. Josias Mercier, sieur des Bordes et de Grigny, qui mourut en 1626, était le fils du théologien Jean Mercier.

2. Les deux députés arrivèrent à Saumur le 5 juin et furent reçus le 7 juin par l'assemblée.

3. D'après le *Mercure françois* (année 1611, fol. 86 v°), ils étaient cinq : les barons de la Caze et de Courtomer, le ministre Ferrier et les sieurs de Mirande et de l'Armet. Le 30 juillet, la Reine leur enjoignit de rejoindre l'assemblée.

tés, y furent répondues, non avec autant d'autorité que la raison le requéroit, mais selon que le temps le pouvoit permettre. Bullion les reporte[1]. Il harangue cette compagnie le 5ᵉ juin, pour l'exhorter à demeurer dans les bornes de leur devoir. Il leur représente que le temps de la minorité du Roi requéroit plus d'humilité et d'obéissance qu'aucun autre. Il les assure que, par ce moyen, ils auroient juste satisfaction sur leurs cahiers ; ensuite de quoi, il leur déclara que, l'assemblée n'étant permise par le Roi qu'aux fins de nommer des députés et représenter leurs plaintes, ainsi qu'ils avoient accoutumé et que l'édit de pacification le requéroit, il avoit charge de S. M. de leur commander de sa part de procéder à la nomination de leurs députés, se séparer ensuite, après toutefois qu'il leur auroit donné les réponses qu'il avoit apportées de la cour.

Ce discours surprit ces mutins, qui n'estimoient pas qu'en un temps si foible on dût prendre une résolution si hardie et si contraire à leurs desseins ; ils résistèrent aux volontés du Roi, le parti des factieux étant beaucoup plus fort que celui des pacifiques.

Comme les uns disoient que la pratique ordinaire et la raison les obligeoient à obéir, les autres soutenoient ouvertement qu'il ne falloit pas perdre un temps propre à avantager leurs églises, à quoi le sieur du Plessis, président, ajouta que, lorsque le prince étoit mineur, il falloit qu'ils se rendissent majeurs[2].

1. Bullion, revenu à la cour, ainsi que Boissise, sans doute en même temps qu'y arrivaient les cinq députés de l'assemblée, repartit pour Saumur, porteur de la réponse de la Reine, et y arriva le 14 août.
2. Le même propos a déjà été prêté au duc de Bouillon

Après beaucoup de contestations, l'assemblée rendit réponse au sieur de Bullion qu'ils ne pouvoient ni nommer leurs députés, ni se séparer, sans, premièrement, avoir la satisfaction qu'il leur faisoit attendre[1].

Le duc de Bouillon, après plusieurs assemblées qui se faisoient de part et d'autre, estima que le seul remède qui se pouvoit trouver en un tel désordre étoit qu'il plût au Roi envoyer pouvoir à ceux de son parti, dont les principaux étoient Châtillon[2], Parabère[3], Brassac[4],

par le rédacteur des *Mémoires* l'année précédente : ci-dessus, p. 118.

1. La nomination par l'assemblée des six députés parmi lesquels le Roi devait en choisir deux, pour négocier avec eux toutes les questions ayant trait à la religion, devait entraîner la dissolution de l'assemblée : d'où l'insistance de Bullion et de Boissise, commissaires de la cour, à la demander, et celle de l'assemblée à la refuser avant d'avoir vu ratifier les demandes des cahiers.

2. Gaspard de Coligny (1584-1646), maréchal de Châtillon, neveu de l'amiral tué à la Saint-Barthélemy, était député par la province du Bas-Languedoc (*Mercure françois*, année 1611, fol. 73 v°). D'abord colonel général de l'infanterie, puis maréchal de France en 1622, il fut créé duc de Coligny par brevet du 18 août 1643.

3. Jean de Baudéan, comte de Parabère, seigneur de la Mothe-Sainte-Héraye, ancien serviteur de Henri IV, pour lequel il combattit à Coutras, était lieutenant général de Poitou et gouverneur de Niort. Il se convertit au catholicisme sur la fin de ses jours et mourut en 1631.

4. Jean de Galard de Béarn, baron de la Rochebeaucourt et comte de Brassac (1579-1645), fit sa carrière dans la diplomatie et devint ambassadeur de France à la cour du pape Urbain VIII, après s'être converti au catholicisme. Nous le verrons (ci-après, p. 209 et 210) devenir lieutenant de Roi à Saint-Jean-d'Angély, puis gouverneur de Châtellerault et lieutenant général de Poitou. Il avait épousé Catherine de Sainte-Maure.

Villemade[1], Guitry[2], Bertichères[3], jusques au nombre de vingt et trois, de recevoir les cahiers répondus par S. M., et nommer leurs députés en cas que les autres ne le voulussent faire.

Cette dépêche étant venue de la cour, ceux du parti contraire furent tellement transportés de colère et de rage contre ce nombre de gentilshommes, qu'à la séance où il faut absolument dire oui ou non, le gouverneur, qui étoit président, fit cacher des mousquetaires au-dessus de sa chambre, où l'on étoit, pour mettre main basse si le petit nombre ne s'accordoit au plus grand[4]. Mais celui-là, composé de personnes de qualité, se résolut à se bien défendre, et ceux qui en étoient, étant non seulement entrés avec hardiesse en l'assemblée, mais ayant fait mettre tous leurs amis dans la basse cour pour courir à eux au premier bruit qu'ils entendroient, firent que les autres se rattiédirent en leur chaleur, et finalement consentirent le 3ᵉ septembre à la nomination des députés[5] et ensuite à la sépara-

---

1. Nous n'avons pu identifier ce personnage, dont descendait sans doute ce sieur de Villemade, officier de l'armée de Flandre, qui, en 1699, sollicitait du Roi le don des biens séquestrés de son parent, Guy de Vicose, religionnaire fugitif. (Arch. nat., TT 221 *bis*, dossier xvii.)

2. Philippe de Chaumont, seigneur de Guitry, maréchal de camp en 1637, qui mourut au siège de Poligny en 1638.

3. Abdias de Chaumont-Guitry, seigneur de Bertichères, gouverneur d'Aigues-Mortes, député des églises protestantes du Bas-Languedoc.

4. Le *Mercure françois*, qui donne un récit détaillé de la séance du 3 septembre (année 1611, fol. 102 v° et suiv.), ne mentionne pas ces circonstances.

5. Les six députés élus parmi lesquels le Roi devait en désigner deux furent les sieurs de Montbrun, de Berteville, de

tion de l'assemblée, avec tel mal de cœur toutefois, qu'ils résolurent ensemble que chaque député de ceux qui étoient à leur dévotion s'en iroit en sa province et y feroit trouver mauvais, autant qu'il lui seroit possible, le procédé du parti contraire et celui de la cour, afin qu'on renouât une assemblée, ou qu'on cherchât, par le moyen des cercles qu'ils avoient introduits[1], quelque nouveau moyen pour troubler le repos de l'État et tâcher de pêcher en eau trouble.

Pendant que ces infidèles sujets du Roi essayoient de saper par leurs menées les fondements de l'autorité royale, ces mêmes, non moins infidèles serviteurs de Dieu, firent un nouvel effort pour tâcher de faire le semblable de la monarchie de l'Église, mettant au jour un détestable livre sous le nom du Plessis-Mornay, qui avoit pour titre : *le Mystère de l'iniquité ou Histoire de la papauté*[2], par lequel ils s'efforçoient de faire

---

Manial, Boisseul, de Rouvray et la Milletière ; le choix royal porta sur ces deux derniers (*Mercure françois*, année 1611, fol. 103 v° et 104 v°).

1. Les cercles étaient des associations régionales, comprenant un nombre variable de communautés protestantes, et ayant un caractère politique et militaire encore plus que religieux ; la France était ainsi divisée en dix circonscriptions.

2. Le titre exact de l'ouvrage était : *le Mystère de l'iniquité, c'est-à-dire l'Histoire de la papauté, par quels progrès elle est montée à ce comble et quelles oppositions les gens de bien luy ont fait de temps en temps ; où aussi sont deffendus les droicts des empereurs, rois et princes chrestiens contre les assertions des cardinaux Bellarmin et Baronius*, par Philippe de Mornay, chevalier, seigneur du Plessis-Marly...; Saumur, Thomas Portau, 1611, in-fol. Le même éditeur en publia la même année une version latine également in-folio, dédiée au roi d'Angleterre, tandis que la française l'avait été à Louis XIII. On trouvera dans le *Mercure françois* (année 1611, fol. 107 v°

croire aux simples que le Pape s'attribuoit plus de puissance en la terre que Dieu ne lui en avoit concédé[1].

Pour étouffer ce monstre en sa naissance, la Sorbonne le condamna aussitôt qu'il vit le jour[2], et supplia tous les prélats d'avertir les âmes que Dieu leur a commises, de rejeter ce livre pour n'être infectées du poison dont il étoit rempli.

En même temps, Mayerne[3] fit imprimer un livre séditieux pour le temps, intitulé : *De la monarchie aristocratique*[4], par lequel il mettoit en avant, entre autres choses, que les femmes ne devoient être admises au gouvernement de l'État. La Reine le fit supprimer et en confisquer tous les exemplaires; mais elle jugea à propos, pour n'offenser pas les huguenots, de pardonner à l'auteur.

L'assemblée dont nous venons de parler fut la source

et suiv.) une description détaillée de l'ouvrage et des planches symboliques, avec légendes, qui l'illustraient.

1. *Var.* : En avoit donné (M, H).

2. L'examen du livre en question fut décidé en assemblée générale de la Faculté de théologie le 1er août 1611, et le brevet de censure rendu le 22 du même mois. En dépit de cette condamnation, Raymond du Bray dit de Saint-Germain se plut à réfuter point par point, dans une réponse parue peu après, tous les arguments du *Mystère d'iniquité* (*Mercure françois*, année 1611, fol. 110 v° et suivants).

3. Louis de Mayerne dit Turquet (1550-1618), originaire de Lyon, qu'il avait dû quitter pour Genève en 1572, lorsqu'il eut embrassé le calvinisme. Il avait publié en 1586 une *Histoire générale d'Espagne*, in-folio, souvent réimprimée. Son fils, Théodore, émigré en Angleterre, y devint premier médecin des rois Jacques Ier et Charles Ier.

4. Le titre exact en est : *la Monarchie aristodémocratique, ou le Gouvernement composé et meslé des trois formes de légitimes républiques;* Paris, J. Berjon, 1611, in-4°.

de beaucoup de troubles que nous verrons ci-après.

Villeroy, qui avoit été toujours nourri dans les guerres civiles et qui avoit une particulière expérience de celles qui étoient arrivées sous le règne du roi Charles IXe et de la reine Catherine de Médicis, soutenoit qu'y ayant deux partis dans le royaume, l'un de catholiques, l'autre des huguenots, il falloit s'attacher à l'un ou l'autre. Au contraire, ceux qui avoient été nourris dans les conseils du feu Roi estimoient cette proposition dangereuse et conseilloient à la Reine de ne se lier à aucune faction, mais d'être la maîtresse des uns et des autres au nom du Roi, et, par ce moyen, reine et non partiale.

La foiblesse avec laquelle on souffrit que les huguenots commençassent leurs brigues et leurs factions, leur donna lieu de croire que la suite en seroit impunie. L'audace dont usa Chamier[1], en demandant la permission de s'assembler peu après la mort du feu Roi, n'ayant point été châtiée, ils estimèrent pouvoir tout entreprendre. Ce ministre impudent osa dire hautement, parlant au Chancelier, que, si on ne leur accordoit la permission qu'ils demandoient, ils sauroient bien la prendre, ce que le Chancelier[2] souffrit avec autant de bassesse que ce mauvais François le dit avec une impudence insupportable.

Il falloit arrêter et prendre la personne de cet insolent; l'on eût pu ensuite l'élargir pour témoigner la

---

1. Ci-dessus, p. 148.
2. Remarquons que la plupart des mentions du chancelier de Sillery faites par les *Mémoires* sont en même temps des critiques à son adresse; voyez notamment p. 28, 57, etc., et ci-après, p. 197.

bonté du Roi, après avoir fait paroître son autorité et sa puissance.

On eût pu aussi permettre l'assemblée, comme on fit, puisque raisonnablement on ne pouvoit la refuser au temps qu'elle devoit être tenue par les édits; mais, tirant profit de la faute de cet impudent, il falloit l'en exclure, vu qu'il étoit impossible de ne prévoir pas que, s'il avoit été assez hardi pour parler comme il avoit fait dans la cour, il oseroit tout faire en l'assemblée, où, en effet, il ne fut pas seulement greffier, mais un des principaux instruments des mouvements déréglés qui l'agitèrent. Qui soutient la magistrature avec foiblesse donne lieu au mépris, qui engendre enfin la désobéissance et la rébellion ouverte[1].

En un mot, la plus grande part des esprits de cette assemblée conspirèrent tous à se servir du temps; mais, ne s'accordant pas des moyens propres pour venir à leurs fins, la division qui se trouva entre ceux qui étoient seulement unis au dessein de mal faire en général donna lieu à Bullion, commissaire du Roi, de profiter des envies et jalousies qui étoient entre eux pour porter les plus mauvais aux intérêts publics par les leurs particuliers, dont il les rendit capables. Et ainsi, de plusieurs demandes que faisoit l'assemblée, préjudiciables à l'Église et à l'État, ils n'en obtinrent aucune de considération, outre ce dont ils jouissoient du temps du feu Roi.

On fut fort content du duc de Bouillon, auquel, à son retour, on donna l'hôtel[2] qui depuis a porté son

---

1. Cette phrase rappelle les pensées insérées dans les *Maximes d'État* et dans le *Testament*.

2. Cet hôtel, appelé « hôtel Dauphin », parce qu'il avait

nom, au faubourg Saint-Germain ; mais il ne le fut pas de la cour : car, bien qu'il ne servît pas en cette occasion sans en recevoir grande utilité, il en espéroit davantage.

Il croyoit si bien qu'on le mettroit dans le ministère de l'État, que, se voyant frustré à son retour de cette attente, il dit à Bullion qu'on l'avoit trompé, mais qu'il brûleroit ses livres, ou qu'il en auroit revanche[1] ; et, dès lors, il se résolut d'empiéter l'esprit du prince de Condé, pour lui faire[2] faire tout ce que nous verrons par après.

Le duc de Bouillon avoit tort, à mon avis, de dire que l'on l'avoit trompé ; car je tiens les ministres qui gouvernoient lors trop sages pour lui avoir promis de le faire appeler au ministère de l'État, étant de l'humeur qu'il étoit et de la créance qu'il professoit. Il devoit plutôt dire qu'il s'étoit trompé, se flattant lui-même par vaines espérances de ce qu'il désiroit.

En effet[3], promettre et tenir à ceux qui ne se conduisent que par leurs intérêts ce qu'ils peuvent justement attendre de leurs services, et leur laisser espérer d'eux-mêmes ce qu'ils souhaitent outre la raison, sans

---

appartenu à François de Bourbon, duc de Montpensier, dauphin d'Auvergne, était situé rue de Seine. La rue des Beaux-Arts a été ouverte en 1825 sur son ancien emplacement.

1. « On dit proverbialement d'un homme qui veut faire tous ses efforts pour venir à bout d'une affaire, qu'il y réussira ou qu'il y brûlera ses livres » (*Dict. de l'Académie*, 1re édition).

2. Le mot « faire », omis par le copiste, a été ajouté en interligne dans le manuscrit B.

3. Souligner ici, au point de vue du style de Richelieu, l'emploi fréquent d'une série d'infinitifs comme sujet d'une phrase. On en trouve de nombreux exemples au cours des *Mémoires*, et notamment ci-dessus, p. 83 et 84.

qu'ils puissent croire qu'on leur ait rien promis, n'est pas un mauvais art de cour dont on puisse blâmer ceux qui le pratiquent; mais jamais il ne faut promettre ce qu'on ne veut pas tenir, et, si quelqu'un gagne quelquefois en ce faisant, il se peut assurer que, son mauvais procédé étant connu, il perdra bien davantage.

Tandis[1] que les huguenots se mutinoient en leur assemblée contre l'État, nos théologiens n'étoient pas en paix à Paris entre eux.

Il arriva, le dimanche de la Trinité[2], une grande dissension en la Faculté de théologie, sur ce qu'un dominicain espagnol[3] soutint, en des thèses qu'il mit en avant au chapitre général que son ordre tenoit lors à Paris[4], que le concile n'est en aucun cas au-dessus du Pape[5].

Richer[6], syndic de la Faculté, s'adresse à Coeffeteau[7],

1. Cet alinéa fait défaut dans les manuscrits M et H, ce qui semble bien une nouvelle preuve que le second a été copié sur le premier. Quant à l'*Histoire de la mère et du fils*, imprimée d'après le manuscrit M, il y manque également, ainsi que dans les autres éditions.

2. Le 29 mai 1611.

3. Le P. Cosme Morelles, originaire de Catalogne; il mourut le 18 février 1636.

4. Ce chapitre général, présidé par le général Augustin Galamin de Briziguella, Lombard de nation, s'ouvrit le 20 mai et comprit près de quatre cent cinquante définiteurs.

5. *Var.* : Par-dessus le Pape (B).

6. Edmond Richer (1559-1631), syndic de la Faculté de théologie de Paris, adversaire acharné des Jésuites et auteur du libelle fameux intitulé : *De ecclesiastica et politica potestate...*, dont il sera parlé ci-après, p. 195 et suivantes.

7. Nicolas Coeffeteau (1574-1623), alors prieur des Dominicains de Paris, devint successivement vicaire général de cet

prieur des Jacobins[1], et le reprend d'avoir souffert que cette proposition fût insérée dans la thèse.

L'autre s'excuse sur ce qu'au temps du chapitre général il n'a plus d'autorité; qu'au reste il n'en a pas plus tôt été averti, qu'il en a donné avis à Messieurs les gens du Roi, qui ont estimé que le meilleur remède qu'on pouvoit apporter à cette entreprise imprévue étoit d'empêcher qu'on agitât cette proposition en l'acte qui se devoit faire.

Le syndic, au contraire, craignant que le silence de la Faculté pût être un jour imputé à consentement, commande à Bertin[2], bachelier, de l'impugner[3]. Celui-ci, pour satisfaire à l'ordre qu'il avoit reçu, proposa que

---

ordre, évêque de Dardanie *in partibus* en 1617, puis évêque de Marseille en 1621. Parmi ses nombreux écrits, nous citerons son oraison funèbre de Henri IV.

1. Les Frères Prêcheurs, ou religieux de l'ordre de Saint-Dominique, étaient appelés en France Jacobins, parce que, lors de leur établissement à Paris en 1218, ils s'installèrent dans un ancien hôpital des pèlerins de Saint-Jacques. En 1611, ils venaient seulement d'achever de bâtir leur seconde maison rue Saint-Honoré, sur l'emplacement actuel du marché de ce nom. C'est dans ce nouvel édifice que furent soutenues, pendant seize jours, du 15 au 31 mai, les thèses dont il est parlé ici. Le jeune Roi, qui battait des mains à la solution des difficultés proposées, Marie de Médicis, la reine Marguerite de Navarre, le cardinal du Perron, et un grand nombre d'évêques, de conseillers et de courtisans y assistèrent (*Mercure françois*, année 1611, fol. 52 v° et 53).

2. Claude Bertin, peu après docteur de Sorbonne, entra l'année suivante à l'Oratoire. Curé de Notre-Dame en 1618, assistant général de son ordre en 1641, il mourut le 28 janvier 1642.

3. Terme d'école, qui signifie attaquer une proposition déjà soutenue.

tout ce qui est contre la détermination d'un concile œcuménique, légitime et approuvé, est hérétique; que ladite proposition est contre la détermination du concile de Constance, qui est œcuménique, légitime et approuvé, et [qu'elle est] par conséquent hérétique.

A ce mot d'hérétique, le nonce[1], qui y étoit présent, s'émut; le président, qui étoit Espagnol[2], dit qu'il n'avoit mis cette assertion aux thèses de son répondant que comme problématique; le cardinal du Perron dit que la question se pouvoit débattre de part et d'autre; et ainsi la dispute se termina.

Deux jours après, un autre dominicain proposa d'autres thèses, dans lesquelles il disoit qu'il appartient au Pape seul de définir les vérités de la foi, et qu'en telles définitions il ne peut errer. Cette proposition étant une preuve de la précédente, on estima qu'il en falloit arrêter le cours; pour cet effet, on ferma les écoles pour quelques jours, et ces thèses ne furent point disputées[3].

Au même temps[4], il s'éleva un tumulte à Troyes, qui ne fut pas petit, contre les Jésuites, qui, prenant l'occasion d'un maire qui leur étoit affectionné[5], crurent

1. Robert Ubaldini : ci-dessus, p. 90, note 4.
2. Ci-dessus, p. 158, note 4.
3. Le *Mercure françois* (année 1611, fol. 53 v°) indique, comme dernière soutenance de thèse, celle du P. Hyacinthe Choquet, de la province de Flandre, présidée par le P. Torrès, premier régent de l'Université de Louvain, et fait mention de la « longue explication » fournie par le cardinal du Perron à l'adresse de quelques huguenots qui étaient présents.
4. Au mois de juillet 1611.
5. « ... D'Autruy, maire de Troyes en l'an 1604, y avoit, sans le consentement des corps de la ville, demandé un éta-

devoir, au temps de sa mairie, faire ce qu'ils pourroient pour s'y établir. Ils sondèrent le gué, et en firent faire la proposition au commencement de juillet.

Il y en avoit dans la ville qui les désiroient; le plus grand nombre n'en vouloit point. Il y eut entre eux de grandes contestations en une assemblée qu'ils firent sur ce sujet, à l'issue de laquelle ceux qui tenoient leur parti dépêchèrent à la cour pour faire entendre à la Reine que les habitants les demandoient. Les autres envoyèrent un désaveu, remontrant que, dès l'an 1604, ces Bons Pères avoient demandé au feu Roi permission de s'installer en leur ville, sous prétexte qu'elle les demandoit, ce qui ne se trouva pas; qu'ensuite la Compagnie avoit obtenu des lettres par lesquelles S. M. faisoit connoître au corps de ville qu'ils lui feroient plaisir de les recevoir[1]. Cette grâce leur ayant été refusée, ils obtinrent des lettres patentes avec clause au premier maître des requêtes, bailli de Troyes[2], ou son lieutenant, de les mettre à exécution. Par ce moyen, voulant emporter d'autorité ce qu'on

blissement de Jésuites au roi Henri IV, dont il avoit été désavoué en assemblée de ville » (*Mercure françois*, 1611, fol. 137).

1. L'évêque René de Breslay, et, avec lui, l'ancien maire d'Autruy, d'Angenoust, président du présidial, Jacques Nivelle, théologal et pénitencier de Saint-Pierre et ancien principal du collège qu'on vouloit confier aux Jésuites, le doyen de la Madeleine, Latrecey, étaient pour les Jésuites. Contre eux étaient presque tout le corps de ville, avec, en tête, le nouveau maire, François Pithou, entré en fonctions en mai 1611, les conseillers au présidial, et Vestier, doyen de l'église Saint-Pierre.

2. Le bailli de Troyes était alors Charles de Choiseul, « chevalier des ordres du Roi, conseiller en ses conseils d'État et privé, capitaine de cinquante hommes d'armes, seigneur de Praslin, bailli de Troyes, » ainsi qu'il est qualifié dans les actes

avoit premièrement présupposé être désiré des habitants, ils furent de nouveau déboutés de leurs prétentions : ce dont les habitants se prévaloient, disant que les mêmes raisons qui empêchèrent leur établissement du temps du feu Roi étoient encore en leur vigueur; que leur ville ne subsiste que par leurs manufactures et la marchandise; que deux ou trois métiers lui valent mieux que dix mille écoliers; qu'ils n'ont point, grâce à Dieu, de huguenots en la conversion desquels les Jésuites aient lieu de s'employer, et qu'ayant jusques alors vécu en paix, ils craignoient qu'on jetât entre eux des semences de division : à quoi le naturel du pays, et particulièrement ceux de la ville, sont assez sujets.

Ces raisons ayant été pesées au Conseil, la Reine n'estima pas devoir contraindre cette ville à souffrir cet établissement contre leur gré; elle leur manda qu'elle n'avoit eu volonté de les y mettre que sur la prière qui lui en avoit été faite en leur nom, et n'y vouloit penser qu'en tant qu'ils le désiroient.

Si elle s'occupe à remédier aux désordres de cette ville particulière, elle n'étend pas moins sa pensée au soulagement de tout le peuple en général : elle le décharge par une déclaration du mois de juillet[1] du

---

de 1595 à 1608, dates extrêmes de son exercice (Bibl. nat., collection de Champagne, t. LXIII, fol. 16 v°, 19 v° et 20).

1. La déclaration fut enregistrée au Parlement le 15 juillet 1611 (*Mercure françois*, année 1611, fol. 132 v°), et non le 11, comme sembleroit l'indiquer la note suivante mise en marge du manuscrit B : « Vérifié au Parlement le 11ᵉ juillet. » En réalité, cette note se rapporte à la déclaration concernant les duels, qui suit. Les manuscrits M et H, plus exacts, l'ont intercalée dans le texte, à la fin du paragraphe ayant trait aux duels : ci-après, p. 163.

reste des arrérages des tailles qui n'avoient pu être payées depuis l'an 1597 jusques en 1603.

D'autre part, le jeu excessif où elle apprend que les sujets du Roi se laissent aller, à la ruine des meilleures familles du royaume, lui donne lieu de défendre par arrêt les académies publiques.

Et, sachant que l'édit des duels qui avoit été publié du temps du feu Roi étoit éludé sous le nom de rencontres, ceux qui avoient querelle[1] se donnant des rendez-vous si couverts, qu'il étoit impossible de justifier qu'ils contrevinssent à la défense des appels, elle fit faire une déclaration qui portoit que, s'il avenoit que ceux qui auroient le moindre différend ensemble, pour eux et pour leurs amis, par après vinssent aux mains en quelque rencontre, ils encourroient les peines ordonnées par l'édit des duels contre les appelants, lesdites rencontres étant réputées comme faites de guet-apens. Cette déclaration fut vérifiée au Parlement le 11e juillet[2].

Elle eut aussi un très grand soin de faire éclaircir par le Parlement l'affaire de la demoiselle d'Écoman[3],

---

1. *Var.* : Ceux qui avoient des querelles (M, H).

2. Cette dernière phrase fait défaut dans le manuscrit B pour la raison expliquée ci-dessus, p. 162, note 1.

3. Jacqueline Le Voyer, originaire d'Orfin, petit village entre Épernon et Ablis, après avoir été au service de la marquise de Verneuil et de Mlle du Tillet, avait épousé Isaac de Varenne, soldat aux gardes, sieur d'Escoman ou Écoman (Loir-et-Cher, arr. de Blois, cant. d'Ouzouer). Elle était alors séparée de lui pour cause d'adultère. C'était, au dire de Tallemant (*Historiettes*, éd. Monmerqué, t. I, p. 187), « une petite bossue qui se fourroit partout et qui se faisoit toujours de fête. » Elle révéla à la reine Marguerite, qu'elle rencontra à Saint-Victor, en la chapelle de Notre-Dame-de-Bonne-Nouvelle, qu'elle avait appris

qui accusoit le duc d'Épernon d'avoir trempé à l'exécrable parricide commis en la personne de Henri le Grand. Le Parlement, ayant examiné soigneusement cette accusation, en avéra la fausseté si clairement, que, pour arrêter le cours de semblables calomnies, il condamna cette misérable à finir sa vie entre quatre murailles. L'arrêt fut donné le 30° juillet[1].

Cette auguste compagnie l'eût fait mourir par le feu, à la vue de tout le monde, si sa fausse accusation eût été d'un autre genre; mais, où il s'agit de la vie des rois, la crainte qu'on a de fermer la porte aux avis qu'on peut donner sur ce sujet fait qu'on se dispense de la rigueur des lois.

En ce même temps, la Reine estima à propos, par l'avis des ministres, de décharger le sieur des Yveteaux[2] de l'instruction du Roi, sur la réputation qu'il avoit d'être libre en ses mœurs et indifférent en sa créance; elle mit en sa place Le Fèvre[3], homme d'insigne répu-

---

de Ravaillac, en 1609, son dessein de tuer le Roi, et que le duc d'Épernon et la marquise de Verneuil étaient de complicité avec l'assassin. Voyez la *Déclaration de la damoiselle d'Escoman sur les intentions et actions du cruel parricide commis en la personne du Roy, de la Reyne, de monseigneur le Dauphin, où elle fut conclue, en quel lieu, par qui, comment Ravaillac luy fut envoyé...*; s. l. n. d., in-8°.

1. Cette dernière phrase, qui fait défaut dans le texte du manuscrit B, s'y trouve sous forme de note marginale.

2. Nicolas Vauquelin, sieur des Yveteaux (1567-1649), fut successivement précepteur de César de Vendôme et de Louis XIII. Il dédia au duc de Vendôme, son élève, un poème intitulé : *De l'institution du Prince*, 1604, in-8°, et écrivit un *Art poétique*. Tallemant des Réaux (*Historiettes*, t. I, p. 341) le dépeint comme un épicurien de mœurs fort dissolues.

3. Nicolas Le Fèvre (1544-1612), fils d'un bourgeois de Montlhéry, était conseiller à la chambre des eaux et forêts. Philologue

tation pour sa doctrine et pour sa piété, qui avoit été choisi par le feu Roi pour instruire le prince de Condé. Mais, tandis que toutes ces choses se font et que la Reine a l'œil ouvert à mettre un si bon ordre en cet État, Conchine, correspondant peu à cette bonne intention et à ce soin de la Reine, se laisse emporter à la vanité de sa présomption et prend des visées peu convenables à sa naissance et à sa condition étrangère, et par son ambition commence à épandre les semences de beaucoup de divisions[1] que nous verrons bientôt éclore.

Dès le premier mois de la régence de la Reine, il acheta le marquisat d'Ancre[2] ; tôt après, elle le récompensa des gouvernements[3] de Péronne, Roye et Montdidier, [et de] la lieutenance de Roi qu'avoit Créquy en Picardie[4].

Treigny[5], gouverneur de la ville et citadelle d'Amiens,

distingué, il a laissé une série d'opuscules latins qui furent réunis et publiés après sa mort. Il remplaça Nicolas Vauquelin dans ses fonctions de précepteur du jeune roi le 25 juillet 1611, mais mourut l'année suivante à soixante-huit ans.

1. *Var.* : A épandre beaucoup de semences de divisions (M, H).

2. La seigneurie d'Ancre, aux environs de Péronne, en Picardie, avait été érigée en marquisat en 1576 au profit de la famille d'Humières. Concini l'acheta en juin 1610, et, en juin 1620, elle fut érigée en duché-pairie sous le nom d'Albert, en faveur du nouveau favori, Charles d'Albert de Luynes.

3. *Var.* : Il récompensa le gouvernement (B). Voyez les *Mémoires d'Estrées*, p. 200.

4. Ces trois villes avaient toujours le même gouverneur, qui était en même temps un des deux lieutenants de Roi de Picardie.

5. François de l'Isle, seigneur de Treigny, gouverneur d'Amiens en 1607, lieutenant de la compagnie de chevau-légers de la Reine, mourut le 18 juin 1611, « avec soupçon

étant mort durant l'assemblée de Saumur, il eut tant de crédit, qu'il emporta ce gouvernement, nonobstant les traverses que lui donnèrent les ministres, qui favorisoient d'autant plus hardiment La Curée[1] en la même prétention, qu'ils croyoient lors le pouvoir de ce favori dépendre plus de sa femme que de lui-même, et qu'ils savoient ensuite qu'elle le reconnoissoit si présomptueux, qu'appréhendant d'en être méprisée si toutes choses lui réussissoient à souhait, elle étoit bien aise quelquefois de traverser ses desseins, pour qu'il eût besoin d'elle et ne se méconnût pas en son endroit.

Sur ce fondement, ils s'opposèrent vertement au dessein du marquis; mais leurs instances furent inutiles, parce que sa femme, désireuse d'honneurs, considérant qu'elle n'en pouvoit avoir sans le nom de son mari, n'oublia rien de ce qu'elle put auprès de la Reine pour obtenir ce gouvernement[2].

Cette opposition que les ministres firent en cette occasion contre le marquis d'Ancre commença à le dégoûter d'eux, et lui fit résoudre d'en prendre revanche lorsqu'il en auroit l'occasion. Il en falloit moins de sujet à un Italien pour le porter à leur ruine.

Son outrecuidance lui donna bientôt un plus vif et sensible sujet de leur vouloir mal; car, ayant bien

---

d'avoir été empoisonné. » Au lieu de M. de Treigny, les éditions des *Mémoires d'Estrées* disent : « M. de Créquy; » mais c'est une erreur; car le manuscrit Nouv. acq. franç. 2069, fol. 32, porte bien « Treigny ».

1. Gilbert Filhet de la Curée, capitaine-lieutenant des chevau-légers de la garde du Roi, maréchal de camp en 1621.

2. Pour plus de détails sur cette affaire, consulter *Concini, maréchal d'Ancre; son gouvernement en Picardie (1611-1617)*, par Pouy; Amiens, 1885, in-8°.

osé concevoir en son esprit l'espérance du mariage d'une des filles du comte de Soissons avec son fils[1], ce qu'il faisoit traiter par le marquis de Cœuvres[2], l'opposition ouverte que les ministres firent à ce dessein, qui leur fut découvert par le marquis de Rambouillet[3], les mit aux couteaux tirés.

Une hardiesse de favori qu'il commit à Amiens leur donna beau jeu pour venir à leurs fins[4]. Il ne fut pas plus tôt en cette place, qu'il traita avec les sieurs de Prouville[5] et de Fleury, lieutenant et enseigne de la citadelle[6], et établit ses créatures en leur place sans en avertir la Reine.

Peu de jours après, ayant besoin de quelque argent

1. Henri Concini, baptisé à Saint-Sulpice le 8 juin 1603, avait alors neuf ans. L'arrêt du 8 juillet 1617, qui condamna sa mère, le déclara « ignoble et incapable de tenir état, offices et dignités dans le royaume ». Il se retira à Florence sous le nom de comte de la Pena, et y mourut en 1631.

2. Les *Mémoires du maréchal d'Estrées* (éd. Michaud, p. 386-389) exposent longuement comment leur auteur, successivement sollicité par M. de Bonneuil, au nom du marquis d'Ancre, et par Concini lui-même, avait négocié ce mariage, lorsque survint l'affaire d'Amiens, dont les ministres, avertis par Rambouillet, profitèrent pour écarter ce projet d'union.

3. Charles d'Angennes, marquis de Rambouillet et de Pisani (1577-1652), capitaine de la seconde compagnie des cent gentilshommes de la maison du Roi, devint en 1620 colonel général de l'infanterie italienne, puis ambassadeur de France à Turin et à Madrid en 1626 et en 1627.

4. *Var.* : De venir à leurs fins (H).

5. Pierre de Prouville, major, et non lieutenant de la citadelle d'Amiens, fut assassiné le 17 juillet 1615 par les gens du maréchal d'Ancre, peut-être à l'insu de celui-ci.

6. Le rédacteur des *Mémoires* se trompe. Le duc d'Estrées donne avec raison comme étant alors en fonctions et ayant

pour sa garnison, il emprunta du receveur général douze mille livres sur sa promesse.

Ces deux actions furent représentées à la Reine comme des entreprises de mauvais exemple : ils exagérèrent la seconde comme une violence commise en la personne d'un officier du Roi, et lui remontrèrent ensuite qu'il en feroit bien d'autres, si le mariage de son fils avec la fille du Comte se parachevoit.

Le marquis d'Ancre, trouvant à son retour l'esprit de la Reine altéré, s'excusa le mieux qu'il put envers le Comte, qui, jugeant bien que les ministres étoient cause de ce changement, craignit, non sans raison, que, pensant l'avoir offensé, ils n'en demeurassent pas là, mais recherchassent tous moyens de le mettre aux mauvaises grâces de la Reine.

La première preuve qu'il[1] en ressentit fut le refus de l'acquisition du domaine d'Alençon, lequel il avoit retiré du duc de Würtemberg[2] sur l'espérance qu'on lui avoit donnée qu'on ne l'auroit pas désagréable; pour l'exclure avec prétexte de cette prétention, la Reine fit cet acquêt pour elle-même[3].

---

traité avec Concini, le sieur de Rouillac, lieutenant, et le sieur de Fleury, enseigne. Prouville, sergent-major, demeura à Amiens jusqu'à l'époque de son assassinat (éd. Michaud, p. 138).

1. Le pronom *il* se rapporte au comte de Soissons.
2. Jean-Frédéric, duc de Würtemberg de 1608 à 1628. Henri IV avait engagé en 1605 le duché d'Alençon au duc Georges de Würtemberg, père du duc actuel. D'Estrées (*Mémoires*, éd. Michaud, p. 391) explique comment le comte de Soissons, qui venait de recevoir de l'argent du duc de Savoie pour les terres que sa femme possédait en Italie, avait pensé à ce placement.
3. *Var.* : La Reine le fit pour elle-même (M, H).

Il s'en sentit tellement piqué, qu'il se résolut de s'unir avec Monsieur le Prince et s'acquérir le plus d'amis qu'il pourroit; les ministres, en ayant eu vent, firent dépêcher, à son déçu[1], un courrier à M. d'Épernon et un autre à Monsieur le Prince, pour les faire revenir[2].

MM. de Guise, marris de l'union qu'ils voyoient entre Monsieur le Comte et le marquis d'Ancre, étant en ce point de même sentiment que les ministres, bien que par intérêts divers, se résolurent de contribuer ce qu'ils pourroient pour la rompre.

Considérant le marquis de Cœuvres comme le lien de cette alliance, qui leur étoit aussi odieuse pour la haine qu'ils portoient au comte de Soissons, qu'elle étoit désagréable aux ministres pour la crainte qu'ils avoient de l'avancement du marquis, ils crurent qu'un des meilleurs moyens de la rompre étoit de se défaire de celui qui en étoit le ciment.

Pour colorer et couvrir la mauvaise action qu'ils se résolurent de faire pour venir à leurs fins de quelque prétexte qui la déguisât aux yeux des plus grossiers, le chevalier de Guise[3], rencontrant de guet-apens le marquis de Cœuvres au sortir du Louvre, comme si c'eût été par hasard, fit arrêter son carrosse et le convia de mettre pied à terre pour qu'il lui pût dire deux

1. A son insu.
2. Le rédacteur des *Mémoires* continue à résumer les *Mémoires du maréchal d'Estrées*, auxquels nous renvoyons pour plus de détails (éd. Michaud, p. 391 et suivantes).
3. François-Alexandre-Paris de Lorraine, chevalier de Guise (1589-1614), fils posthume de Henri Ier de Lorraine, duc de Guise, et de Catherine de Clèves.

mots[1]. Le marquis de Cœuvres, qui étoit sans épée et sans soupçon, tant parce qu'il n'avoit rien à démêler avec ce prince, que parce qu'il l'avoit entretenu le soir auparavant fort longtemps, dans le cabinet de la Reine, et que le duc de Guise avoit soupé le jour précédent chez lui, mit tout aussitôt pied à terre ; mais il fut bien étonné, lorsque, saluant le chevalier de Guise, il lui dit qu'il avoit mal parlé de lui chez une dame, et qu'il étoit là pour le faire mourir. Il le fut encore davantage voyant qu'il mettoit l'épée à la main pour effectuer ses paroles, mais non pas tant que, bien qu'il eût mauvaise vue, il ne vît la porte d'un notaire, nommé Briquet[2], ouverte, et ne s'y jetât avec telle diligence, que le chevalier, qui étoit accompagné de Montplaisir[3] et de cinq ou six laquais avec épées, ne le put attraper.

Ce dessein, qui fut blâmé de tout le monde, n'ayant

1. Voyez, dans les *Mémoires du maréchal d'Estrées* (éd. Michaud, p. 391), le récit fait par l'auteur lui-même du guet-apens dont il fut l'objet; la narration des *Mémoires* en est une copie presque littérale.

2. Pierre de Briquet, entré en fonctions comme notaire au Châtelet de Paris le 15 novembre 1575, conserva son étude jusqu'à sa mort, dans les premiers mois de 1625. Un de ses successeurs, Toussaint Bellanger, demeurait, vers 1709, rue Saint-Honoré, près des Halles. Peut-être Briquet exerçait-il déjà dans la même maison.

3. Louis d'Estienne, seigneur de Montplaisir, capitaine des gardes du duc de Guise, dont il obtint en 1636, le 13 décembre, des lettres d'érection en arrière-fief du nom de Montplaisir d'une maison et dépendances sises à Lambesc. (Bibl. nat., ms. Franç. 31637, ancien Chérin 75, généalogie Estienne, fol. 4 v°.)

pas réussi, les amis des uns et des autres moyennèrent un accommodement entre le chevalier et le marquis; mais, comme le sujet de la querelle qui fut mis en avant étoit simulé, l'accord qui fut fait fut semblable.

En ces entrefaites, Monsieur le Prince arrivant à la cour, le comte de Soissons, qui étoit sur le point de s'en aller tenir les États de Normandie, n'ayant pu se raccommoder avec la Reine à cause des ministres qui l'empêchoient, désira, devant que de partir, s'aboucher avec Monsieur le Prince.

Beaumont[1], fils du premier président de Harlay, qui prenoit soin des intérêts de Monsieur le Prince, ménagea cette entrevue en sa maison près de Fontainebleau[2]. Le marquis d'Ancre fut convié d'y être; les ministres s'y opposèrent; mais il en obtint la permission de la Reine, lui persuadant qu'il prendroit bien garde qu'il ne se passât rien entre ces princes au préjudice de son autorité.

Cette entrevue produisit l'effet qu'avoit désiré Monsieur le Comte, qui entra en une si étroite union avec Monsieur le Prince, qu'ils se promirent réciproquement de ne recevoir aucun contentement de la cour

1. Christophe II de Harlay, seigneur, puis comte de Beaumont, fils d'Achille Ier de Harlay (ci-dessus, p. 58, note 2), avait débuté comme guidon de la compagnie des gendarmes du prince de Condé; ambassadeur en Angleterre de 1602 à 1605, il obtint en 1614 la lieutenance générale au gouvernement d'Orléans. Le « secrétaire des *Mémoires* » et lui étaient cousins issus de germains.

2. C'est-à-dire à Beaumont-en-Gâtinais (Seine-et-Marne), domaine appartenant aux Harlay de la branche aînée, et qui fut érigé en comté en faveur de Christophe II, par lettres de septembre 1612.

l'un sans l'autre, et que, si l'un d'eux étoit forcé par quelque mauvais événement à s'en retirer, l'autre en partiroit au même temps, et n'y retourneroient qu'ensemble. Ils voyoient bien que les ministres n'avoient autre but que de les séparer pour se servir de l'un contre l'autre à la ruine de tous deux.

Cette association fut si bien liée, que jamais, pour quelque promesse qu'on leur pût faire, ils ne se laissèrent décevoir, mais se gardèrent la foi qu'ils s'étoient jurée, et ce jusques à la mort de Monsieur le Comte, qui arriva un an après.

Le crédit des ministres fut d'autant plus affermi auprès de la Reine par cette union, que S. M. n'en recevoit pas peu d'ombrage. Pour se fortifier contre les princes, ils envoyèrent quérir, de la part de la Reine, le maréchal de Lesdiguières, qui vint aussitôt sous espérance qu'on feroit vérifier ses lettres de duché et pairie que le Roi lui avoit accordées il y avoit quelque temps[1].

Mais, cette affaire n'ayant pas réussi à son contentement, il se résolut de s'en venger, et prêta pour cet effet l'oreille à beaucoup de cabales et de desseins qui se formèrent avant son partement et pour éclore et éclater[2] les années suivantes. La mort du duc du Maine[3], qui par son autorité retenoit les princes en

---

1. Les lettres érigeant le duché-pairie de Lesdiguières étaient de mai 1611.

2. *Var.* : Avant son partement et pour éclater (M, H).

3. Le manuscrit B porte en marge les mots *de Mayenne*. Il mourut le 4 octobre 1611, âgé de cinquante-sept ans, à Soissons, ville qui lui avait été cédée par Henri IV en 1596 comme place de sûreté.

quelque devoir, étant arrivée en ce temps, les esprits des grands s'altérèrent d'autant plus aisément qu'il n'y avoit plus personne dans la cour capable de les retenir.

J'interromprai un peu le fil de mon discours pour dire que, depuis que ce prince se fut remis en l'obéissance du feu Roi, il le servit toujours fidèlement. Il rendit preuve au siège d'Amiens[1] de son affection et de sa capacité, lorsque, le Roi voulant par son courage donner bataille aux Espagnols, il le lui déconseilla sagement, disant que, puisqu'il n'étoit question que de la prise d'Amiens qu'ils lui abandonnoient en s'en retournant, il mériteroit d'être blâmé si, par le hasard d'un combat, il mettoit en compromis sa victoire, qui autrement lui étoit entièrement assurée.

Il voyoit peu le Roi, tant à cause des choses qui s'étoient passées, que de son âge et de la pesanteur de son corps, étant fort gros; cependant S. M. l'avoit en telle estime, qu'étant malade à Fontainebleau d'une carnosité[2] qui le pensa faire mourir en 1608, elle le nomma à la Reine pour être un des principaux de ceux par le conseil desquels elle se devoit gouverner.

Il ne trompa point le Roi au jugement qu'il fit de lui; car, en voyant après sa mort les princes et les grands qui demandoient augmentation de pensions, il leur dit franchement en plein Conseil qu'il leur étoit fort malséant de vouloir rançonner la minorité du Roi, et qu'ils devoient s'estimer assez récompensés de faire leur devoir en un temps où il sembloit qu'on ne

1. En 1597.
2. Ancien terme de médecine pour dire une tumeur dans le canal de l'urètre.

pût les contraindre. Étant à l'extrémité, il donna la bénédiction à son fils[1] à deux conditions : la première, qu'il demeureroit toujours en la religion catholique; la seconde, qu'il ne se sépareroit jamais de l'obéissance du Roi. Il mourut au commencement d'octobre.

Sa femme[2], le voyant malade, se mit au lit aussi, et mourut si tôt après lui, qu'ils n'eurent tous deux qu'une cérémonie funèbre.

M. d'Orléans mourut le mois suivant[3]. La Reine en eut grande affliction; mais, si ses larmes la firent reconnoître mère, sa résolution fit voir qu'elle n'avoit pas moins de puissance sur elle que sa dignité lui en donnoit sur les peuples qu'elle gouvernoit lors.

J'ai ouï dire au sieur de Béthune[4] qu'en un autre

---

1. Henri de Lorraine (1578-1621), titré duc d'Aiguillon, puis duc de Mayenne, grand chambellan de France après son père et gouverneur de Guyenne, mourut sans postérité au siège de Montauban. Tout le récit de la mort de Mayenne et les considérations qui y sont jointes sont empruntés au *Mercure françois* (année 1611, fol. 155 v°-157 v°).

2. Henriette de Savoie-Villars, mariée en premières noces à Melchior des Prez, seigneur de Montpezat, sénéchal de Poitou, épousa en secondes noces, par contrat du 23 juillet 1576, Charles de Lorraine, duc de Mayenne; elle mourut le 14 octobre 1611 et fut enterrée avec son mari dans la cathédrale de Soissons.

3. Nicolas, duc d'Orléans (ci-dessus, p. 6, note 3), mourut le 17 novembre, à l'âge de quatre ans et six mois. Le *Mercure françois* (année 1611, fol. 158 et suiv.) s'étend en nombreux détails sur cette mort et sur les accusations dont fut l'objet le sieur Le Maître, premier médecin des enfants de France, qui l'avait soigné.

4. Philippe de Béthune, comte de Selles et de Charost (1561-1649), successivement lieutenant général en Bretagne et ambassadeur en Écosse (1599), à Rome (1601 et 1624), en Savoie

temps elle fut si peu touchée d'une extrême maladie qu'eut ce prince, que le feu Roi, qui vivoit lors, le trouva fort étrange et l'accusa de peu de sentiment vers ses enfants; mais qui distinguera les temps connoîtra la cause de cette différence, qui consista, à mon avis, en ce qu'elle avoit lors plus d'intérêt à la conservation de son fils que durant la vie du feu Roi, pendant laquelle elle en pouvoit avoir d'autres.

La mort de ce prince causa plusieurs mécontentements dans la cour, en ce que ses principaux officiers prétendoient tous entrer en la maison de M. le duc d'Anjou[1], qui, par cette mort, demeura frère unique du Roi, et que quelques-uns en furent exclus. Béthune, destiné gouverneur du feu duc, n'eut pas la même charge auprès de l'autre; la défaveur de son frère[2] l'en devoit exclure par raison, et la considération de Villeroy, dont Brèves[3] étoit allié, le maintint en

(1616), en Allemagne (1619). C'était le gouverneur du jeune duc d'Orléans et le frère de Sully. Il avait réuni une précieuse collection historique de lettres et de manuscrits, qui fut augmentée par son fils Hippolyte, et est aujourd'hui conservée à la Bibliothèque nationale.

1. Gaston-Jean-Baptiste (ci-dessus, p. 6, note 3), qui prit alors le titre de duc d'Orléans, et qu'on appela plus simplement Monsieur.

2. Le duc de Sully.

3. François Savary, marquis de Maulevrier (1560-1628), seigneur, puis comte de Brèves en 1625, ambassadeur à Constantinople (1591), puis à Rome (1608), fut choisi par Marie de Médicis comme gouverneur de Gaston d'Orléans, dont il devint premier gentilhomme de la chambre et surintendant. Disgracié en 1618, au temps de la faveur de Luynes, il devint en 1622 premier écuyer de la Reine et conseiller d'État.

l'élection que le feu Roi avoit faite de sa personne pour l'éducation du duc d'Anjou.

Le marquis de Cœuvres fut aussi exclu de la charge de maître de la garde-robe, dont il étoit pourvu du vivant du défunt. Les ministres, craignant son humeur et se ressouvenant qu'il avoit été entremetteur de l'alliance projetée entre Monsieur le Comte et le marquis d'Ancre[1], firent connoître à la Reine qu'un tel esprit seroit très dangereux auprès d'un héritier présomptif de la couronne.

Le marquis d'Ancre ne l'ayant pas assisté en cette occasion comme il le désiroit, il en eut un tel ressentiment, qu'il le quitta et se joignit tout à fait au comte de Soissons[2].

Tandis que la Reine applique son esprit à défendre l'autorité royale de beaucoup de menées qui se firent lors à la cour, elle ne perd pas le soin de la conservation des alliés du Roi.

Un grand tumulte[3] s'étant élevé à Aix-la-Chapelle, premièrement des catholiques contre les protestants, puis des uns et des autres contre le Magistrat[4], tout l'orage tomboit sur les Jésuites, qui étoient perdus sans la protection du nom de S. M.

La source de ce tumulte fut que l'Empereur, en l'an 1598, avoit mis cette ville au ban de l'Empire,

1. Ci-dessus, p. 167.
2. Voyez les *Mémoires d'Estrées* (éd. Michaud, p. 393).
3. Le récit qui va suivre des troubles d'Aix et de l'intervention de la France semble être un résumé de la narration très détaillée du *Mercure françois* (année 1611, fol. 229-242).
4. C'est-à-dire le corps de ville, présidé par le bourgmestre.

parce que les protestants en avoient chassé le Magistrat catholique, lequel, étant rétabli en son autorité par l'archevêque de Cologne[1], pour revanche de l'injure qu'il avoit reçue, empêcha qu'aucun autre exercice fût fait, dans la ville et dans son territoire, que celui de la religion catholique.

Les protestants, qui supportoient impatiemment cette interdiction, ne virent pas plus tôt, en 1610, la ville de Juliers prise et mise en la puissance des princes de Brandebourg et de Neubourg[2], qu'ils allèrent publiquement au prêche sur les frontières de Juliers.

Le Magistrat s'y opposa et fit défenses de continuer cette pratique commencée, sur peine de prison et d'amende, ou de bannissement à faute de paiement d'icelle. Cette ordonnance fut exécutée avec tant de rigueur, que les catholiques et les huguenots se bandèrent contre le Magistrat, les uns par piété[3], et les autres

---

1. Le prince Ernest de Bavière, archevêque-électeur de Cologne de 1583 à 1612. Il avait pour coadjuteur le prince Ferdinand de Bavière, qui occupa le siège archiépiscopal après lui de 1612 à 1650.

2. Ci-dessus, p. 24 et 25.

3. Tel est bien le texte des divers manuscrits. Mais il est à remarquer que, dans le manuscrit B, le texte primitif était *pitié*. Ce mot a été biffé et remplacé en interligne par *piété;* cette correction a été faite par un des premiers reviseurs du texte, peut-être par le « secrétaire des *Mémoires* », car elle est antérieure à la copie que Mézeray fit établir et que nous appelons manuscrit M, puisque ce manuscrit donne aussi la leçon *piété*. D'ailleurs le sens peut se comprendre en appliquant *les uns* aux huguenots et *les autres* aux catholiques; ces derniers pouvaient en effet avoir quelque intérêt, commercial ou autre, à ce que les protestants ne fussent pas ruinés par les amendes ou bannis de la ville.

par intérêt : tous coururent aux armes[1]; ils se saisirent des portes, tendirent les chaînes et se rendirent maîtres de la ville. Attribuant la cause de ce rude procédé aux Jésuites, ils s'animèrent contre eux jusques à tel point, qu'ils pillèrent leur maison et leur église, et les conduisirent à l'hôtel de ville, où ils couroient danger d'être mis à mort, si l'on n'eût publié que le P. Jacquinot[2], qui par bonheur[3] se trouva lors entre eux, étoit domestique de la Reine[4].

Ce bruit ne fut pas plus tôt épandu que la sédition s'apaisa[5], et que ces bons religieux furent délivrés de la main de ces mutins, qui n'étoient leurs ennemis que parce qu'ils étoient serviteurs de Dieu. Cet accident faisant craindre qu'en un autre temps il en pût arriver quelque autre semblable, qui fît le mal dont celui-ci n'avoit fait que la peur, la Reine fut conseillée d'envoyer des ambassadeurs pour calmer cet orage en sorte qu'on n'eût pas à le craindre par après. La Vieuville[6]

1. Cette émeute eut lieu le 5 juillet 1611.
2. Barthélemy Jacquinot, entré en 1587 dans la Compagnie, était alors supérieur de la maison professe de Paris et avait été prendre les eaux à Aix-la-Chapelle (*Mercure françois*, année 1611, fol. 230 v°); il devint recteur de Lyon, provincial de France, et mourut en 1647.
3. *Var.* : Par bonne fortune (M, H).
4. C'est-à-dire attaché à la maison de Marie de Médicis; il était confesseur de la jeune princesse Marie-Henriette, la future reine d'Angleterre.
5. *Var.* : Cessa (M, H).
6. Robert, marquis de la Vieuville, mort en 1612, grand fauconnier de France, conseiller d'État, lieutenant général en Champagne et Rethelois, gouverneur de la ville de Mézières, avait été déjà chargé, sous le règne de Henri IV, de plusieurs missions en Allemagne.

et Villiers-Hotman[1] furent choisis à cet effet[2].

Ils ne furent pas plus tôt arrivés, qu'étant assistés des ambassadeurs des princes de Juliers[3], ils composèrent tout le différend, en sorte que l'exercice de la religion catholique demeura seul dans l'ancienne ville de Charlemagne, celui des différentes religions permises dans l'Empire pouvant être fait hors l'enceinte d'icelle, le tout jusques à ce que l'Empereur et les Électeurs en eussent autrement ordonné.

Les Pères Jésuites furent rétablis, comme aussi les magistrats catholiques qui avoient été démis en ce tumulte. Il fut arrêté qu'à l'avenir les habitants ne pourroient plus recourir aux armes ni procéder par voie de fait. Toutes ces conditions furent reçues et jurées de tous, tant catholiques qu'autres, et la paix par voie amiable rétablie en ce lieu, dont elle avoit été bannie avec grande violence. Cet accord fut fait le 12 octobre[4].

1. Jean Hotman, seigneur de Villiers-Saint-Georges, *alias* de Villiers-Saint-Paul (1552-1636), conseiller et maître des requêtes de l'hôtel de Henri IV alors qu'il n'était que roi de Navarre, avait été déjà chargé par ce prince de négociations auprès des princes protestants d'Allemagne (ci-dessus, p. 75, note 1). Il écrivit, entre autres œuvres, l'*Anti-Chopin* (Anvers, 1592, in-8°), le *Traité des devoirs de l'Ambassadeur* (Paris, 1602, in-8°) et la préface de l'*Histoire universelle* du président de Thou.

2. Le *Mercure françois* (année 1611, fol. 232 v°) mentionne un troisième ambassadeur, Lazare de Selve, seigneur du Breuil, en Limousin, conseiller d'État, président de la justice royale dans les villes et pays de Metz, Toul et Verdun.

3. Chacun des deux princes envoya deux ambassadeurs, dont le *Mercure françois* donne les noms (fol. 238 v°).

4. Cette dernière phrase ne figure que sous forme de note marginale dans le manuscrit B.

En ce même temps, les Jésuites n'eurent pas grand contentement, n'osant pas ouvertement reprendre la poursuite de la cause qu'ils avoient intentée l'année précédente pour l'enregistrement des lettres patentes portant permission d'enseigner publiquement en leur collège de Paris[1]. Ils faisoient enseigner par des maîtres gagés les pensionnaires qu'ils avoient permission de tenir en leur maison[2]; l'Université s'y opposa[3] et n'oublia pas de renouveler contre eux les vieilles querelles : qu'ils étoient ennemis des rois ; qu'en l'usurpation du royaume de Portugal faite par le roi Philippe II d'Espagne, tous les autres ordres étant demeurés fermes en la fidélité qu'ils devoient à leur roi, ils en avoient été seuls déserteurs et s'étoient mis du parti dudit Philippe ; que plusieurs de leur Société avoient écrit contre le Roi ; qu'il y en avoit d'entre eux qui avoient justifié l'attentat[4] de Jacques Clément[5] ; que, si on avoit pardonné à d'autres compagnies qui avoient failli, leur faute n'étoit pas universelle, comme[6] les fautes des particuliers d'entre eux sont suivant les maximes de tout leur ordre ; que, si, l'assassinat du cardinal Borromée[7] ayant été machiné par un des

1. Ci-dessus, p. 89, note 4.
2. Quatre-vingts ou cent élèves, dit le *Mercure françois* (année 1611, fol. 78 v°), étaient instruits au collège de Clermont par des régents, qui n'étaient pas maîtres ès arts.
3. En la personne de son nouveau recteur, maître Pierre Hardivilier, qui les assigna à plaider sur son opposition pour le samedi 17 décembre.
4. *Var.* : Qui avoient justifié le procédé de (M, H).
5. Qui assassina Henri III le 1ᵉʳ août 1589.
6. Au sens de *tandis que*.
7. Saint Charles Borromée (1538-1584), cardinal-archevêque de Milan. Jérôme Farina, prêtre de l'ordre des Frères Humi-

Frères Humiliés[1], tout l'ordre, pour l'expiation d'icelui, avoit été aboli, ceux-ci mériteroient bien le même châtiment en un crime non moins exécrable; enfin que, si l'Université de Paris a besoin d'être réformée, elle ne le doit pas être par la ruine de tout l'État que cette Société apporte, et par la désolation de l'Université même, qui s'ensuivra par tant de collèges de Jésuites qui s'établissent par tout le royaume, et principalement à Paris.

Ils ne manquèrent pas de se défendre et de représenter qu'ils se soumettroient aux lois de l'Université et en la doctrine concernant les rois enseignée par la Faculté de théologie à Paris; que la justice ne permet pas que tout le corps de leur Société pâtisse pour la faute d'un particulier dont ils détestent les maximes; que, si les Espagnols d'entre eux ont servi le roi d'Espagne, leurs religieux françois serviront le Roi avec la même fidélité.

L'affaire, étant contestée de part et d'autre avec beaucoup de raisons[2], ne put être terminée; mais seulement donna-t-on un arrêt le 22 décembre, par lequel les parties furent appointées au conseil[3], et cependant défenses aux Jésuites d'enseigner.

---

liés, que le saint voulait réformer, lui tira un coup d'arquebuse le 26 octobre 1569, alors qu'il officiait en son oratoire.

1. L'ordre des Humiliés avait été fondé au xiie siècle en Lombardie; les richesses y avaient amené beaucoup de relâchement, et, à la suite de l'attentat de Farina, Pie V abolit l'ordre (8 février 1571).

2. Montholon répondit le 20 décembre, au nom des Jésuites, au plaidoyer prononcé le 19 par La Martelière, avocat de l'Université; le recteur de l'Université répliqua le même jour au plaidoyer de Montholon; enfin l'avocat général Servin parla le 20 et le 22 et conclut en faveur de l'Université.

3. Terme de Palais pour dire que, l'affaire étant trop com-

Nous avons, l'année passée[1], touché un mot des dissensions qui étoient entre l'Empereur et son frère Mathias. Elles paroissoient assoupies; mais le temps a fait voir qu'elles ne l'étoient pas, soit que les querelles dont l'ambition de régner est le fondement ne s'accordent jamais, et principalement entre les frères, ou que, quand l'une des parties est notoirement lésée, l'accord ne dure que jusques à ce qu'elle ait moyen de s'en relever.

L'Empereur, ayant été en effet dépouillé de ses États par son frère et ne demeurant plus que l'ombre de ce qu'il avoit été, essaie avec adresse à se remettre en autorité. Pour y parvenir, il fait sous divers prétextes venir Léopold[2] à Prague avec une armée, feignant que c'étoit contre sa volonté; mais Mathias et ses adhérents prévalurent, et ce dessein ne servit qu'à affermir ledit Mathias en son usurpation, et l'Empereur fut contraint, par l'accord qu'il fit avec lui, de le faire, de son vivant, couronner roi de son royaume de Bohême[3], et dispenser ses sujets du serment de fidélité qu'ils lui devoient.

Cette année est remarquable par la mort de Charles,

---

pliquée pour être jugée à l'audience, les parties étaient invitées à mettre par écrit leurs productions et à les déposer au greffe.

1. Ci-dessus, p. 115.

2. L'archiduc Léopold d'Autriche, cousin germain de Rodolphe II : ci-dessus, p. 25.

3. L'assemblée générale des États de Bohême s'ouvrit le 12 avril 1611. Rodolphe II lui ayant proposé en personne le couronnement de son frère Matthias, déjà roi de Hongrie, ce dernier fut couronné roi de Bohême le 23 mai 1611. (*Mercure françois*, année 1611, fol. 222 et suivants.)

roi de Suède[1], qui avoit usurpé le royaume sur son neveu Sigismond[2], roi de Pologne, qui, s'en allant prendre possession de ce royaume électif, le laissa régent du sien héréditaire, duquel il s'empara peu de temps après, faisant voir combien il est dangereux de donner en un État la première puissance à celui qui est le plus proche successeur de celui qui la lui donne.

Ce prince, en son infidélité, se comporta avec une merveilleuse prudence pour bien conduire le royaume qu'il avoit usurpé.

Le fils qu'il laissa son successeur, appelé Gustave[3], ajouta à la sagesse de son père le courage et la vertu militaire d'un Alexandre. La suite de l'Histoire[4] donnera tant de preuves de son mérite, que j'estimerois mal terminer cette année si je la finissois sans remarquer le temps auquel ce prince est venu à la couronne.

La mort d'Antonio Perez[5], qui arriva en no-

---

1. Charles IX Vasa, né en 1550, mourut le 30 octobre 1611, au cours d'une guerre contre le Danemark.
2. Sigismond III, fils de Jean III Vasa, roi de Suède, fut élu roi de Pologne en 1587 et mourut en 1637.
3. Gustave II ou Gustave-Adolphe (1594-1632), roi de Suède, couronné le 11 décembre 1611.
4. C'est-à-dire « la suite de ces *Mémoires* ». Nous avons dit que, le plus souvent, c'est ainsi que les rédacteurs des *Mémoires* désignent leur œuvre.
5. Antonio Perez (1534-1611), fils naturel de Gonzalès Perez, secrétaire d'État de Charles-Quint, fut légitimé par diplôme impérial du 14 avril 1542. Secrétaire d'État de Philippe II, il devint son rival heureux auprès de la princesse d'Éboli, et fut disgracié en 1579. Il s'enfuit en Aragon, fut sauvé par la population de Saragosse, et passa en Béarn, puis en Angleterre, à la cour

vembre[1], me donne lieu de vous faire voir un exemple de la fragilité de la faveur et de la confiance des rois, de l'instabilité de la fortune, de la haine implacable d'Espagne, et de l'humanité de la France envers les étrangers. Il avoit gouverné le roi Philippe second, son maître, prince estimé sage et constant en ses résolutions; il déchut néanmoins de son crédit, sans être coupable d'aucun crime selon la commune opinion[2].

Il se trouve souvent, dans les intrigues des cabinets des rois, des écueils beaucoup plus dangereux que dans les affaires d'État les plus difficiles; et, en effet, il y a plus de péril à se mêler de celles où les femmes ont part et où la passion des rois intervient, que des plus grands desseins que les princes puissent faire en autre nature d'affaires.

Antonio Perez l'expérimenta bien, les dames ayant été cause de tous ses malheurs. Son maître, qui ne conserva pas sa fermeté ordinaire en sa bienveillance, la conserva en la haine qu'il lui porta jusques à la mort. Il étoit comblé de biens et de grandeurs : il les perdit en un instant, en perdant les bonnes grâces de

---

d'Élisabeth. Il se fixa enfin à Paris, et y mourut en 1611, dans son logis du faubourg Saint-Victor; on l'enterra aux Célestins. Nous empruntons ces détails au *Mercure françois* (année 1611, fol. 291 et suiv.), qu'ici encore le rédacteur des *Mémoires* s'est borné à résumer, et qui termine aussi le récit des événements de 1611 par les aventures et la fin d'Antonio Perez.

1. Le 4 novembre 1611 d'après le *Mercure françois*, le 3 d'après les récents historiographes : Mignet, *Antonio Perez et Philippe II*, Paris, 1865, et le marquis de Pidal, *Philippe II, Antonio Perez et le royaume d'Aragon*, 2 vol., traduits de l'espagnol, 1867.

2. *Var.* : D'aucun crime par l'opinion commune (B).

son maître, qui en priva même ses enfants[1] de peur qu'ils eussent moyens de l'assister.

Il se retire en France[2] au plus fort des guerres civiles, qui n'empêchèrent pas que le Roi le reçut humainement. Il lui accorda une pension de quatre mille écus, qui lui fut toujours bien payée et lui donna moyen de vivre commodément.

L'Espagne ne pouvoit souffrir le bonheur dont ce personnage jouissoit en son affliction; elle attenta de lui ôter la vie, envoya expressément deux hommes à ce dessein, lesquels, étant reconnus, furent exécutés à mort dans Paris[3]. Le Roi, pour garantir à l'avenir ce pauvre réfugié de tels attentats, lui donna deux Suisses de la garde de son corps, qui l'accompagnoient par la ville aux deux portières de son carrosse, et avoient soin que personne inconnu n'entrât chez lui.

Les Espagnols, ne pouvant plus attenter couvertement à sa personne, et ne l'osant faire ouvertement, se résolurent de le perdre par d'autres moyens. On lui fait promettre, par un gentilhomme de l'ambassadeur d'Espagne résidant en cette cour, que le roi son maître le rétabliroit en ses biens, pourvu qu'il voulût quitter la France et la pension qu'il recevoit du Roi. Le connétable de Castille[4] lui confirmant la même chose au

1. Il avait deux fils, nommés Gonzalès et Raphaël.
2. Il arriva à Pau, résidence de la cour de Navarre, le 26 novembre 1591.
3. Le rédacteur des *Mémoires*, sur la foi du *Mercure françois* (année 1611, fol. 291 v°), commet ici une légère erreur. L'un des complices s'échappa, l'autre fut exécuté en place de Grève le 19 janvier 1596 (Mignet, *Antonio Perez et Philippe II*, p. 241).
4. François de Velasco, duc de Frias.

passage qu'il fit en France, l'espérance, qui flatte un chacun en ce qu'il désire, l'aveugla de telle sorte qu'il remit[1] au Roi sa pension, se résolut de sortir de France, et, pour cet effet, prit congé de S. M., qui prévit bien et lui prédit qu'il se repentiroit de la résolution qu'il prenoit. Nonobstant les avertissements du Roi, il passe en Angleterre, lieu qui lui étoit destiné pour recevoir la grâce qu'on lui faisoit espérer; mais, à peine fut-il arrivé à Douvres, qu'il reçut défenses de passer plus avant, l'ambassadeur d'Espagne ayant supplié le roi de la Grande-Bretagne de le faire sortir de ses États et déclaré que, s'il ne le faisoit, il s'en retireroit lui-même[2]. Ce pauvre homme revint en France, où il n'osa quasi paroître devant le Roi, parce qu'il sembloit avoir méprisé sa grâce et ses avis. Néanmoins, ce prince, touché de compassion de sa misère, ne laissa pas de lui faire donner quelque chose pour subvenir à ses nécessités plus pressantes; mais il ne le traita plus comme auparavant[3], de sorte que, de là en avant, il ne subsista pas sans de grandes incommodités, s'entretenant en partie par la vente[4] des meubles qu'il avoit achetés durant qu'il recevoit un meilleur traitement.

1. *Var.* : L'aveugle de telle sorte qu'il remet (M, H).
2. Il faut se garder de confondre ce second voyage d'Antonio Perez en Angleterre, qui eut lieu en 1596, avec son premier séjour à la cour d'Élisabeth, qui dura près de deux années (1593-1595).
3. Perez perdit, semble-t-il, la faveur de Henri IV pour avoir dissuadé le Roi de conclure la paix de Vervins, et s'être mêlé à des intrigues politiques.
4. *Var.* : De sorte qu'il eut bien de la peine à subsister, s'entretenant en partie de la vente (M, H).

Il avoit été tenu en Espagne homme de tête et de grand jugement; il y avoit fait la charge de secrétaire d'État avec grande réputation. On n'en fit pas toutefois en France tant d'estime, à cause de la présomption ordinaire à cette nation, qui semble à toutes les autres tenir quelque chose de la folie quand elle va jusques à l'excès.

ANNÉE 1612.

En cette année, les orages s'assemblent, qui doivent éclater en tonnerres et en foudres les années suivantes. L'union qui fut faite entre Messieurs le Prince et le Comte, avant le partement du dernier pour aller aux États en Normandie[1], tend à la division et à la ruine de ceux dont la conservation est la plus nécessaire pour la paix publique[2]; et n'y a moyen injuste qu'elle ne tente pour parvenir à cette fin.

Le comte de Soissons revient des États avec la même volonté contre les ministres qu'il y avoit portée, et elle s'accrut lorsqu'il trouva à son retour que le marquis d'Ancre, qui s'étoit vu déchu des bonnes grâces de la Reine, s'étoit rangé avec eux[3] pour s'y raffermir, et lui faisoit paroître quelque refroidissement, qui, passant jusques à ne le vouloir plus voir, se termina enfin par une rupture entière.

Le marquis de Cœuvres, qui se tenoit offensé de la

1. Ci-dessus, p. 123 et 129.
2. Le scribe du manuscrit B a écrit ici *paix bublicque*. Il peut être intéressant de relever, entre beaucoup d'autres, cette preuve de sa négligence.
3. Les ministres.

froideur avec laquelle le marquis d'Ancre s'étoit porté en l'affaire de la charge qu'il prétendoit auprès de Monsieur[1], se mit du côté de Monsieur le Comte, et, étant recherché du marquis d'Ancre, témoigna qu'il désiroit plutôt servir à le remettre bien avec Monsieur le Comte, que non pas penser à son intérêt particulier.

Ensuite Dolet[2], s'étant abouché avec lui chez le sieur de Haraucourt[3], voulut renouer la négociation du mariage dont nous avons parlé; mais il proposoit que, sans en parler à la Reine, Monsieur le Comte et le marquis d'Ancre s'y engageassent seulement entre eux: à quoi le marquis de Cœuvres répondit qu'il n'étoit pas raisonnable que Monsieur le Comte se mît en hasard de recevoir un nouveau déplaisir, rentrant au traité d'une affaire de laquelle il avoit déjà reçu tant de mécontentement, mais que, si le marquis d'Ancre et sa femme pouvoient prévaloir aux mauvais offices que les ministres lui avoient rendus, le remettre bien auprès de la Reine et lui faire agréer cette proposition, on le trouveroit toujours tel qu'il avoit été par le passé. Le marquis d'Ancre, ne se tenant pas assez fort pour tirer ce consentement de la Reine, ne passa pas plus outre en cette négociation, mais, changeant de batterie, fit entendre à Monsieur le Comte qu'il

1. Ci-dessus, p. 176.
2. Louis Dolet, avocat, homme de confiance de Concini, fut, grâce à son appui, nommé conseiller d'État; il mourut en 1616, un an avant l'assassinat de son protecteur.
3. *Var.*: S'étant abouché avec le sieur de Haraucourt (M, H). — Jacques de Longueval, seigneur de Haraucourt, gouverneur de Clermont-en-Beauvaisis, maréchal des camps et armées du Roi, était parent du marquis de Cœuvres (*Mémoires d'Estrées*, éd. Michaud, p. 393).

recevroit de la Reine tous les bons traitements qu'il pourroit désirer, mais qu'il eût bien voulu que la liaison d'entre lui et Monsieur le Prince n'eût pas été si étroite, ce qu'il ne put pas lui faire sentir si délicatement que Monsieur le Comte ne jugeât bien qu'on ne pensoit qu'à les désunir[1].

On fit tenter la même chose du côté de Monsieur le Prince par le sieur Vignier[2] et autres; mais tout cela réussit au contraire de ce qu'on désiroit : car leur union s'en fit plus grande, et ils en prirent occasion d'avancer leur partement de la cour, l'un allant à Vallery[3], et l'autre à Dreux[4].

La Reine, lassée du tourment qu'elle avoit des nouvelles prétentions qui naissoient tous les jours en l'esprit de ces princes et autres grands, se résout, pour se fortifier contre eux et assurer la couronne au Roi son fils, de faire, nonobstant leur absence, la publication des mariages de France et d'Espagne, que, dès le commencement de sa régence, elle avoit désirés ardemment[5], ayant dès lors mis cette affaire en délibération avec les princes et les grands du royaume, qui

---

1. Tout ce début de l'année 1612 est manifestement emprunté à d'Estrées (*Mémoires*, éd. Michaud, p. 393-394).

2. Jacques Vignier, baron de Villemer et de Saint-Liébaud, conseiller d'État, était alors intendant des affaires de Monsieur le Prince.

3. Vallery, terre et château près de Sens, avait été donné à Louis de Bourbon, prince de Condé, par la maréchale de Saint-André en 1564.

4. Le comté de Dreux avait été engagé à Charles de Bourbon, comte de Soissons, après la mort du duc d'Anjou en 1584.

5. Des articles préliminaires avaient même été signés à Fontainebleau le 30 avril 1611.

firent paroître en cette occasion-là que la diversité des jugements vient d'ordinaire des passions dont les hommes sont agités : car, la plus grande part le jugeant nécessaire, quelques-uns essayèrent de l'en divertir; mais elle, qui, ouvrant les yeux pour en connoître la cause, jugea que l'intérêt particulier faisoit improuver à peu d'esprits ce que l'utilité publique faisoit souhaiter à beaucoup, par l'avis de son Conseil se résolut d'y donner l'accomplissement.

Pour cet effet, elle envoya dès lors des princes et seigneurs[1] découvrir les sentiments du Pape, de l'Empereur, du roi d'Angleterre[2] et de tous les autres princes et alliés. Après une approbation générale, elle conclut le double mariage, donnant une fille et en prenant une autre[3], et ce à même condition, n'y ayant autre changement que ce que la nature du pays change soi-même.

Maintenant, ces mariages devant être publiés, et le jour en étant pris au 25 mars, Messieurs le Prince et le comte de Soissons, quoiqu'ils eussent opiné en ce mariage, se retirent et n'y veulent pas assister.

---

1. Schönberg fut envoyé en Allemagne, et Bouillon en Angleterre ; à Rome, le nonce Ubaldini, et de Brèves, notre ambassadeur, avaient de longtemps pressenti Paul V au sujet de cette union. Quant à la cour de Savoie, l'on a vu que successivement Bullion et Barrault n'avaient réussi qu'à demi à calmer l'irritation de Charles-Emmanuel : ci-dessus, p. 115 et p. 116, notes.

2. Jacques Ier Stuart (1566-1625), roi d'Écosse en 1567, roi de Grande-Bretagne en 1603.

3. *Var. :* Donnant une fille et en donnant une autre (M). — Dans le manuscrit H, on a barré le second participe *donnant*, qu'on a remplacé, comme il convenait, par le mot *prenant*.

Le duc du Maine[1] ne laissa pas d'aller au jour nommé trouver l'ambassadeur d'Espagne[2] et le mener au Louvre, où, le Chancelier ayant fait tout haut la déclaration de LL. MM. touchant l'accord desdits mariages, l'ambassadeur confirma le consentement et la volonté du roi son maître, puis, allant saluer Madame[3], parla à elle à genoux, suivant la coutume des Espagnols quand ils parlent à leurs princes.

En témoignage de l'extrême réjouissance qu'on en reçoit, il se fait des fêtes si magnifiques, que les nuits sont changées en jours, les ténèbres en lumière, les rues en amphithéâtres.

On n'est pas si occupé en ces réjouissances publiques, qu'on ne pense à rappeler à la cour des princes qui s'en étoient éloignés, la pratique du temps portant[4] qu'on couroit toujours après les mécontents pour les satisfaire, joint que la maison de Guise et le duc d'Épernon se croyoient alors si nécessaires, qu'ils concevoient déjà espérance de tirer de grands avantages de cet éloignement, ce que le marquis d'Ancre ne pouvoit aucunement souffrir, et les ministres, d'autre côté, ne croyoient pas que ces mariages se pussent sûrement avancer en leur absence[5].

---

1. Henri de Lorraine : ci-dessus, p. 174.

2. Iñigo de Cardenas, d'une illustre famille castillane, ayant possédé les titres de duc de Maqueda, de Manrique et de Najera (Ph.-J. Spencer, *Theatrum nobilitatis Europæ*, t. II, p. 41).

3. Élisabeth de France : ci-dessus, p. 6, note 3. Comparez le *Mercure françois*, année 1612, fol. 333. Cette cérémonie eut lieu le 25 mars 1612.

4. *Var.* : La pratique du temps étant (M, H).

5. Tout ce paragraphe et le récit qui va suivre des pourpar-

On dépêcha à Monsieur le Comte le sieur d'Aligre[1], qui étoit intendant de sa maison, avec des offres avantageuses pour le ramener; mais il le renvoya, avec défenses de se mêler jamais de telles affaires.

Cependant le marquis de Cœuvres, qui avoit commencé, comme nous avons dit, de traiter avec Dolet pour le raccommodement de Monsieur le Comte et du marquis d'Ancre, lui mit en avant le gouvernement de Quillebeuf[2], en Normandie. Le marquis d'Ancre se fait fort de le faire agréer à la Reine : il lui en parle, il s'enferme avec elle dans son cabinet pour l'en prier; elle le refuse ouvertement, sachant bien que cette place ne le contenteroit que pour trois mois et lui donneroit par après une nouvelle audace.

lers engagés sont empruntés aux *Mémoires du maréchal d'Estrées* (éd. Michaud, p. 394 et 395).

1. Étienne d'Aligre, seigneur de la Rivière, conseiller d'État, puis chancelier en 1624. Les sceaux lui furent retirés en 1626 et donnés à Marillac, à la suite de la découverte du complot d'Ornano. Une note du cardinal de Richelieu (G. Hanotaux, *Maximes d'État et fragments politiques du cardinal de Richelieu*, p. 34) le juge comme il suit : « Il est si foible en ses résolutions, qu'il est impossible de s'en assurer par convention. Son esprit s'évapore en discours. Il n'est pas solide; mais il parle agréablement, et, partant, il satisfait souvent les simples, qui regardent plus le ton des paroles et la grâce avec laquelle elles sont dites, que ce qu'elles signifient. »

2. Quillebeuf, petit port à l'embouchure de la Seine, sur la rive gauche. Ce fut une des premières places de la Normandie à reconnaître Henri IV. Celui-ci, pour récompenser les habitants, fit agrandir et fortifier la ville; mais ces fortifications furent détruites peu après, sous la régence de Marie de Médicis : « Quillebeuf étoit, dit Fontenay-Mareuil, comme l'une des clefs de Paris, n'y pouvant rien venir par la mer sans passer à sa merci. »

Le duc de Bouillon[1] et ses sectateurs lui représentèrent là-dessus qu'elle devoit obliger les princes durant sa régence, afin que, quand elle en seroit sortie, elle se trouvât considérable par beaucoup de serviteurs puissants et affectionnés; que, le Roi pouvant un jour oublier ses services et trouver à redire à sa conduite, elle pouvoit y apporter des précautions et prévenir le mal, faisant des créatures intéressées à sa défense; mais ces raisons n'apportèrent aucun changement en son esprit, que les ministres fortifioient comme ils devoient contre tels avis.

Le marquis d'Ancre ne perdoit point courage pour cela, et espéroit enfin l'emporter sur l'esprit de la Reine. Il s'offrit d'aller trouver ces princes de la part de LL. MM., et qu'il diroit à Monsieur le Comte qu'il avoit laissé LL. MM. bien disposées en sa faveur pour la demande dudit gouvernement, dont il espéroit qu'enfin il auroit contentement, mais qu'il n'avoit pu en tirer parole plus expresse.

Les ministres, qui eurent peur que, outre la négociation publique, il se traitât quelque chose en particulier contre eux, désirèrent que quelqu'un d'entre eux accompagnât le marquis d'Ancre. M. de Villeroy fut choisi[2]. On eut peine à y faire consentir Monsieur le Comte, qui jusque-là n'avoit point voulu ouïr parler

---

1. Il se plaignait, au dire de d'Estrées (*Mémoires*, éd. Michaud, p. 395), que les ministres l'eussent envoyé en ambassade en Angleterre pour lui « faire recevoir un affront »; car il n'y avait pas été bien traité.

2. Condé et Soissons étaient à Nogent-le-Rotrou, d'où Villeroy et Concini les ramenèrent à la cour, à Fontainebleau.

d'aucune réconciliation avec les ministres, mais seulement avec le marquis d'Ancre[1].

Ce voyage ne fut pas sans fruit : Messieurs le Prince et le Comte[2] reviennent par cette entremise, bien que le marquis d'Ancre et M. de Villeroy eussent travaillé bien diversement en leur légation, puisque, à l'insu dudit sieur de Villeroy, il fut résolu avec les princes que celui qui avoit la faveur n'oublieroit rien de ce qu'il pourroit pour rabattre l'autorité des ministres et élever les princes, dont ils se promettoient beaucoup.

La première affaire qui fut mise sur le tapis à leur retour fut celle des articles des deux mariages. Quelques-uns conseillèrent à Monsieur le Comte de ne pas donner son consentement et d'empêcher aussi celui de Monsieur le Prince, jusques à ce qu'il eût Quillebeuf, qu'on lui avoit fait espérer. Il avoit quelque inclination à ce faire; mais il en fut empêché par les caresses qui lui furent faites à son arrivée, et le conseil que lui en donna le maréchal de Lesdiguières, qui n'étoit pas encore détrompé de l'espérance qu'on lui donnoit de le faire duc et pair[3].

Y ayant donné leur consentement, on fait et on reçoit en même temps de célèbres ambassades : le duc

---

1. Le rédacteur des *Mémoires* continue pour tout ce récit à suivre point par point ceux du maréchal d'Estrées (éd. Michaud, p. 395).

2. Les mots *Messieurs le Prince et le Comte* ont été ajoutés en interligne dans le manuscrit B (fol. 73 v°), au lieu du pronom *ils*, par une main qui semble être celle du « secrétaire des *Mémoires* ».

3. Ci-dessus, p. 172. — Ceci est un nouvel emprunt aux *Mémoires du maréchal d'Estrées* (éd. Michaud, p. 395).

de Pastrane[1] vient en France; le duc du Maine va en Espagne; les contrats sont passés avec solennité de part et d'autre[2]; le roi d'Espagne, pour favoriser la France, ordonne que la fête de ce grand saint que nous avons eu pour roi sera solennisée dans ses États[3].

Il y avoit, en ce temps, un grand différend entre les ecclésiastiques de ce royaume et le Parlement, sur un livre intitulé : *De ecclesiastica et politica potestate*[4], que Richer[5], syndic de la Faculté de théologie, fit imprimer sans y mettre son nom, dans lequel il parloit fort mal de la puissance du Pape en l'Église.

Plusieurs s'en scandalisèrent. L'auteur fut incontinent reconnu. La Faculté étoit prête de s'assembler pour en délibérer; le Parlement la retient, fait, par arrêt du 1ᵉʳ février, commandement[6] au syndic d'apporter tous les exemplaires au greffe, et à la

1. Rodrigue de Silva, troisième duc de Pastrana, mort en 1626. Le récit de son ambassade et de la réception qui lui fut faite à Paris n'occupe pas moins de treize folios du *Mercure françois* (année 1612, fol. 462 v°-475 v°).

2. Le contrat fut signé le 22 août à Madrid, par le duc du Maine, Puyzieulx et Vaucelas, envoyés du roi de France, et, à Paris, le 25 août, par le duc de Pastrana.

3. « Le cardinal de Tolède enjoignit que le prochain jour de saint Louis fût fêté comme le dimanche dans Madrid, ce qui fut observé » (*Mercure françois*, année 1612, fol. 460 v°).

4. Le titre exact de l'ouvrage en question est : *De ecclesiastica et politica potestate libellus*. Il eut deux éditions à Paris en 1611, l'une in-4°, l'autre in-12, puis fut successivement réédité à Troyes en 1612 (in-8°), à Francfort en 1613 et 1621, à Amsterdam en 1683 (in-4°). Pour ce qui est de la polémique à laquelle il donna lieu, consulter Ed. Puyol, *Edmond Richer*, Paris, 1876, 2 vol. in-8°, t. I, p. 217 et suivantes.

5. Ci-dessus, p. 158.

6. *Var.* : Fait arrêt du 1ᵉʳ février commandant (M, H).

Faculté de surseoir toute délibération jusques à ce que la cour soit éclaircie du mérite ou du démérite du livre[1].

Le cardinal du Perron, archevêque de Sens, et ses évêques suffragants[2] provincialement assemblés, firent le 13ᵉ mars la censure que la Faculté de théologie avoit été empêchée de faire par le Parlement, et le condamnèrent, comme contenant plusieurs propositions scandaleuses et erronées, et, comme elles sonnent, schismatiques et hérétiques, sans toucher néanmoins aux droits du Roi et de la couronne, et aux droits, immunités et libertés de l'Église gallicane.

Richer fut si téméraire, qu'il en appela comme d'abus, disant que les évêques s'étoient assemblés sans la permission du Roi, et sans indiction[3] et convocation préalablement requise par les ordonnances, sans l'avoir appelé ni ouï, contre l'autorité de la cour, qui, ayant défendu à la Sorbonne de délibérer sur ce sujet, avoit lié les mains à tous autres d'en connoître, et enfin que

1. Trois réponses au livre de Richer, des docteurs en théologie Durand et du Val, et de Pelletier, parurent aussitôt. Nous empruntons ces détails au *Mercure françois* (année 1612, fol. 308 v°), source à laquelle puise, ici encore, le rédacteur des *Mémoires*.

2. Les sept suffragants de l'archevêque de Sens étaient l'évêque de Paris, Henri de Gondy, l'évêque d'Auxerre, François de Donnadieu, l'évêque de Meaux, Jean de Vieuxpont, l'évêque d'Orléans, Gabriel de l'Aubespine, l'évêque de Troyes, René de Breslay, l'évêque de Nevers, Eustache du Lys, et l'évêque de Chartres, Philippe Hurault de Cheverny.

3. Convocation d'une assemblée ecclésiastique. « Sans permission en due forme, sans indiction et convocation préalablement requise par les ordonnances », dit le *Mercure françois* (fol. 314).

la censure étoit générale et vague, sans coter aucune proposition particulière, et la réservation semblablement.

Son relief d'appel[1] lui ayant été refusé au sceau, il s'adressa à la cour pour obtenir arrêt afin de le faire sceller; mais le Parlement, plus religieux que lui, ne jugeant pas devoir se mêler de cette affaire, ne lui en donna pas le contentement qu'il s'étoit promis. La Faculté le voulut déposséder de son syndicat, ne pouvant souffrir qu'étant homme de si mauvaise réputation en sa doctrine, il fût honoré de cette charge première.

Ils s'assemblèrent le 1er de juin pour ce sujet[2]; mais il déclara qu'il s'opposoit formellement à ce qu'il fût délibéré sur ladite proposition[3]; et, voyant qu'on passoit outre, il fit venir deux notaires et appela comme d'abus du refus que l'on faisoit de déférer à son opposition.

Cette assemblée s'étant passée ainsi, en la suivante, qui fut le 3e juillet, la cour envoya Voysin[4] faire défenses aux docteurs de traiter de cette affaire. Le différend étant rapporté à LL. MM., le Chancelier, qui étoit long à se résoudre et chanceloit[5] longtemps avant que de s'arrêter à un avis certain, envoya à leur assemblée du 1er août leur faire, de la part du Roi,

1. Lettres présentées en chancellerie pour appeler d'une sentence.
2. Cette assemblée n'était point spéciale à cet objet, la Faculté de théologie se réunissant de fondation, au début de chaque mois, en la grande salle de Sorbonne.
3. C'est le docteur François de Harlay, abbé de Saint-Victor, qui proposa d'enlever à Richer sa charge de syndic.
4. Daniel Voysin, seigneur de la Noraye et de Villebourg, greffier du Parlement.
5. Jeu de mots dans le mauvais goût de l'époque.

la même défense qui leur avoit été faite au nom de la cour ; mais, en la suivante, qui fut le 1ᵉʳ septembre, il leur envoya des lettres patentes du Roi[1] par lesquelles il leur étoit ordonné de procéder à l'élection d'un nouveau syndic.

Richer fit plusieurs protestations[2] au contraire, nonobstant lesquelles on ne laissa pas de passer outre, et élut-on le docteur Filesac[3], curé de Saint-Jean-en-Grève ; et, pour ne plus tomber en semblables fautes et inconvénients que celui dont on venoit de sortir, la Faculté ordonna qu'à l'avenir le syndic n'exerceroit plus sa charge que deux ans durant, et que, même à la fin de la première année, il demanderoit à la Faculté si elle avoit agréable qu'il continuât l'autre.

Peu après, une prébende de l'église cathédrale de Paris ayant vaqué au mois des gradués nommés[4], et lui devant appartenir de droit comme au plus ancien[5], elle fut refusée, étant réputé indigne d'être admis en une si célèbre compagnie.

Cependant, à la cour, Monsieur le Comte continuoit toujours sa poursuite pour Quillebeuf[6] ; la Reine

---

1. Datées du 27 août 1612.
2. *Var.* : Fit plusieurs contestations (M, H).
3. Jean Filesac : ci-dessus, p. 67, note 1.
4. En vertu de privilèges des papes, les prébendes qui devenaient vacantes en janvier ou en juillet étaient attribuées de droit à celui des gradués de l'Université dont l'inscription sur un registre spécial était la plus ancienne (Ch. Jourdain, *Histoire de l'Université*, p. 6 et 71-72).
5. L'inscription de Richer datait de 1602. Le canonicat vacant fut attribué à Sébastien Bouthillier, frère du surintendant des finances, qui devait être évêque d'Aire de 1623 à 1625.
6. Ci-dessus, p. 192.

dilayoit[1] et essayoit par ce moyen de faire ralentir la sollicitation qu'il lui en faisoit, puis enfin cesser tout à fait de l'en presser ; mais, quand elle vit que cela ne servoit de rien, et qu'il n'en pouvoit être diverti que sur la créance absolue de ne le pouvoir emporter, elle le lui refusa ouvertement, dont Monsieur le Prince et lui témoignèrent tant de mécontentement qu'il ne se peut dire davantage.

La maison de Guise et M. d'Épernon n'étoient pas plus satisfaits de leur côté, recevant un témoignage de leur peu de faveur[2] en la défense qui fut faite à M. de Vendôme, qui étoit uni à eux, avec le consentement de la Reine, d'aller tenir les États en Bretagne, dont on donna la charge au maréchal de Brissac[3], que M. de Vendôme ayant fait appeler[4], il lui fut fait commandement de se retirer à Anet[5], et à l'autre d'aller tenir les États[6].

Messieurs le Prince et le Comte, jugeant du peu de satisfaction que l'un et l'autre parti recevoient, que le crédit des ministres auprès de la Reine et leur union entre eux leur étoient un obstacle invincible à tous les avantages qu'ils espéroient tirer de l'État, se réso-

1. C'est-à-dire différait.
2. *Var.* : De leur défaveur (M, H).
3. Charles de Cossé (1550-1621), comte puis duc de Brissac (par lettres d'avril 1611), maréchal de France depuis 1594, avait été sous la Ligue gouverneur de Paris.
4. C'est-à-dire provoquer en duel.
5. Anet, ch.-l. de cant. du dép. d'Eure-et-Loir. Philibert Delorme y avait construit en 1552 pour Diane de Poitiers un château dont il ne subsiste maintenant qu'une partie.
6. Tout ce passage est emprunté aux *Mémoires du maréchal d'Estrées* (éd. Michaud, p. 395).

lurent, avec le marquis d'Ancre, de tenter les voies les plus extrêmes pour les ruiner : à quoi MM. de Bouillon et de Lesdiguières s'accordèrent, le premier ayant porté Monsieur le Comte jusques à l'engager à faire un mauvais parti au Chancelier, l'autre s'étant obligé envers eux, en cas de nécessité, de leur amener jusques aux portes de Paris dix mille hommes de pied et cinq cents chevaux.

Le terme[1] qu'avoit pris Monsieur le Comte étoit au retour d'un petit voyage qu'il alloit faire en Normandie ; mais, auparavant qu'il arrivât, il changea de volonté par l'avis du marquis de Cœuvres, qui lui conseilla de n'exécuter pas de sang-froid ce qu'il avoit entrepris dans l'ardeur et la promptitude de la colère.

En ce voyage de Normandie, le maréchal de Fervacques[2], qui étoit gouverneur de Quillebeuf, en fortifia la garnison de quantité de gens de guerre extraordinaires. Monsieur le Comte s'en offense, envoie vers la Reine pour s'éclaircir si c'étoit de son commandement qu'il en eût usé de la sorte. La Reine, à l'insu de laquelle cela s'étoit fait, commanda au maréchal de Fervacques de venir trouver le Roi, ôter la garnison de Quillebeuf et y recevoir quelques compagnies de Suisses, en attendant que Monsieur le Comte fût retourné à la cour.

Monsieur le Comte n'est pas satisfait ; il prétend que, comme gouverneur[3], il soit de son honneur que ce

---

1. Le délai.
2. Guillaume de Hautemer, seigneur de Fervacques, comte de Grancey, maréchal de France depuis le 7 janvier 1595, lieutenant général au gouvernement de Normandie, gouverneur de Quillebeuf, mourut en 1613.
3. Comme gouverneur de Normandie.

changement de garnison soit fait par lui, et non par aucun autre à qui S. M. en donne charge.

A ce bruit, M. de Rohan, qui étoit dans Saint-Jean-d'Angély, lui envoie faire offre de sa personne et de son crédit dans le parti des huguenots. Toute la ligue de la maison de Guise, excepté M. d'Épernon, prit ce temps pour essayer de s'accommoder avec lui.

Mais ce différend fut incontinent assoupi, parce qu'on lui accorda tout ce qu'il demandoit, sous la parole qu'il donna à LL. MM. que, deux heures après qu'il auroit fait cet établissement de la garnison de Quillebeuf, il en sortiroit : pour assurance de quoi le marquis de Cœuvres demeura près de LL. MM. durant que ce changement se faisoit.

Cette longue demeure de Monsieur le Comte en Normandie ennuyoit fort au marquis d'Ancre, qui étoit si passionné de perdre le Chancelier, selon qu'il étoit convenu avec ledit sieur Comte[1], qu'il lui sembloit qu'il n'y avoit aucune affaire de conséquence égale à celle-là qui le pût retenir en Normandie ; et ce qui augmentoit son impatience étoit qu'en ce temps se fit la découverte d'un dessein qui sembla d'autant plus étrange, qu'il est peu ordinaire d'en pratiquer de semblables dans ce royaume.

Le duc de Bellegarde[2] étoit si jaloux de la faveur que le maréchal[3] et la maréchale[4] avoient auprès de la

---

1. Ci-dessus, p. 199-200.
2. Ci-dessus, p. 4, note 3.
3. Le maréchal d'Ancre. Il convient de faire observer que Concini ne fut élevé au rang de maréchal de France qu'en février 1614.
4. *Var.* : Que le maréchal et sa femme (M, H).

Reine, et si désireux d'occuper leur place, que, ne pouvant, par moyens humains, parvenir à ses fins, il se laissa aller à la curiosité de voir si, par voies diaboliques, il pourroit satisfaire le déréglement de sa passion. Moisset[1], qui de simple tailleur étoit devenu riche partisan, homme fort déréglé en ses lubricités et curiosités illicites tout ensemble, lui proposa que, s'il vouloit, il lui mettroit des gens en main qui, par le moyen d'un miroir enchanté, lui feroient voir jusques à quel point étoit la faveur du maréchal et de la maréchale, et lui donneroient moyen d'avoir autant de part qu'eux en la bienveillance de la Reine. Le duc n'entend pas plus tôt cette proposition, qui flattoit ses sentiments, qu'il lui adhère.

Le peu de fidélité qu'il y a dans le monde, jointe à la bonté de Dieu, qui permet souvent que tels desseins soient découverts pour détourner les hommes, par la crainte des peines temporelles, [de ce] dont ils devroient être divertis par l'amour de Dieu, fit que le maréchal et la maréchale[2] eurent connoissance de ce qui se faisoit, non seulement à leur préjudice, mais à celui de leur maîtresse, et ce, par le moyen de ceux mêmes que vouloient tromper Moisset et Bellegarde[3].

---

1. Jean Moisset, dit de Montauban, d'abord tailleur, puis partisan, devint en 1604 receveur des finances de la ville de Paris; son testament, daté du 24 août 1620, est dans le manuscrit Franç. 17354, fol. 267. Il est traité d'individu « ayant mérité la corde » dans une note de Richelieu, qui devait par la suite faire du château construit par Moisset à Rueil sa résidence d'élection.

2. *Var.* : Que le maréchal et sa femme (M, H).

3. Comparez les *Mémoires du maréchal d'Estrées* (éd. Michaud, p. 397).

Ils animent[1] la Reine sur ce sujet avec grande raison, et, pour ce que le Chancelier, selon sa coutume de ne pousser jamais une affaire jusqu'au bout, apportoit beaucoup de longueur à sceller les commissions nécessaires pour cette affaire, ils font que la Reine lui témoigne avoir du mécontentement de son procédé trop lent et irrésolu en un sujet de telle conséquence.

Et, afin de s'appuyer davantage en cette poursuite, à laquelle il s'affectionnoit d'autant plus qu'il[2] avoit toujours été, même avant la régence, ennemi du duc de Bellegarde, il dépêcha un courrier exprès vers M. du Maine, qui étoit déjà sur la frontière d'Espagne, revenant de son ambassade, afin qu'il lui vînt aider à défaire leur commun ennemi.

L'action est intentée au Parlement contre Moisset; il est poursuivi à toute outrance. De sa condamnation s'ensuivoit la perte du duc de Bellegarde, qui ressentoit d'autant plus le poids de cette affaire grand, qu'il craignoit[3] que, sous ce prétexte, on n'en voulût et au bien de Moisset, qui étoit grand, et à son gouvernement de Bourgogne et à sa charge de grand écuyer.

Comme il n'oublioit rien de ce qu'il pouvoit adroitement pour se défendre au Parlement, il ne s'endormoit pas pour trouver du secours dans la cour pour s'aider à se purger de ce qu'il n'estimoit qu'une galanterie; mais jamais le maréchal et la maréchale ne vou-

---

1. *Var.* : Ils animèrent (M, H).
2. Il, c'est-à-dire Concini, ainsi que deux lignes plus loin.
3. *Var.* : Qui ressentoit d'autant plus le poids de cette affaire qu'il craignoit (M, H). Le mot *grand* a été barré après coup dans le manuscrit H.

lurent[1] arrêter le cours du procès, quelque instance que leur en pussent faire les ducs de Guise et d'Épernon, jusques à ce que, reconnoissant que la cour de Parlement, qui, comme tout le reste du royaume, envioit la faveur de lui et de sa femme, étoit inclinée à l'absoudre[2] par la mauvaise volonté qu'elle leur portoit, jugeant que, sous prétexte de ces affronteurs[3], ils en vouloient au bien de Moisset et aux charges du duc de Bellegarde, comme nous avons dit ci-dessus : ce qui fit que, pour tirer quelque avantage de cette affaire, ils intervinrent auprès de la Reine pour la supplier de l'assoupir, et firent en sorte que[4] le procès fut ôté du greffe et brûlé.

Monsieur le Comte, étant revenu à la cour, ne voulut pas exécuter contre le Chancelier ce qui avoit été arrêté, mais continua sa poursuite pour le gouvernement de Quillebeuf. Les ministres se résolvoient à porter la Reine à lui donner contentement; M. de Villeroy même s'avança jusque-là de dire que non seulement il en étoit d'avis, mais le signeroit, s'il en étoit besoin. La maison de Guise essayoit de se remettre bien avec Monsieur le Comte; le marquis d'Ancre faisoit le froid, parce qu'il eût désiré que la ruine des ministres eût

1. *Var.* : Mais le maréchal et sa femme ne voulurent jamais (M, H).
2. Moisset.
3. C'est-à-dire de ces trompeurs.
4. Tout ce qui précède, depuis *ce qui fit que*, a été ajouté sur le manuscrit B de la main du « secrétaire des *Mémoires* », et cette addition, ainsi tournée en incidence, rend la phrase tout à fait incorrecte.

précédé; mais la mort dudit sieur le Comte[1] trancha avec le fil de sa vie le cours de ses desseins et de ses espérances. Il étoit allé à Blandy[2], pensant y demeurer peu de jours; il y demeura malade d'une fièvre pourprée, qui l'emporta l'onzième ensuivant, qui fut le 1ᵉʳ novembre[3].

La Reine, reconnoissant la perte que fait la France en la personne de Monsieur le Comte, s'en afflige et témoigne par effet à son fils[4] l'affection qu'elle a au nom qu'il porte, lui conservant sa charge de grand maître de la maison du Roi et, des deux gouvernements de Dauphiné et de Normandie qu'il avoit, celui de Dauphiné[5].

Quant à celui de Normandie, ayant dessein de le retenir sous son nom, elle [le] lui refusa, et depuis au prince de Conti, qu'elle contenta par celui d'Auvergne, qu'avoit lors M. d'Angoulême[6], qui étoit dans la Bastille.

1. Il mourut le jour de la Toussaint, 1ᵉʳ novembre 1612, à quatre heures du matin.

2. Seine-et-Marne, arr. de Melun; il a déjà été parlé de ce château ci-dessus, p. 60, note 1.

3. *Var.* : Qui l'emporta l'onzième jour, premier de novembre (M, H). Richelieu adressa, à l'occasion de ce décès, une lettre de condoléance à la comtesse de Soissons (*Lettres et papiers d'État*, publiés par G. Avenel, t. I, p. 93).

4. Ci-dessus, p. 119, note 3.

5. Dans le manuscrit H, les trois derniers mots de ce paragraphe sont omis, ainsi que le paragraphe suivant. Le récit reprend : « Je ne veux pas oublier... » L'*Histoire de la mère et du fils*, première édition, 1730, présente la même lacune (p. 65, col. 1).

6. Charles, bâtard de Valois (1573-1650), fils de Charles IX et de Marie Touchet, demi-frère de la marquise de Verneuil (ci-dessus, p. 9, note 1), comte d'Auvergne par lettres du

Je ne veux pas oublier de dire en ce lieu qu'un Père cordelier portugais, qui prêchoit lors avec une grande réputation à Paris et faisoit état d'être grand astrologue, lui avoit prédit la mort de ce prince six mois auparavant qu'elle fût arrivée[1].

Monsieur le Comte étant mort, le marquis d'Ancre, qui en vouloit aux ministres, pour se fortifier contre eux, se voulut appuyer de Monsieur le Prince, et, afin de se lier d'autant plus étroitement avec lui et les siens, fait dessein de moyenner le mariage de M. du Maine avec Mme d'Elbeuf[2], et de M. d'Elbeuf[3] avec la fille dudit marquis[4], moyennant quoi l'on ôteroit la Bourgogne à M. de Bellegarde pour la donner à M. du Maine. M. de Bellegarde est mandé pour ce sujet; mais, apprenant sur le chemin qu'on en vouloit à son gou-

3 juin 1589 et grand prieur de France, avait épousé Charlotte de Montmorency en 1591. Compromis dans les intrigues de sa sœur utérine et condamné à mort en 1606, il fut gracié par Henri IV, mais emprisonné à la Bastille, où il demeura jusqu'au 26 juin 1616. Ce n'est qu'en janvier 1620 qu'il obtint de Louis XIII le duché d'Angoulême et le comté de Ponthieu, et c'est seulement alors qu'il porta le titre de duc d'Angoulême qui lui est donné ici.

1. Nous ne croyons pas qu'aucun contemporain ait mentionné cette particularité, qui semble spéciale à nos Mémoires.

2. Marguerite Chabot (1565-1652), dame de Pagny, fille d'Éléonor Chabot, comte de Charny, et de Jeanne de Rye, était veuve depuis 1605 de Charles Ier de Lorraine, duc d'Elbeuf; elle avait treize ans de plus que le duc du Maine.

3. Charles II de Lorraine, duc d'Elbeuf (1596-1657), fils de Charles Ier et de Marguerite Chabot, épousa en 1619 Catherine-Henriette, fille naturelle de Henri IV et de Gabrielle d'Estrées.

4. Marie Concini, baptisée à Saint-Sulpice le 20 mars 1608, et tenue sur les fonts par Henri IV et la princesse de Condé.

vernement, il s'en retourna à Dijon, offensé principalement contre le baron de Lux[1], d'autant qu'à la mort de Monsieur le Comte, le marquis de Cœuvres se réunit au marquis d'Ancre, et le baron de Lux prit sa place dans les intrigues dudit marquis d'Ancre et de Monsieur le Prince, et de ceux qui l'assistoient. C'est pourquoi M. de Bellegarde lui voulut mal et lui attribua la cause de ce mauvais conseil qui avoit été pris contre lui.

La maison de Guise se joint à cette mauvaise volonté, tant pour l'amour de M. de Bellegarde que pour le déplaisir qu'ils ont de voir que le baron de Lux, qui avoit été des leurs et savoit tous leurs secrets, étoit passé dans la confiance de l'autre parti; et leur haine lui coûta cher, comme nous verrons en l'année suivante[2].

Voilà ce qui se passa cette année dans la cour, et la peine que l'ambition de ce prince et des grands donna à la Reine, mais dont elle se tira heureusement, pour ce qu'elle donna toujours au conseil des ministres le crédit qu'elle devoit. Elle n'eut pas moins de peine aux affaires qui survinrent hors de la cour dans les provinces.

Vatan[3], homme de qualité qui s'étoit fait hugue-

1. Edme de Malain, baron de Lux, lieutenant de Roi en Bourgogne, mourut en 1613. Toute cette affaire est résumée des *Mémoires du maréchal d'Estrées* (éd. Michaud, p. 398).
2. Voyez ci-après, année 1613.
3. Florimond du Puy, seigneur de Vatan (Indre, arr. d'Issoudun), ne semble pas, d'après le long récit que donne le *Mercure françois* (année 1612, fol. 293-300), avoir agi suivant un plan préconçu comme l'indiquent les *Mémoires*. Sa rébellion commença le 2 octobre 1611 par l'enlèvement et l'emprisonnement de Belami Robin, fils du fermier général des

not de nouveau, croyant que, si tout crime pendant
la minorité du Roi n'étoit permis, au moins seroit-il
impuni, ému de divers mécontentements qu'il entendoit dire qui étoient à la cour et des mouvements
qu'il croyoit que produiroit l'assemblée des huguenots
qui étoit lors sur pied[1], s'abandonna soi-même jusques
à ce point, après avoir abandonné Dieu, qu'au milieu
de la Sologne, où tout son bien étoit situé, à vingt-
cinq lieues de Paris, il bat la campagne et fortifie sa
maison, sur l'espérance qu'il avoit que ces commence-
ments seroient suivis de ses confrères, dont il seroit
bientôt secondé et secouru ; mais il ne se méconnut
pas si tôt, qu'il se vit assiégé dans Vatan, pris et
exécuté le 2ᵉ janvier, pour arrêter, par la punition
de son crime, le cours de la rébellion qu'il avoit
voulu exciter. Son exemple n'ayant pas peu servi à
calmer l'orage dont il sembla que nous étions mena-
cés, on peut dire avec vérité que sa mort fut avantageuse au public, utile à lui-même et aux siens : à lui,
parce qu'il revint au giron de l'Église en mourant, et

gabelles de France, Thomas Robin, qui avait refusé de laisser
en liberté sous sa caution trois faux-sauniers auxquels il s'inté-
ressait. Ensuite, il ne voulut pas recevoir le lieutenant du grand
prévôt de France, Adrien de la Morlière, commis par le Conseil
à faire une enquête sur ledit enlèvement. Décrété de prise de
corps, Vatan fortifia la ville et le château de Vatan et y résista
plusieurs jours à la tête d'une centaine de soldats contre les
troupes du comte de Cheverny, gouverneur du Blésois ; s'étant
rendu le 15 décembre, il fut conduit à Paris, au For-l'Évêque,
puis à la Conciergerie, fut condamné à mort, et exécuté en
place de Grève, comme criminel de lèse-majesté, le jeudi 2 janvier 1612.

1. L'assemblée de 1611 : ci-dessus, p. 145-153.

aux siens, parce que sa sœur recueillit toute sa succession, dont la Reine la gratifia[1].

S. M. eut bien plus de difficulté à apaiser le trouble que le duc de Rohan suscita à Saint-Jean-d'Angély, dans lequel il essayoit d'engager tout le parti huguenot, et une assemblée qui ensuite se tint à la Rochelle contre son autorité.

Chacun s'étant, comme nous avons dit l'année passée[2], séparé de l'assemblée de Saumur avec dessein d'aller empoisonner les provinces dont ils étoient partis, le duc de Rohan s'en alla à ces fins à Saint-Jean-d'Angély, place dont il avoit été fait gouverneur après la mort du sieur de Sainte-Mesme[3]; mais, parce que le feu Roi ne vouloit point qu'il y demeurât, il avoit mis dans la ville un vieux cavalier, nommé M. des Ajots[4], en qualité de lieutenant de Roi. Celui-ci étant mort, il donna cette lieutenance à M. de Brassac[5], de laquelle, à

1. *Mercure françois*, année 1612, fol. 300 v°. Cette faveur avait été obtenue de la Reine par l'intervention du maréchal de la Châtre, du président de Châteauneuf et du ministre Villeroy.
2. Ci-dessus, p. 145-153.
3. Jean de la Rochebeaucourt, seigneur de Sainte-Mesme, gouverneur de Saint-Jean-d'Angély, mourut vers 1603. Sa fille Marie épousa René de Galard de Béarn et fut mère du comte de Brassac (ci-dessous, note 5).
4. François d'Alloue, seigneur des Ajots, chevalier de l'ordre du Roi et gentilhomme ordinaire de sa chambre, était fils d'autre François d'Alloue et de Marguerite Goumard; il mourut en 1608, avant le 30 juin (Beauchet-Filleau, *Dictionnaire des familles du Poitou*, t. I, p. 49-50; L.-C. Saudau, *Saint-Jean-d'Angély d'après les archives de l'échevinage*, p. 236).
5. Jean de Galard de Béarn (ci-dessus, p. 151). Au lieu de Brassac, Rohan, dans ses *Mémoires* (éd. Michaud, p. 499), et le

l'arrivée de M. de Rohan en cette place, il étoit en possession et exercice.

La Reine mère, qui ne croyoit pas les desseins du duc de Rohan bons, et qui étoit assurée de l'intention du sieur de Brassac à bien servir, lui manda qu'il gardât soigneusement que le duc de Rohan ne se saisît de la place, évitant néanmoins d'en venir aux extrémités, de peur que cela ne fît émotion par toute la France et ne servît de prétexte à ceux qui étoient prêts de brouiller[1].

Ils demeurèrent huit mois en cet état-là, M. de Brassac le plus fort dans la ville, et l'autre tâchant d'y gagner le dessus : ce qui lui étant impossible, il eut recours à une autre voie, et, par le moyen de ses amis qu'il avoit à la cour, s'accommoda avec la Reine, promit de l'aller trouver, pourvu que ledit sieur de Brassac y allât aussi. L'accord fut fait ; ils furent mandés tous deux et s'y acheminèrent ensemble.

Quinze jours après, le sieur de Rohan feignit une maladie arrivée à son frère[2], demande congé à la Reine

---

Mercure françois (année 1612, fol. 381 et suiv.) disent : M. de la Rochebeaucourt. C'est en réalité le même personnage : car ce Brassac porta pendant quelque temps le nom de la terre de la Rochebeaucourt, qu'il tenait de sa mère (ci-dessus, note 3). C'était un *judicieux*, c'est-à-dire un huguenot rallié à la régence, comme Bouillon, d'où les soupçons qu'il inspirait aux purs, c'est-à-dire aux *zélés* ou *affectionnés*, dont Rohan était le chef (*Mercure françois*, année 1612, fol. 381).

1. De brouiller les affaires.

2. Benjamin de Rohan, seigneur de Soubise (1583-1642), frère cadet d'Henri de Rohan, n'était pas alors en Bretagne, mais en Poitou. Son frère alla l'y rejoindre, et ils partirent ensemble pour Saint-Jean-d'Angély, huit jours après (*Mercure françois*, année 1612, fol. 383).

pour l'aller voir. Il part, s'achemine en Bretagne, où l'autre étoit, puis s'en va dans Saint-Jean-d'Angély, où d'abord, ayant étonné les habitants, qui ne voyoient plus le sieur de Brassac, il chassa le sergent-major de la garnison[1] nommé Grattcloup[2], natif de la ville, mais bien serviteur du Roi, mit encore dehors le lieutenant de la compagnie du sieur de Brassac[3], qui étoit un fort vieux homme que le feu Roi lui avoit baillé, et encore quelques autres habitants : ce qui ayant été su à la cour, on assemble le Conseil, où MM. les maréchaux de Lesdiguières et de Bouillon se trouvèrent. Là, on mit en délibération si l'on devoit renvoyer ledit sieur de Brassac pour essayer à ce coup de mettre l'autre dehors, jugeant tout le monde la chose encore facile. Enfin la timidité du Conseil de ce temps l'emporta[4], et

1. *Var.* : Il chassa le sergent-major, nommé Gratteloup, de la garnison, natif de la ville... (B).
2. Jean Dorin, sieur de Gratteloup, maire de Saint-Jean-d'Angély en 1609 et 1610, avait conservé un commandement à la tête des milices municipales (L.-C. Saudau, *Saint-Jean-d'Angély d'après les archives de l'échevinage*, p. 228-242).
3. Le lieutenant de la compagnie de M. de Brassac était le capitaine Foucault, auquel Rohan fit défense d'entrer dans la ville par un message dont il chargea l'enseigne de la même compagnie, homme également dévoué au Roi et qu'il avait intérêt à éloigner (*Mercure françois*, année 1612, fol. 383 v° et 384). Ce capitaine Foucault semble bien être le Gabriel Foucault, seigneur de Saint-Germain-Beaupré, que nous trouvons en 1620 lieutenant à Châtellerault, dont Brassac était alors gouverneur. Devenu lieutenant général de Haute et Basse-Marche en 1623, il mourut en 1633.
4. On se borna, afin de prendre des sûretés, à arrêter la mère, la femme et la sœur de Rohan, et à emprisonner à la Bastille son secrétaire, qu'il avait envoyé pour l'excuser (*Mercure françois*, année 1612, fol. 384 et 385).

fut résolu d'écouter ceux du cercle qui étoient à la Rochelle, et ledit sieur de Rohan, là-dessus. Leurs propositions furent que derechef l'on s'accommoderoit, pourvu qu'on donnât récompense audit sieur de Brassac de la lieutenance de Roi de Saint-Jean. Et, d'autant qu'en même temps le sieur de Préau[1], gouverneur de Châtellerault, mourut, la Reine voulut qu'il[2] fît sa démission de la lieutenance en faveur de celui que nomma ledit sieur de Rohan, et qu'il eût le gouvernement de Châtellerault, ce qui fut exécuté.

Cette assemblée de la Rochelle[3] fut prévue longtemps auparavant, et, sur les avis que LL. MM. eurent que les séditieux et mécontents de l'assemblée de Saumur la vouloient tenir sans son autorité et permission, Le Coudray[4], conseiller au parlement de Paris, qui avoit accoutumé d'aller tous les ans à la Rochelle pour ses affaires particulières, y fut envoyé par LL. MM. avec commission d'intendant de la justice, et avec charge d'avoir l'œil aux mouvements qui se pourroient élever à la Rochelle, empêcher que l'assemblée ne se fît, si on la vouloit entreprendre, et donner avis à LL. MM. de ce qui seroit nécessaire de faire pour leur service en cette occasion.

1. Hector de Préau, calviniste, gouverneur de Châtellerault depuis 1599.
2. M. de Brassac.
3. Ci-dessus, p. 209.
4. Jean Rochelle, sieur du Coudray, fils d'un ancien maire de la Rochelle, nommé en 1601 conseiller au Parlement. Le procès-verbal du tumulte survenu à la Rochelle le mercredi 5 septembre 1612, dressé par Jean Pacaut, lieutenant général de la ville, a servi de source au rédacteur des *Mémoires*, qui l'a trouvé dans le *Mercure françois* (année 1612, fol. 476 et suivants).

Le peuple en eut quelque avis, mais non selon la vérité, qui n'est jamais naïve ni nue dans les bruits, mais déguisée et enveloppée de faussetés selon la passion de ceux qui les font courir parmi les peuples. Ils disent que Le Coudray est envoyé pour avoir soin de la police, qui leur appartient par leurs privilèges, et pour les faire séparer de l'union qu'ils ont avec leurs autres frères, et qu'il a mendié cette commission de LL. MM., leur donnant faussement à entendre qu'ils n'étoient pas serviteurs du Roi.

Là-dessus, ils s'émeuvent, s'attroupent, prennent les armes; Le Coudray, saisi de peur, demande sûreté au maire[1] pour se retirer. C'est ce qu'ils vouloient : sa peur les assure; il n'est pas plus tôt hors leur ville, qu'ils tiennent assemblée.

La Reine, en ayant avis et craignant cette émeute, à laquelle elle ne peut se résoudre de s'opposer avec vigueur, fait appeler Le Rouvray[2] et Milletière[3], députés ordinaires des huguenots à la suite de LL. MM., leur témoigne le juste sujet de mécontentement qu'elle reçoit, écoute les plaintes qu'ils lui font, leur fait espérer une partie de ce qu'ils désirent, et commande au Rouvray d'aller promptement à la Rochelle leur faire commandement de sa part de se séparer; que S. M. oubliera tout ce qui s'est passé et fera cesser toutes les poursuites qui pourroient avoir été commen-

---

1. Jean Salbert, sieur de Romagné et de Saint-Xandre, maire de la Rochelle de 1612 au 14 avril 1613.

2. Jacques de Jaucourt, seigneur du Rouvray, frère puîné du gendre de M. du Plessis-Mornay : voyez plus loin, p. 233.

3. Théophile Brachet, sieur de la Milletière (1588-1665), né à Pons en Saintonge, auteur de nombreux pamphlets en faveur de la Religion réformée, se convertit au catholicisme en 1645.

cées contre eux, et lui met en main une déclaration de S. M. portant confirmation de l'édit de pacification et oubli de tout ce qui s'étoit fait au contraire[1].

Un orage s'éleva, en même temps, contre les jésuites pour un livre composé par l'un des leurs nommé Becanus[2], et intitulé : *la Controverse d'Angleterre touchant la puissance du Roi et du Pape.*

Ce livre fut vu en France[3] en novembre, et accusé par aucuns docteurs[4], en leur assemblée du 1er décembre, comme proposant le parricide des rois et des princes pour une action digne de gloire. Ils se mirent en devoir de le censurer et s'adressèrent au cardinal de Bonsy[5] pour en avoir permission de S. M., à laquelle représentant qu'il étoit à propos d'en donner avis à S. S. afin que, s'il lui plaisoit d'en faire faire la censure[6], elle fût de plus de poids et eût cours par

1. En date du 15 décembre 1612. Elle se trouve dans le *Mercure françois* (année 1612, fol. 484-487).
2. Martin Becan, dit *Becanus* (1550-1624), jésuite brabançon. Son livre venait de paraître à Mayence.
3. Les mots *en France* ont été ajoutés de la main de Sancy.
4. Le syndic de la Faculté, Jean Filesac (ci-dessus, p. 67 et 198), le signala au cardinal de Bonsy, et le docteur Paris soumit un certain nombre de propositions condamnables à l'assemblée ordinaire de Sorbonne (*Mercure françois*, fol. 495 et v°).
5. Jean de Bonsy, évêque de Béziers en 1598, grand aumônier de Marie de Médicis, cardinal en 1611, mourut à Rome en 1621. Dans le manuscrit B, le scribe avait d'abord écrit *Gonzy;* le *G* initial a été corrigé en *B* par une main qui pourrait bien être celle de Richelieu lui-même. Ce *B* présente en effet la même graphie que celui du mot *Bullion* reconnu par Avenel pour être de la main du Cardinal (ci-dessus, p. 57, note 2).
6. Cette censure fut prononcée par Paul V le 3 janvier 1613, et le texte en fut publié dans le *Mercure françois* (année 1612, fol. 498 v°, 499 v°), où le rédacteur prend cet article.

toute la chrétienté, S. M. eut agréable qu'il leur commandât de sa part de différer jusques à quelque temps; qu'elle leur feroit savoir sa volonté sur ce sujet, et que cependant il en donnât avis à Rome, afin qu'on y mît l'ordre qu'on jugeroit être de raison.

Les Vénitiens, d'autre côté, avoient aussi, dès le commencement de l'année, renouvelé tous les décrets qu'ils avoient faits contre leur Société[1], de sorte qu'ils reçurent de l'affliction de toute part.

Nous finirons cette année par quatre accidents remarquables qui y arrivèrent.

L'empereur Rodolphe[2], non tant cassé d'années que lassé des afflictions qu'il recevoit de se voir dépouillé de ses États par son frère et méprisé de tous les siens[3], mourut l'an soixante-unième de son âge, un lion et deux aigles qu'il nourrissoit chèrement ayant, par leur mort arrivée peu auparavant, donné un présage de la sienne. Son frère Mathias, dont il avoit sans cesse, en sa maladie, prononcé le nom par forme de plainte, comme l'accusant[4] d'être cause de sa mort, lui succéda à l'Empire; mais il ne jouira ni heureusement ni longuement de cette dignité, à laquelle il a violemment et injustement aspiré, violant les lois de la piété fraternelle.

Gustave, nouveau roi de Suède, que nous avons dit l'année passée[5] avoir succédé à Charles, son père, qui mourut de déplaisir des mauvais succès qu'il eut en

1. La Société des jésuites. Voyez le *Mercure françois*, fol. 319-326.
2. Cet article vient encore du *Mercure*, fol. 388 v°-390.
3. Ci-dessus, p. 182.
4. En se plaignant et l'accusant (M, H).
5. Ci-dessus, p. 183.

la guerre qu'il avoit contre le roi de Danemark[1], rappela si bien, par son adresse et son courage, la fortune de son côté, qu'il contraignit le roi de Danemark à le rechercher de paix[2], à laquelle il consentit pour tourner ses armes vers la Pologne et la Moscovie[3].

En Italie, François, duc de Mantoue[4], mourut le 22e décembre[5], laissant enceinte la duchesse sa femme, fille du duc de Savoie, qui en prendra occasion d'allumer la guerre, en laquelle le Roi se trouvera diversement engagé, premièrement contre lui[6], comme injuste agresseur, puis en sa défense, de peur que les armes d'Espagne ne s'emparent de ses États et n'étendent trop avant leurs frontières vers nous[7].

Et le roi d'Angleterre, pour étreindre d'un nouveau nœud son alliance avec les princes protestants d'Allemagne, préfère l'alliance de Frédéric, comte Palatin, futur électeur, à celle des têtes couronnées et lui promet sa fille unique[8] en mariage. Le comte passe en

1. Christian IV, roi de Danemark (1588-1648), avec lequel Gustave-Adolphe ne signa la paix que l'année suivante à Siorod (Gothie). Voyez le *Mercure*, fol. 431-432.
2. *Var.* : A lui demander la paix (M, H).
3. Un certain nombre de Moscovites, las d'une anarchie de plus de quinze ans, venaient de proposer le trône à Charles-Philippe, frère puîné de Gustave-Adolphe.
4. François IV de Gonzague, duc de Mantoue (1586-1612), qui ne régna que quelques mois, avait épousé par traité du 29 février 1608 Marguerite de Savoie, fille du duc Charles-Emmanuel et de Catherine-Michelle d'Autriche.
5. Les mots *le 22e décembre* ont été ajoutés de la main de Harlay de Sancy, le « secrétaire des *Mémoires* ». Cet article est encore pris au *Mercure françois*, fol. 502.
6. C'est-à-dire contre le duc de Savoie.
7. Allusion très claire à la guerre de la succession de Mantoue.
8. Élisabeth Stuart (1596-1662) épousa Frédéric V de Bavière,

Angleterre[1], les fiançailles s'y font; mais leurs réjouissances sont troublées par la mort[2] du prince de Galles[3], prince qui étoit gentil, qui promettoit beaucoup de soi, et la mort duquel semble présager les malheureux succès que ces noces ont eus pour l'Angleterre[4].

ANNÉE 1613.

Monsieur le Prince étant, par la mort du comte de Soissons, demeuré seul sans plus avoir de compagnon en sa puissance, ni craindre que son autorité pût être divisée ni combattue, comme elle étoit auparavant lorsque Monsieur le Comte se pouvoit faire chef d'un parti contre lui, on estimoit que la France recevroit cet avantage, en la perte qu'elle avoit faite en cette mort, qu'il en seroit plus modéré en ses demandes; mais l'expérience fit voir au contraire qu'il jugea qu'étant seul, il en devoit être plus considérable.

électeur palatin, le 14 février 1613 : *Mercure françois*, 1612, fol. 501, et 1613, p. 67 et suivantes.

1. Note en marge du manuscrit B, de la main de Sancy : « En novembre. »

2. *Idem* : « En décembre. »

3. Henri-Frédéric, prince de Galles, duc de Cornouailles, fils de Jacques Ier Stuart et d'Anne de Danemark, était né le 19 février 1594 et mourut le 6 novembre 1612, et non en décembre, comme le portent faussement les manuscrits. Saint-Simon, cent ans après Richelieu, parlait encore (*Mémoires*, t. XIX, p. 172-173) des regrets qu'avait causés sa mort prématurée.

4. *Var.* : Le comte passe en Angleterre en novembre, les fiançailles s'y font; mais leurs réjouissances sont troublées par la mort du prince de Galles, arrivée en décembre. Ce prince étoit gentil et promettoit beaucoup de soi, et sa mort semble présager, etc. (M, H).

Il ne donna pas si tôt des témoignages de son dessein, mais attendit l'occasion qui lui en fut offerte par la défaveur en laquelle entrèrent les ministres[1] à cause de la lâcheté du chancelier de Sillery[2], qui ôta le moyen à la Reine de tirer raison de la mort du baron de Lux[3], tué mal à propos, le 5 janvier, par le chevalier de Guise, qui fut enhardi à cette mauvaise action par l'impunité avec laquelle il avoit attenté, l'année précédente[4], la même chose contre le marquis de Cœuvres[5].

Ce baron de Lux s'étoit trouvé par hasard à Saint-Cloud durant une grande maladie qu'eut le duc d'Épernon, chez lequel se tint une conférence d'une entreprise violente qu'on vouloit faire pour changer le gouvernement[6].

Le duc de Guise et ceux qui en étoient, voyant qu'incontinent après il prit grande habitude avec la Reine, soupçonnèrent qu'il les avoit découverts ou qu'il le pouvoit faire, et, pour cet effet, le firent quereller par le chevalier de Guise, qui le tua sous prétexte de la mort de son père, où il s'étoit vanté d'avoir eu quelque part. Jamais on ne vit tant de larmes que celles qu'épandit la Reine[7].

1. *Var.* : Par la défaveur des ministres à cause de (M, H).
2. Sur cette appréciation par Richelieu du caractère de Sillery, voyez ci-dessus, p. 155, note 2.
3. Ci-dessus, p. 207, note 1.
4. Deux ans auparavant, en 1611 : ci-dessus, p. 169-170.
5. *Var.* : Par l'impunité de l'attentat qu'il avoit fait, l'année précédente, au marquis de Cœuvres (M, H).
6. Cette sorte de conspiration réunissait, au dire de M. d'Estrées (*Mémoires*, éd. Michaud, p. 395), le marquis d'Ancre, Condé, Soissons, les maréchaux de Bouillon et de Lesdiguières.
7. Le rédacteur des *Mémoires* suit ici, en forçant la note,

Des personnes peu affectionnées à la maison de Guise se voulurent servir de cette occasion pour aigrir l'esprit de cette princesse contre eux. Il fut fait diverses propositions sur ce sujet; Dolet alla jusques à ce point que de proposer de faire venger un tel outrage par les Suisses en la personne des ducs de Guise et d'Épernon, lorsqu'ils entreroient en la salle des gardes du Roi. Ce conseil fut rejeté de ceux qui étoient les plus sages, et la Reine se résolut, de son mouvement, à poursuivre le chevalier de Guise par justice. Et en effet elle en eût usé ainsi, si le Chancelier, qui craignoit tout, n'eût cherché tous les délais qu'il lui fut possible pour différer l'expédition de la commission dont il avoit reçu commandement sur ce sujet.

La foiblesse du Chancelier fut cause que S. M., en l'effort de sa colère, qui n'étoit pas petite, tant pour l'horreur du sang qui avoit été légèrement épandu, que parce que le baron de Lux n'avoit été tué que sur l'opinion et la crainte qu'on avoit qu'il l'eût servie, se rendit capable de l'avis[1] que les ministres lui donnèrent d'accorder quelque chose au temps, et trouva qu'elle devoit, en cette occasion, se servir d'un des conseils que le feu Roi lui avoit donnés[2], de n'en prendre point de sa passion, quoique, en ce sujet, elle fût aussi juste qu'elle étoit grande. Ainsi elle pardonna, en ce rencontre, une action qui en tout autre eût été d'autant moins pardonnable que, bien

---

ceux du duc d'Estrées (p. 399) : « La Reine eut un très grand déplaisir, ce qui parut par les larmes qu'elle versa. »

1. Au sens de se mettre en disposition, en humeur, en état d'écouter l'avis que les ministres, etc.

2. Mentionné ci-dessus, p. 30.

que le chevalier de Guise mît seul des siens l'épée à la main contre le baron de Lux, il ne laissa pas de l'attaquer avec avantage, en ce qu'il étoit déjà vieux et cassé, qu'il le surprit de telle sorte qu'il n'eut le loisir de sortir de carrosse sans pouvoir mettre à la main[1] une petite épée qu'il avoit au côté, et qu'outre que le chevalier en avoit une bonne, qu'il étoit jeune et vigoureux et cherchoit de propos délibéré le baron de Lux pour le tuer[2], deux gentilshommes étoient avec lui, qui, à la vérité, ne firent autre chose qu'être spectateurs du combat, qui fut fait en si peu de temps, que beaucoup de ceux qui étoient présents ne s'aperçurent que le baron de Lux n'eut loisir de tirer tout à fait son épée du fourreau[3].

La Reine fut tellement offensée contre le Chancelier

1. *Var.* : Sans pouvoir tirer (M, H). Dans le manuscrit B, après *main*, il y a les mots *selon ce que j'ai appris par eux*, qui ont été biffés.
2. *Var.* : Pour faire cette action (B).
3. Ce récit, que confirment Tallemant des Réaux (*Historiettes*, éd. Techener, t. I, p. 368) et Fontenay-Mareuil (*Mémoires*, éd. Michaud, p. 64), est contredit en plus d'un point par une lettre de Malherbe en date du 5 janvier 1615, ainsi que par le récit que Guise donna lui-même de la rencontre deux heures après (*Œuvres de Malherbe*, éd. Lalanne, Paris, 1863, t. III, p. 267-272, 275-278, 282). Il se serait joint au premier motif, le désir de venger la mort de son père, une jalousie violente de la part du chevalier de Guise, qui aimait la comtesse de la Chapelle-aux-Ursins. Guise n'aurait pas tiré l'épée au moment où Lux descendit de carrosse, mais aurait fait d'abord en sa compagnie deux ou trois tours de huit à dix pas. Le duel eut lieu à l'angle de la rue de Grenelle et de la rue Saint-Honoré, et Lux, blessé, se réfugia dans l'allée d'un cordonnier, entre les maisons portant les enseignes du Temps-Perdu et de la Bannière-de-France.

de l'avoir vu si mal procéder en cette affaire, qu'elle eut dessein de s'en défaire et consigner les sceaux de France à une personne qui les gardât avec plus de générosité. Elle fit venir secrètement au Louvre Monsieur le Prince, M. de Bouillon, le marquis d'Ancre et Dolet. Cette affaire est mise sur le tapis : elle est trouvée bonne de tous; Monsieur le Prince est prié de prendre la charge d'aller chez le Chancelier pour lui demander les sceaux et lui commander, de la part de LL. MM., de se retirer dans une de ses maisons.

Mais, de plus, il fut aussi arrêté que la Reine, sous couleur d'aller dîner chez Zamet[1], passeroit devant la Bastille pour entrer dans l'Arsenal, où elle feroit arrêter M. d'Épernon, qui n'étoit de retour que depuis quelques jours.

Cette résolution, prise à la chaude, devoit être promptement exécutée; l'ambition du marquis d'Ancre la retarda et la perdit. Il ne vouloit pas chasser le Chancelier sans en mettre un autre à sa place qui fût à sa dévotion. Sa femme lui proposoit le sieur de Roissy[2]. Il ne l'eût pas eu désagréable; mais Dolet l'en

---

1. Sébastien Zamet (1547?-1614), Lucquois d'origine, débuta comme valet de garde-robe de Henri III, puis, ayant su se rendre utile à ce roi et à Henri IV, dont il favorisa les liaisons, devint surintendant de la maison de Marie de Médicis. Son hôtel, surnommé « la maison des menus plaisirs du Roi », était situé à l'angle des rues de Lesdiguières et de la Cerisaye, près de l'Arsenal.

2. Jean-Jacques de Mesmes (1559-1642), seigneur de Roissy, comte d'Avaux, conseiller au Parlement de Paris en 1583, maître des requêtes en 1594, conseiller d'État en 1600, membre du conseil des finances et du conseil des dépêches en 1613.

dissuadoit, et M. de Bouillon encore, qui le haïssoit, se souvenant qu'autrefois il s'étoit chargé de la commission de saisir ses terres de Limousin.

Pendant ce différend, sa femme et lui ne se pouvant accorder du choix de la personne, la Reine[1] changea de volonté et y fut portée par l'imprudence du parti de Monsieur le Prince et du marquis d'Ancre. A peine se virent-ils en cette autorité nouvelle, que Monsieur le Prince, aspirant à un pouvoir déraisonnable en l'État, demande le gouvernement de la ville de Bordeaux[2] et du Château-Trompette[3].

Le marquis d'Ancre et sa femme, qu'on estimoit avoir grand pouvoir sur son esprit, se chargent de le servir en cette occasion : ils appuient ses prétentions et font tous leurs efforts pour gagner l'esprit de LL. MM.; mais ils ne peuvent rien obtenir par la force de leurs persuasions; et, si leur travail est vain pour celui qu'ils favorisent, il est grandement préjudiciable pour eux-mêmes : car les ministres, qui étoient quasi tous ruinés, et à l'insu desquels la Reine résolvoit beaucoup d'affaires avec Monsieur le Prince, desquelles elle leur parloit seulement puis après[4], prirent cette occasion à propos pour commencer à se remettre bien dans son

---

1. *Var.* : Ne se pouvant accorder de choix, la Reine (M, H).

2. *Var.* : Le gouvernement de Bordeaux et du Château-Trompette (M, H).

3. Forteresse construite à Bordeaux après la reprise de cette ville, en 1453, par Charles VII, sur l'emplacement de l'ancien quartier « Tropeyta ». Elle fut rasée en vertu des lettres patentes du 15 août 1785, et remplacée par la place des Quinconces actuelle. (C. Jullian, *Histoire de Bordeaux*, p. 300 et 570.)

4. *Var.* : Et leur en parloit seulement par après (M, H).

esprit. Ils la font supplier de leur donner audience en particulier, et qu'ils ont choses de grande importance à lui dire, qu'ils ne veulent communiquer qu'à elle seule. Elle donne heure ; ils s'y trouvent. Sauveterre[1] a défense de laisser entrer qui que ce soit. Tandis qu'ils sont avec S. M., le marquis d'Ancre et sa femme, qui ne manquoient pas à avoir des espions[2] auprès de la Reine pour savoir tout ce qu'elle faisoit et ceux qui lui parloient, sont incontinent avertis que les ministres sont avec elle et lui parlent en secret. Le marquis monte aussitôt[3] au cabinet de la Reine, frappe à la porte ; Sauveterre en avertit la Reine et reçoit un nouvel ordre de ne laisser entrer ni lui ni autres.

Les ministres disent à la Reine l'avis[4] qu'ils ont reçu de la poursuite que le marquis fait auprès d'elle pour Monsieur le Prince, le blâment lui et sa femme, les accusent de beaucoup d'imprudences préjudiciables à son autorité et au service du Roi, et lui remontrent la conséquence[5] que ce seroit de donner des places à un premier prince du sang dans son gouvernement et une place importante comme est la

1. Jacques de Bésiade, sieur de Sauveterre, premier valet de garde-robe et huissier du cabinet de Henri IV, puis de la Régente, fut disgracié en 1615 ; mais, revenu en faveur, il reçut, en 1618, un don de trente mille livres, et un autre de douze mille l'année suivante. Disgracié de nouveau et forcé de vendre sa charge en 1626, il se retira dans son château d'Avaray, qu'il avait acheté en 1620, et mourut le 16 septembre 1639.

2. *Var.* : Qui ne manquèrent pas d'avoir des espions (M, H).

3. Dans le manuscrit B, le mot *aussitôt*, ajouté en interligne, remplace le mot *incontinent*, biffé, employé déjà par le rédacteur dans la phrase précédente.

4. *Var.* : Les avis qu'ils ont reçus (M, H).

5. *Var.* : Et lui font connoître la conséquence (M, H).

ville de Bordeaux, située au milieu de ceux de la Religion. Ils n'eurent pas beaucoup de peine à persuader la Reine, à laquelle le feu Roi avoit dit plusieurs fois, parlant de ce qui s'étoit passé en sa jeunesse, que si, pendant qu'il étoit en guerre avec Henri III, il eût eu le Château-Trompette, il se fût fait duc de Guyenne.

Quand ils se furent retirés, le marquis voulant parler à la Reine, elle lui fit mauvais visage, tant que, peu de jours après, voyant qu'il continuoit de la presser de cette affaire, elle se mit[1] en telle colère contre lui, qu'il n'osa plus lui en parler davantage.

Les princes, qui le croyoient tout-puissant auprès d'elle, se prenoient à lui de ce refus et en attribuoient à sa mauvaise volonté la cause, qui ne le devoit être qu'à son impuissance. Sa femme, craignant qu'ils lui fissent du déplaisir si la Reine ne leur accordoit ce qu'ils demandoient, se mêla aussi de lui en parler, mais avec aussi peu de succès que son mari; et, voulant continuer à lui en faire instance, la Reine conçut tant de dégoût contre eux, que peu s'en fallut qu'ils ne déchussent de sa grâce pour toujours.

Elle fut quelques jours qu'elle n'osoit plus monter en la chambre de la Reine. Son mari, désespéré, ne sachant plus comment renouer sa bonne intelligence avec Monsieur le Prince, pour lui témoigner que ce n'est pas de lui que vient l'empêchement à son désir, lui fait proposer qu'il se dépouillera lui-même d'un de ses gouvernements pour l'en accommoder, et qu'il remettra, s'il veut, la ville de Péronne entre les mains de Rochefort[2], son favori.

1. *Var.* : Qu'il continuoit de la presser, elle se mit (M, H).
2. Louis d'Alloigny (1583-1657), marquis de Rochefort,

Cependant le fils du baron de Lux[1], porté d'un juste regret de la mort de son père, fit appeler le chevalier de Guise qui l'avoit tué[2]. Ils se battent à cheval à la porte Saint-Antoine[3], avec chacun un second. Bien qu'il n'y eût rien plus juste que la douleur du jeune baron de Lux, Dieu permit qu'il eût du malheur en ce combat[4], pour apprendre aux hommes qu'il s'est réservé la vengeance, que cette voie de satisfaction n'est pas légitime, et que la justice ne se fait que par une autorité publique.

La Reine, émue de cette perte[5], dont l'exemple en eût attiré d'autres[6] s'il n'y eût été pourvu avec sévé-

baron de Craon, premier chambellan du prince de Condé, capitaine-lieutenant de sa compagnie de chevau-légers, lieutenant général pour le Roi en Poitou, conseiller d'État d'épée et surintendant des bâtiments. On trouvera sur ce favori du prince une curieuse insinuation dans le *Discours de ce qui s'est passé le vendredi dixseptiesme d'octobre mil six cens neuf*, cité plus haut (ci-dessus, p. 35, note 1) et que nous donnerons à l'Appendice.

1. Claude de Malain, baron de Lux après son père, fut tué dans le duel qui va être raconté, le 31 janvier 1613.
2. Il fit porter son cartel par le sieur Riolet au chevalier de Guise, qui était encore au lit.
3. Non pas à la porte Saint-Antoine, mais à Châtenay, près Bourg-la-Reine (*Œuvres de Malherbe*, éd. Lalanne, t. III, p. 286 et 290).
4. Le chevalier de Grignan, second du chevalier de Guise, fut grièvement blessé par Riolet, second du baron de Lux; mais celui-ci fut transpercé de part en part par son adversaire à la troisième passe (*Mercure françois*, seconde continuation, 1613, p. 48 et 49; V. Siri, *Memorie recondite*, t. III, fol. 24-25; *Œuvres de Malherbe*, éd. Lalanne, t. III, p. 290).
5. *Var.* : Touchée de cette perte (M, H).
6. Le *Mercure françois* (p. 50) cite en ce même mois de

rité, fit défendre les duels sous des peines très rigoureuses, afin d'arrêter cette fureur par la crainte des supplices[1].

Deux lieutenances du Roi en Bourgogne étant vacantes par la mort du baron de Lux, M. du Maine en fait demander une pour le vicomte de Tavannes[2], l'autre pour le baron de Thiange[3]; mais, parce que Monsieur le Prince et ceux qui le suivoient étoient mal avec la Reine, elles lui furent toutes deux refusées, et, pour montrer le changement de la cour, M. de Bellegarde, l'honneur et les charges duquel avoient couru fortune peu auparavant, les obtint pour deux de ses amis[4].

M. du Maine, qui n'étoit pas beaucoup endurant, se sentit piqué au vif de cette action, et, ne pouvant croire que la défaveur du marquis d'Ancre fût telle qu'elle étoit, mais soupçonnant qu'il y eût de la feinte, en vivoit avec froideur avec lui : de sorte que, le marquis voulant faire presser par le marquis de Cœuvres l'affaire des deux mariages dont nous avons parlé l'année passée, que le baron de Lux s'étoit entremis de faire

janvier 1613 un duel entre M. de Montigny-Hallé et un sieur de Béthune, où ce dernier trouva la mort.

1. Une nouvelle déclaration contre les duels, du mois de janvier 1613, fut vérifiée en Parlement le 18 mars (*Mercure françois*, p. 51).

2. Claude de Saulx, vicomte de Tavannes, lieutenant général des armées du Roi, bailli de Dijon après la mort de son père par lettres du 27 juillet 1637, mourut en 1638.

3. Charles Damas, baron, puis comte de Thiange, après avoir siégé aux États de Bourgogne en 1618, 1622 et 1629, devint lieutenant général de Bresse, Bugey et Charolais en 1631, maréchal de camp en 1636, et mourut en juin 1638.

4. Tout ce passage est presque textuellement emprunté aux *Mémoires du maréchal d'Estrées* (éd. Michaud, p. 399).

entre ledit duc du Maine et Mme d'Elbeuf[1] et M. d'Elbeuf et sa fille, M. du Maine dit qu'il n'avoit jamais eu intention de se marier et que, si le baron de Lux avoit parlé autrement, il l'avoit trompé.

Monsieur le Prince, d'autre côté, voyant qu'il ne pouvoit obtenir le Château-Trompette, écouta la proposition que lui avoit faite ledit marquis d'Ancre de lui donner Péronne, et lui en demanda l'effet. Le marquis, n'ayant plus d'accès auprès de la Reine, prie sa femme de lui obtenir cette grâce de S. M.; elle y étoit elle-même en si mauvaise posture, qu'elle n'en osoit quasi parler; car la Reine ne lui donnoit plus moyen de l'entretenir seule; mais, si, aux heures qu'elle l'étoit, comme après son dîner dans son grand cabinet, elle se vouloit approcher d'elle, elle se retiroit dans son petit cabinet et faisoit fermer la porte; si elle pensoit prendre l'heure de son coucher, la princesse de Conti[2] opiniâtroit tellement de demeurer la dernière, qu'elle étoit contrainte de s'en aller. Néanmoins, la crainte qu'elle eut que ces princes fissent un mauvais parti à son mari la fit résoudre d'en parler à la Reine, nonobstant le mauvais état auquel elle étoit près d'elle.

Ce qu'elle en dit fut sans effet. Elle n'en fit pas aussi grande instance; car Plainville[3], gentilhomme de Picardie, et qui étoit affidé à son mari et à elle et regrettoit de leur voir quitter Péronne, et plus encore que cette place fût en la puissance de Monsieur le Prince,

1. Ci-dessus, p. 206.
2. Ci-dessus, p. 44, note 3.
3. Charles d'Estourmel, seigneur de Plainville, capitaine des gardes du corps en 1612, gentilhomme de la chambre du Roi, lieutenant au gouvernement de Corbie, mourut en 1617 (Bibl. nat., cabinet des Titres, dossier bleu Estourmel, p. 10 et 14).

lui représenta la faute que lui feroit cette place, au pied de laquelle étoit son marquisat d'Ancre, dont le revenu diminueroit de plus de la moitié. Cette femme avare préféra ce qu'elle crut être de son intérêt domestique à toutes les raisons de son mari, et fut bien aise de conserver cette place[1].

Durant le temps de ces poursuites du Château-Trompette et de Péronne pour Monsieur le Prince, le maréchal d'Ancre[2] se vantoit partout d'avoir dit à la Reine qu'il étoit sa créature, qu'elle pouvoit tout sur lui, mais qu'il ne la pouvoit flatter en la passion qu'elle avoit de quitter ses amis, qui étoient Messieurs le Prince, du Maine, de Nevers, de Longueville, de Bouillon, lesquels ledit maréchal disoit être serviteurs de la Reine, et que l'amitié que ledit maréchal leur portoit n'étoit fondée que sur son service; qu'il estimoit que le côté des princes étoit le parti le plus légitime. Il s'emportoit jusques à tel point que de dire de la personne de la Reine qu'elle étoit ingrate, légère.

On redisoit tout cela à la Reine, ce qui ne l'offensoit pas peu contre lui; et, entre autres choses, on lui repré-

---

1. Dans le manuscrit B, à la suite de ce paragraphe, au verso du folio 96, le copiste avait oublié d'intercaler les trois paragraphes suivants, qui ne faisaient sans doute pas partie de la rédaction primitive, et il avait copié le paragraphe *Le duc de Bouillon* (ci-après, p. 229) et les trois premières lignes du paragraphe suivant, en s'arrêtant au bas de la page. Charpentier, s'en apercevant aussitôt, a biffé ces quatorze lignes écrites à tort, a mis un signe de renvoi et écrit en tête de la page les premiers mots du paragraphe *Durant le temps*. Le copiste, reprenant son travail, a alors inséré en tête du folio 97 les passages oubliés.

2. Il est à remarquer que Concini ne devint maréchal de France qu'en février de l'année suivante 1614.

sentoit qu'il vouloit établir M. de Bouillon, huguenot[1], ce qui ne pouvoit être qu'au préjudice du service du Roi.

Ce temps étoit si misérable, que ceux qui étoient les plus habiles parmi les grands étoient les plus industrieux à faire des brouilleries ; et les brouilleries étoient telles, et y avoit si peu de sûreté en l'établissement des choses, que les ministres étoient plus occupés aux moyens nécessaires pour leur conservation qu'à ceux qui étoient nécessaires pour l'État.

Le duc de Bouillon, voyant que le marquis d'Ancre ne pouvoit faire réussir pas une de leurs demandes, s'avisa d'une ruse qui étoit digne de son esprit ; il envoya prier le sieur de Bullion de le voir, et lui dit qu'il le vouloit avertir, comme ami de Messieurs les ministres de l'État, que la Reine étoit résolue de gratifier Monsieur le Prince de Péronne, mais qu'elle seroit bien aise d'avoir approbation, ce dont il les avertissoit afin qu'étant sages mondains[2] comme ils étoient, ils allassent au-devant de ses désirs.

La Reine, étant avertie de ce discours, s'aperçut incontinent que ces Messieurs les princes vouloient profiter de la division qu'ils croyoient être entre elle et ses ministres ; elle avoua, en cette occasion, au sieur de Bullion qu'il étoit vrai qu'elle avoit eu beaucoup de dégoût de la foiblesse que le Chancelier avoit témoignée en l'affaire du baron de Lux, que l'intelligence en laquelle les autres ministres vivoient avec le Chancelier lui avoit grandement déplu, mais qu'elle vouloit se raccommoder avec eux pour empêcher que les

1. C'est-à-dire que Concini voulait faire donner une charge au duc de Bouillon, bien qu'il fût huguenot.
2. C'est-à-dire possédant la sagesse des gens vivant dans le siècle par opposition à celle des gens d'église.

grands, dont les intérêts ne pouvoient être que contraires aux siens et à ceux de ses enfants, ne vinssent à une insolence insupportable. Et, de fait, S. M. avoit tellement en l'esprit ce qu'elle témoigna audit sieur de Bullion, que, feignant s'aller promener[1] à son palais qu'elle bâtissoit au faubourg Saint-Germain[2], elle envoya commander au président Jeannin de s'y trouver, auquel elle tint même langage, lui commandant de le faire entendre à ses confrères.

Cette réunion, qui ne dura pas longtemps et étoit plus apparente que réelle[3], ne fut pas plus tôt faite, que les ministres conseillèrent à la Reine d'offrir à Monsieur le Prince, pour lui ôter tout prétexte de mécontentement, de grandes sommes de deniers pour acheter quelque terre notable, estimant qu'il falloit gagner temps par argent, et non pas affoiblir l'État par des places qui eussent pu causer en ce temps de fâcheuses suites.

Les libéralités de la Reine ne firent pas une profonde impression dans l'esprit de Monsieur le Prince; le refus du Château-Trompette et de Péronne tenoit trop dans son esprit et dans celui du duc de Bouillon, pour qu'ils ne tâchassent pas de faire quelque nouvel édifice préjudiciable à l'État sur ce fondement. Le marquis d'Ancre leur en ouvrit le moyen :

---

1. *Var.* : Ce qu'elle témoigna à Bullion que, feignant d'aller promener (M, H).

2. Le palais de Luxembourg. Voyez ci-après, p. 255.

3. Dans le manuscrit d'origine (ms. B), les mots « qui ne dura pas longtemps et étoit plus apparente que réelle » ont été ajoutés en interligne de la main de Sancy, qui a rayé ceux de « paroissoit plutôt qu'elle n'étoit », mis d'abord par lui en interligne.

car, se voyant décrédité d'auprès de la Reine et ne sachant comme s'y remettre, les affaires demeurant en l'état auquel elles étoient, il leur conseilla à tous de témoigner ouvertement leur mécontentement et se retirer de la cour : en quoi il lui sembloit n'y avoir point de danger, étant chose infaillible que MM. de Guise et d'Épernon se gouverneroient si insolemment auprès de la Reine, qu'ils la forceroient[1] de les rappeler, comme elle avoit déjà fait auparavant Messieurs le Prince[2] et le comte de Soissons[3].

Le duc de Bouillon, jugeant bien qu'il leur donnoit cet avis pour son intérêt plutôt que pour le leur, s'en défia du commencement, représenta[4] que la sortie de la cour de tant de princes et seigneurs n'étoit point une chose de petite considération[5], et qu'ils ne s'y devoient résoudre qu'après y avoir bien pensé ; que, d'une part, il étoit bien dangereux, quelques bornes et règles qu'on se pût prescrire en cet éloignement, qu'on ne passât trop avant contre l'autorité et service de LL. MM., et, d'autre part, qu'ils devoient craindre que ceux qui restoient à la cour ne fissent passer pour grands crimes les moindres choses qu'ils feroient, et même ne prissent occasion de les rendre odieux à la Reine par la seule considération de leur éloignement, et de les opprimer sous ce prétexte. Mais enfin, néan-

1. *Var.* : Qu'ils l'obligeroient (M, H).
2. *Var.* : Auparavant à Monsieur le Prince (H).
3. Tout le passage précédent, depuis « Le marquis d'Ancre leur en ouvrit le moyen », et le récit qui va suivre du départ des princes, sont empruntés aux *Mémoires du maréchal d'Estrées* (éd. Michaud, p. 399 et 400).
4. *Var.* : S'en défia, représenta (M, H).
5. *Var.* : N'étoit pas de petite considération (M, H).

moins, ils s'y résolurent tous après que ledit duc de Bouillon eût vu ledit marquis d'Ancre et fût convenu avec lui, au nom de tous, qu'il veilleroit pour eux auprès de la Reine, leur donneroit avis de toutes choses et de ce qu'ils auroient à faire pour leur bien commun, et qu'eux aussi prendroient créance en lui de revenir sur sa parole quand il le jugeroit à propos, et que cependant ils ne feroient aucune émotion dans les provinces et se contiendroient de telle sorte dans leur devoir, qu'ils ne donneroient aucun notable sujet de se plaindre d'eux.

Monsieur le Prince s'en alla en Berry, le duc de Nevers en Italie, y conduire Mlle du Maine à son mari[1]; M. du Maine s'en va en Provence[2] avec sa sœur[3], qui y alloit voir ses maisons; le duc de Bouillon s'en alla à Sedan.

Le luxe, en ce temps, étoit si grand, à raison des profusions de l'argent du Roi qui étoient faites aux grands et de l'inclination de la Reine, qui de son naturel est magnifique, qu'il[4] ne se reconnoissoit plus rien de la modestie du temps du feu Roi; d'où il arrivoit

---

1. Renée de Lorraine, dite Mlle de Mayenne ou du Maine, seconde fille de Charles de Lorraine, duc de Mayenne (ci-dessus, p. 40, note 4), et de Henriette de Savoie-Villars, était la belle-sœur de Charles de Gonzague, duc de Nevers, mari de sa sœur Catherine (ci-dessus, p. 39, note 2). Les *Memorie recondite* (t. III, p. 59) la nomment à tort Christine, et le *Mercure françois* (année 1613, p. 96) la confond avec sa sœur. Mariée en 1613, à Florence, avec Mario Sforza, duc d'Ognano, comte de Santa Fiore, elle mourut le 23 septembre 1638.

2. Dans le manuscrit H, on a écrit par erreur « en province ».

3. La duchesse de Nevers, Catherine de Lorraine.

4. *Var.* : De la Reine à la magnificence, qu'il (M, H).

que la noblesse importunoit la Reine d'accroître leurs pensions ou soupiroit après des changements, espérant d'en tirer du secours[1] dans leurs nécessités, ce qui obligea S. M. de faire par édit expresses défenses de plus porter de broderies d'or ni d'argent sur les habits, ni plus dorer les planchers[2] des maisons ni le dehors des carrosses[3]; mais cet édit servit peu, pour ce que l'exemple des grands ne fraya pas le chemin de l'observer.

Bien que ces princes mécontents, séparés et dispersés par tout le royaume, donnassent quelque crainte de le troubler de séditions et rébellions en toutes ses provinces, l'appréhension néanmoins en fut moindre en ce que les huguenots étoient apaisés et que leur assemblée de la Rochelle étoit dissipée, s'étant un chacun d'eux retiré à l'arrivée du Rouvray[4], que le Roi y avoit envoyé à la fin de l'année passée[5]; car, Le Rouvray leur ayant porté et fait lire, en pleine maison de ville, la déclaration du Roi qui portoit défense de continuer leur assemblée, oubli de ce qui s'étoit passé, et confirmation de l'édit de pacification, ils se résolurent d'obéir, qu'ils continueroient néanmoins d'user du nom de cercles, parole, bien qu'inusitée en France, en usage

---

1. *Var.* : Espérant d'en profiter (M, H).
2. Dans la langue du temps, ce mot signifiait les plafonds.
3. Cet édit de mars 1613, enregistré au Parlement le 2 avril et reproduisant les pénalités antérieures, prohibait en outre, sous peine de mille livres d'amende, de dorer ou faire dorer aucun carrosse.
4. M. du Rouvray (ci-dessus, p. 213) était député général des églises protestantes. Sur cette mission, voyez les *Mémoires de Pontchartrain*, collection Michaud, p. 323.
5. Ci-dessus, p. 213.

toutefois en Allemagne, où ils distinguent les provinces par cercles[1].

Quelques-uns des plus mutins, et qui étoient sortis mécontents de leur assemblée de Saumur, ne laissoient pas de faire entre eux quelques conventicules avec de mauvais desseins[2]; mais le maire[3], en étant averti, leur fit défense, l'onzième janvier, de se plus assembler sur peine de la vie, à laquelle les députés du cercle déférèrent, suppliant le maire seulement de les laisser demeurer dans la ville jusques à ce que la déclaration du Roi fût vérifiée par les parlements auxquels leurs provinces ressortissoient[4].

La contestation qui commença aussi à la fin de l'année précédente[5] sur le sujet du livre de Becanus, qu'on vouloit censurer, avoit été résolue en même temps. Les docteurs, non contents de la réponse que le cardinal de Bonsy leur avoit faite de la part de la Reine, leur défendant de procéder à la censure de ce livre pour quelque temps, allèrent trouver M. le Chancelier le 7e du mois de janvier, lui représentant l'importance de cette mauvaise doctrine, la créance ancienne de la Faculté contraire à icelle, l'obligation qu'ils avoient d'y pourvoir. Le Chancelier les mena au Louvre, les présenta à la Reine, qui les remettant à leur faire savoir le lendemain sa volonté par lui, il leur fit réponse que S. M. leur permettoit d'examiner cette matière.

1. Ci-dessus, p. 153.
2. *Var.* : Avec de nouveaux desseins (M, H).
3. Jean Salbert : ci-dessus, p. 213.
4. Tout ce passage est un résumé du récit du *Mercure françois*, année 1613, p. 53-55.
5. Ci-dessus, p. 214.

Mais, auparavant que le premier jour de février, auquel se devoit tenir leur première assemblée, fût venu, le nonce leur envoya la censure qui en avoit été faite à Rome le 3ᵉ janvier, par laquelle on mettoit ce livre en la deuxième classe des livres défendus[1]. Cette censure leur étant présentée en leur assemblée le 1ᵉʳ février[2], ils ne passèrent pas outre à en faire une nouvelle. Et ainsi toutes choses étoient en paix dans le royaume : ni les huguenots ne nous donnoient occasion de crainte, ni ne restoit entre nous aucune contention sur le sujet de la doctrine qui nous pût agiter.

Ce grand repos donna lieu aux ministres de penser seulement à unir la faveur du marquis d'Ancre à leur autorité, sans se soucier de rappeler les princes, ou, pour mieux dire, sans leur vouloir témoigner qu'on eût besoin d'eux.

A cette fin, peu de jours après leur départ, un des amis du sieur de Villeroy vint sonder le marquis de Cœuvres[3], pour savoir si le marquis d'Ancre voudroit prêter l'oreille à s'accommoder avec les ministres, et représenta que c'étoit son avantage, tant pour la sûreté de sa personne, que pour la facilité de s'accroître en honneur, et pour le repos d'esprit et contentement de la Reine, qui, l'aimant et sa femme comme ses créa-

---

1. Les livres défendus par la congrégation romaine dite de l'*Index* se rangeaient sous quatre catégories suivant leur auteur ou les sujets qu'ils traitaient; la deuxième comprenait ceux qui avaient pour objet la politique ou la morale.

2. *Var. :* Le premier jour de février (M, H).

3. Le récit de ces démarches est reproduit, sans grandes modifications, d'après celui des *Mémoires d'Estrées* (éd. Michaud, p. 400).

tures, ne pouvoit qu'avec déplaisir les voir appointés contraires avec ceux du Conseil desquels elle se servoit en la conduite de l'État.

Pour assurance de cette réconciliation, on lui propose le mariage du marquis de Villeroy[1] avec la fille du marquis d'Ancre[2]. Le marquis de Cœuvres ne rejette pas cette proposition et lui[3] en parle en présence de Dolet. De prime abord il la refuse, de crainte qu'elle ne lui soit faite que pour le mettre en mauvaise intelligence avec ses amis. Puis, venant peu à peu au joindre, il dit qu'une seule chose l'y pourroit faire condescendre, qui est que cela servît à les faire rappeler à leur contentement; qu'il ne vouloit néanmoins se résoudre qu'il n'eût l'avis de M. de Bouillon, qu'il lui sembloit difficile d'avoir de si loin, les choses ne se pouvant écrire comme elles se pouvoient dire; toutefois, qu'il lui en écriroit, non lui découvrant encore l'affaire tout entière[4], de peur qu'il en pût faire part à Monsieur le Prince, qu'il ne vouloit pas qui en sût rien, mais lui donnant simplement avis de la recherche que les ministres faisoient de son amitié, lui demandant le sien sur ce sujet, en le priant de tenir l'un et l'autre secret.

Quant à celui qui avoit porté la parole au marquis de Cœuvres, il lui fit réponse qu'il ne pouvoit entendre

---

1. Nicolas de Neufville (1598-1685), marquis puis duc de Villeroy, petit-fils du ministre de Henri IV, était enfant d'honneur de Louis XIII; il devint gouverneur de Louis XIV, maréchal de France et duc et pair.
2. Marie Concini; ci-dessus, p. 206.
3. C'est-à-dire à Concini.
4. *Var.* : Ne lui découvrant pas entièrement l'affaire (H).

à cette ouverture sans être premièrement assuré que la Reine l'auroit agréable : cela étant, qu'il l'agréeroit[1] volontiers; mais qu'il avoit si peu de crédit auprès d'elle, qu'il n'osoit pas lui[2] en donner parole, et qu'il se remettoit à eux de lui en parler[3].

Le président Jeannin se chargea de le faire trouver bon à la Reine, lui en parla et lui fit agréer; et ensuite le marquis de Cœuvres et lui commencèrent à en traiter[4]. Il est incertain si ce traité se faisoit avec participation du Chancelier, ou si M. de Villeroy le lui cachoit. Le premier a témoigné n'en avoir rien su; l'autre, au contraire, a toujours protesté lui en avoir fait part, comme n'ayant eu en cette affaire autre dessein que de leur conservation commune; mais, soit qu'il le lui eût celé, ou que le Chancelier lui en portât envie, craignant de le voir, par cette alliance, élevé au-dessus de lui, la jalousie et méfiance commença dès lors à se mettre entre eux et alla toujours depuis croissant, jusques à ce qu'elle vint à une inimitié formée.

Tandis que ce mariage se traite en très grand secret, il s'ouvre une occasion de laquelle le marquis d'Ancre se servit en faveur des princes, qui est que le duc de Savoie entre en armes dans le Montferrat.

1. *Var.* : Qu'il l'accepteroit (M, H).
2. C'est-à-dire au mandataire de Villeroy.
3. *Var.* : Qu'il n'osoit pas lui en parler et qu'il se remettoit à eux (M, H). La phrase signifie qu'il s'en remettait aux ministres pour en parler à la Reine.
4. D'après les *Mémoires d'Estrées*, éd. Michaud, p. 400, auquel tout ce récit est emprunté, sauf le détail du différend entre Villeroy et le Chancelier, qui suit, le contrat fut signé en septembre suivant.

Nous avons dit l'année passée[1] que François, duc de Mantoue, étoit mort dès le 22 décembre, laissant sa femme, fille du duc de Savoie[2], enceinte. Il avoit deux frères, dont le plus âgé, nommé Ferdinand[3], étoit cardinal, l'autre s'appeloit Vincent[4]; le cardinal succède au défunt.

Le duc de Savoie, qui ne perd jamais aucune occasion de brouiller[5], redemande sa fille; le duc de Mantoue la refuse, disant qu'il est raisonnable qu'elle se délivre de sa grossesse auparavant. Elle accouche d'une fille[6]; le duc de Savoie les redemande toutes deux. Le duc de Mantoue laisse aller la mère et retient sa nièce, comme étant raisonnable qu'elle demeure en la maison de son père, où elle est née, ce que l'Empereur par son décret confirma, le chargeant de la garde de sadite nièce.

Le duc de Savoie ne se contente pas, mais, sous ombre de la consolation de la mère, demande que l'une et l'autre soient envoyées à Modène, où le duc[7] les

1. Ci-dessus, p. 216.
2. Marguerite de Savoie : ci-dessus, p. 216, note 4.
3. Ferdinand de Gonzague (1587-1626), qui succéda en 1612 à son frère aîné, François, dans le duché de Mantoue et le marquisat de Montferrat, épousa, en 1617, Catherine de Médicis, dont il n'eut pas de postérité.
4. Vincent II de Gonzague (1594-1627) devait succéder en 1626 à son frère Ferdinand. Il épousa en 1617 Isabelle de Gonzague, princesse de Bozzolo, et ne laissa pas d'enfants.
5. *Var.* : Aucune action de brouiller (B).
6. Marie de Gonzague-Mantoue (1613-1660), qui devait épouser, le 24 décembre 1627, son cousin, Charles de Gonzague-Clèves, duc de Rethélois; veuve en 1631, elle mourut en 1660.
7. César Ier d'Este : ci-dessus, p. 23.

gardera pour rendre la dernière à qui l'Empereur l'ordonnera.

Le duc de Mantoue s'y accorde; le duc de Modène refuse de vouloir prendre ce soin. Le marquis de Hinojosa, gouverneur de Milan[1], affectionné au Savoyard, duquel il avoit été gratifié du marquisat de Saint-Germain[2], premier titre qui lui donna entrée aux autres plus grands et aux honneurs et charges qu'il reçut depuis du roi d'Espagne son maître, s'offre de recevoir les deux princesses, à quoi le duc de Mantoue ne voulut pas consentir.

Lors le duc de Savoie fait de grandes plaintes, auxquelles il ajoute les vieilles querelles et le renouvellement de ses prétentions sur le Montferrat, tant à raison de l'extraction qu'il tire[3] des Paléologues[4], de la donation et convention faite, l'an 1435, entre le marquis Jean-Jacques de Montferrat[5] et le marquis de Ferrare[6], que des conventions matrimoniales de quatre-vingt mille ducats adjugés par l'empereur

1. Don Juan de Mendoza, marquis de Hinojosa, gouverneur espagnol du Milanais, disgracié en 1615 et remplacé dans cette fonction par Don Pedro de Tolède, marquis de Villafranca.
2. San-Germano-Chisone, dans les montagnes, non loin de Pignerol.
3. Le copiste du manuscrit B avait d'abord écrit « de l'extraction que tiltre des Paléologues », ce qui ne présentait aucun sens.
4. Voyez p. 240, note 1.
5. Jean-Jacques Paléologue, marquis de Montferrat en 1418, à la mort de son père Théodore, avait épousé en 1411 Jeanne de Savoie et mourut en 1445.
6. Nicolas d'Este, marquis d'Este et de Ferrare, mort à Milan le 10 septembre 1441.

Charles le Quint à Charles[1], duc de Savoie, pour la dot de Blanche de Montferrat sa femme.

Le duc de Mantoue le prie que, s'il a quelques prétentions, il en diffère la demande à un autre temps ; que leur différend a été jugé en la personne du duc de Savoie son aïeul, au procès qui fut intenté par-devant Charles le Quint, qui jugea en faveur du duc de Mantoue ; et que, si quelques prétentions de reste ont été réservées au pétitoire en la maison de Savoie, il les peut maintenant poursuivre par-devant l'Empereur.

Quant à la donation et convention faite par le marquis Jean-Jacques de Montferrat, elle a été annulée par jugement de l'Empereur l'an 1464, comme ayant été extorquée par violence dudit marquis, lequel ayant été convié sous prétexte de quelque fête solennelle, il fut, contre la foi publique, arrêté par le duc de Savoie, et ne s'en put délivrer qu'en lui promettant tout ce qu'il voulut.

Quant à la dot de Madame Blanche, il ne la dénie pas ; mais aussi a-t-il des prétentions contre lui à raison de l'indue occupation, faite par les ducs de Savoie sur ses prédécesseurs, des villes de Trin, Ivrée, Mondovi et autres[2], qui furent redemandées à l'Empereur

---

1. Charles, duc de Savoie (1468-1490), marié en 1485 à Blanche Paléologue, fille de Guillaume, marquis de Montferrat, et d'Élisabeth de Milan. Blanche de Montferrat survécut à son mari et mourut le 31 mars 1509. Le duc régnant Charles-Emmanuel ne descendait pas en ligne directe de cette Paléologue, dont les enfants n'avaient pas eu de postérité ; il n'était son héritier qu'en ligne collatérale.

2. *Var.* : Turin, Yvrée, Montdevis et autres (B) ; Montdeis et autres (H).

par le même procès, et dont il poursuivra le droit en temps et lieu.

Le duc de Savoie, foible de raisons, a recours aux ruses et aux armes, fait lever des gens de guerre sous couleur de la défense de ses États contre quelque entreprise qu'il sait feindre, pratique tous ceux qu'il peut dans le Montferrat, et, tandis qu'il traite à l'amiable avec le duc de Mantoue et a près de soi l'évêque de Diocésarée, son ambassadeur[1], il lui fait accroire, le 22ᵉ avril, qu'il part pour aller au rendez-vous qu'il a donné à ses troupes, les mène dans le Montferrat, pétarde Trin[2], escalade Albe[3], et met tout à feu et à sang, sans excepter les filles ni les prêtres, ni épargner les églises. Pour s'excuser, il fait courre un manifeste dans lequel, colorant le mieux qu'il peut son infidélité, il supplie le Pape et l'Empereur son seigneur d'agréer ce qu'il a fait, et S. M. Catholique, oncle de sa fille[4], et l'électeur de Saxe[5], son parent, et tous les princes chrétiens, de lui être favorables.

Le duc de Nevers, qui arrivoit à Savone avec sa

---

1. Grégoire Carbonel, moine calabrais, évêque de Diocésarée, abbé de Sainte-Barbe de Mantoue

2. Trino-Vercellese, province de Novare.

3. Alba, sur le Tanaro, province de Cuneo. La ville fut prise d'assaut le 25 avril (*Memorie recondite*, t. III, p. 57).

4. Charles-Emmanuel Iᵉʳ, duc de Savoie, avait épousé Catherine d'Autriche, sœur de Philippe III, roi d'Espagne, et sa fille, Marguerite de Savoie, était duchesse de Mantoue.

5. Christian II, électeur de Saxe, fils de Christian Iᵉʳ et de Sophie de Brandebourg. Sa parenté avec les Gonzague venait du mariage de Louis III, marquis de Mantoue, avec Barbe de Brandebourg, fille d'une princesse de Saxe.

belle-sœur[1], apprenant ces nouvelles, l'envoie seule à Florence, où le mariage se devoit faire, et, avec ce qu'il put ramasser de gens, s'alla jeter dans Casal[2], où Vincent, frère du duc, se rendit incontinent.

A ce bruit de guerre, tous les princes d'Italie arment, mais aucuns d'eux en faveur du duc de Savoie. Le marquis de Hinojosa même, quoiqu'il favorise le duc, est obligé, par le commandement du roi son maître, d'armer et s'opposer à ses desseins; il fait des troupes, avec lesquelles il lui fait lever le siège de Nice[3]. Le Savoyard, dès qu'il vit paroître les armes d'Espagne, lui manda[4] qu'il ne vouloit pas employer les siennes contre celles-là, et se retire[5].

La nouvelle de ces mouvements en Italie met la Reine en peine. Cette affaire ne lui semble pas de peu de conséquence; elle la juge la plus grande de toutes celles qui sont survenues au dehors depuis le commencement de sa régence jusques en ce temps, et, ne[6] voulant pas se hasarder d'y prendre aucune résolution d'elle-même

1. Le duc de Nevers y aborda le 25 avril (*Memorie recondite*, t. III, p. 59).

2. Casale-Monferrato, capitale du Montferrat, place très forte sur le Pô, dont elle garde le passage en aval de Turin. M. de Nevers s'y jeta avec vingt hommes de sa suite et soixante matelots qu'il arma à la hâte (*Mercure françois*, année 1613, p. 97).

3. Nice-de-la-Paille, ville située sur les confins du Piémont et de la Lombardie.

4. *Var.* : Dès que le Savoyard vit paroître les armes d'Espagne, il lui manda (M, H).

5. Tout le récit des affaires d'Italie qui précède est pris dans le *Mercure françois* (année 1613, p. 94-97).

6. *Var.* : Au dehors depuis sa régence, et, ne voulant (M, H).

sans l'avis et consentement de tous les grands du royaume, le marquis d'Ancre, qui épioit l'occasion, prend celle-là à propos pour faire revenir les princes, qui furent tous bien aises de retourner, excepté M. de Nevers, qui étoit engagé en Italie.

M. de Bouillon est à peine de retour à la cour, que le marquis d'Ancre envoie chez lui le visiter et lui faire part de tout ce qui se traitoit entre lui et M. de Villeroy[1], dont il n'avoit encore rien su, la chose étant tenue[2] fort secrète entre ceux qui la traitoient. Tant s'en faut qu'il l'en dissuadât, qu'au contraire il le confirma en cette volonté et lui promit de lui garder secret fidèlement, ce qu'il fit, en sorte qu'il ne fut rien su de cette affaire qu'elle ne fût parachevée.

Il arriva néanmoins deux sujets de refroidissement qui la retardèrent. Un nommé Magnas[3], qui suivoit toujours le Conseil, fut pris prisonnier à Fontainebleau au mois de mai; il avoit été accusé d'avoir été gagné par un nommé La Roche[4], de Dauphiné, de donner au duc de Savoie avis de tout ce qui se passoit; il hantoit

---

1. Ci-dessus, p. 236.
2. *Var.* : La chose s'étant tenue (H).
3. Ce personnage, appelé Maignat par Bassompierre dans ses *Mémoires* (t. I, p. 357), est dénommé Magnac par Malherbe (*Œuvres*, éd. Lalanne, t. III, p. 308) et par le *Mercure françois* (année 1613, p. 109), qui le dit originaire de Romans, en Dauphiné.
4. « Le baron de la Roche, Dauphinois, fort partisan et, comme on disoit, pensionnaire du duc de Savoie... » Il fut décapité, l'année qui suivit, en place de Grève, comme atteint et convaincu d'avoir assassiné un « homme d'église qui venoit d'Italie, portant le paquet pour le Roi » (*Mercure françois*, année 1613, p. 109 et 110).

fort chez Dolet, que le marquis d'Ancre crut que les ministres vouloient envelopper en cette accusation, dont il se tint offensé jusques à ce qu'au dernier du mois Magnas fut exécuté à mort sans qu'il fût fait mention que Dolet eût aucune intelligence avec lui[1].

D'autre côté, M. de Villeroy faisoit instance qu'auparavant que le contrat de mariage fût signé entre eux, la charge de premier gentilhomme de la chambre qu'avoit M. de Souvré[2] fût par avance donnée au sieur de Courtenvaux[3], son fils, qui avoit épousé une des petites-filles de M. de Villeroy : à quoi le marquis d'Ancre ne vouloit consentir, ayant dessein de la faire tomber à un autre après la mort dudit sieur de Souvré, qui étoit fort âgé, et il n'étoit pas si mal auprès de la Reine, que, par divers faux donnés à entendre, il ne l'empêchât, par le moyen de sa femme, de l'agréer ; d'où il arriva que les ministres, qui étoient lors en considération, représentant à la Reine sa trop grande union avec Monsieur le Prince et ses adhérents, et leurs visites trop fréquentes, lui firent faire commandement de s'absenter de la cour et se retirer en son gouvernement d'Amiens[4].

Cependant la Reine, par l'avis de tous les grands, se

1. La mention de cet épisode est empruntée aux *Mémoires du maréchal d'Estrées* (éd. Michaud, p. 400).
2. Gilles de Souvré, marquis de Courtenvaux (1532-1626), était gouverneur de Louis XIII et premier gentilhomme de sa chambre ; il devint maréchal de France en 1615.
3. Jean de Souvré, marquis de Courtenvaux, fils de Gilles de Souvré et de Françoise Le Bailleul, avait épousé, le 5 mai 1610, Catherine de Neufville, petite-fille de Villeroy. Il mourut le 9 novembre 1656.
4. Voyez les *Mémoires d'Estrées* (éd. Michaud, p. 400).

résout de défendre le duc de Mantoue, fait lever quelques troupes et destine de les faire passer en Italie en sa faveur.

L'Espagne, qui veut avoir seule intérêt en Italie et en être arbitre, prévient la Reine, et commande au marquis de Hinojosa de faire la paix : ce qu'il fit avec telle précipitation, que l'agent[1] du duc de Mantoue qui étoit à Milan n'eut pas loisir d'avertir son maître du traité pour recevoir pouvoir de lui de l'accepter, bien que par après ledit duc l'eût agréable.

Ce qu'ils convinrent fut qu'à la semonce de Sa Sainteté, et pour obéir aux commandements de l'Empereur et de S. M. Catholique, le duc de Savoie, dans six jours, remettroit entre les mains des commissaires de l'Empereur et du roi d'Espagne les places qu'il avoit prises dans le Montferrat, afin qu'ils les rendissent au duc de Mantoue, ce qui fut exécuté[2].

En même temps qu'en Italie ils en étoient aux armes, ils étoient en Angleterre dans les réjouissances du mariage de leur princesse avec le prince Frédéric, devenu depuis peu, par la mort de son père, électeur Palatin. Ils se fiancèrent, comme nous avons dit[3], sur la fin de l'année passée; ils accomplissent le mariage le 18 février de la présente, et, après toutes les solennités

---

1. Le *Mercure françois*, qui sert ici de source au rédacteur des *Mémoires*, l'appelle « Chioppio » (année 1613, p. 135). On y trouvera le texte exact de cet accord précipité.

2. L'engagement pris par Charles-Emmanuel de restituer ses conquêtes fut signé en son nom, le 18 juin 1613, par le comte Crivelli, son ambassadeur auprès du gouverneur espagnol de Milan. On en trouvera le texte dans les *Memorie recondite* (t. III, p. 104).

3. Ci-dessus, p. 216-217.

accoutumées en semblables occasions, ils partent de Londres, s'en vont en Hollande, où ils sont reçus magnifiquement, arrivent à la Haye le 28ᵉ mai; de là, ils s'en vont prendre possession de leur État, où ils seroient heureux si, renfermant leurs désirs dans les bornes de leur condition, et la princesse se souvenant d'être descendue de celle de sa naissance en celle de la naissance de son mari, ils ne concevoient des espérances injustes et peu modérées[1], lesquelles enfin se termineront à leur honte et à la perte et à l'anéantissement même de ce qu'ils sont[2].

S'il leur eût été à désirer de mourir alors et ne pas attendre les années suivantes, auxquelles tant de disgrâces leur arrivèrent, il ne l'eût pas été moins à Sigismond Bathory[3] d'être parti de ce monde auparavant que de s'être fié à l'Empereur et avoir, en punition de sa crédulité, perdu non seulement la possession de ses États, très grands et très beaux, mais de sa gloire, qui n'étoit pas moindre, et enfin de sa liberté.

1. Le manuscrit B portait « modérées ». Le mot « peu » a été ajouté postérieurement, mais après que ce manuscrit eut été copié par le scribe du manuscrit M, qui porte seulement « injustes et modérées ». Dans le manuscrit H, « où il y a injustes et immodérées », la syllabe *im* a de même été ajoutée en interligne.

2. L'électeur palatin Frédéric V, marié à la princesse Élisabeth d'Angleterre, se fit élire roi de Bohême en 1619; mais, vaincu par l'Empereur, il fut, en 1621, dépouillé de ses États et de l'électorat, ainsi qu'on le verra par la suite. La rédaction du présent passage est donc postérieure à ces événements, mais semble antérieure à la mort de ce prince, en 1632.

3. Sigismond Bathory, prince de Transylvanie en 1581, céda cette province à l'Empereur en 1602 et mourut à Prague en 1613.

Ce prince, ayant été élu en sa jeunesse prince de la Transylvanie, fit la guerre au Turc et remporta de grandes et signalées victoires sur lui ; mais, à la longue, ses forces n'étant pas suffisantes pour empêcher que, nonobstant ses victoires, les armées que le Grand Seigneur envoyoit les unes après les autres contre lui ne fissent beaucoup de dégât en ses pays, il se laissa persuader de remettre son État entre les mains de l'empereur Rodolphe, qui s'en serviroit plus avantageusement comme d'un boulevard pour la chrétienté, de laquelle il emploieroit les forces pour le garder et en endommager l'ennemi commun. On lui promet en récompense une grande principauté en Allemagne. Il y va ; il se voit trompé ; à peine lui donne-t-on de quoi s'entretenir comme un simple seigneur de quelque qualité ; encore[1] veille-t-on sur ses actions et le tient-on en quelque sorte de garde. Il se repent de sa faute, il s'évade ; il gagne la Transylvanie, où il est reçu à bras ouverts, l'Empereur y étant haï à cause de la rudesse inaccoutumée de son gouvernement. Georges Bast[2] y est envoyé contre lui ; il se défend courageusement, et a de l'avantage en beaucoup de rencontres[3], a une armée aussi puissante que la sienne et l'amour des peuples, aidé de la réputation de ses premiers exploits ;

1. *Var.* : Comme un simple seigneur; encore veille-t-on (M, H).
2. Georges, comte de Basta (1550-1612), général des armées impériales, s'illustra en faisant la conquête de la Transylvanie (1600-1603); il est l'auteur d'ouvrages de tactique militaire. Dans les éditions antérieures, on a imprimé par erreur « Georges Bathory ».
3. *Var.* : En plusieurs rencontres (M, H).

mais, des religieux[1] lui remontrant le dommage qu'il apporte à toute la chrétienté par l'effusion de tant de sang chrétien en une province si proche du Turc, qui ne se rend maître des pays qu'en les dépeuplant, et celui-ci ayant perdu plus des trois quarts de ses hommes depuis le commencement de la guerre du Turc en Hongrie, il se remet de nouveau en la puissance de l'Empereur, avec promesse de meilleur traitement, qu'il reçut néanmoins pire qu'il n'avoit jamais eu. On le tient prisonnier à Prague en sa maison; on l'accuse d'avoir intelligence avec le Turc; on saisit tous ses papiers; et, ne trouvant rien qui le pût convaincre d'être criminel, on ne lui donne pas plus de liberté pour cela. En ce misérable état il demeure toute sa vie, qui finit à Prague, le 27 mars de la présente année, par une apoplexie.

Exemple mémorable qu'il n'y a point d'issue de l'autorité souveraine que le précipice, qu'on ne la doit déposer qu'avec la vie, et que c'est folie de se laisser persuader à quelque apparence qu'il y ait pour se remettre en la puissance d'autrui, quelque espérance qu'il donne de bon traitement, ni sujet qu'il ait de le donner[2]. L'inhumanité qui a été exercée contre ce prince n'en est pourtant pas plus excusable, soit que nous la voulions attribuer à la nation ou à la maison de l'Empereur. Maroboduus[3], roi allemand, pressé de ses ennemis, se fia à Tibère, qui le reçut et le traita

1. *Var.* : Mais, des moines (M, H).
2. Les seize derniers mots de la phrase ne sont pas dans les manuscrits M et H.
3. Roi des Marcomans; il se retira à Ravenne et mourut l'an 37 après J.-C.

toujours royalement; et Sigismond, qui fia volontairement et sa personne et un grand État à un empereur chrétien, en reçoit un pire traitement que ne feroit un ennemi que le sort de la guerre auroit mis entre ses mains.

Nous avons laissé le marquis d'Ancre à Amiens, où il se vit envoyé de la Reine avec déplaisir. Il sent bien d'où le mal lui vient et, au lieu de s'en piquer inutilement, recherche plus que devant M. de Villeroy et se sert de son absence pour, avec plus de facilité et de secret, et partant moins d'empêchement, parachever l'affaire du mariage proposé. Étant résolue, et lui sur le point de revenir, craignant que l'intelligence qu'il vouloit toujours entretenir avec Monsieur le Prince et ceux qui le suivoient donnât à ses ennemis un nouveau sujet de lui nuire, il tira parole d'eux que toutes cérémonies et témoignages extérieurs de particulière amitié cesseroient de part et d'autre jusques à ce que le contrat fût signé et qu'il tînt M. de Villeroy obligé de ne le plus abandonner. M. de Bouillon est rendu capable de ce procédé, et lui conseille de s'aboucher avec M. du Maine, qui étoit à Soissons, afin de le lui faire trouver bon : ce qu'il fit, et de là vint à Paris, où, peu après, la Reine s'en allant vers le mois de septembre à Fontainebleau, le mariage fut divulgué, et signé en sa présence, dont les ducs de Guise et d'Épernon, qui désiroient et croyoient la ruine du marquis d'Ancre, furent au désespoir, étonnés de voir l'accomplissement de cette affaire sans qu'ils en eussent eu le vent auparavant, ni eussent[1]

---

1. *Var. :* Qu'ils en eussent eu le vent ni eussent le temps (M, H).

le temps de chercher les moyens de le pouvoir empêcher[1].

Leur déplaisir accrut encore lorsque, à peu de jours de là, le marquis de Noirmoutier[2] étant mort, Monsieur le Prince, qui étoit revenu à la cour et se tenoit toujours avec le marquis d'Ancre[3], se trouva avoir assez de crédit, avec l'aide de M. de Villeroy, pour faire tomber entre les mains de Rochefort, son favori, la lieutenance de Roi en Poitou que le défunt avoit. Tous ces Messieurs qui étoient liés à lui se ressentirent, en même temps et en diverses occasions, de sa faveur et reçurent plusieurs gratifications.

Le maréchal de Fervacques[4] mourut en ce temps-là; le marquis d'Ancre succéda à cette charge et fit avoir au sieur de Courtenvaux[5] la charge de premier gentilhomme de la chambre qu'avoit M. de Souvré[6], lequel jusques alors n'avoit pu obtenir permission de la Reine de s'en démettre entre ses mains.

M. d'Épernon voulut prendre ce temps pour faire revivre celle qu'il avoit eue du temps du roi Henri III, et qu'il avoit perdue sans en avoir eu récompense[7];

---

1. Ce récit est emprunté aux *Mémoires du maréchal d'Estrées* (éd. Michaud, p. 401).
2. Louis de la Trémoïlle, marquis de Noirmoutier, mourut le 4 septembre 1613. Né en 1584, il était fils de François de la Trémoïlle et de Charlotte de Beaune.
3. C'est-à-dire était toujours allié avec Concini.
4. Guillaume de Hautemer : ci-dessus, p. 206.
5. Jean de Souvré : ci-dessus, p. 244, note 3.
6. Gilles de Souvré : ci-dessus, p. 244, note 2.
7. M. d'Épernon avait reçu de Henri III, vers 1580, une charge de premier gentilhomme de la chambre; mais il la perdit à la mort du Roi.

mais sa faveur n'entroit pas en comparaison avec celle des autres, joint que sa cause n'étoit pas si favorable ni si juste. Son humeur altière toutefois, à laquelle non seulement les choses un peu rudes, mais les équitables même, sont inaccoutumées et difficiles à supporter, le fit offenser du refus qui lui en fut fait avec raison, et prendre résolution de s'absenter et s'en aller à Metz.

Le duc de Longueville eut, à son retour du voyage qu'il étoit allé faire en Italie[1], une brouillerie avec le comte de Saint-Pol, son oncle, sur le sujet du gouvernement de Picardie, duquel le feu Roi l'avoit pourvu à la mort du père dudit duc[2], pour le garder et le rendre à son fils quand il seroit en âge. Il demanda qu'il satisfît à ce à quoi il étoit obligé; mais l'ambition, qui est aveugle et ne reconnoît point la raison, faisoit que le comte estimoit sien ce que de longtemps il possédoit d'autrui, et dénioit le dépôt qu'il tenoit à son neveu, en faveur duquel la Reine jugea ce différend, et, pour contenter le comte, lui donna le gouvernement d'Orléans et du pays Blaisois.

Ce jeune gouverneur ne fut pas plus tôt établi en Picardie, que, ne se souvenant plus de l'étroite confédération qu'il avoit avec le marquis d'Ancre et de la faveur qu'il en venoit tout fraîchement de recevoir, il entra en pointille[3] avec lui sur le fait de leur charge, laquelle augmentant de jour en jour, leurs différends vinrent jusques à tel excès qu'ils furent une des principales causes de la sortie que feront les princes

---

1. Il n'a pas encore été parlé de ce voyage.
2. Henri Ier, duc de Longueville, mort en 1595.
3. C'est-à-dire en discussion, en chicane.

hors de la cour au commencement de l'année suivante[1].

Toutes ces divisions entre les grands de notre cour rendoient plus hardis nos huguenots dans les provinces, et principalement dans celle de Languedoc, où ils soulevèrent le peuple en la ville de Nîmes contre Ferrier[2], peu auparavant un de leurs ministres de grande réputation, lequel, ayant été déposé en une petite assemblée qu'ils tinrent à Privas de leur autorité privée,

1. Cet alinéa et les trois précédents sont manifestement empruntés aux *Mémoires d'Estrées* (éd. Michaud, p. 401-402); mais l'ordre du récit est interverti : dans les *Mémoires d'Estrées*, les passages relatifs à la brouille du duc de Longueville et du comte de Saint-Pol précèdent ceux qui concernent le maréchal de Fervacques et le duc d'Épernon.

2. Jérémie Ferrier, pasteur de l'église de Nîmes et professeur de théologie, l'un des plus éloquents parmi les orateurs huguenots, député successivement aux assemblées de Châtellerault (1605), Jargeau (1608), Saint-Maixent (1609), Saumur (1611). Gagné vers cette époque à la cause royale et déposé par l'assemblée de Privas, il fut dédommagé par sa nomination de conseiller au présidial de Nîmes. Excommunié, le 14 juillet 1613, par le consistoire de Charenton, c'est le lendemain, comme il allait siéger, qu'eut lieu l'émeute dont on trouvera le récit détaillé dans l'opuscule : *Mémoires sur l'esmotion arrivée en la ville de Nismes le lundi 15 juillet 1613* (publ. dans les *Archives curieuses*, t. I, 2ᵉ série). Converti en 1615 par le cardinal du Perron, nommé en 1626 conseiller au conseil d'État et au conseil privé, Ferrier mourut le 26 septembre 1626. Il est l'auteur des traités intitulés : *De l'Antechrist...* (Paris, 1615, in-4°), et *le Catholique d'État ou Discours politique des alliances du roi Très Chrétien contre les calomnies des ennemis de son État*, traité écrit à l'instigation de Richelieu pour justifier l'alliance conclue avec les Pays-Bas protestants. De son mariage avec Isabeau de Guérand, Ferrier avait eu un fils et une fille; celle-ci, Marie Ferrier, mariée au lieutenant criminel Tardieu, mourut assassinée, avec son mari, le 24 août 1665.

pour ce qu'il n'avoit pas été assez séditieux en l'assemblée de Saumur, le Roi l'honora[1] d'une charge de conseiller au présidial de Nîmes. Ce peuple, offensé de le voir élevé en honneur pour le mal qu'ils lui avoient fait, lui courent sus au sortir du présidial, le poursuivent à coups de pierres, et, s'étant sauvé, vont abattre sa maison, brûler ses livres et arracher ses vignes[2]. Les magistrats voulant faire justice de cet excès, ces mutins les violentent et leur font rendre les clefs des prisons, disant par dérision : « Le Roi est à Paris, et nous à Nîmes! » La Reine, ne pouvant souffrir une action si préjudiciable à l'autorité royale sans en prendre quelque punition exemplaire, et lui semblant n'en pouvoir prendre une plus grande de cette ville que d'en ôter le siège présidial, fit expédier à la fin d'août lettres patentes par lesquelles S. M. commande qu'il soit transféré de Nîmes en la ville de Beaucaire, ce qui fut exécuté[3].

Cependant, comme elle s'emploie à tenir les hérétiques dans les bornes de leur devoir, elle fortifioit la religion et le culte de Dieu par l'établissement de plusieurs congrégations et religions réformées dans la ville de Paris. Les Carmes déchaussés furent établis au faubourg Saint-Germain[4], les Jacobins réformés au

---

1. *Var.* : De grande réputation, déposé en une petite assemblée qu'ils tinrent à Privas de leur autorité privée, pour ce qu'il n'avoit pas été assez séditieux en l'assemblée de Saumur. Le Roi l'honora... (M, H).

2. *Var.* : Brûlent ses livres et arrachent (M, H).

3. Les lettres de translation, en date du 3 août 1613, furent publiées au *Mercure françois* (année 1613, p. 159-163), auquel tout le récit de la sédition de Nîmes est emprunté (p. 158-159).

4. Les Carmes déchaussés, par autorisation du 15 juin 1610,

faubourg Saint-Honoré[1], le noviciat des Capucins[2] et un monastère d'Ursulines en celui de Saint-Jacques[3] : de sorte qu'on pouvoit dire que le vrai siècle de saint Louis étoit revenu, qui commença à peupler ce royaume de maisons religieuses[4].

Et, comme la vraie piété envers Dieu est suivie de celle envers les pauvres, elle a soin d'eux, et, pour attirer la bénédiction de Dieu sur ce royaume, elle fonde aux faubourgs Saint-Marceau, Saint-Victor et Saint-Germain trois hôpitaux pour les pauvres invalides[5], et établit une chambre pour leur réformation[6].

achetèrent pour s'y établir, le 14 mai 1611, le « clos de Guillaume de l'Aubespine », rue Cassette. Le 20 juillet 1613, Marie de Médicis elle-même posa la première pierre de leur nouvelle église.

1. Des lettres patentes de septembre 1611 autorisèrent la création de ce couvent. Le marché Saint-Honoré fut édifié en 1810 sur son emplacement.

2. La maison des Capucins du faubourg Saint-Jacques fut fondée en 1613; elle était située un peu plus haut que le Val-de-Grâce.

3. Les Ursulines, dont le premier établissement à Paris datait de 1608, fondèrent en 1611 leur maison de la rue Saint-Jacques grâce aux libéralités de la veuve du sieur de Sainte-Beuve, conseiller au Parlement.

4. Cet alinéa est un résumé du *Mercure françois* (année 1613, p. 283 et suivantes).

5. Ces trois maisons furent : au faubourg Saint-Marceau, l'ancien hôpital de la Charité-Chrétienne, fondé par Marguerite de Provence, veuve de saint Louis, restauré de 1607 à 1613, et qui prit le nom d'hôpital Sainte-Anne; au faubourg Saint-Victor, l'hôpital de la Pitié; au faubourg Saint-Germain, l'hôpital de la Charité, ainsi nommé des Frères de la Charité, institués en 1540 par saint Jean-de-Dieu; Marie de Médicis posa la première pierre de leur église en 1613.

6. On trouvera le détail de la composition de cette chambre de réformation dans le *Mercure françois* (année 1613, p. 301).

Ces hautes occupations ne l'empêchent pas de penser aux ornements publics. Elle achète l'hôtel de Luxembourg, au faubourg Saint-Germain, et plusieurs jardins et maisons voisines, pour y commencer un superbe palais[1], duquel par avance elle commença à faire planter les arbres des jardins qui, ne venant à leur croissance qu'avec le temps qui leur est limité par la nature, sont ordinairement devancés par les bâtiments, le temps de l'accomplissement desquels est mesuré à la dépense et hâté selon la magnificence et la richesse de celui qui les entreprend. Et, pour donner de l'eau à ce palais, elle y fait conduire les fontaines de Rungis[2], qui sont à quatre lieues de Paris : œuvre vraiment royale, et ce d'autant plus que, n'en retenant[3] que la moindre part pour elle, elle donne tout le reste de ses eaux au public, les divisant au Collège royal et en plusieurs autres lieux de l'Université.

On fit aussi, en même temps, dans le Conseil, une proposition de conjoindre les deux mers[4] par les

1. Le palais dit du Luxembourg fut élevé sur l'emplacement de l'ancien hôtel acheté le 27 septembre 1611 par la Régente au duc de Piney-Luxembourg. Les travaux, qui durèrent de 1615 à 1620, furent exécutés sur les plans et sous la direction de Jacques de Brosse.

2. Les eaux des sources de Rungis (Seine-et-Oise, cant. de Villejuif) étaient, dès l'époque romaine, utilisées pour les Thermes de Lutèce, auxquels les amenait un aqueduc passant à Arcueil. Marie de Médicis fit construire un nouvel aqueduc au même emplacement.

3. Dans le manuscrit B, les lettres *n'en rete[nant]* sont d'une autre main que celle du copiste ordinaire, peut-être de celle de Sancy.

4. Il s'agit du canal de Bourgogne, dont la construction ne fut commencée que sous le règne de Louis XV, et qui ne fut définitivement livré à la navigation qu'en 1832. Ce passage

rivières d'Ouche[1] et d'Armançon[2], qui ont toutes deux leurs sources en Bourgogne. Celle d'Ouche porte des bateaux[3] assez près de Dijon et va descendre en la Saône, puis au Rhône, et dans la mer Méditerranée; l'autre, qui est navigable vers Montbard[4], tombe dans l'Yonne, qui descend en la Seine, et de là en l'Océan. Cette entreprise étoit trop grande pour le temps, n'y ayant personne qui eût assez de connoissance du commerce[5] et de la richesse de la France pour l'appuyer : aussi fut-elle seulement mise en avant, et non résolue.

Tandis que toutes ces choses se font, il naît de la froideur entre le marquis d'Ancre et M. de Villeroy, le premier commençant à mépriser l'alliance du dernier, et ne l'estimer pas sortable à ce qu'il pouvoit espérer. Dolet aidoit à ce dégoût, offensé de se voir trompé en l'espérance, qu'il prétendoit que le sieur d'Alincourt lui avoit donnée, de lui faire avoir le contrôle général des finances qu'avoit le président Jeannin. M. de Villeroy n'en avoit jamais ouï parler[6]; mais le Chancelier, par

n'est qu'un abrégé du *Mercure françois* (année 1613, p. 297 et suivantes).

1. L'Ouche se jette dans la Saône près de Saint-Jean-de-Losne.
2. Affluent de l'Yonne, dans laquelle il se jette près de Joigny.
3. *Var.* : Porte bateaux (M, H).
4. Montbard, département de la Côte-d'Or, arrondissement de Semur.
5. Dans le manuscrit B, les mots *assez de connoissance* ont été ajoutés en interligne au-dessus du mot *soin*, biffé, qui, dans la pensée du rédacteur primitif, faisait allusion à la charge de grand maître et surintendant général du commerce et de la navigation que Richelieu reçut en 1627.
6. Les mots *avoit ouï*, écrits de la main de Sancy, corrigent le mot *vouloit*, dans le manuscrit B.

mauvaise volonté, feignant le contraire, faisoit offrir sous main à Dolet de l'y assister : ce qui augmentoit encore son mécontentement contre le sieur de Villeroy, duquel il s'estimoit d'autant plus indignement traité, que, lui ayant rendu service, il en étoit, ce lui sembloit, abandonné, et au contraire recevoit assistance du Chancelier, dont il devoit espérer le moins.

Peu après, environ le mois de novembre, Mme de Puyzieulx[1] mourut d'un choléra-morbus[2]. Cette mort ne sépara pas seulement tout à fait le peu d'union qui restoit encore, au moins en apparence, entre les deux beaux-pères, mais les mit en division pour les intérêts de la succession de ladite dame : ce qui causa leur ruine à tous deux, et beaucoup de maux pour l'État[3].

Les affaires d'Italie ayant été accommodées[4] avec la précipitation que nous avons dit par le gouverneur de Milan[5], il se pouvoit plutôt dire que les actes d'hostilité

---

1. Madeleine de Neufville-Villeroy (ci-dessus, p. 103, note 2), mariée, en 1606, à Pierre Brûlart, vicomte de Puyzieulx, fils du Chancelier. Richelieu adressa à Villeroy à l'occasion de cette mort, survenue le 24 novembre, une lettre de condoléances qui figure dans les *Lettres et papiers d'État* édités par Avenel (t. I, p. 122).

2. Les mots *choléra morbus*, laissés en blanc par le copiste du manuscrit B, ont été ajoutés de la main de Sancy.

3. *Var. :* Ce qui fut cause de la ruine de tous deux et de beaucoup de maux pour l'État (M). — De beaucoup de maux à l'État (H).

4. Le manuscrit B porte, pour le début de ce paragraphe, plusieurs corrections de la main du secrétaire des *Mémoires*. Il y avait à l'origine *furent accommodées;* Sancy a biffé *furent* et écrit au-dessus *ayant été*, mis *la précipitation* au lieu de *tant de précipitation*, et ajouté *que nous avons dit*.

5. Ci-dessus, p. 245.

étoient cessés entre les ducs de Savoie et de Mantoue, que non pas qu'il y eût une véritable paix entre eux. Le premier[1], après qu'il eut rendu les places qu'il avoit prises sur le duc de Mantoue, étoit[2] demeuré armé, sous prétexte, disoit-il, que cela rendroit ledit duc plus facile à se soumettre à ce qui seroit ordonné de leurs différends, joint qu'il prétendoit que le gouverneur de Milan lui avoit promis que la princesse Marie[3] seroit mise en la puissance de sa mère.

Ces raisons étoient bonnes pour lui; mais le duc de Mantoue ne les recevoit pas pour telles, et, non content de ravoir le sien, désiroit s'affranchir de la crainte qu'il lui fût ravi une autre fois par le même ennemi, et faisoit instance vers le gouverneur de Milan pour lui faire licencier ses troupes.

Lui[4], au contraire, s'en défendoit, [et] envoya ses enfants en Espagne pour obtenir de S. M. Catholique ce qu'il désiroit en cela, ou au moins pour gagner autant de temps.

Enfin, toutes ces longueurs obligèrent S. M. de dépêcher en Italie, vers l'un et vers l'autre de ces princes, le marquis de Cœuvres, qui partit le 22ᵉ décembre, avec un ordre particulier de faire en sorte que le duc de Mantoue voulût remettre au sieur de Galigaï[5],

1. Les mots *le premier*, de la main de Sancy, remplacent, dans le manuscrit B, *le duc de Savoie*.
2. Le mot *estoit* est de la main de Sancy, dans le manuscrit B.
3. Marie de Gonzague : ci-dessus, p. 238, note 6.
4. Le duc de Savoie.
5. Sébastien Dori Galigaï, sous-diacre de Florence, avait été nommé abbé de Marmoutier en juillet 1610. Promu à l'archevêché de Tours en 1617, il en prit possession par procuration le 20 avril, quatre jours avant l'assassinat de son beau-

frère de la marquise d'Ancre, son chapeau de cardinal[1].

Avant que de passer en l'année suivante, il est à propos que nous remarquions ici la mort de Gabriel Bathory[2], prince de la Transylvanie, et l'élection de Gabriel Bethlen[3] en sa place, prince qui fera parler glorieusement de lui ci-après[4].

Gabriel Bathory fut d'une force de corps prodigieuse, de laquelle on raconte en Transylvanie des choses qui surpassent toute créance[5]; il n'avoit pas un courage moindre[6], et le témoigna en plusieurs guerres contre

---

frère, le maréchal d'Ancre; il s'enfuit alors à Florence, et fut remplacé dès le mois de juin, sur le siège de Tours, par Bertrand d'Échaux.

1. Passage emprunté aux *Mémoires d'Estrées* (éd. Michaud, p. 402). On a vu ci-dessus, p. 238, que le duc Ferdinand de Mantoue était cardinal lorsqu'il succéda à son frère François.

2. Gabriel Bathory, élu prince de Transylvanie en 1608, déposé en 1613, mourut le 27 octobre de la même année.

3. Gabriel Bethlen fut proclamé prince de Transylvanie, avec approbation de la Porte, le 27 octobre 1613, suivant Hammer (*Histoire de l'empire ottoman*, trad. Hellert; Paris, 1837, t. VIII, p. 199), le 30 octobre d'après le *Mercure françois* (année 1613, p. 213). Par suite de l'habitude hongroise de mettre le nom de baptême après le nom patronymique, Gabor, qui est la forme magyare de Gabriel, devint pour les écrivains français une sorte de second nom, et l'on appela ce personnage, non seulement Bethlen Gabor, mais encore, par suite d'une assonance, Bethleem Gabor. C'est ce qui explique que, dans le manuscrit H, une main plus récente a partout écrit, au-dessus des mots *Gabriel Bethlin*, biffés, les mots *Bethleem Gabor*. Les auteurs du manuscrit B, mieux renseignés, écrivent régulièrement *Gabriel Bethlin*.

4. En 1618, dans le prochain volume.

5. *Var.* : Des choses presque incroyables (M, H).

6. *Var.* : Son courage n'étoit pas moindre (H).

ses voisins; mais il étoit accompagné d'une outrecuidance barbare, et, esclave de ses vices, s'abandonnoit à toutes sortes de voluptés[1]. Il se rendit amoureux de la femme de Gabriel Bethlen et voulut faire mauvais traitement au mari[2], qui se retira en Turquie, d'où il entra en Transylvanie avec deux armées, l'une par la Valachie, l'autre par le Pont-de-Trajan, chassa Bathory et se fit élire prince au lieu de lui[3]. Bathory s'enfuit à Warasdin[4], recourt à l'Empereur, qui lui envoie quelque foible secours commandé par le sieur Abaffy[5], gouverneur de Tokay[6], auquel il donna charge de se défaire de lui, de peur que, se voyant si foiblement assisté, il ne se tournât du côté du Turc et ne lui mît ce qui lui restoit de places en sa puissance. Abaffi exécute son commandement et, n'osant entreprendre de le faire tuer à coups de main à cause qu'il craignoit la grande force de son corps, il prit l'occasion d'un jour qu'il s'alloit promener peu accompagné, comme ne se doutant de rien, et envoya deux cents chevaux, qui le tuèrent dans son carrosse à coups d'arquebuses.

Ainsi Gabriel Bethlen se trouva confirmé en sa principauté par la mort de son ennemi, à laquelle il n'avoit

---

1. *Var.* : Et il étoit esclave de ses passions, s'abandonnant à toutes sortes de voluptés (M, H).

2. *Var.* : Il devint amoureux de la femme de Gabriel Bethlen et voulut maltraiter le mari (M, H).

3. *Var.* : Prince en sa place (M, H).

4. Warasdin, Varazdin, Varasd, chef-lieu du comitat de l'extrême nord de la Croatie, sur la rive droite de la Drave.

5. Georges Abaffy, ou plutôt Apaffy, d'une famille noble de Transylvanie, quitta peu après le service de l'Empereur et devint conseiller de Gabriel Bethlen.

6. Ville du comitat de Zamplin (Hongrie septentrionale), sur les rives de la Theiss.

rien contribué, et la maison d'Autriche, comme si elle étoit avide de mauvaise renommée, se chargea de tout le crime, ayant témoigné, par le traitement qu'elle a fait à ces deux princes de Transylvanie de la maison de Bathory[1], combien son assistance est dangereuse, puisqu'elle a, contre tout devoir de reconnoissance, tenu en servitude et fait traîner une vie misérable à Sigismond, qui avoit de son bon gré donné à l'empereur Rodolphe la principauté dont il étoit revêtu, et que maintenant son frère Mathias, au préjudice de son propre honneur et du droit des gens, qui l'obligeoient à protéger celui qui s'étoit jeté à ses genoux, le fait cruellement massacrer par ceux-là mêmes qu'il feignoit envoyer à son secours.

ANNÉE 1614[2].

Les présents que la Reine fit aux grands au commencement de sa régence[3], par le conseil du président Jeannin, étourdirent la grosse faim de leur avarice et de leur ambition; mais elle ne fut pas pour cela éteinte : il falloit toujours faire de même, si on les vouloit contenter. De continuer à leur faire des gratifications semblables à celles qu'ils avoient reçues, c'étoit chose

1. Ci-dessus, p. 246-248.
2. Ici commence le second volume du manuscrit H, comme l'indique le titre suivant placé en tête de cette année : *Suite de l'Histoire de la Mère et du Fils, c'est-à-dire de Marie de Médicis, femme du grand Henri et mère de Louis XIII*[e]. *Second volume. Année 1614.* Voyez les *Rapports et notices sur l'édition des Mémoires de Richelieu*, t. I, fasc. III, p. 272, note 1.
3. Ci-dessus, p. 92, 110 et 111.

impossible : l'Épargne et les coffres de la Bastille étoient épuisés ; et, quand on l'eût pu faire, encore n'eût-il pas été suffisant, d'autant que, les premiers dons immenses qui leur avoient été faits les ayant élevés en plus de richesses et d'honneurs qu'ils n'eussent osé se promettre, ce qui du commencement eût été le comble de ce qu'ils pouvoient désirer leur sembloit maintenant petit, et ils aspiroient à choses si grandes, que l'autorité royale ne pouvoit souffrir qu'on leur donnât le surcroît de puissance qu'ils demandoient. Ce qui étoit le pis, c'est que la pudeur de manquer au respect dû à la majesté sacrée du Prince étoit évanouie. Il ne se parloit plus que de se vendre au Roi le plus chèrement que l'on pouvoit, et ce n'étoit pas de merveille ; car, si, à grande peine, on peut par tous moyens honnêtes retenir la modestie et sincérité entre les hommes, comment le pourroit-on faire au milieu de l'émulation des vices, et la porte ayant été si publiquement ouverte aux corruptions, qu'il sembloit qu'on fît le plus d'estime de ceux qui prostituoient leur fidélité à plus haut prix ? Cela donne juste sujet de douter si c'est un bon moyen d'avoir la paix de l'acheter[1] avec telles profusions de charges et de dépenses, puisqu'elle ôte le pouvoir de continuer, fortifie la mauvaise volonté des grands et augmente le mal par le propre remède et la précaution[2] que l'on y a voulu apporter.

On dira peut-être que cela a différé la guerre quelques années ; mais, si elle l'a différée, elle a

1. *Var.* : D'avoir la paix achetée (M, H).
2. *Var.* : Par la précaution (H). Le mot « par » a été ajouté après coup en interligne.

donné moyen de la faire plus dangereuse après. Il est vrai que la Reine en a tiré cet avantage qu'elle a quasi gagné le temps de la majorité du Roi, en laquelle, agissant par lui-même, il lui sera plus aisé de mettre à la raison ceux qui s'en voudront éloigner[1].

Les princes et les grands, voyant que le temps s'approchoit auquel le Roi devoit sortir de sa minorité, craignirent qu'il s'écoulât sans qu'ils fissent leurs affaires, et, ne les ayant pu faire à leur souhait dans la cour par des négociations, nonobstant les libéralités et les prodigalités qui leur avoient été faites, ils se résolurent de les faire au dehors par les armes. A ce dessein et pour chercher noise, ils se retirèrent de la cour dès le commencement de l'année. Monsieur le Prince part le premier, et va à Châteauroux[2], après avoir pris congé du Roi, promettant à S. M. de revenir toutes fois et quantes qu'il le manderoit.

Autant en fit M. du Maine, qui s'en alla à Soissons[3], et M. de Nevers en son gouvernement de Champagne.

Le duc de Bouillon demeura quelque temps après eux à la cour et assura les ministres et la Reine qu'ils avoient intention de demeurer dans la fidélité qu'ils devoient à S. M. et que la cause de leur mécontentement étoit la confusion qu'ils voyoient dans les affaires, de laquelle ils croyoient être obligés de représenter

---

1. Tout ce début de l'année 1614 semble être particulier aux Mémoires. Nous n'avons trouvé nulle part ailleurs des considérations dont celles-ci aient pu s'inspirer.

2. Le prince de Condé venait de faire l'acquisition du comté de Châteauroux, qui fut érigé en 1616 par Louis XIII en duché-pairie.

3. Henri, duc de Mayenne, avait hérité de ce gouvernement en 1611 à la mort de son père (ci-dessus, p. 172, note 3).

les inconvénients qui en pourroient arriver à S. M.[1], et avoient quelque pensée de s'assembler sur ce sujet à Mézières[2] avec leur train seulement.

Le cardinal de Joyeuse fut employé vers lui pour aviser à assoupir cette émotion en sa naissance; mais ledit duc, connoissant qu'il n'avoit aucun pouvoir de procurer les avantages qu'ils désiroient, n'y voulut pas entendre. A peu de temps de là, il partit pour aller trouver les princes, sous prétexte de les ranger à leur devoir, mais à dessein en effet de les en éloigner davantage : ce qui parut bien par le bruit qu'il fit courre en partant qu'il se retiroit parce qu'on avoit eu dessein de l'arrêter[3].

M. de Longueville partit incontinent après, sans prendre congé de LL. MM., qui, ayant eu avis que le duc de Vendôme, qui étoit encore à Paris, étoit aussi de la partie, le firent arrêter au Louvre le 11ᵉ février[4].

1. Ce sont les termes mêmes du *Mercure françois* (éd. 1617), année 1614, seconde continuation, p. 306, auquel sont empruntés les détails qui précèdent.
2. La citadelle de Mézières était une base d'opérations bien choisie près de la frontière, près de Sedan, qui appartenait au duc de Bouillon, au milieu des domaines du duc de Nevers, à portée des places de Laon et de Soissons (Duc d'Aumale, *Histoire des princes de Condé*, t. III, p. 22). Le *Mercure françois* (p. 306) donne le 15 février comme date du rendez-vous pris par les princes à Mézières.
3. Les *Mémoires* diffèrent sur ce point du *Mercure*, qui ne met pas en doute l'intention d'arrêter Bouillon.
4. Ici encore, le *Mercure françois* a servi de source aux rédacteurs des *Mémoires*, comme on s'en rendra compte par ce passage (p. 307) : « Que, le lendemain, jour de carême-prenant, au soir, la Reine ayant eu avis que le duc de Vendôme *étoit de*

En même temps, force livrets séditieux couroient entre les mains d'un chacun. Les almanachs, dès le commencement de l'année, ne parloient que de guerre; il s'en étoit vu un, d'un nommé Morgard[1], qui étoit si pernicieux, que l'auteur en fut condamné aux galères. C'étoit un homme aussi ignorant en la science qu'il professoit faussement, que dépravé[2] en ses mœurs, ayant pour cet effet été repris de justice, ce qui fit juger qu'il n'avoit été porté à prédire les maux dont il menaçoit que par ceux-là mêmes qui les vouloient faire; c'est pourquoi il mérita justement le châtiment qui lui fut ordonné[3].

La Reine envoya lors le duc de Ventadour[4] et le sieur de Boissise vers Monsieur le Prince à Châteauroux; mais, ne l'y trouvant pas, pour ce qu'il étoit parti pour se rendre à Mézières, et ne pouvant avoir aucune

la partie, elle l'avoit fait arrêter dans le Louvre par le sieur de Plainville, capitaine des gardes du corps, qui lui avoit donné des archers pour le garder en sa chambre, où l'on fit mettre des barreaux de fer aux fenêtres. »

1. Noël-Léon Morgard, maître faiseur d'almanachs, qui avait publié en 1613 un almanach pour l'année *Première civile*, « assuroit », dans cet almanach de 1614 pour l'année *Seconde civile* (*Prédiction de Morgard pour la présente année 1614, avec les centuries pour la même année*, s. d., 7 fol.), « que l'état de la France changeroit, et attaquoit la personne du Roi » (*Mercure françois*, p. 305), précisant qu'il ne passerait pas le mois d'août.

2. *Var.* : Qu'il professoit, que dépravé (M, H).

3. Arrêté et enfermé à la Bastille le 8 janvier, il fut condamné le 31 à neuf ans de galères et conduit à Marseille le 9 février (*Mercure françois*, p. 305).

4. Anne de Lévis, duc de Ventadour, était beau-frère de Condé par sa femme, Marguerite de Montmorency, sœur consanguine de la princesse de Condé; il mourut le 3 décembre 1622.

réponse des lettres qu'ils lui écrivirent, ils retournèrent à Paris[1].

Dès le commencement de ces mouvements, elle se résolut de faire revenir M. d'Épernon de Metz, où il étoit allé mécontent sur la fin de l'année dernière, et, pour le contenter, fit[2] revivre, en la personne de M. de Candale[3], la prétendue charge de premier gentilhomme de la chambre qu'il avoit eue du temps du roi Henri III[4]. Elle accorda aussi au sieur de Termes[5] la survivance de la charge de premier gentilhomme de la chambre qu'avoit M. de Bellegarde, et flatta M. de Guise de l'espérance de lui donner la conduite de ses armées[6].

Tout cela ne plaisoit point au maréchal d'Ancre, qui n'avoit nulle inclination pour ces messieurs-là, et au contraire la conservoit pour Monsieur le Prince et ceux

---

1. En même temps qu'elle envoyait Ventadour et Boissise aux princes, Marie de Médicis, le 13 février 1614, adressait aux parlements, aux gouverneurs et aux échevins des villes une lettre justificative de ses actes, dans laquelle elle se plaignait du peu de fondement des plaintes des princes, et émettait pour la première fois son intention de réunir des États généraux. On trouvera cette pièce dans le *Mercure françois* (p. 307-312).

2. *Var.* : Et pour le contenter, on fit revivre (H). Le mot *on* a été ajouté postérieurement en interligne.

3. Henri de Nogaret d'Épernon (1591-1639), comte, puis duc de Candale (1621), était fils de Jean-Louis, duc d'Épernon, et de Marguerite de Foix.

4. Ci-dessus, p. 250.

5. César-Auguste de Saint-Lary, baron de Termes, frère cadet du duc de Bellegarde, mourut le 22 juillet 1621, des suites d'une blessure reçue au siège de Clérac.

6. Tout cet alinéa est presque textuellement emprunté aux *Mémoires d'Estrées* (p. 402), de même que la réflexion qui suit sur les dispositions d'esprit du maréchal d'Ancre.

de son parti, quoique, pour cette fois, ils fussent sortis de la cour sans lui donner aucune participation de leur dessein.

Cependant, M. de Vendôme[1], mal gardé au Louvre, se sauve, le 19ᵉ février, par une des portes de sa chambre qu'on avoit condamnée, va en Bretagne, où le duc de Retz[2] se joignit à lui et lui amassa quelques troupes, commence à faire fortifier Blavet[3] et se rend maître de Lamballe.

La Reine envoie défendre à tous les gouverneurs des places de les recevoir plus fort[4] et commande au Parlement d'empêcher qu'il se lève des gens de guerre en la province[5].

Le même jour qu'il se sauva, la Reine eut avis que le château de Mézières avoit été remis en la puissance du duc de Nevers, lequel, voyant que d'Escurolles[6], lieu-

---

1. Le récit de l'évasion du duc de Vendôme, les nouvelles instructions de la Reine au parlement de Rennes et les deux lettres du duc de Vendôme au Roi du 1ᵉʳ et du 27 mars 1614 n'occupent pas moins de dix pages du *Mercure françois*, éd. 1617, p. 359-370, et c'est là que le rédacteur des *Mémoires* a puisé ses renseignements.

2. Henri de Gondy (1590-1659), duc de Retz et de Beaupréau, fils de Charles de Gondy, marquis de Belle-Isle, et d'Antoinette d'Orléans-Longueville.

3. Blavet, sis à l'embouchure de la rivière de ce nom, fut agrandi et fortifié par Richelieu, qui, en l'honneur de Louis XIII, lui donna le nom de Port-Louis.

4. Tel est bien le texte des manuscrits.

5. Il ne faut pas confondre cette seconde lettre spéciale au parlement de Rennes, en date du 12 mars (*Mercure françois*, éd. 1617, p. 364), avec la circulaire du 13 février, dont il a été parlé ci-dessus (p. 266, note 1).

6. Les deux lieutenants qui commandaient à Mézières au nom du marquis de la Vieuville, alors en cour, avaient nom

tenant de la Vieuville[1], qui en étoit gouverneur, ne lui en vouloit pas ouvrir les portes, et sachant, d'autre part, que la place étoit mal munie de tout ce qui étoit nécessaire pour sa défense, envoya quérir deux canons à la Cassine[2] et en fit venir deux autres de Sedan, à la vue desquels d'Escurolles se rendit, le 18e.

Le duc de Nevers, qui en donna avis à la Reine, fut si effronté que de lui mander que son devoir l'avoit obligé de se saisir de cette place, d'autant que d'Escurolles n'avoit pu lui en refuser l'entrée qu'en suite de quelque conspiration qu'il tramoit contre l'État, attendu qu'en lui, comme gouverneur de la province, résidoit l'autorité du Roi, et que Mézières étoit de son patrimoine. Il demandoit aussi que le marquis de la Vieuville fût puni pour avoir donné à d'Escurolles un tel commandement.

La Reine, n'osant pas blâmer ouvertement l'action qu'il avoit faite, se contenta de lui envoyer M. de Praslin[3] avec une lettre de sa part, par laquelle elle

d'Escurolles et Damours. Le récit des événements de Mézières est consigné tout au long dans le *Discours de ce qui s'est passé à Mézières*, in-8o, 7 p., reproduit en grande partie dans le *Mercure françois* (p. 313-317). L'édition Michaud des *Mémoires d'Estrées* (p. 402) donne, sans doute par faute de lecture, « Sevrola » (pour *Scurole*) au lieu de « d'Escurolles ».

1. Charles, marquis de la Vieuville, lieutenant général au gouvernement de Champagne et Rethelois, surintendant des finances en 1623, disgracié et emprisonné en 1624, évadé en 1625 et condamné par contumace. Rentré en faveur après la mort de Louis XIII, il fut nommé duc et pair, et reprit sa charge en 1651. Il mourut le 2 janvier 1653.

2. Cassine, Ardennes, arrondissement de Mézières.

3. Charles de Choiseul (1563-1626), marquis de Praslin, maréchal de France le 24 octobre 1619, avait été lieutenant

lui commandoit de recevoir en ladite citadelle un lieutenant des gardes qu'elle lui envoyoit.

La Reine, agitée par tant de factions qu'elle voyoit dans le royaume, eut quelque pensée de se démettre de la régence et aller au Parlement pour cet effet. Le maréchal et sa femme étoient si étonnés des menaces que les princes et autres grands leur faisoient, qu'ils n'osoient lui déconseiller. Le seul Barbin[1], auquel la Reine avoit quelque confiance, pour ce qu'il étoit intendant de sa maison et étoit homme de bon sens, insista au contraire, lui apportant pour principale raison le péril auquel, en ce faisant, elle mettroit le Roi.

Elle dit qu'on lui avoit donné avis de Bretagne que quelques-uns faisoient courir le bruit qu'elle vouloit faire empoisonner le Roi pour avoir continuellement et à toujours la régence; c'étoit chose horrible de lui

---

général en Champagne sous le règne de Henri IV (ci-dessus, p. 161, note 2).

1. Claude Barbin, procureur du Roi à Melun sous le règne de Henri IV, profita des fréquents séjours de la cour à Fontainebleau pour s'insinuer dans les bonnes grâces de Leonora Galigaï, et par ce moyen gagna la faveur de Marie de Médicis, qui le fit intendant de sa maison (Mme d'Arconville, *Vie de Marie de Médicis*, t. I, p. 575). Grâce à la protection du maréchal d'Ancre, il devint en 1616 contrôleur général des finances dans le ministère où Richelieu fut secrétaire d'État de la Guerre et des Affaires étrangères. L'évêque de Luçon aurait même dû son entrée au ministère à Barbin, qu'un pamphlet dirigé contre Richelieu et Concini prétend avoir été « compagnon d'école et de débauche du père de Richelieu », d'où l'appui prêté au fils. Barbin, entraîné dans la chute du maréchal d'Ancre et d'abord enfermé à la Bastille en 1617, fut exilé et mourut dans l'oubli (*Lettres et papiers d'État*, t. I, p. 699, et t. VII, p. 523; Hanotaux, *Histoire du cardinal de Richelieu*, t. II, p. 84 et suivantes).

imputer telle calomnie, jurant qu'elle éliroit[1] plutôt la mort que la continuation d'une si pesante charge ; dit qu'elle savoit tous les mauvais bruits qu'on faisoit courir contre elle-même, contre sa réputation, et que ce n'étoit pas la première fois qu'on avoit dit que le marquis d'Ancre la servoit[2], et que, quand les factieux n'en peuvent plus, ils publient divers discours contre sa personne et contre le gouvernement de l'État ; néanmoins, qu'elle est résolue d'achever l'administration pendant le temps de sa régence, ayant pour principal but de bien servir le Roi et se tenir bien auprès de lui, et qu'elle pouvoit dire assurément que cela alloit le mieux du monde entre le Roi et elle, et qu'elle prendroit courage, voyant que le temps de la majorité approche ; et qu'elle avoit su et appris de bon lieu que la reine Catherine de Médicis avoit fait déclarer le roi Charles majeur de bonne heure pour se décharger d'envie et avoir l'autorité plus absolue sous le nom du Roi son fils.

Il y avoit dans le Conseil une grande division pour

1. *Var.* : Qu'elle choisiroit (H).
2. Un grand nombre de pamphlets, dirigés surtout contre le maréchal d'Ancre, parurent à cette époque (*Mercure françois*, p. 391). Des insinuations s'y glissèrent sur les rapports de la Reine et de Concini, et les chansons n'épargnèrent pas sa réputation, témoin ce couplet sur l'air des *Guéridons* :

> Si la Reine alloit avoir
> Un poupon dans le ventre,
> Il seroit bien noir,
> Car il seroit d'Ancre.
> O guéridon des guéridons,
>   Don daine,
> O guéridon des guéridons,
>   Don don.

résoudre lequel des deux partis la Reine devoit suivre, ou aller droit à ces princes avec ce que le Roi avoit de gens de guerre, ou mettre cette affaire en négociation.

Le cardinal de Joyeuse, M. de Villeroy et le président Jeannin étoient d'avis qu'on courût promptement sus aux princes, sans leur donner temps de faire assemblée de gens de guerre, attendu qu'ils n'étoient pas en état de se défendre, mais si foibles que le seul régiment des Gardes et une partie de la cavalerie entretenue étoient suffisants de les réduire à la raison ; qu'au moins la Reine leur devoit-elle faire peur et partir de Paris pour aller jusques à Reims : ce que faisant, elle les contraindroit ou de venir absolument, sans aucune condition, trouver LL. MM., ou de se retirer, avec désordre et confusion, hors du royaume, qui, par ce moyen, demeureroit paisible et en état que chacun seroit bien aise d'abandonner le parti des princes et se remettre en son devoir, et que, par ce moyen, elle retireroit Mézières surpris sur les siens, et toute la Champagne[1] et l'Ile-de-France, qui étoient possédées par ceux qui leur devoient être suspects.

M. de Villeroy ajoutoit que, si la Reine faisoit autrement, elle tomberoit en la même faute que l'on avoit commise en la première prise des armes de la Ligue[2] : auquel temps, si on eût pu prendre un conseil généreux d'aller droit à M. de Guise et à ses partisans, qui étoient plus armés de mauvaise volonté qu'ils ne l'étoient de gens de guerre, dont ils avoient fort petit nombre près d'eux, on eût mis les affaires en état de ne les

1. *Var.* : Mézières et toute la Champagne (M, H).
2. Ce fragment est presque textuellement copié des *Mémoires d'Estrées* (éd. Michaud, p. 402), dont tout ce récit est inspiré.

voir plus réduites à l'extrémité où elles furent depuis.

Le Chancelier, qui avoit accoutumé en toutes occurrences de chercher des voies d'accommodement et prendre des conseils moyens, que César disoit n'être pas moyens, mais nuls, dans les grandes affaires[1], fut de différente opinion, et estima qu'on devoit donner aux princes toute sorte de contentement[2]. Il représentoit que tous les grands du royaume, sans en excepter aucun, étoient unis avec Monsieur le Prince contre l'autorité royale ; que la Reine n'avoit que MM. de Guise et d'Épernon de son côté, et qu'encore étoient-ils en telle jalousie l'un de l'autre, prétendant tous deux à la charge de connétable, qu'ils se haïssoient de mort[3]; que le parti des huguenots étoit lors très puissant; qu'ils ne demandoient que le trouble du royaume, expressément pour en profiter, disant ouvertement qu'il falloit qu'ils se fissent majeurs pendant la minorité du Roi[4], s'ils ne vouloient consentir à se voir un jour absolument ruinés quand il auroit connu ses forces; que, le gouvernement étant entre les mains d'une femme, et le Roi âgé seulement de douze ou treize ans, la prudence requéroit qu'on ne commît rien au hasard, et obligeoit à préférer les moyens de conserver la paix à une guerre, quelque avantageuse qu'elle semblât de prime face.

1. *Var.* : Que César disoit n'être pas moyens dans les grandes affaires (M, H).
2. Nouvelle critique à l'adresse de Sillery; voyez ci-dessus, p. 155, note 2.
3. *Var.* : A mort (H). Le mot *de* a été corrigé en *à*.
4. Propos déjà relaté en deux passages des *Mémoires* : ci-dessus, p. 118 et 150.

Le maréchal d'Ancre, qui étoit à Amiens[1] et en quelque disgrâce, ce lui sembloit, de la Reine, dépêchoit continuellement courriers sur courriers à sa femme pour la presser de se joindre à l'avis du Chancelier et faire tout ce qu'elle pourroit pour moyenner la paix. Elle le fit, et, trouvant, pendant ces contestations qui tenoient l'esprit de la Reine divisé entre l'estime qu'elle devoit faire du conseil des uns ou des autres, plus d'accès auprès d'elle et plus de lieu en sa bonne grâce, elle lui fit mal juger de toutes les raisons de M. de Villeroy, les interprétant à dessein qu'il eût d'obliger M. de Guise, lui faisant avoir le commandement des armes[2], et à son animosité contre le Chancelier et le maréchal d'Ancre, qu'il espéroit de ruiner par la guerre; et ensuite lui fit prendre la résolution d'accommoder les affaires par la douceur : ce qui n'empêcha pas, néanmoins, qu'on n'envoyât en Suisse[3] faire une levée de six mille hommes.

On présenta à la Reine, le 21ᵉ février, de la part de Monsieur le Prince, un manifeste en forme de lettre[4],

---

1. On lira avec intérêt la lettre adressée par Richelieu à Concini pendant ce séjour à Amiens, le 12 février 1614, et où il l'assure de son entier dévouement (*Lettres et papiers d'État*, t. I, p. 121).

2. *Var.* : Commandement des armées (M, H). Les *Mémoires d'Estrées* (éd. Michaud et Poujoulat, p. 402 et 403), auxquels est emprunté tout ce passage, portent alternativement « commandement des armes » et « commandement des armées ».

3. *Var.* : D'envoyer en Suisse (M, H).

4. Cette lettre, datée de Mézières le 19 février 1614, existe en copie contemporaine aux archives des Affaires étrangères (France 769, fol. 98). Outre l'édition qu'en fit le *Mercure françois* (année 1614, seconde continuation, p. 327), elle parut en

par lequel il essayoit de[1] justifier le crime de la rébellion que lui et les siens commettoient, et vouloit faire passer pour criminelle l'innocence de la Reine et de son gouvernement. Il n'avoit dessein, disoit-il, que de procurer la réformation des désordres de l'État, à laquelle il ne prétendoit parvenir que par remontrances et supplications, lesquelles, pour ce sujet, il commençoit à faire sans armes, auxquelles il ne vouloit avoir recours qu'au cas qu'il fût forcé à repousser les injures faites au Roi par une naturelle, juste et nécessaire défense.

Ses plaintes étoient de tous les maux imaginaires en un État, non d'aucune faute réelle dont la régence de la Reine fût coupable : il se plaignoit que l'Église n'étoit pas assez honorée, qu'on ne l'employoit plus aux ambassades, qu'on semoit des divisions dans la Sorbonne; la[2] noblesse étoit pauvre, le peuple étoit surchargé, les offices de judicature étoient à trop haut prix, les parlements n'avoient pas la fonction libre de leurs charges, les ministres étoient ambitieux, qui, pour se conserver en autorité, ne se soucioient pas de

deux formats, in-4° et in-8°, sous les titres de : *Lettre de Monseigneur le Prince à la Reyne*, ou *Double de la lettre écrite par Monseigneur le prince de Condé, suivant le vray original, à la Reyne régente, mère du Roy, le 19 février mil six cent quatorze;* Paris, 1614. Fiefbrun, gentilhomme du prince de Condé, remit au Parlement une copie de la lettre du prince à la Régente, accompagnée d'une épître aux gens du Parlement eux-mêmes, que ceux-ci portèrent aussitôt à Marie de Médicis (*Mercure françois*, p. 327).

1. Les mots *essayoit de* ont été ajoutés en interligne par Sancy.

2. Les mots qui suivent, jusqu'à *trop haut prix*, ont été ajoutés en marge du manuscrit B.

perdre l'État. Et ce qui étoit le meilleur est qu'il se plaignoit des profusions et prodigalités qui se faisoient des finances du Roi, comme si ce n'étoit pas lui et les siens qui les eussent toutes reçues, et que, pour gagner du temps avec eux, la Reine n'y eût pas été forcée. Pour conclusion, il demandoit qu'on tînt une assemblée des États, sûre et libre, et que les mariages du Roi et de Madame fussent différés jusques alors.

Ceux qui répondirent de la part de la Reine[1] à ce manifeste y eurent plus d'honneur que de peine ; car les raisons qu'ils avoient sur ce sujet étoient convaincantes et aisées à trouver : que Monsieur le Prince avoit tort de ne lui avoir pas, depuis quatre ans, remontré toutes ces choses lui-même, et ne l'avoit pas avertie des malversations prétendues sur lesquelles il fondoit ses mécontentements ; qu'il ne falloit point s'éloigner pour cela de la cour et prendre prétexte sur les mariages, que lui-même avoit approuvés et signés ; que ni l'Église, ni la noblesse, ni le peuple ne se plaignent d'être maltraités, ni n'en ont point de sujet, aussi peu la Sorbonne, en laquelle S. M. a tâché de maintenir la bonne intelligence, laquelle ceux qui se plaignent d'elle ont essayé et essayent journellement de troubler par mauvais desseins, au préjudice du service du Roi et du repos de l'État ; que, tant s'en faut

---

1. La réponse de la Reine, en date du 27 février 1614, se trouve en manuscrit dans le volume France 769, fol. 112. Elle a été imprimée dans le *Mercure françois*, p. 330, et on en fit alors plusieurs éditions in-4° et in-8°, sous ces titres : *Réponse de la Reyne régente*, ou *Double de la réponse de la Reyne régente, mère du Roy, à la lettre écrite à Sa Majesté par Monseigneur le prince de Condé le dix-neuviesme de février 1614.*

qu'elle eût appauvri la noblesse, elle leur avoit plus libéralement départi des biens et des honneurs qu'ils n'en avoient du temps du feu Roi ; que ce n'étoit pas de son temps que les offices de judicature avoient été rendus vénaux, ni qu'elle n'avoit donné occasion à les hausser de prix ; que le peuple a été soulagé et les levées ordinaires diminuées, nonobstant les grandes dépenses qu'il étoit nécessaire de faire ; que les parlements avoient toute liberté en l'exercice de la justice ; que c'est l'ordinaire de ceux qui entreprenoient contre leurs souverains, de faire semblant de ne se prendre pas à eux, mais à leurs ministres, et, par ce moyen, épargnant leur nom en papier, faire néanmoins tomber sur eux en effet tous les reproches dont on charge leurs serviteurs ; que ceux dont elle se sert sont vieillis dans les affaires publiques et dans les charges qu'ils exercent, lesquelles ils sont tous prêts de lui remettre s'il est jugé expédient pour le bien de l'État ; mais qu'elle sait qu'ils méritent plutôt récompense que punition ; que les profusions qu'il appelle n'ont été faites que pour contenir en leur devoir ceux qui s'en plaignent maintenant et en ont eu tout le profit ; que, si telles gratifications n'ont produit l'effet qu'on en avoit attendu, on ne peut que louer la bonté de la Reine et accuser l'ingratitude de ceux qui les ont reçues ; quant aux États généraux, elle a toujours eu dessein de les assembler à la majorité du Roi pour rendre compte de son administration ; mais que la demande qu'il fait qu'on les rende sûrs et libres témoigne qu'il projette déjà des difficultés pour les éluder et en faire avorter le fruit avant la naissance[1] ;

---

1. *Var.* : Devant la naissance (H).

et enfin que la protestation qu'il fait de vouloir procéder à la réformation prétendue de l'État[1] par moyens légitimes, et non par armes, est plutôt à désirer qu'à espérer, vu que la liaison des seigneurs mécontents avec lui est un parti, lequel, sans l'autorité du Roi, ne peut être légitime, va le grand chemin à la guerre, est un son de trompette qui appelle les perturbateurs du repos public et force le Roi à s'y opposer par toutes voies.

Monsieur le Prince envoya à tous les parlements de France la copie du manifeste qu'il envoyoit à la Reine, avec une lettre particulière[2] qu'il leur écrivoit pour les convier de lui aider; mais nul d'eux ne lui fit réponse. Il écrivit à plusieurs cardinaux[3], princes et seigneurs particuliers, la plupart desquels envoyèrent au Roi leurs paquets fermés.

La Reine, pour n'oublier aucune voie de douceur, envoya à Mézières le président de Thou, pour le trouver et convenir d'un lieu pour conférer avec lui. Le président alla jusques à Sedan, où il étoit allé voir le duc de Bouillon[4], où, après lui avoir fait ouïr une

---

1. *Var.* : A la réformation de l'État (M, H).
2. Voyez le texte de celle qu'il adressa au parlement de Paris, dans le *Mercure françois*, p. 328. On trouvera, p. 329 du même recueil, le texte sur lequel ce paragraphe a été copié presque mot à mot.
3. Notamment au cardinal du Perron, qui lui fit la réponse imprimée au *Mercure françois*, p. 355.
4. La principauté de Sedan appartenait au duc de Bouillon par suite du mariage qu'il avait contracté le 15 octobre 1591 avec Charlotte de la Marck, héritière de cette principauté (ci-dessus, p. 17, notes 1 et 2); mais la légitimité de cette possession était fortement contestée.

comédie¹, ou plutôt une satire contre le gouvernement, ils s'accordèrent de la ville de Soissons, où la conférence fut assignée pour le commencement d'avril².

En ce temps mourut le connétable de Montmorency³, chargé d'années; il fut le plus bel homme⁴ de cheval et le meilleur gendarme de son temps, et en réputation d'homme de grand sens, nonobstant qu'il n'eût aucunes lettres et à peine sût-il écrire son nom.

La persécution que sa maison reçut de celle de Guise le porta, pour sa conservation, de s'unir avec les huguenots de Languedoc, auxquels le service du Roi l'obligeoit de s'opposer, sans que néanmoins il leur laissât tant prendre de pied qu'ils fussent maîtres des catholiques, tenant les choses en un équilibre qui, continuant la guerre, lui donnoit prétexte de demeurer toujours armé. Le roi Henri le Grand, pour le retirer avec honneur de cette province où il avoit vécu presque en souverain, lui donna la charge de connétable, que trois de ses prédécesseurs⁵ avoient possé-

1. Comprenez : de Thou alla jusqu'à Sedan, où le prince avait été voir le duc de Bouillon, et où le prince et le duc, après avoir fait ouïr à de Thou une comédie, s'accordèrent avec lui de la ville de Soissons, etc....

2. Le prince de Condé et les princes ne purent entrer que par surprise à Soissons, dont les habitants se montrèrent très hostiles à leur parti; se sentant peu en sûreté dans cette ville, les princes se transportèrent au bout de quelques jours à Sainte-Menehould (Donnay, *Histoire de la ville de Soissons*, 1663, t. II, p. 533; Henri Martin et P.-L. Jacob, *Histoire de Soissons*, 1837, t. II, p. 501).

3. Henri Ier, duc de Montmorency (ci-dessus, p. 48, note 2), mourut à Agde le 2 avril 1614.

4. *Var.* : Le plus vieil homme (M, H).

5. Mathieu Ier de Montmorency, connétable sous Louis VII;

dée. Sa présence diminua sa réputation, soit que son âge déjà fort avancé eût perdu quelque chose de la vigueur de son esprit, soit que, les hommes concevant d'ordinaire les choses absentes plus grandes qu'elles ne sont quand nous les voyons, elles ne correspondent pas à notre attente, ou soit enfin que le peu de satisfaction que le Roi avoit de ses actions passées, l'envie qu'on lui portoit, et la faveur de S. M., la bienveillance de tous les gens de guerre vers le maréchal de Biron[1], qui étoit un soleil levant, obscurcissent l'éclat de ce bon homme, qui étoit déjà bien fort en son déclin. A la mort du Roi, sa vieillesse ne le laissant[2] que l'ombre de ce qu'il avoit été, il désira retourner en son gouvernement, où il mourut au commencement d'avril de la présente année, s'étant, quelque temps auparavant, séquestré des choses temporelles pour vaquer à la considération de celles du ciel et penser à son salut.

Le 6ᵉ d'avril, la Reine fit partir de Paris le duc de Ventadour[3], les présidents Jeannin et de Thou, les sieurs de Boissise et de Bullion, pour se rendre à Soissons au temps dont ils étoient convenus avec Monsieur le Prince. Après plusieurs conférences avec tous, dont la première fut le 14ᵉ du mois, et plusieurs autres particulières avec le duc de Bouillon, qui étoit l'âme de

---

Mathieu II le Grand, connétable sous Louis VIII et Louis IX, mort en 1230; Anne de Montmorency (1492-1567), connétable sous François Iᵉʳ, Henri II et Charles IX.

1. Ci-dessus, p. 15, note 3.
2. *Var.* : Ne lui laissant (H). Le mot *le* a été corrigé en *lui*.
3. Ci-dessus, p. 265. Les *Mémoires d'Estrées* (éd. Michaud, p. 403), auxquels tout ce récit est emprunté, portent par erreur « le duc de *Vendôme* » au lieu de « le duc de *Ventadour* ».

cette assemblée, ou convint de trois choses : la première fut celle du mariage qu'ils vouloient qui fût sursis jusques à la fin des États, qu'on leur accorda de l'être jusques à la majorité du Roi ; la seconde, les États libres, demandés en apparence pour réformer l'État, mais en effet pour offenser la Reine et les ministres ; la troisième, le désarmement du Roi, qu'ils vouloient être fait en même temps qu'ils désarmeroient, mais qu'on ne leur accorda qu'après qu'ils auroient désarmé les premiers.

Durant plusieurs allées et venues qui se firent de Paris à Soissons pendant cette conférence, l'armée du Roi se faisoit toujours plus forte en Champagne, et la levée des six milles Suisses[1] y arriva, dont Monsieur le Prince prit ombrage ; et, écrivant à la Reine qu'il laissoit MM. du Maine et de Bouillon pour parachever le traité, il s'en alla, avec le duc de Nevers et le peu de troupes qu'il avoit, à Sainte-Menehould, où le gouverneur[2] et les habitants, lui ayant[3] du commencement refusé les portes, le laissèrent[4] entrer dès le lendemain.

Cette nouvelle, arrivée à la cour, fortifia l'opinion de ceux qui déconseilloient à la Reine d'entendre aux conditions de paix qu'on lui avoit apportées. On parla

1. Ci-dessus, p. 273.
2. Le gouverneur de Sainte-Menehould était alors M. de Bouconville (*Mercure françois*, p. 423), qui se laissa gagner par le duc de Nevers ; par la suite, ayant une seconde fois livré la ville au duc en décembre 1616, il n'hésita point à en rouvrir les portes à M. de Praslin, qui s'en empara au nom du Roi. Voyez *Lettres et papiers d'État*, t. I, p. 239, 305.
3. *Var.* : Où le gouvernement lui ayant (M, H).
4. *Var.* : Le laissa (M, H).

d'assembler les troupes du Roi en un corps d'armée et en donner la conduite à M. de Guise. La Reine néanmoins voulut encore dépêcher une fois vers Monsieur le Prince et choisit le sieur Vignier[1], intendant de ses affaires, qui lui rapportant le désir qu'avoit Monsieur le Prince que les députés s'avançassent à Rethel, la Reine leur en fit expédier la commission le 5ᵉ mai[2]; en suite de laquelle y étant allés, le tout se termina en divers intérêts particuliers qui passèrent à l'ombre des trois concessions générales prétendues pour le bien public, lesquelles avoient été accordées à Soissons[3].

Les intérêts particuliers avoient plusieurs chefs[4]. Monsieur le Prince eut Amboise. Il en demandoit le gouvernement pour toujours, prétendant qu'il lui fût nécessaire pour sa sûreté; on le lui accorda en dépôt seulement, et ce jusques à la tenue des États; mais, outre cela, on lui promit et paya quatre cent cinquante mille livres en argent comptant.

M. du Maine, trois cent[5] mille livres en argent pour se marier et la survivance[6] du gouvernement de Paris pour se rendre plus considérable en l'Ile-de-France,

---

1. Ci-dessus, p. 189, note 2.
2. Le texte de cette commission est dans le *Mercure françois* (p. 425).
3. Tout le récit qui précède est emprunté des *Mémoires d'Estrées* (éd. Michaud, p. 403), et surtout du *Mercure françois* (p. 420-425).
4. Cette phrase a été biffée et remplacée dans le manuscrit H par celle-ci : « Les chefs avoient plusieurs intérêts particuliers. »
5. *Var.* : M. du Maine eut trois cent (H).
6. Dans le manuscrit H, les mots qui suivent jusqu'à *en l'Ile-de-France* ont été omis et ajoutés en marge.

dont il étoit gouverneur; M. de Nevers, le gouvernement de Mézières et la coadjutorerie de l'archevêché d'Auch.

M. de Longueville, cent mille francs de pension; MM. de Rohan et de Vendôme, qui comparoissoient par procureurs[1],........ M. de Bouillon eut le doublement de ses gendarmes et l'attribution de la connoissance du taillon comme premier maréchal de France.

Toutes ces conditions étant accordées entre les commissaires du Roi et les princes, M. de Bullion fut député pour les porter à la Reine, où il trouva les choses bien autrement qu'il n'eût pensé; car le cardinal de Joyeuse, les ducs de Guise et d'Épernon et le sieur de Villeroy, qui étoient réunis ensemble pour empêcher la paix, agirent de telle sorte vers l'esprit de la Reine par la princesse de Conti, passionnée aux intérêts du duc de Guise, qui prétendoit être connétable par la guerre, que, bien que le Chancelier, le maréchal et la maréchale[2] et le commandeur de Sillery fissent tous leurs efforts pour la paix, ils n'y pouvoient porter l'esprit de la Reine.

M. de Villeroy et le président Jeannin s'opposoient particulièrement à livrer Amboise à Monsieur le Prince, remontrant de quelle conséquence étoit cette place à

1. Le copiste du manuscrit B a laissé en blanc une ligne pour indiquer postérieurement les avantages qu'obtinrent Rohan et Vendôme. Le scribe du manuscrit M, et à sa suite celui du manuscrit H, ne s'en rendant pas compte, ont cru la phrase terminée et ont écrit : « MM. de Rohan et de Vendôme comparoissoient par procureurs. » — Ces deux seigneurs reçurent chacun une pension, et M. de Vendôme fut rétabli dans son gouvernement.

2. Les époux Concini.

cause de sa situation sur une grande rivière proche de ceux de la Religion.

Cette contestation dura quelque temps entre les plus puissants de la cour. Le duc d'Épernon voulut même faire une querelle d'Allemand au sieur de Bullion, à qui il tint des paroles fort aigres pour le détourner de favoriser la paix; mais tant s'en faut qu'il s'en abstînt pour ce sujet, que, s'étant plaint à la Reine de son procédé, il prit occasion de lui faire connoître que le duc et ses adhérents agissoient avec d'autant plus d'artifice et de violence qu'ils ne le pouvoient faire par raison [1].

Enfin, le sieur de Villeroy, qui d'abord se portoit à la guerre, ayant vu que la proposition qu'il avoit faite à la Reine de chasser le Chancelier, duquel il étoit séparé depuis la mort de la dame de Puyzieulx [2], qui étoit sa petite-fille, ne réussissoit pas, se porta à la paix en se réunissant avec le maréchal d'Ancre, qui la désiroit.

D'autre part, la princesse de Conti et la maréchale d'Ancre étant venues aux grosses paroles sur le sujet des affaires présentes, la dernière, outrée de l'insolence [3] de la princesse, fit si bien connoître à la Reine que, si la guerre étoit, elle seroit [4] tout à fait sous la tyrannie de la maison de Guise, qu'elle se résolut à la paix.

1. Ni les *Mémoires d'Estrées*, ni le *Mercure* ne font allusion à cet incident.
2. Ci-dessus, p. 257.
3. Dans le manuscrit H, les mots *l'insolence* ont été biffés et remplacés par *la hauteur*.
4. *Var.* : Que, si la guerre étoit déclarée, elle seroit (H). Le mot *déclarée* a été ajouté en interligne.

Pour la conclure avec les formalités requises, on assembla les premiers présidents et gens du Roi des compagnies souveraines de Paris, prévôt de ladite ville, grands du royaume et ministres, qui tous ensemble approuvèrent les conditions portées ci-dessus. Le sieur de Bullion retourna à Sainte-Menehould, où étoient les princes, où la paix fut signée le 15 mai[1].

Cependant le marquis de Cœuvres[2] revint d'Italie, où l'on l'avoit dépêché l'année passée, et arrive à la cour le 10 mai. Passant par Milan, il vit le gouverneur[3], pour lequel il avoit des lettres, et reçut de lui un bon traitement en apparence, et témoignage de confiance sur le sujet pour lequel il avoit été dépêché; mais il ne fut pas si tôt arrivé à Mantoue, qu'il ne reconnût bien, par effet, la jalousie qu'il avoit que LL. MM. prissent part aux affaires d'Italie et voulussent employer leur autorité pour les accorder; car il dépêcha en même temps secrètement un cordelier pour persuader au duc de Mantoue qu'il ne devoit entendre aux propositions que ledit marquis lui feroit de la part du Roi; et, de peur que les raisons du cordelier ne fussent suffisantes, il envoya encore le prince de Castillon[4], qui étoit commissaire impérial, pour lui faire la même

---

1. On trouvera le texte du traité définitif dans le *Mercure françois* (p. 428-433). Une copie contemporaine en existe dans le volume France 769, fol. 146.

2. Le récit de cette mission du marquis de Cœuvres en Italie est presque textuellement emprunté aux *Mémoires d'Estrées*, éd. Michaud, p. 403-404. On trouvera aussi de longs détails dans les *Memorie recondite*, t. III, p. 188 et suivantes.

3. Le marquis d'Hinojosa (ci-dessus, p. 239).

4. *Var.* : Le prince de Castillan (M, H). — François de Gonzague, prince de Castiglione, cousin du duc de Mantoue.

instance au nom de l'Empereur, et, afin que cela ne parût point, le commissaire se tint caché en une des maisons du duc près de Mantoue. Mais tous ces artifices n'eurent pas assez de pouvoir sur l'esprit du duc pour le faire entrer en soupçon d'aucun conseil qui lui fut donné de la part de S. M., à quoi déférant entièrement, il pardonna au comte Guy de Saint-Georges[1] et à tous ses autres sujets rebelles du Montferrat, renonça à toutes les prétentions que lui et ses sujets pouvoient justement avoir à cause des ruines et dégâts de la guerre injuste que le duc de Savoie lui avoit faite, promit de se marier avec la princesse Marguerite[2] et se soumettre à des arbitres qui jugeroient tous leurs différends avant la consommation du mariage. Il dépêcha à la cour un courrier avec tous ces articles, avec ordre, si LL. MM. les agréoient, de le faire passer en Espagne, ou de se remettre à la Reine, si elle le vouloit, pour, par ses offices, y faire consentir les Espagnols.

Cela fait, le marquis de Cœuvres ayant exécuté ce qui lui avoit été commis, se remet en chemin pour retourner. Le duc de Savoie, quand il passa à Turin, lui témoigna agréer tout ce qui avoit été traité, mais

1. Guy Aldobrandini, comte de Saint-Georges, l'un des principaux seigneurs du Montferrat. Le duc de Savoie lui avait donné la charge de grand écuyer et l'ordre de l'Annonciade en 1608 (Guichenon, *Histoire généalogique de la royale maison de Savoie*, t. II, p. 370 et suivantes).

2. Marguerite de Savoie (ci-dessus, p. 216), veuve du duc François de Mantoue. Après la mort de son mari, le 22 décembre 1612, elle s'était retirée à la cour de son père : ci-dessus, p. 238.

craindre que[1] les Espagnols traverseroient l'accommodement entier entre lui et le duc de Mantoue, et se servoit de ce prétexte pour ne pas désarmer.

Il arrive à Paris le 10ᵉ mai, où il vint à propos[2] pour être peu après envoyé à M. de Vendôme lui conseiller de revenir en son devoir; car, en cette paix qui avoit été faite, les ennemis du Roi ayant obtenu pardon sans réparer leur faute, et reçu des bienfaits, sinon à cause, au moins à l'occasion du mal qu'ils avoient fait, et de peur qu'ils en fissent davantage, tant s'en faut qu'ils perdissent la mauvaise volonté qu'ils avoient au service du Roi, qu'ils s'y affermirent davantage par l'impunité avec laquelle ils voyoient qu'ils la pouvoient exécuter[3]. Nonobstant toutes les promesses qu'avec serment Messieurs le Prince et de Bouillon firent au président Jeannin de demeurer à l'avenir dans une fidélité exacte au service du Roi, ni l'un ni l'autre ne revint à la cour, comme ils avoient donné à entendre qu'ils feroient; mais M. de Bouillon alla à Sedan, et Monsieur le Prince n'approcha pas plus près que Vallery, d'où il écrit à la Reine, qui lui envoya d'Escures[4], gouverneur d'Amboise, qui lui remit la place

---

1. Dans le manuscrit H, cette phrase a été ainsi modifiée après coup : « Lui témoigna agréer, d'un côté, tout ce qui avoit été arrêté, mais craindre, d'un autre, que les Espagnols. » Les mots *d'un côté* et *d'un autre* ont été ajoutés en interligne.

2. *Var.* : Le 10 mai, à propos (H).

3. Ce jugement défavorable sur la paix de Sainte-Menehould ne concorde pas avec l'appréciation élogieuse que Richelieu formulait au sujet de cet arrangement dans une lettre, du mois de mai 1614, au chapitre de Luçon, qui a été publiée dans les *Lettres et papiers d'État*, t. I, p. 124.

4. Pierre Fougeu, seigneur d'Escures, maréchal général des

en ses mains, de laquelle il alla incontinent après prendre possession. Le duc de Nevers s'en alla à Nevers ; le duc de Vendôme étoit en Bretagne ; M. de Longueville vint saluer le Roi, mais demeura peu de jours près de sa personne ; M. du Maine y vint, qui y demeura davantage et étoit très bien vu de LL. MM.[1].

Le seul duc de Vendôme témoignoit ouvertement n'être pas content de la paix. Le duc de Retz et lui, prétendant qu'on n'y avoit pas eu assez d'égard à leurs intérêts, voulurent[2] essayer de s'avantager et gagner quelque chose de plus pour eux-mêmes ; de sorte que non seulement ledit duc de Vendôme ne se mettoit en devoir de raser Lamballe et Quimper, selon qu'il étoit obligé, mais surprit encore la ville et château de Vannes par l'intelligence d'Arradon[3], qui en étoit gouverneur, et faisoit beaucoup d'actes d'hostilité en cette province.

logis des camps et armées du Roi, avait acheté peu auparavant le gouvernement d'Amboise du sieur de Gast moyennant cent mille livres (*Mémoires de Fontenay-Mareuil*, éd. Michaud, p. 77).

1. Tous ces détails ont été empruntés au *Mercure françois* (p. 437, 438 et 439).

2. *Var.* : Dans le manuscrit B, le mot *voulurent* a été substitué par le secrétaire Charpentier au mot *voulant*.

3. Pierre de Lannion, seigneur d'Arradon, baron de Vieux-Chastel, hérita en 1610, du chef de Renée d'Arradon, sa femme, du gouvernement de Vannes, dont son beau-père était précédemment titulaire (Potier de Courcy, *Nobiliaire de Bretagne*). Les troupes du duc de Vendôme entrèrent dans Vannes le 15 juin 1614. Le *Mercure françois*, t. III, p. 452, dit le 15 juillet ; mais ce ne peut être qu'une erreur, puisque, un peu plus loin, p. 457, le même ouvrage reproduit une lettre, en date du 18 juin, que Vendôme écrivit de Vannes à la Reine pour justifier son entrée dans la ville.

La Reine ne crut pas pouvoir envoyer vers lui personne qui pût gagner davantage sur son esprit que le marquis de Cœuvres, qui n'en rapporta néanmoins pas grand fruit : ce qui obligea la Reine à le lui envoyer encore une fois, avec menaces que le Roi useroit de remèdes extrêmes, si volontairement il ne se mettoit à la raison.

Elle changea seulement l'ordre du rasement de Blavet en un commandement de faire sortir la garnison qui y étoit pour y en faire entrer une des Suisses. La crainte obligea M. de Vendôme à signer toutes les conditions que l'on désiroit de lui ; mais, pour les avoir signées, il ne se hâtoit néanmoins pas encore de les exécuter[1].

Tandis que la maison de Guise tenoit le haut du pavé et que le mauvais gouvernement des autres princes la rendoit recommandable, elle reçut une grande perte en la mort du chevalier de Guise[2], qui arriva le 1er juin[3]. Il étoit prince généreux et qui donnoit beaucoup à espérer de lui ; mais le duc de Guise, qui en faisoit son épée, le nourrissoit au sang et lui avoit fait entreprendre deux mauvaises actions : l'une contre le marquis de Cœuvres, l'autre contre le baron de Lux, la dernière desquelles il exécuta à son malheur ; car Dieu, qui hait le meurtre et le sang innocent épandu, le punit, et fit qu'il épandit le sien

---

1. Tout le récit de ces pourparlers n'est qu'un résumé des *Mémoires d'Estrées*, éd. Michaud et Poujoulat, p. 404.

2. Ci-dessus, p. 169, note 3.

3. *Var.* : Le premier jour de juin. C'étoit un prince généreux et qui faisoit beaucoup espérer de lui (M, H).

même par sa propre main : car, étant à Baux[1] en Provence, il voulut, par galanterie, mettre le feu à un canon, qui creva et le blessa d'un de ses éclats, dont il mourut deux heures après, non sans reconnoître qu'il méritoit ce genre de mort cruelle et avancée[2].

Environ ce temps, le Parlement fit brûler par la main d'un bourreau un livre de Suarez[3], jésuite, intitulé : *la Défense de la foi catholique, apostolique, contre les erreurs de la secte d'Angleterre*, comme enseignant qu'il est loisible aux sujets et aux étrangers d'attenter à la personne des souverains. Et, pour ce que ce livre étoit nouvellement imprimé et apporté en France, nonobstant la déclaration des Pères et le décret de leur général de l'an 1610[4], la cour fit venir les Pères jésuites Ignace Armand[5], Fronton Le Duc[6], Jacques

1. Bourg du département des Bouches-du-Rhône, à quinze kilomètres nord-est d'Arles.
2. Au sens de prématurée. L'alinéa qui précède reproduit exactement des détails donnés par le *Mercure françois*, p. 440.
3. François Suarez (1548-1617), jésuite portugais, auteur de nombreux ouvrages de théologie. Le titre exact du livre dont il s'agit ici était : *Defensio fidei catholicæ et apostolicæ adversus anglicanæ sectæ errores;* Coïmbre, in-fol., 1613, et Cologne, in-8°, 1614. L'arrêt du Parlement qui ordonnait que cet ouvrage fût brûlé est du 26 juin 1614 (*Mercure françois*, p. 441).
4. Ci-dessus, p. 88.
5. Le P. Ignace Armand (1562-1638), recteur du collège de Tournon, devint provincial de l'ordre et contribua au rétablissement des Jésuites en France sous Henri IV.
6. Le P. Fronton Le Duc ou Fronton du Duc (1558-1624), professeur de théologie au collège de Clermont, auteur de nombreux traités dogmatiques.

Sirmond[1], et fit[2] prononcer ledit arrêt en leur présence, leur enjoignant de faire en sorte vers leur général qu'il renouvelât ledit décret et qu'il fût publié, et d'exhorter le peuple en leurs prédications à une doctrine contraire. Cet arrêt de la cour fut si mal reçu à Rome par les faux donnés à entendre de ceux qui y étoient intéressés, que S. S. fut sur le point d'excommunier le Parlement et de traiter leur arrêt comme ils avoient fait le livre de Suarez; mais, quand l'ambassadeur du Roi[3] l'eut informé de la procédure et du fait, S. S., bien loin de condamner ledit arrêt, donna un bref et décret confirmatif de la détermination du concile de Constance en ce sujet, laquelle le Parlement avoit suivie en son arrêt.

Tandis que ledit Parlement travailloit à Paris contre les Pères jésuites, Monsieur le Prince en avoit à Poitiers contre l'évêque[4]. On s'aperçut en cette ville, au temps que l'on a accoutumé d'élire un maire, qui est

1. Le P. Jacques Sirmond (1559-1651), théologien et érudit, confesseur de Louis XIII en 1637, connu surtout par son édition des *Concilia antiqua Galliæ*, Paris, 1629, 3 vol. in-fol. Le P. Coton, mandé avec les trois Pères précédents, fut représenté par le P. Charles de la Tour (*Mercure françois*, p. 443).

2. Dans le manuscrit B et dans les collections de Mémoires, ce passage est ponctué comme il suit : « La cour fit venir les Pères jésuites Ignace, Armand Fronton, Leduc, Jacques Sirmond, et fit... » Au contraire, l'*Histoire de la Mère et du Fils* avait séparé correctement les trois noms.

3. François Jouvenel des Ursins, marquis de Traînel, maréchal de camp en 1598, était ambassadeur à Rome depuis 1614; il fut envoyé en Angleterre en 1619, et mourut le 9 octobre 1651.

4. Henri-Louis Chasteignier de la Roche-Posay (1577-1651), abbé de Saint-Cyprien et de Nanteuil-en-Vallée, évêque de

le lendemain de la Saint-Jean, de quelques menées de sa part; on y découvrit un parti formé pour lui, duquel Sainte-Marthe[1], lieutenant général, et quelques autres des principaux officiers étoient. Le 22ᵉ du mois, un nommé La Trye[2], qui étoit à Monsieur le Prince, fut attaqué dans la ville et blessé d'un coup de carabine par quelques habitants qui se retirèrent dans l'évêché. Monsieur le Prince part d'Amboise, se présente aux portes, que l'évêque, auquel la Reine, dès le commencement de ces mouvements, avoit écrit et commandé de ne laisser entrer aucun des grands en ladite ville, lui fit refuser. Ledit sieur le Prince demandant à parler à quelqu'un, un nommé Berland[3] se présenta, qui lui dit qu'on ne le laisseroit point entrer;

Poitiers depuis 1611. Il avait revêtu la cuirasse et, « la pique à la main, faisoit fonction de commandant de place » (Thibaudeau, *Histoire du Poitou*, t. III, p. 191).

1. Nicolas de Sainte-Marthe, seigneur de Boissière, du Fresne et de Marigny, lieutenant général de Poitou, maire de Poitiers en 1613, mort en 1645 (Ouvré, *Essai sur l'histoire de Poitiers*, p. 57; Dugast-Matifeux, *État du Poitou sous Louis XIV*, p. 489; et Thibaudeau, *Histoire du Poitou*, t. III, p. 183).

2. Voyez le *Mercure françois*, p. 459 et suivantes, et les *Mémoires de Pontchartrain*, p. 331, et *de Fontenay-Mareuil*, p. 78. François de Bardye, seigneur de la Trye et du Chillou, habitait Poitiers vers cette époque et, par acte passé en cette ville le 19 décembre 1611, rendit hommage au Roi pour la seigneurie du Chillou (renseignement obligeamment communiqué par M. Richard, archiviste du département de la Vienne); il fut tué en duel à Vincennes le 28 janvier 1615 (*Journal d'Arnauld d'Andilly*, p. 39).

3. Voici en quels termes ce personnage est mentionné dans l'*Essai sur l'histoire de Poitiers*, par Ouvré, p. 71 et suivantes : « L'huissier Berland, le roi de la populace de Poitiers, qui jadis avait jeté le maréchal de Biron hors de la ville et fait tirer le

et, sur ce qu'il l'interrogea de la part de qui il lui faisoit cette réponse, il lui dit que c'étoit de la part de dix mille hommes armés qui étoient dans la ville, qui mourroient plutôt que de l'y laisser entrer, et qu'il le prioit de se retirer, ou qu'on tireroit sur lui.

Le duc de Roannois[1], gouverneur de la ville, affidé à Monsieur le Prince, y alla le 25 ; mais il fut contraint de prendre le logis de l'évêque pour asile, et, ceux de la ville refusant de lui obéir et protestant qu'ils ne reconnoissoient lors personne que l'évêque, il en sortit deux jours après. Monsieur le Prince se retira à Châtellerault, d'où il écrivit à la Reine une lettre pleine de plaintes[2], lui demandant justice de l'évêque et de ceux qui avoient été contre lui ; puis, ayant amassé quelque noblesse, et le marquis de Bonnivet[3] lui ayant amené un régiment, il alla loger à Dissay[4], maison épiscopale, et autres lieux à l'entour de Poitiers, qui envoya demander assistance à la Reine et la supplier de les dégager de Monsieur le Prince.

La Reine lui manda[5] qu'elle lui feroit faire justice et qu'elle attribuoit au Parlement la connoissance de

---

canon sur Henri III. » Le *Dictionnaire historique et généalogique des familles du Poitou*, par Beauchet-Filleau, cite ce personnage sans donner son prénom.

1. Louis Gouffier (1578-1642), duc de Roannois.
2. *Var.* : Une lettre de plaintes (M).
3. Henri-Marc-Alphonse-Vincent Gouffier (1586-1645), marquis de Bonnivet et de Crèvecœur, cousin du duc de Roannois.
4. Dissay, terre et châtellenie située sur la rivière du Clain, à trois lieues de Poitiers, et qui faisait partie du temporel de l'évêque.
5. Dans le manuscrit H, ces mots ont été corrigés et remplacés par ceux-ci : « La Reine manda à l'évêque. »

ce qui s'étoit passé en cette affaire, pour en juger selon les lois, et, afin qu'on ne pût prendre aucun prétexte pour ne pas exécuter le traité de Sainte-Menehould, la Reine fit vérifier, le 4ᵉ juillet, une déclaration du Roi[1] portant que S. M. avoit été bien informée que ledit sieur Prince et tous ceux de son parti n'avoient eu aucune mauvaise intention contre son service, et partant avouoit tout ce qu'ils avoient fait et ne vouloit pas qu'ils en pussent jamais être recherchés. Tout cela ne put pas faire retirer Monsieur le Prince, qui muguetoit cette ville, et auquel la lâcheté du gouvernement passé faisoit peu appréhender l'avenir.

M. de Villeroy persistoit au conseil généreux qu'il avoit toujours donné, qui étoit que le Roi et la Reine s'acheminassent en ces quartiers-là; joint que M. de Vendôme, qui étoit en Bretagne, n'obéissoit non plus que s'il n'eût point signé le traité.

M. le Chancelier étoit d'un avis contraire, auquel le maréchal d'Ancre et sa femme se joignoient; et la chose se traitoit avec tant d'animosité de part et d'autre, qu'il y eut beaucoup de paroles d'aigreur entre eux et ceux qui étoient d'avis du voyage.

Mais enfin la Reine, s'étant mal trouvée des premiers conseils de M. le Chancelier et d'avoir voulu éviter le naufrage en cédant aux ondes, suivit pour cette fois le conseil de M. de Villeroy, nonobstant tous les offices du maréchal et de sa femme, et se résolut de résister au temps, faire force à la tempête et mener le Roi à Poitiers et en Bretagne. Elle le fit partir le 5 juillet. Le

---

1. Voyez le texte de cette déclaration dans le *Mercure françois*, p. 462.

maréchal et sa femme, s'estimant ruinés, n'osèrent accompagner LL. MM. en ce voyage, mais demeurèrent à Paris.

La Reine, étant arrivée à Orléans[1], dépêcha M. du Maine vers Monsieur le Prince, croyant qu'ayant été de son parti, il avoit plus de pouvoir de le faire retirer ; mais son voyage n'eut autre fin, sinon que Monsieur le Prince, voyant le Roi s'approcher de lui, lui dit qu'il s'en alloit à Châteauroux, où il attendroit la satisfaction de l'offense qu'il avoit reçue, et fut voir en passant M. de Sully, sous prétexte de le ramener en son devoir, mais en intention toute contraire.

Elle renvoya aussi d'Orléans, pour la troisième fois, au duc de Vendôme le marquis de Cœuvres, et fit expédier en ladite ville, le 14 juillet, une déclaration[2] en faveur dudit duc, par laquelle le Roi le rétablissoit dans les fonctions de sa charge de gouverneur de Bretagne et commandoit aux villes de le laisser entrer comme elles avoient accoutumé auparavant ces mouvements.

Monsieur le Prince éprouva lors combien peu de chose étoit le gouvernement d'Amboise, qu'il avoit désiré avec tant de passion, vu que ceux qui y commandoient en apportèrent les clefs à LL. MM. à leur passage, lesquelles elles laissèrent néanmoins entre leurs mains[3].

---

1. Le Roi fit son entrée à Orléans le 8 juillet. Voyez *Entrée magnifique du Roi, faite en sa ville d'Orléans le mardi huitième juillet 1614, avec l'ordre et les cérémonies observées en icelle,* par Claude Malingre ; Paris, 1614, in-8°.

2. *Mercure françois,* p. 467.

3. Dans le manuscrit B, les sept derniers mots de cet alinéa

A leur arrivée à Tours, la nouvelle leur ayant été apportée de l'éloignement dudit sieur le Prince, ceux qui avoient déconseillé le voyage voulurent persuader la Reine de retourner à Paris ; mais la venue de l'évêque de Poitiers avec deux cents habitants, qui représentèrent la ville en péril à cause de l'absence des principaux magistrats d'icelle, qui, ayant été soupçonnés d'être contre le service du Roi, avoient été obligés de se retirer, LL. MM. s'y acheminèrent, furent reçues avec applaudissement de tout ce peuple, y mirent l'ordre nécessaire, et firent résigner à Rochefort[1] sa charge de lieutenant de roi en Poitou en faveur du comte de la Rochefoucauld[2].

Toutes choses succédant si heureusement en ce voyage, MM. de Guise, d'Épernon et de Villeroy étoient en faveur et gouvernoient tout, et on ne faisoit qu'attendre l'heure que le Chancelier seroit chassé, ce que si ledit sieur de Villeroy eût fait alors, il se fût garanti de beaucoup de maux que le Chancelier lui fit depuis.

Le commandeur de Sillery croyoit tellement son frère et lui ruinés, qu'il traita et tomba quasi d'accord de sa charge de premier écuyer de la Reine avec le sieur de la Trousse[3] ; Barbin seul l'empêcha, lui

ont été ajoutés après coup de la main de Charpentier, secrétaire du Cardinal.

1. Louis d'Alloigny, marquis de Rochefort : ci-dessus, p. 224.

2. François V, comte de la Rochefoucauld (1588-1650), gouverneur de Poitou, devint duc de la Rochefoucauld par lettres du mois d'avril 1622.

3. Sébastien Le Hardy, seigneur de la Trousse, grand prévôt de l'hôtel du Roi après son père.

représentant que l'honneur l'obligeoit à ne s'en point défaire sans en parler au maréchal d'Ancre, par la faveur duquel il la tenoit.

Le duc de Vendôme, nonobstant l'approche du Roi, demeura toujours dans son opiniâtreté, ne désarmant ni rasant les fortifications de Lamballe et de Quimper, ni ne recevant la garnison de Suisses dans Blavet jusques à ce qu'il sût que LL. MM. fussent arrivées à Nantes, où, pour sa sûreté, on lui fit expédier, le 13ᵉ août, une déclaration[1] semblable à celle qui lui avoit été envoyée d'Orléans ; et lors seulement il se rendit en son devoir.

Le Roi tenant ses États à Nantes, il fut étonné des excès et violences dont avoient usé les troupes de M. de Vendôme, desquelles les États lui firent des plaintes, suppliant S. M. qu'il lui plût ne point comprendre dans l'abolition qu'on leur donnoit de leurs crimes ceux qui avoient fait racheter les femmes aux maris, les filles et les enfants aux pères et mères, les champs ensemencés aux propriétaires, et ceux qui, pour exiger de l'argent, avoient donné la géhenne[2] ordinaire et extraordinaire et pendu ou autrement fait mourir les hommes, ou les avoient rançonnés pour ne pas brûler les maisons ou mettre le feu à leurs titres et enseignements : ce qui fit tant d'horreur à LL. MM. et à leur Conseil, qu'elles déclarèrent qu'ayant mieux aimé oublier que venger les injures faites à leur particulier, elles entendoient que les crimes susnommés qui concernent le public fussent sévèrement punis selon la rigueur des ordonnances. Le Roi, ayant paci-

1. Voyez le texte dans le *Mercure françois*, t. III, p. 472.
2. La torture.

fié ces deux provinces, le Poitou et la Bretagne, retourna à Paris et y arriva le 16ᵉ de septembre.

Durant ce voyage, le prince de Conti mourut à Paris le 13 août, sans enfants, n'ayant eu qu'une fille[1] de son second mariage avec Mlle de Guise[2]. Il étoit prince courageux, et qui s'étoit trouvé auprès de Henri le Grand à la bataille d'Ivry et en plusieurs autres occasions, où il avoit très bien fait; mais il étoit si bègue, qu'il étoit quasi muet et n'avoit pas plus de sens que de parole.

Monsieur le Prince arriva treize jours après le Roi à Paris, pour accompagner S. M. au Parlement, où il devoit être déclaré majeur le 2 octobre, suivant l'ordonnance du roi Charles V par laquelle les rois de France entrent en majorité après treize ans accomplis[3].

Le jour précédent, S. M. fit expédier une déclaration par laquelle elle confirmoit de nouveau l'édit de pacification, renouveloit la défense des duels et celle des blasphèmes[4].

Le lendemain, cette cérémonie se passa avec un grand applaudissement de tout le monde[5]. La Reine y

---

1. Marie de Bourbon-Conti, née le 8 mars 1610, et « qui mourut en maillot » (*Mercure françois*, t. III, p. 497).

2. Ci-dessus, p. 44, note 3.

3. Cette ordonnance fut rendue au château de Vincennes, au mois d'août 1374, dans une assemblée extraordinaire du Conseil. Elle fixa la majorité des rois à l'âge de « quatorze ans commencés ».

4. Cette déclaration portait la date du 1ᵉʳ octobre et fut publiée le 2 en Parlement. Le texte s'en trouve dans le *Mercure françois*, p. 579.

5. On trouve une *Relation du lit de justice tenu par le Roy, le 2 octobre 1614*, dans le volume France 769, fol. 199. Ce document a été imprimé dans le *Mercure françois*, t. III,

ayant remis au Roi l'administration de son gouvernement, S. M., après l'avoir remerciée de l'assistance qu'il avoit reçue d'elle en sa minorité, la pria de vouloir prendre le même soin de la conduite de son royaume, et fit vérifier la déclaration susdite qu'il avoit fait expédier le jour auparavant.

Le 13 du mois, il mit avec la Reine sa mère la première pierre au pont que LL. MM., pour la décoration et commodité de la ville, trouvèrent bon de faire construire pour passer de la Tournelle à Saint-Paul, et en donnèrent la charge à Christophe Marie, bourgeois de Paris, moyennant les deux îles de Notre-Dame, que LL. MM. achetèrent et lui donnèrent en propre pour subvenir aux dépenses dudit pont[1].

Lors, il ne fut plus question que de la tenue des États, que, dès le 9 juin[2], l'on avoit convoqués au 10ᵉ septembre en la ville de Sens; mais les affaires

---

p. 583 et suivantes, et a été également édité en publications séparées sous le titre : *Ordre de la séance tenue au Parlement, le Roy séant en son lit de justice pour la déclaration de sa majorité, le deuxiesme d'octobre l'an de grâce mil six cent quatorze*, Paris et Vienne.

1. Ce pont, dit le Pont-Marie du nom de son constructeur, allait de la Tournelle au quai Saint-Paul, vis-à-vis de la rue des Nonnains-d'Hyères. Il fut bâti en pierre de 1614 à 1635, et on y éleva cinquante maisons. Dans la nuit du 1ᵉʳ mars 1658, deux arches et vingt-deux maisons s'écroulèrent par suite d'un débordement de la Seine. Les conditions de la construction sont relatées dans le *Mercure françois* (p. 600), auquel ces détails sont empruntés.

2. Les lettres patentes portaient la date du 7 juin 1614. Voyez Florimond Rapine, *Recueil très exact et curieux de tout ce qui s'est passé de singulier et mémorable en l'assemblée générale des Estats tenus à Paris en l'année 1614, et particulière-*

du Poitou et de la Bretagne les firent remettre au 10ᵉ octobre ensuivant; puis, à quelques jours de là, le Roi les fit assigner à Paris, et non à Sens[1].

Monsieur le Prince ne vit pas plus tôt la Reine résolue de les assembler, qu'il lui fit dire sous main que, si elle vouloit, il ne s'en tiendroit point, et qu'eux-mêmes, qui les avoient demandés, y consentiroient les premiers; mais le Conseil, prévoyant très prudemment que, quoi que dissent ces princes, ce seroit le premier sujet de leurs plaintes au premier mécontentement qu'ils prendroient, et que ce prétexte seroit spécieux pour animer le peuple contre son gouvernement et pour justifier leur première rébellion et la seconde qu'ils recommenceroient encore, s'affermit à les tenir d'autant plus qu'ils la sollicitoient de ne le pas faire. A quoi l'exemple de Blanche, mère de saint Louis, la fortifioit, qui fit tenir à l'entrée de la majorité de son fils une semblable assemblée[2], par le conseil de

---

ment en chacune séance du tiers ordre; Paris, 1651, in-4°. Cet ouvrage a été réimprimé dans le recueil intitulé : *Des États généraux et autres assemblées nationales;* Paris, Buisson, 1789, t. XVI, p. 47 et suivantes, et t. XVII.

1. Cette convocation fut faite par lettres patentes du 4 octobre 1614 (*Fl. Rapine*, p. 5).

2. Ceci n'est pas rigoureusement exact. On s'accorde généralement à reconnaître que les premiers États généraux furent réunis à Paris, le 10 avril 1302, par Philippe le Bel. Voyez Augustin Thierry, *Essai sur l'histoire de la formation et des progrès du tiers état*, p. 45, et G. Picot, *Histoire des États généraux*, t. I, p. 19-21. Ce qu'on peut admettre, c'est que Blanche de Castille, pour constituer un élément de résistance contre les menaces des grands vassaux révoltés ou suspects, invita les communes à prêter serment de fidélité au Roi. La question de l'origine des États généraux a donné lieu

laquelle elle pourvut si bien aux affaires de son royaume, que la suite de son règne fut pleine de bénédictions.

Quand les princes la virent en cette résolution, ils emplirent de brigues toutes les provinces pour avoir des députés à leur dévotion et faire grossir leurs cahiers de plaintes imaginaires : ce qui leur réussit toutefois au contraire de ce qu'ils pensoient, nonobstant que, durant lesdits États, tous les esprits factieux vinssent à Paris pour fortifier Monsieur le Prince, qui y étoit en personne, et qu'on ne vît jamais tant de brigues et factions ; jusque-là que Monsieur le Prince même voulut aller se plaindre ouvertement du gouvernement de la Reine, et l'eût fait, si Saint-Géran[1] ne l'eût été trouver à son lever et ne lui en eût fait défenses expresses de la part de S. M.

L'ouverture de cette célèbre compagnie fut le 27 dudit mois d'octobre aux Augustins[2]. Il s'émut en l'ordre ecclésiastique une dispute pour les rangs, les abbés prétendant devoir précéder les doyens et autres dignités de chapitres. Il fut ordonné qu'ils se range-

---

à d'intéressantes polémiques : voyez un article de M. Alph. Callery dans la *Revue des Questions historiques* de janvier 1881, et, du même auteur, l'*Histoire de l'origine des pouvoirs et des attributions des États généraux et provinciaux depuis la féodalité jusqu'aux États de 1355;* Bruxelles, 1881, in-8º. M. Ach. Luchaire y répondit sous ce titre : *Une théorie récente sur l'origine des États généraux*, dans les *Annales de la Faculté des lettres de Bordeaux*, 1882, p. 50.

1. Ci-dessus, p. 54, note 3.

2. La veille avait été faite une procession solennelle, dont Florimond Rapine donne la description détaillée, p. 39 et suivantes.

roient et opineroient tous confusément, mais que les abbés de Cîteaux[1] et de Clairvaux[2], comme étant chefs d'ordre et titulaires, auroient néanmoins la préférence.

Les hérauts ayant imposé silence, le Roi dit à l'assemblée qu'il avoit convoqué les États pour recevoir leurs plaintes et y pourvoir[3]. Ensuite, le Chancelier prit la parole et conclut que S. M. permettoit aux trois ordres de dresser leurs cahiers et leur y promettoit une réponse favorable.

L'archevêque de Lyon[4], le baron de Pont-Saint-

---

1. Cîteaux est aujourd'hui un hameau du département de la Côte-d'Or. L'abbé de ce monastère était, en 1614, frère Nicolas Boucherat, docteur en théologie, conseiller du Roi au Parlement de Dijon. Voyez Pierre de Behety, *Procez-verbal contenant les propositions, délibérations et résolutions prises et receuës en la chambre ecclésiastique des Estats généraux du royaume de France convoquez par le roy très chrestien Louis XIII*, 1650, in-fol., p. 15.

2. Clairvaux, abbaye bénédictine fondée par saint Bernard en 1115. L'abbé était en 1614 frère Denis L'Argentier. Voyez Behety, p. 19.

3. La harangue du Roi se trouve dans l'ouvrage de Florimond Rapine, p. 48, et dans un recueil intitulé : *Forme générale et particulière de la convocation et de la tenue des assemblées nationales et États généraux*, par Lalourcé et Duval, 1789, t. V des Pièces justificatives, p. 126.

4. Denis-Simon de Marquemont, archevêque de Lyon en 1612, cardinal en 1626, mort le 16 septembre de la même année. Le texte de son allocution a été imprimé dans le *Mercure françois*, t. III, année 1616, 3ᵉ continuation, p. 52, et dans le *Procez-verbal... de la chambre ecclésiastique*, publié par P. de Behety, p. 56. Les archives du ministère des Affaires étrangères possèdent un volume manuscrit de *Lettres et négociations du cardinal de Marquemont, ambassadeur à Rome (1617-1619)* : Rome, suppl. 2.

Pierre[1] et le président Miron[2] firent, l'un après l'autre, pour l'Église, la noblesse et le tiers état[3], les très humbles remerciements au Roi de sa bonté et du soin qu'il témoignoit avoir de ses sujets, de l'obéissance et fidélité inviolable desquels ils assuroient S. M., à laquelle ils présenteroient leurs cahiers de remontrances le plus tôt qu'ils pourroient. Cela fait[4], on se sépara, et, durant le reste de l'année, chacune des trois chambres travailla à la confection desdits cahiers[5].

1. Pierre de Roncherolles, baron de Pont-Saint-Pierre, sénéchal du comté de Ponthieu, gentilhomme ordinaire de la chambre du Roi, conseiller d'État, était député de la noblesse de Normandie; il mourut en 1627. Le texte de sa harangue se trouve dans le *Mercure françois*, p. 57.

2. Robert Miron, prévôt des marchands de Paris, président de la chambre du tiers état aux États généraux de 1614, fut ambassadeur près les Cantons suisses de 1619 à 1624; il était conseiller au Parlement et avait exercé les fonctions d'intendant des finances en Languedoc; il mourut en 1641. Le texte du discours qu'il prononça à cette occasion se trouve dans la *Relation* de Florimond Rapine, p. 50 et suiv., et dans le *Mercure françois*, p. 63.

3. Le texte de ces trois discours a été encore imprimé dans le *Recueil* de Lalourcé et Duval, Paris, 1789, t. V des Pièces justificatives, p. 127 et suivantes.

4. *Var.* : A laquelle ils présenteroient leurs cahiers. Cela fait (M, H).

5. Le texte des cahiers présentés au Roi par le clergé se trouve à la Bibliothèque nationale, mss. Brienne, vol. 282, et a été imprimé à la suite du *Procez-verbal* de Pierre de Behety. Les cahiers de la noblesse sont conservés aux archives des Affaires étrangères, France 769, fol. 230-301. Le texte des cahiers du tiers état a été imprimé à la suite de la *Relation des États* de Florimond Rapine et dans le *Recueil des États* publié en 1789 par Buisson.

Monsieur le Prince, ayant su[1] que les États, jusqu'à l'assemblée desquels seulement il avoit reçu en dépôt la ville et château d'Amboise, avoient résolu[2] de faire instance qu'il les remît entre les mains du Roi, les prévint, au grand regret du maréchal d'Ancre, qui soupçonna qu'il avoit rendu cette place pour l'obliger par son exemple à rendre celles qu'il avoit. Le château d'Amboise fut donné à Luynes[3], qui commença à entrer dans les bonnes grâces du Roi parce qu'il se rendit agréable en ses plaisirs.

Le maréchal d'Ancre qui, de longtemps, regardoit de mauvais œil MM. de Souvré[4], père et fils, leur portant envie pour la crainte qu'il avoit qu'ils gagnassent trop de crédit dans l'esprit du Roi, eut dessein d'élever celui-ci pour le leur opposer, et fit office auprès de la Reine pour lui donner ce gouvernement, lui représentant qu'elle feroit chose qui contenteroit fort le Roi et que ce seroit une créature qu'elle auroit près de lui.

Mais, pour ce que ce jour est le premier auquel com-

1. Dans le manuscrit B, le mot *su* a été substitué de la main de Charpentier aux mots *quelque vent*.
2. Dans le manuscrit B, les mots *avoient résolu de* ont été substitués par Charpentier au mot *vouloient*.
3. Charles d'Albert (4 août 1578-15 décembre 1621), seigneur puis duc de Luynes par érection en duché-pairie de Luynes du comté de Maillé en août 1619. D'abord page du Roi, il fut élevé à la dignité de connétable de France le 2 avril 1621, et exerça en fait le pouvoir sous le nom de Louis XIII dès la mort de Concini en 1617.
4. Gilles de Souvré, marquis de Courtenvaux, maréchal de France en 1613, gouverneur de Louis XIII, et son fils Jacques de Souvré, plus tard grand prieur de France.

mence à poindre la grandeur à laquelle on l'a vu depuis élevé, il est bon de remarquer ici de quel foible commencement il est parvenu jusqu'à cette journée, qu'on peut dire être l'aurore d'une fortune si prodigieuse.

Son père[1], nommé le capitaine Luynes, étoit fils de maître Guillaume Ségur[2], chanoine de l'église cathédrale de Marseille. Il s'appela Luynes[3], d'une petite maison qu'avoit ledit chanoine entre Aix et Marseille, sur le bord d'une rivière nommée Luynes, et prit le surnom d'Albert, qui étoit celui de sa mère, qui fut chambrière de ce chanoine.

Ayant un frère aîné auquel son père laissa le peu de bien qu'il avoit, et n'ayant en sa part que quelque argent comptant, il se fit soldat et s'en alla à la cour, où il fut archer de la garde du corps[4], fut estimé

1. Honoré d'Albert, seigneur de Luynes, capitaine au régiment de Sarlabous en 1562, gouverneur du Pont-Saint-Esprit en 1573, mort en 1592.

2. Ces renseignements sont évidemment empreints d'un très grand parti pris de malveillance, et Monmerqué et Paulin Paris en ont fait justice dans leurs annotations des *Historiettes de Tallemant des Réaux*, t. I, p. 410-411. D'après Pithon-Curt (*Histoire du Comtat-Venaissin*, t. IV, p. 159), Honoré de Luynes était fils de Léon d'Albert, premier titulaire de la seigneurie de Luynes, et de Jeanne de Ségur, qui elle-même était fille d'Antoine de Ségur, seigneur de Ribes, et de Jeanne de Glandèves.

3. Fief situé au sud d'Aix et qui passa de la famille de Ségur à la famille d'Albert, qui ne le posséda que quelques années. Le connétable fit transporter en 1619 le nom de Luynes, sous lequel s'était illustré son père, à son duché de Maillé, près de Tours.

4. Les mots *où il fut archer de la garde du corps* ont été ajoutés en marge (B).

[1614] DE RICHELIEU.

homme de courage, fit un duel dans le[1] Bois-de-Vincennes avec réputation, et enfin obtint le gouvernement du Pont-Saint-Esprit, où il se maria à une demoiselle de la maison de Saint-Paulet[2] qui avoit son bien dans Mornas[3]. Ils y acquirent une petite maison du président d'Ardaillon[4], d'Aix-en-Provence, qu'on appeloit autrement M. de Montmirail[5], une métairie chétive, nommée Brantes[6], assise sur une roche, où il fit planter une vigne, et une île que le Rhône a quasi toute mangée, appelée Cadenet[7], au lieu de laquelle, pour ce

1. Les mots *dans le* ont été ajoutés en interligne, au lieu des mots *auprès du*, dans le manuscrit B.
2. Honoré d'Albert de Luynes épousa, le 6 mars 1573, Anne de Rodulf, fille d'Honoré, seigneur de Liman et de Saint-Paulet, en Provence, et de Louise de Renaud de Villeneuve.
3. Dép. de Vaucluse, à onze kilomètres nord-ouest d'Orange.
4. André d'Ardaillon ou d'Ardillon, seigneur de Montmirail et de Brantes, coseigneur de Cadenet, originaire d'Orange, acheta en 1553 une charge de conseiller au parlement de Provence, et s'établit à Aix. C'est probablement à cette occasion qu'il vendit Brantes et Cadenet aux d'Albert. André d'Ardillon fut chargé de veiller comme commissaire du roi de France à la remise de la principauté d'Orange à Guillaume de Nassau, après la paix de Cateau-Cambrésis. Voyez Prosper Cabasse, *Histoire du parlement de Provence*, t. I, p. xi; comte de Pontbriand, *Histoire d'Orange*, p. 44.
5. Montmirail, fief de la principauté d'Orange, situé dans la commune actuelle de Vacqueyras.
6. Brantes, comm. de Mornas, sur les confins de la commune de Piolenc; il ne faut pas confondre cette seigneurie, qui n'est plus aujourd'hui qu'une ferme, avec la commune du même nom au pied du mont Ventoux.
7. Cadenet, île près de Mornas, sur le Rhône, dont les empiétements du fleuve ont fort réduit aujourd'hui la superficie, mais qui formait une paroisse au moyen âge. Elle était divisée en deux coseigneuries, dont la plus importante appartenait

qu'elle ne paroît quasi plus, on montre une autre nommée Limen[1]. Tous leurs biens et leurs acquêts pouvoient valoir environ douze cents livres de rente. A peu de temps de là, il leur fallut quitter le Pont-Saint-Esprit, pour ce que, sa femme devant beaucoup à un boucher qui les fournissoit, ayant un jour envoyé pour continuer à y prendre sa provision, le boucher ne se contenta pas de la refuser simplement, mais le fit avec telle insolence, qu'il lui manda que, n'ayant jusques alors reçu aucun paiement de la viande qu'il lui avoit vendue, il n'en avoit plus qu'une à son service, dont, se conservant la propriété, il lui donneroit, si bon lui sembloit, l'usage, sans lui en rien demander. Cette femme hautaine et courageuse reçut cette injure avec tant d'indignation, qu'elle alla tuer celui de qui elle l'avoit reçue, en pleine boucherie, de quatre ou cinq coups de poignard; après quoi, ils se retirèrent à Tarascon.

Ils eurent trois fils et quatre filles de ce mariage : l'aîné fut appelé Luynes, le deuxième Cadenet[2], et le troisième Brantes[3].

à l'évêché de Carpentras. La seconde fut vendue par le conseiller de Montmirail à la famille d'Albert, et le frère du connétable de Luynes en porta le nom jusqu'au jour où il devint duc de Chaulnes. Pour ces fiefs, voyez Pithon-Curt, *Histoire de la noblesse du Comtat-Venaissin*, t. IV, p. 161.

1. L'île de Limen ou Liman était indiquée encore sur la carte de Cassini, à une certaine distance en aval de celle de Cadenet.

2. Honoré d'Albert, seigneur de Cadenet, marié en 1620 à Claire-Charlotte d'Ailly, comtesse de Chaulnes, maréchal de France en février 1620, fut créé duc de Chaulnes par lettres du mois de janvier 1621, et mourut le 30 octobre 1649.

3. Léon d'Albert, seigneur de Brantes, marié, par contrat du 6 juillet 1620, à Marguerite-Charlotte de Montmorency-Luxem-

L'aîné fut page du comte du Lude[1]. A son hors-de-page, il demeura avec lui et le suivit quelque temps avec ses deux frères, qu'il y appela. Ils étoient assez adroits aux exercices, jouoient bien à longue et courte paume et au ballon. M. de la Varenne[2], qui les connoissoit à cause que la maison du Lude[3] est en Anjou, province d'où il est natif et avoit le gouvernement de la capitale ville[4], les mit auprès du feu Roi et fit donner à l'aîné quatre cents écus de pension, dont ils s'entretenoient tous trois; depuis, il la leur fit augmenter jusques à douze cents écus. L'union étroite qui étoit entre eux les faisoit aimer et estimer; le Roi les mit auprès de Monsieur le Dauphin, en la bonne grâce duquel ils s'insinuèrent par une assiduité continuelle et par l'adresse qu'ils avoient à dresser des oiseaux.

Le Roi, à mesure qu'il croissoit en âge, augmentant sa bienveillance envers l'aîné, il commença à se rendre considérable. Le maréchal d'Ancre, voyant l'inclination du Roi à l'aimer, pour se l'obliger et plaire à S. M. tout ensemble, lui fit donner ledit gouvernement d'Amboise, que Monsieur le Prince remettoit entre les mains de S. M.[5], espérant que, reconnoissant le bien qu'il avoit reçu de lui, il lui seroit un puissant instru-

---

bourg, duchesse de Piney, fut créé duc de Piney-Luxembourg par lettres du 10 juillet 1620, et mourut le 25 août 1630.

1. François de Daillon (1570-1619), comte du Lude, sénéchal d'Anjou et gouverneur de Gaston d'Orléans.
2. Ci-dessus, p. 143, note 1.
3. Le Lude, ch.-l. de cant. du dép. de la Sarthe, se trouve à la limite des provinces du Maine et de l'Anjou.
4. Henri IV lui avait donné le gouvernement d'Angers en août 1604.
5. Ci-dessus, p. 303.

ment pour dissiper les mauvaises impressions qu'on donneroit au Roi à son désavantage : en quoi paroît combien est grand l'aveuglement de l'esprit de l'homme qui fonde son espérance en ce qui doit être le sujet de sa crainte : car le maréchal ne recevra mal que de celui-ci de qui il attend tout le contraire, et Luynes, qu'il regardoit comme un des principaux appuis de sa grandeur, non seulement le mettra par terre, mais ne bâtira sa fortune que sur les ruines de la sienne.

Il[1] eut quelque peine à y faire consentir la Reine; mais, lui ayant représenté que le Roi avoit quelque inclination vers ledit de Luynes, et que, entre ceux qui le suivoient, il avoit meilleure part en son jeune esprit, elle crut faire bien de se l'acquérir pour serviteur, et lui acheta la ville et château d'Amboise plus de cent mille écus : en quoi elle commit une erreur assez ordinaire entre les hommes, d'aider ceux qu'ils voient s'élever plus qu'ils ne désireroient, n'osant ouvertement s'opposer à eux, et espérant de les pouvoir gagner par leurs bienfaits, sans prendre garde que cette considération-là n'aura pas un jour tant de force pour nous en leur esprit qu'en aura contre nous le propre intérêt de leur ambition démesurée, qui ne peut souffrir de partager l'autorité qu'elle désire avoir seule, ni moins la posséder avec dépendance d'autrui.

Le respect dont Monsieur le Prince usa en cette occasion, de rendre au Roi cette place suivant la condition avec laquelle il l'avoit reçue, sans attendre qu'on la lui demandât, ne fut pas suivi du duc d'Épernon,

1. Dans le manuscrit B, tout l'alinéa qui suit a été ajouté en marge. C'est de Concini qu'il est question.

qui, à la face des États, usa d'une violence inouïe contre l'honneur dû au Parlement.

Un soldat du régiment des Gardes fut mis prisonnier au faubourg Saint-Germain pour avoir tué en duel un de ses camarades. Le duc d'Épernon, prétendant, comme colonel général de l'infanterie françoise, en devoir être le juge, l'envoya demander. Sur le refus qui lui en fut fait, il tire quelques soldats d'une des compagnies qui étoient en garde au Louvre[1], fait briser les prisons et enlever le soldat.

Le bailli de Saint-Germain[2] en fait sa plainte à la cour le 15ᵉ novembre. Elle commet deux conseillers pour en informer. Le duc d'Épernon, offensé de ce qu'on y travailloit, va, le 19ᵉ du mois, au Palais, si bien accompagné qu'il ne craignoit point qu'on lui pût faire mal, et, à la levée de la cour, les siens, se tenant en la grand'salle et en la galerie des Merciers[3], se moquoient de Messieurs du Parlement à mesure qu'ils sortoient, et aux paroles et gestes de mépris

1. Les mots *au Louvre* ont été ajoutés après coup par Charpentier dans le manuscrit B.
2. Le bailli de l'abbé de Saint-Germain-des-Prés, seigneur du lieu. Le *Mercure françois*, 1616, 3ᵉ continuation, p. 205; les *Mémoires de Mathieu Molé*, et Girard, dans l'*Histoire de la vie du duc d'Espernon*, t. II, p. 419, donnent pour ces incidents les mêmes dates que les *Mémoires de Richelieu*. D'après Dom Bouillart (*Histoire de l'abbaye de Saint-Germain-des-Prez*, p. 219), le duel aurait eu lieu le 19 novembre, l'enlèvement du soldat de la prison le 20, et les violences du duc d'Épernon à l'égard du Parlement le 21.
3. La galerie des Merciers au Palais était située au-dessous des bâtiments de la Cour des aides. On fit en 1638 d'importantes réparations à cette partie du Palais (*Mémoires de Mathieu Molé*, t. II, p. 452).

ajoutèrent quelques coups d'éperons, dont ils perçoient et embarrassoient leurs robes, de sorte qu'aucuns furent contraints de retourner, et ceux qui n'étoient pas encore sortis se tinrent enfermés jusques à ce que cet orage fût passé[1].

Cette action sembla si atroce, que chacun prit part à l'offense. La cour s'assembla le 24ᵉ novembre, qui étoit le jour de l'ouverture du Parlement[2], pour délibérer quelle punition elle prendroit de ce crime, où non seulement la justice avoit été violée au brisement de la prison du faubourg Saint-Germain, la sûreté de la personne du Roi méprisée par l'abandonnement de ses gardes, qui ont été tirés de leur faction pour employer à cet attentat, mais la majesté royale même foulée aux pieds en l'injure faite à son Parlement, et tout cela à la vue des États.

La Reine n'étoit pas en état de prendre aucune résolution généreuse sur ce sujet, pour ce qu'elle n'avoit entièrement confiance[3] en aucun des ministres, ni aucun d'eux aussi assez d'assurance de sa protection, pour lui oser donner un conseil qui le chargeât de la haine d'un grand, joint qu'elle étoit en défiance de Monsieur le Prince et de tous ceux de son parti, et partant avoit quelque créance aux ducs de Guise et d'Épernon : ce qui fit qu'elle envoya au Parlement le sieur de Praslin avec une lettre du Roi, par laquelle il leur commandoit de surseoir pour deux jours la

1. Mathieu Molé, en rapportant ces faits dans ses *Mémoires* (t. 1, p. 5), s'efforce d'atténuer les procédés du duc d'Épernon.
2. Le jour de la réouverture des chambres, après les vacations.
3. Les mots qui suivent, jusqu'à *assurance*, ont été ajoutés dans le manuscrit B de la main de Charpentier.

poursuite de cette affaire, et que, ce pendant, il aviseroit de donner contentement à la cour. Ils en étoient déjà aux opinions quand il arriva; néanmoins, ils ne passèrent pas outre, mais ordonnèrent que le Parlement ne seroit point ouvert jusques alors.

Toute la satisfaction que le Parlement reçut fut que le soldat fut remis dans la prison de Saint-Germain. Le duc d'Épernon alla trouver la cour le 29e[1], où, sans faire aucune mention de l'affront qu'il lui avoit fait dans la grande salle et la galerie des Merciers, il dit simplement qu'il étoit venu au Palais ledit jour, pensant venir rendre compte à la cour de l'action de l'enlèvement du soldat, mais que le malheur s'étoit rencontré qu'elle étoit levée, ce que les malveillants avoient mal interprété, qu'il supplioit la cour de perdre à jamais la mémoire ce qui s'étoit passé; qu'il les honoroit et étoit en volonté de les servir en général et en particulier.

Si le duc d'Épernon fit peu de compte du Roi et de son Parlement, le maréchal d'Ancre n'en fit pas davantage de l'assemblée des États, que l'on publioit être pour mettre ordre aux confusions qui étoient dans le royaume, et principalement à celle qui étoit dans les finances, dont la plupart des autres tiroient leur origine; car, lorsque l'on parloit de modérer l'excès des dépenses du Roi, il fit impudemment créer des offices

---

1. Le 24 novembre, d'après le *Mercure françois* (p. 202), qui rapporte les paroles mêmes prononcées par le duc d'Épernon. Mathieu Molé (p. 15) donne la date du 29 novembre; Pontchartrain celle du 28 (*Mémoires*, p. 337). Les registres du Parlement (Archives nationales, X1a 1866, fol. 351-352) contiennent, au 29 novembre, le procès-verbal de ces excuses.

de trésoriers des pensions, dont il tira dix-huit cent mille livres.

Les[1] huguenots aussi, en la ville de Milhau, se soulevèrent la veille de Noël contre les catholiques, les chassèrent de la ville, entrèrent dans l'église, y brisèrent le crucifix, les croix et les autels, rompirent les reliquaires, et, ce qui ne se peut écrire sans horreur, foulèrent le Saint-Sacrement aux pieds, duquel excès et sacrilège il ne fut pas tiré grande raison.

Tandis qu'en France nos affaires étoient dans cet état, et que la Reine, d'un côté[2], étoit occupée à garantir le royaume de la mauvaise volonté des grands, et, d'autre part, s'y comportoit avec tant de foiblesse, la puissance d'Espagne se faisoit craindre en Italie et se fortifioit en Allemagne. En Italie, nonobstant que le marquis de Cœuvres y eût laissé les affaires en train d'accommodement[3], l'ambition néanmoins du duc de Savoie en continua non seulement le trouble, mais l'augmenta, en ce que, les Espagnols agréant les articles qui avoient été concertés et dont nous avons parlé ci-dessus[4], et faisant instances audit duc de désarmer, il le refusa. Davantage, il commença à se plaindre d'eux, demandant le paiement de soixante mille livres par an que Philippe II, son beau-père, avoit, par contrat de mariage, données à l'Infante sa femme[5], dont il lui étoit

1. Tout cet alinéa a été ajouté, en marge du manuscrit B, de la main de Charpentier.
2. Les mots *d'un côté* ont été substitués après coup, dans le manuscrit B, aux mots *d'une part*.
3. Ci-dessus, p. 284-285.
4. P. 285.
5. Catherine-Michelle, infante d'Espagne, fille de Philippe II

dû huit années d'arrérages, et d'autres huit mille écus par an de ce qui lui avoit été semblablement promis, et dont il lui étoit dû aussi des arrérages. Le roi d'Espagne, employant le nom de l'Empereur pour mieux colorer son procédé, lui fit faire, le 8ᵉ juillet, un commandement de la part de S. M. Impériale de licencier ses troupes : à quoi ne voulant obéir, le gouverneur de Milan entra dans le Piémont avec une armée, et fit bâtir un fort près de Verceil.

D'autre côté, le marquis de Sainte-Croix[1], assisté des Génois, descendit avec une armée navale sur la rivière de Gênes, entra dans les États du duc de Savoie, et prit Oneille[2] et Pierrelatte[3].

L'avis en étant venu en France, S. M., ne voulant pas laisser perdre ce prince, dépêcha, le 20ᵉ septembre, le marquis de Rambouillet en ambassade extraordinaire en Italie, pour composer ces différends, dont toutefois il ne put pas venir à bout pour cette année, le[4] nonce[5] de Sa Sainteté et lui étant convenus d'un traité à Verceil[6], qui fut signé du duc de Savoie, mais que le gouverneur de Milan refusa;

et d'Élisabeth de France, mariée le 23 août 1584 au duc Charles-Emmanuel de Savoie.

1. Alvaro Bassano, marquis de Sainte-Croix, général des galères d'Espagne.

2. Oneglia, petit port du golfe de Gênes.

3. En italien, Pietra-Lata (*Memorie recondite*, t. III, p. 273), aujourd'hui Pietra-Ligure, dans la province de Gênes, à vingt-deux kilomètres nord-nord-est d'Albenga.

4. Ce passage, jusqu'à *ratifier*, a été ajouté dans le manuscrit B de la main de Charpentier.

5. Julio Savelli, qui devint cardinal en 1615.

6. Ce traité fut signé le 17 novembre 1614 (Guichenon, *His-*

et depuis, étant aussi convenus d'un autre à Ast[1], que ledit gouverneur agréa, mais que le roi d'Espagne refusa de ratifier, ne voulant entendre à aucune autre proposition d'accommodement qu'aux premières qu'il avoit acordées, et voulant absolument, pour sa réputation en Italie, que ledit duc obéit à ce qu'il avoit désiré de lui, dont il se défendoit par l'espérance qu'il avoit que la France, pour son propre intérêt, le prendroit en sa protection.

En Allemagne, la maison d'Autriche se saisit d'une partie des pays héréditaires de Juliers, sur le sujet de la contention qui naquit entre les princes possédants.

Le duc de Neubourg s'étant marié à une fille de Bavière[2], l'électeur de Brandebourg entra en soupçons de lui : d'où vint que, ledit Neubourg voulant, vers le mois de mars de cette année, entrer dans le château de Juliers, la porte lui en fut refusée par le gouverneur[3], et Brandebourg, croyant que ledit duc s'en étoit voulu rendre maître, fit une entreprise sur Dusseldorf.

Cette mésintelligence fut cause que Neubourg se résolut d'abjurer son hérésie et faire profession de la religion catholique[4], et l'un et l'autre de faire

toire généalogique de la royale maison de Savoie, t. II, p. 382; *Mercure françois*, p. 158, et *Memorie recondite*, t. III, p. 288).

1. Le traité d'Asti fut signé le 1er décembre 1614 (Guichenon, t. II, p. 384). Le texte en est imprimé dans le *Mercure françois*, p. 161, et dans les *Memorie recondite*, t. III, p. 291.

2. Wolfgang-Guillaume, comte palatin de Neubourg, avait épousé, le 10 novembre 1613, la princesse Madeleine de Bavière.

3. Il s'appelait Frédéric Pitham (*Mercure françois*, p. 504).

4. Il abjura le 15 mai 1614 (*Mercure françois*, p. 513).

quelques levées de gens de guerre pour leur défense. L'archiduc Albert[1] et les États[2] se voulurent mêler de les accorder ; mais, comme leur principal dessein étoit de profiter de leur division, les uns et les autres s'emparèrent des places qui étoient le plus en leur bienséance, les Hollandois de Juliers et d'Emmerich[3], qui étoit une belle et grande ville sur le bord du Rhin, et Rees[4], qui est située entre Wesel et Emmerich, et plusieurs autres places.

Le marquis de Spinola[5] commença par la prise d'Aix-la-Chapelle, qui, pour les divisions qui avoient continué entre eux, avoit été mise au ban de l'Empire, et, pour l'exécution d'icelui, l'électeur de Cologne[6] et l'archiduc avoient été commis. Spinola, en qualité de lieutenant du commissaire de l'Empereur, attaqua cette place le 20ᵉ août et la prit le 24ᵉ. De là, il passa outre et s'empara de Mulheim[7], dont il fit démolir les fortifications, prit Wesel, en la Basse-Westphalie, située

1. Albert, archiduc d'Autriche, fils de l'empereur Maximilien II, fut d'abord cardinal, puis abandonna la pourpre pour épouser l'infante Isabelle-Claire-Eugénie, fille du roi d'Espagne Philippe II et d'Élisabeth de France ; il gouvernait avec elle les Pays-Bas espagnols ; il mourut en 1621.

2. Les États-Généraux des Provinces-Unies.

3. Emmerich, ville de la Prusse rhénane, à sept kilomètres nord-est de Dusseldorf.

4. Rees, ville de la Prusse rhénane, sur la rive droite du Rhin, en amont de Dusseldorf.

5. Ambroise Spinola (1571-1630), marquis de los Balbazès, duc de San-Severino, commandait les troupes espagnoles des Pays-Bas.

6. Ferdinand, prince de Bavière, archevêque-électeur de Cologne de 1612 à 1650 (ci-dessus, p. 177, note 1).

7. Ville de la Prusse rhénane, sur la Ruhr.

sur le Rhin et très bien fortifiée, et diverses autres places moindres.

Les rois d'Angleterre et de Danemark[1], et plusieurs autres princes, craignant que de cette étincelle il naquît un grand embrasement, envoyèrent des ambassadeurs pour tâcher à composer ce différend. On tint, pour ce sujet, une conférence en la ville de Xanten[2], qui étoit demeurée neutre, où enfin les princes possédants firent une transaction entre eux, qui devoit être par provision observée jusques à un accord final, mais dont Spinola empêcha l'effet, sous prétexte qu'il vouloit que les Hollandois promissent de ne s'ingérer plus à l'avenir aux affaires de l'Empire, et que lui, de son côté, ne pouvoit faire sortir la garnison qu'il avoit mise dans Wesel jusques à ce qu'il en eût commandement exprès de LL. MM. Impériale et Catholique. Ainsi les Hollandois et les Espagnols divisèrent entre eux les États[3], dont les princes perdirent l'effet de possédants et en gardèrent le titre en vain. Le Roi étoit lors[4] si occupé à pacifier les troubles de son royaume, qu'il ne put leur départir son assistance, comme il avoit fait incontinent après la mort du feu Roi.

1. Christian IV : ci-dessus, p. 216.
2. Dans la Prusse rhénane, à onze kilomètres à l'ouest de Wesel. Sur les négociations des conférences de Xanten, voyez le *Mercure françois*, p. 533 et suivantes.
3. Les États de Juliers.
4. Le mot *lors* a été ajouté par Charpentier dans le manuscrit B.

ANNÉE 1615.

Les États[1], qui furent ouverts le 27ᵉ octobre de l'année précédente, continuèrent jusques au 23ᵉ février de celle-ci.

La première contention qui s'émut entre eux fut du rang auquel chacun des députés devoit opiner dans les chambres. Sur quoi, le Roi ordonna[2] qu'ils opineroient par gouvernements, tout le royaume étant partagé en douze, sous lesquels toutes les provinces particulières sont comprises.

Quand on vint à délibérer de la réformation des abus qui étoient en l'État, il s'éleva d'autres contentions, dont l'accommodement n'étoit pas si facile.

La chambre de la noblesse envoya[3] prier celle de l'Église qu'elle se voulût joindre à elle pour supplier S. M. qu'attendant que l'assemblée eût pu délibérer sur la continuation ou la révocation de la paulette[4], qui rendoit les offices héréditaires en France, il plût à

---

1. Les États généraux : ci-dessus, p. 300.
2. Par un arrêt du Conseil du 15 novembre 1614, dont le texte se trouve dans le recueil de Lalourcé et Duval, Pièces justificatives, t. V, p. 141.
3. Les 13 et 14 novembre 1614 (*Mercure françois*, p. 72). Le procès-verbal de ces séances se trouve dans l'ouvrage de Behety, p. 81 et suivantes.
4. Le « droit annuel » ou paulette, ainsi nommé du nom de son inventeur, Charles Paulet, fermier des parties casuelles, fut créé en 1604 : moyennant le paiement annuel par les possesseurs de charges du soixantième denier du prix de leur office, l'État leur en conférait l'hérédité.

S. M. surseoir le paiement du droit annuel pour l'année suivante, lequel on tàchoit de hâter, et faire révoquer les commissions[1] qui obligeoient les ecclésiastiques et nobles à montrer les quittances du sel qu'ils auroient pris depuis deux ans[2], ce qui étoit en effet les traiter en roturiers[3].

Le clergé, considérant que, par la paulette, la justice, qui est la plus intime propriété de la royauté, est séparée du Roi, transférée et faite domaniale à des personnes particulières; que, par elle, la porte de la judicature est ouverte aux enfants, desquels nos biens, nos vies et nos honneurs dépendent; que de là provient la vénalité du détail de la justice, qui monte à si haut prix qu'on ne peut conserver son bien contre celui qui le veut envahir qu'en le perdant pour le paiement de celui qui le doit défendre; qu'il n'y a plus d'accès à la vertu pour les charges; qu'elles sont rendues propres à certaines familles, desquelles vous ne les sauriez tirer qu'en les payant à leur mot[4],

1. Il s'agit ici de commissions émanées de la Cour des aides au mois de septembre 1613 pour faire une recherche de ceux qui, depuis deux ans, n'avaient pas pris suffisamment de sel aux greniers selon le nombre des personnes de chaque famille, afin de payer le juste prix à proportion de ce que chacun en devait avoir usé (*Relation* de Florimond Rapine, p. 103, et *Recueil* de Behety, p. 85).

2. Sur le caractère de l'impôt du sel à cette époque et sur les vexations que causait sa perception, on peut consulter l'ouvrage du vicomte d'Avenel, *Richelieu et la monarchie absolue*, t. II, p. 574 et suivantes.

3. Cet alinéa reproduit textuellement les termes du *Mercure françois*, p. 72.

4. *Var.* : Qu'en les payant à leur mort (M, H); ce qui présente un sens beaucoup moins satisfaisant.

d'autant qu'elles sont assurées de ne les pouvoir perdre, ce qui établit une merveilleuse tyrannie en elles, et principalement en celles de lieutenants généraux des provinces, les charges desquels ne furent jamais, du vivant du feu Roi, comprises au droit annuel ; pour toutes ces considérations, elle[1] trouva bon de se joindre à cette première proposition de la noblesse. Quant à la seconde, elle s'y joignit pour son propre intérêt.

La chambre du tiers état, les députés de laquelle étoient, par un des principaux articles de leur instruction, chargés de demander l'extinction de ladite paulette, députa vers le clergé[2], et consentit à se joindre auxdites demandes ; mais, pour ce que la plupart desdits députés étoient officiers[3], et, partant, intéressés à faire le contraire de ce qui leur étoit ordonné, ils ajoutèrent, pour éluder cette résolution, qu'ils prieroient aussi le clergé et la noblesse de se joindre à eux en deux supplications qu'ils avoient à faire à S. M. : la première, qu'il lui plût, attendu la pauvreté du peuple, surseoir l'envoi de la commission des tailles[4] jusques à ce que S. M. eût ouï leurs remontrances sur ce sujet ou, dès à présent, leur en eût diminué le quart ; la seconde, qu'attendu que, par ce moyen et par la surséance du droit annuel, ses finances

---

1. La chambre du clergé.
2. Le 15 novembre 1614 (*Mercure françois*, p. 73).
3. C'est-à-dire pourvus d'offices.
4. On appelait « commission des tailles » un ordre du Conseil pour la levée des tailles, qui était envoyé aux intendants pour faire la répartition de l'impôt entre les élections de leur généralité, et dans chaque élection entre les paroisses.

seroient beaucoup amoindries, il lui plût aussi faire surseoir le paiement des pensions et gratifications qui étoient couchées sur son état.

Les chambres du clergé et de la noblesse, jugeant bien que cette réponse du tiers état étoit un déni en effet, sous un apparent prétexte, de consentir à leurs avis, délibéroient de faire leurs supplications au Roi sans l'adjonction de ladite chambre, lorsque Savaron[1] et cinq autres députés d'icelle vinrent trouver celle du clergé, leur remontrer que, sur la surséance du droit annuel, on faisoit courir fortune à tous les officiers, dont il y avoit grand nombre en leur chambre ; que le Roi retireroit par ce droit un grand argent ; que, si on l'ôtoit, c'étoit retomber en la confusion qui étoit auparavant la Ligue, quand le Roi donnoit les offices à la recommandation des grands, auxquels les officiers demeuroient affidés, et non pas au Roi ; que, si on vouloit retrancher le mal par la racine, il falloit ôter toute la vénalité. Puis ils firent une particulière plainte de l'ordonnance des quarante jours[2], priant

1. Jean Savaron, sieur de Villars, lieutenant général de Clermont en Auvergne et député du tiers état aux États généraux, publia plusieurs écrits politiques, entre autres deux *Traités de la souveraineté du Roy et de son royaume ;* Paris, 1615. Le discours qu'il prononça à cette occasion se trouve dans la *Relation* de Rapine, p. 124 et suivantes.

2. Les lois antérieures, notamment deux ordonnances de Charles IX, datées l'une du mois de juin 1568 et l'autre du 25 juillet suivant, exigeaient, pour que la transmission d'un office fût valable, que celui qui le résignait survécût quarante jours à la transaction. Henri IV établit que, pour les offices dont les titulaires auraient payé la paulette, le décès n'entraînerait point déchéance, et que les héritiers pourraient nommer celui qu'ils voudraient pour être pourvu de l'office.

Messieurs du clergé de se joindre à eux pour en tirer la révocation.

La chambre ecclésiastique fut confirmée, par cette seconde députation, au jugement qu'elle fit de la première, et n'estima pas bonnes les raisons alléguées en faveur de la paulette : la première, d'autant que c'étoit une mauvaise maxime de croire que tout ce qui est utile aux finances du Roi le soit au bien et à la conservation de l'État; que ce n'est pas tant la recette qui enrichit comme la modération de la mise, laquelle si elle n'est réglée comme il faut, le revenu du monde entier ne seroit pas suffisant; la seconde, d'autant que l'expérience du passé rendroit sage pour l'avenir et que S. M. donneroit à la vertu et au mérite les charges, non à la recommandation des grands.

Quant à la proposition d'éteindre la vénalité, il n'y avoit personne qui ne l'agréât : premièrement, parce que c'étoit ce qui augmentoit le nombre des gens de justice[1] au préjudice du pauvre peuple, aux dépens duquel ils vivent, et, s'exemptant de la part qu'ils devoient porter de leurs charges, le laissent tellement opprimer, qu'il ne peut plus payer les tailles et subvenir aux nécessités de l'État;

Secondement, parce que cela donne lieu, non seulement à l'augmentation des épices[2], ce qui va à la

---

1. *Var.* : Ce qui augmente le nombre au préjudice du pauvre peuple (B, M). Les mots *des gens de justice* sont ajoutés en interligne dans le manuscrit H.

2. Au début, présents en dragées que le plaideur gagnant faisait par courtoisie au juge chargé du rapport, les épices ne tardèrent pas (ordonnance du 17 mai 1402) à devenir obligatoires aux deux parties et furent versées en argent. Ce n'est

ruine des oppressés, mais à l'anéantissement de la justice même, ceux qui les achètent semblant avoir quelque raison de ne penser qu'à chercher de la pratique pour gagner et vendre en détail à la foule des particuliers ce qu'ils ont acheté en gros;

Et, en troisième lieu, pour ce que, par ce moyen, l'or et l'argent ravit à la vertu tout ce qui lui est dû, savoir : l'honneur, qui est l'unique récompense qu'elle demande. Et l'exemple qu'on apporte qu'en la république de Carthage toutes les charges se vendoient et que la monarchie romaine n'en étoit pas entièrement exempte, n'est pas tant une raison qu'un témoignage de l'ancienneté de cette corruption dans l'État, laquelle Aristote, en ses *Politiques*, blâme en la république de Carthage, et les plus sages et vertueux empereurs romains[1] ne l'ont pas voulu souffrir. Et nous n'avons besoin d'autre preuve, pour montrer qu'elle est contraire aux lois fondamentales de cette monarchie, que le serment que les juges, de coutume immémoriale, faisoient de n'être point entrés en leurs charges par argent, ce que saint Louis appeloit du nom de simonie, et [que] l'introduction de cette vénalité, laquelle fut faite, non parce qu'on l'estima juste, ni qu'il en provint du bien à l'État, mais seulement par pure nécessité et pour mettre de l'argent aux coffres du Roi, que les guerres avoient épuisés.

Louis XII commença, à l'imitation des Vénitiens. François Ier, qui fut encore plus oppressé de guerre,

qu'en 1669 qu'on en restreignit l'obligation aux procès contradictoires, instruits par écrit sur mémoires et sur rapports; elles furent définitivement supprimées en 1790.

1. *Var.* : Et les plus sages et vertueux Romains (M, H).

érigea le bureau des parties casuelles, et Henri IV, qui le fut plus que tous, la confirma si manifestement qu'il ordonna que[1] les juges ne feroient plus le serment ancien[2], et ajouta encore la paulette à la vénalité. Car, quant à la raison que l'on apporte que, par ce moyen, il n'entre dans les offices que des personnes riches, lesquelles, partant, sont moins sujettes à corruption, et qu'il n'y a point lieu de craindre qu'ils ne soient de vertu et probité requise, puisqu'on ne les reçoit point que l'on n'ait auparavant informé de leurs vie et mœurs, qu'ils sont destituables s'ils s'y comportent autrement qu'ils doivent, et que, pour ce sujet, il falloit avoir, entre les Romains, un certain revenu pour être admis aux charges, ce n'est pas une raison qui oblige à ladite vénalité, attendu que le Roi, qui auroit le choix d'y commettre qui il lui plairoit, ne choisiroit que des personnes qui pourroient soutenir la dignité des charges, seroient d'autant plus obligés à y bien vivre qu'ils n'en auroient rien payé, et d'une vertu si connue qu'on en seroit plus assuré qu'on ne peut être par quelque information de leurs vie et mœurs qu'on puisse faire, et n'y auroit point sujet de craindre qu'ils ne correspondissent à l'estime qu'on feroit d'eux[3].

1. *Var.* : Qu'il défendit que (B).
2. D'après l'ancien serment, les nouveaux pourvus devaient jurer « qu'ils n'avoient rien promis, donné, ni payé directement ou indirectement pour leurs offices ».
3. Tout l'exposé qui précède sur les inconvénients de la vénalité des offices paraît n'être qu'un résumé du *Mercure françois*, p. 79 et suivantes. Il n'est peut-être pas sans intérêt de rappeler que, dans son *Testament politique*, Richelieu est loin d'être aussi hostile à la vénalité des charges : « En l'état

Mais, bien que cette proposition leur fût agréable, néanmoins la chambre ne crut pas y devoir alors avoir égard, d'autant que le temps pressoit de faire leurs remontrances au Roi sur la surséance du paiement du droit annuel.

Ensuite de cela, les députés du clergé et de la noblesse allèrent ensemble trouver le Roi[1], lui faire ladite remontrance et celle touchant le révocation de la commission pour la recherche du sel[2], dont ils reçurent réponse et promesse de S. M. à leur contentement.

Les députés du tiers état allèrent aussi faire la leur, où ils s'emportèrent en quelques paroles offensantes contre la noblesse : ce qui augmenta encore la division qui étoit déjà entre eux[3].

Depuis, on fit une autre proposition pour l'extinction de la vénalité des offices, offrant de faire en douze années le remboursement actuel de la finance qui auroit été payée ès coffres du Roi, tant pour les offices que taxations et droits; et, à la fin de ce temps, ces offices étant tous remis en la main du Roi, S. M.

présent des affaires, dit-il, ... il vaut mieux, selon ma pensée, continuer la vénalité ou l'hérédité des offices qu'en changer tout à fait l'établissement » (*Testament politique*, éd. Amsterdam, 1749, t. I, p. 181).

1. Cette démarche fut faite le 17 novembre (*Mercure françois*, p. 78).

2. Ci-dessus, p. 318.

3. Les *Mémoires* omettent de dire ici que le clergé interposa ses bons offices pour amener un rapprochement entre la noblesse et le tiers état, et que Richelieu fut député par la chambre du clergé vers la chambre du tiers état, pour apaiser ces différends (G. Hanotaux, *Histoire du cardinal de Richelieu*, t. II, p. 24).

les réduiroit au nombre ancien, et ce sans payer finance, ains[1] au contraire augmentant les gages des officiers afin qu'ils ne prissent plus d'épices.

Le clergé et la noblesse agréèrent cette proposition, à laquelle le tiers état ne voulut pas se joindre; mais tous s'accordèrent de demander au Roi l'établissement d'une chambre de justice pour la recherche des financiers, suppliant S. M. que les deniers qui en proviendroient fussent employés au remboursement des offices supernuméraires ou au rachat du domaine[2] : ce que S. M. leur accorda pour la recherche de ce qui n'auroit pas été aboli par le feu Roi, ou des malversations commises depuis.

Il y eut une seconde contention entre eux sur le sujet du concile de Trente, dont la chambre du clergé et celle de la noblesse demandèrent la publication, sans préjudice des droits du Roi et privilèges de l'Église gallicane : à quoi la chambre du tiers état ne voulut jamais consentir, prétendant qu'il y avoit dans ledit concile beaucoup de choses qui étoient de la discipline et police extérieure, qui méritoient une plus grande discussion, que le temps ne permettoit pas de faire pour lors; qu'il y avoit des choses où l'autorité du Roi étoit intéressée, et le repos même des particuliers; qu'entre les ecclésiastiques les réguliers y perdoient leurs exemptions, les chapitres étoient assujettis aux évêques, les fiefs de ceux qui mouroient en duel étoient acquis à l'Église, les indults du Parlement étoient cassés, la juridiction des juges subalternes à l'endroit du clergé étoit éclipsée, et l'Inqui-

1. Adverbe vieilli ayant le sens de *mais*.
2. Fl. Rapine, p. 175 et suivantes.

sition d'Espagne introduite en France; enfin, que c'étoit une chose inouïe en ce royaume qu'aucun concile y eût jamais été publié, et qu'il n'étoit pas bon d'y rien innover maintenant.

Le plus grand différend qui survint entre eux fut sur le sujet d'un article que le tiers état mit dans son cahier[1], par lequel il faisoit instance que S. M. fût suppliée de faire arrêter, dans l'assemblée de ses États, pour la loi fondamentale du royaume, qu'il n'y a puissance en terre, soit spirituelle ou temporelle, qui ait aucun droit sur son royaume pour en priver les personnes sacrées de nos rois, ni dispenser leurs sujets de l'obéissance qu'ils leur doivent, pour quelque cause ou prétexte que ce soit; que tous les bénéficiers, docteurs et prédicateurs seroient obligés de l'enseigner et publier, et que l'opinion contraire seroit tenue de tous pour impie, détestable et contre vérité; et que, s'il se trouve aucun livre ou discours écrit qui contienne une doctrine contraire, directement ou indirectement, les ecclésiastiques seroient obligés de l'impugner[2] et contredire.

Messieurs du clergé, en ayant eu avis, envoyèrent en la chambre du tiers état les prier de leur vouloir communiquer ce qu'ils auroient à représenter au Roi touchant les choses qui concerneroient la foi, la religion, la hiérarchie et la discipline ecclésiastique, comme aussi ils feroient de leur part ce qu'ils auroient à représenter à S. M. touchant ce qui les regarderoit;

---

1. Le texte de cet article se trouve dans la *Relation* de Florimond Rapine, p. 205-206.
2. Ci-dessus, p. 159, note 3.

à quoi ladite chambre ne voulant acquiescer, et le clergé jugeant que cette proposition tendoit à exciter un schisme, voulant faire un article de foi d'une chose qui étoit problématique, elle[1] dépêcha en ladite chambre l'évêque de Montpellier[2], pour la prier de lui communiquer l'article susdit : ce qu'elle fit, mais témoignant qu'elle n'y vouloit changer aucune parole.

Le clergé, l'ayant examiné, résolut qu'il ne seroit reçu ni mis au cahier, ains rejeté ; à quoi la noblesse s'accorda, et députa douze gentilshommes pour accompagner le cardinal du Perron, qui fut envoyé par la chambre ecclésiastique vers celle du tiers état[3].

Il les remercia premièrement du zèle qu'ils avoient eu de pourvoir avec tant de soin à la sûreté de la vie et de la personne de nos rois, les assurant que le clergé conspiroit également en cette passion avec eux ; mais il les pria de considérer que les seules lois ecclésiastiques étoient capables d'arrêter la perfidie des monstres qui osent commettre ces abominables attentats, et que les appréhensions des peines temporelles étoient un trop faible remède à ces maux qui procèdent d'une fausse persuasion de religion, d'autant que ces malheureux se baignent dans les tourments, pensant courir aux triomphes et couronnes du

---

1. La chambre du clergé.
2. Pierre de Fenouillet, évêque de Montpellier depuis le mois d'août 1608, mourut le 24 novembre 1652. Le discours qu'il prononça à cette occasion a été imprimé dans la *Relation* de Rapine, p. 260.
3. Ceci eut lieu le 31 décembre 1614 (*Relation* de Fl. Rapine, p. 297, et continuation, p. 91-107 ; *Mercure françois*, p. 265 et suivantes).

martyre, et partant ne sont retenus que par les défenses de l'Église, dont la rigueur et la sévérité s'exécute après la mort.

Mais il faut, pour cet effet, que ces lois et défenses sortent d'une autorité ecclésiastique certaine et infaillible, c'est-à-dire universelle, et ne comprenant rien que ce dont toute l'Église catholique est d'accord; car, si elles procèdent d'une autorité douteuse et partagée, et contiennent des choses en la proposition desquelles une partie de l'Église croit d'une sorte, et le chef et les autres parties d'icelle enseignent de l'autre, ceux en l'esprit desquels on veut qu'elle fasse impression, au lieu d'être épouvantés et détournés par leurs menaces, s'en moqueront et les tourneront en mépris.

Puis il leur dit qu'en leur article dont il s'agit, et lequel ils baptisent du nom de loi fondamentale, il y a trois points :

Le premier, que, pour certaine cause que ce soit, il n'est pas permis d'assassiner les rois; qu'à cela toute l'Église souscrit, voire elle prononce anathème contre ceux qui tiennent le contraire;

Le deuxième, que nos rois sont souverains de toute sorte de souveraineté temporelle dans leur royaume; que ce deuxième point-là encore est tenu pour certain et indubitable, bien qu'il ne le soit pas d'une même certitude que le premier, qui est un article de foi;

Le troisième, qu'il n'y a nul cas auquel les sujets puissent être absous du serment de fidélité qu'ils ont fait à leur prince; que ce troisième point est contentieux et disputé en l'Église, d'autant que toutes les autres parties de l'Église et toute[1] la gallicane même, depuis que les écoles de théologie y ont été instituées jusques à la venue de Calvin, ont tenu qu'il y a quelques cas auxquels les sujets en peuvent être absous : savoir est que, quand un prince vient à violer le serment qu'il a fait à Dieu et à ses sujets de vivre et mourir en la religion catholique, par exemple, non seulement se rend arien ou mahométan, mais passe jusques à forcer ses sujets en leurs consciences et les contraindre d'embrasser son erreur et infidélité, il peut être déclaré déchu de ses droits comme coupable de félonie envers celui à qui il a fait le serment de son royaume, c'est-à-dire envers Jésus-Christ, et ses sujets peuvent être absous au tribunal ecclésiastique du serment de fidélité qu'ils lui ont prêté.

D'où il s'ensuit que ledit article, en ce point, est inutile et de nul effet pour la sûreté de la vie de nos rois, puisque les lois d'anathèmes et défenses ecclésiastiques ne font point d'impression dans les âmes, si elles ne sont crues partir d'une autorité infaillible et de laquelle toute l'Église convienne; et que ce n'est pas encore assez de dire qu'il est inutile pour ladite sûreté[2], mais qu'il y est même préjudiciable, d'autant qu'étant tenu pour constant dans toute l'Église que, pour quelque cause que ce soit, il n'est permis de les assassiner, si on mêle cette proposition avec celle-ci, qui est problématique, on lui fait perdre sa

---

1. *Var.* : Autres parties de l'Église gallicane et toute (B, M). Dans le manuscrit H, le mot *gallicane* a été rayé et remplacé par le mot *universelle*.

2. *Var.* : Qu'il est inutile pour elle, mais (B, M).

force en l'esprit de ces perfides assassins, infirmant par le mélange d'une chose contredite ce qui est tenu pour article de foi.

Que le titre même qu'ils donnent à cet article de loi fondamentale est injurieux à l'État, duquel ce seroit avouer que les fondements seroient bien mal assurés, si on les appuyoit sur une proposition incertaine et problématique; davantage, que cet article, couché comme il est, fait un schisme en l'Église de Dieu : car nous ne pouvons tenir et jurer que le Pape et toutes les autres parties de l'Église catholique, que nous savons avoir une créance contraire, tiennent une doctrine opposée à la parole de Dieu, et impie, et partant hérétique, sans faire schisme et nous départir de leur communion; et enfin qu'il attribue aux personnes laïques l'autorité de juger des choses de la religion, et décider quelle doctrine est conforme à la parole de Dieu, et leur attribue même l'autorité d'imposer nécessité aux personnes ecclésiastiques de jurer, prêcher et annoncer l'une, et impugner par sermons et par écrits l'autre : ce qui est un sacrilège, fouler aux pieds le respect de Jésus-Christ et de son ministère, et renverser l'autorité de son Église.

Et, partant, il conclut que Messieurs du tiers état devoient ôter cet article de leur cahier et se remettre à Messieurs du clergé de le changer, réformer et en ordonner ce qu'ils jugeroient à propos.

L'opiniâtreté ne donna pas lieu de céder à la raison. Comme ils s'étoient animés dès le commencement contre les deux chambres de l'Église et de la noblesse, ils ne voulurent pas se relâcher de ce qu'ils avoient mis en avant, principalement se laissant emporter à la vanité du spécieux prétexte du soin qu'ils prenoient de la défense des droits du royaume et de la sûreté de la personne des rois, sans ouvrir les yeux pour reconnoître qu'au lieu de la conservation de l'État ils le mettoient en division, et, au lieu d'assurer les vies de nos rois, ils les mettoient en hasard et leur ôtoient la vraie sûreté que leur donne la parole de Dieu[1].

La cour de Parlement intervint, et, au lieu de mettre ordre à ce tumulte, l'augmentoit davantage; mais le Roi y mit la dernière main et le termina, évoquant la connoissance de cette affaire, non à son Conseil seulement, mais à sa propre personne, et retirant cet article du cahier du tiers état[2].

Durant la tenue des États, il se fit tant de duels[3], que la chambre ecclésiastique se sentit obligée de députer vers le Roi l'évêque de Montpellier[4], pour lui représenter qu'ils voyoient à regret que, le sang de ses sujets étant épandu par les querelles, leurs âmes, rachetées par le sang innocent de Jésus-Christ, descendissent aux enfers; que c'étoit proprement renouveler la coutume barbare du sacrifice des païens qui immoloient les hommes au malin esprit; que la France

---

1. On trouve parmi les imprimés du temps une plaquette ayant pour titre : *Réponse à la harangue faite par l'illustrissime cardinal du Perron, à Paris, l'an 1615*, par M. V. D. C. C. D. (M. Viole d'Athis, conseiller au Conseil d'État), in-8°.

2. Arrêt du 6 janvier 1615. Il a été publié dans le *Recueil des anciennes lois françaises*, par Isambert, t. XVI, p. 60, et par M. Hanotaux, dans les *Maximes d'État et fragments politiques du cardinal de Richelieu*, p. 79.

3. Le *Journal inédit d'Arnauld d'Andilly* en relate un grand nombre.

4. Pierre de Fenouillet (ci-dessus, p. 327).

en étoit le temple, la place du combat en étoit l'autel, l'honneur étoit l'idole, les duellistes en étoient les prêtres et l'hostie ; qu'il étoit à craindre que ce fût un présage de malheur pour le royaume, puisque[1] les simples pluies de sang qui tombent de l'air sans aucun crime des hommes ne laissent pas de présager des calamités horribles qui les suivent de près ; qu'ils sont obligés d'en avertir S. M., à ce que, par sa prudence et l'observation rigoureuse de ses édits, elle y porte remède, afin que Dieu ne retire pas d'elle ses bénédictions, attendu que non seulement tous les droits des peuples sont transférés en la personne de leurs princes, mais aussi leurs fautes publiques, quand elles sont dissimulées ou tolérées.

S. M. ayant eu agréable leur requête et témoigné vouloir prendre un grand soin de remédier à ce désordre si important, ils en mirent un article dans leur cahier.

Il survint un nouveau sujet de mécontentement entre les chambres de la noblesse et du tiers état, qui leur fut bien plus sensible que tous ceux qu'ils avoient eus auparavant ; car un député de la noblesse du Haut-Limousin[2] donna des coups de bâton au lieutenant d'Uzerche[3], député du tiers état du Bas-

1. Le mot *puisque* a été ajouté en interligne dans le manuscrit B.
2. Henri de Bonneval, surnommé *la Grande Barbe*, gentilhomme de la chambre du Roi, capitaine de cinquante hommes d'armes, mort le 31 décembre 1642. L'incident rapporté ici eut lieu le 3 février 1615 (*Relation* de Fl. Rapine, p. 384, et *Journal d'Arnauld d'Andilly*, p. 42).
3. Jacques de Chavailles, sieur de Fougières, lieutenant de la justice d'Uzerche.

Limousin. Ladite chambre en fit plaintes au Roi, qui renvoya cette affaire au Parlement, et, quelque instance que pussent faire le clergé et la noblesse vers S. M. à ce qu'il lui plût évoquer à sa personne la connoissance de ce différend, ou la renvoyer aux États, elle ne s'y voulut point relâcher, d'autant que tous les officiers s'estimoient intéressés en cette injure. Le Parlement condamna le gentilhomme, par contumace, à avoir la tête tranchée ; ce qui fut exécuté en effigie[1]. Et, comme si, à la face des États, chacun se plaisoit à faire plus d'insolence et montrer plus de mépris des lois, Rochefort donna des coups de bâton à Marcillac[2], sous prétexte qu'il avoit médit de Monsieur le Prince, et déclaré la mauvaise volonté qu'il avoit pour la Reine et dit plusieurs particularités de ses desseins contre la Reine qu'il lui avoit confiés[3]. Saint-Géran et quelques autres offrirent à la Reine d'en donner[4] à

1. Le 11 mars 1615 (Rapine, p. 492; Arnauld d'Andilly, p. 43).
2. Cet incident eut lieu le 5 février 1615 (duc d'Aumale, *Histoire des princes de Condé*, t. III, p. 42 et suivantes). Bertrand de Crugy, seigneur de Marcillac, qui avait été antérieurement au service du prince de Condé (*Mémoires de Pontchartrain*, éd. Michaud, p. 339), devint gentilhomme ordinaire du Roi et gouverneur de Sommières; tombé en disgrâce, il perdit ses charges en 1626. Comme on prétendait devant la Reine qu'il était de basse condition, elle affirma qu'il « étoit gentilhomme et de la maison de Grandsaigne, au pays de la Marche, ce qui auroit dû le sauver du bâton » (*Mercure françois*, p. 233).
3. C'est-à-dire, « sous prétexte que Marcillac avoit médit du prince de Condé, déclaré la mauvaise volonté que ce prince avoit pour la Reine et dit plusieurs particularités des desseins que le prince de Condé lui avoit confiés ».
4. C'est-à-dire « de donner des coups de bâton ».

Rochefort. M. de Bullion l'en détourna et lui proposa de poursuivre cette affaire par la forme de la justice : ce qu'elle refusa d'abord, disant que M. le Chancelier l'abandonneroit, comme il avoit fait en l'affaire du baron de Lux; et, pour cet effet, fut envoyé commission au Parlement, en vertu de laquelle le procureur général fit informer.

Monsieur le Prince, en étant averti, alla en la grand'-chambre, et, depuis, en toutes celles des enquêtes, faire sa plainte ainsi qu'il s'ensuit :

Qu'il avoit, suivant ce qu'il avoit promis à la cour, fait tout son possible pour satisfaire au Roi par toutes sortes de soumissions, et à la Reine semblablement, reconnoissant le pouvoir qu'elle a et qui lui a été commis par le Roi, voulant rendre ce qu'il doit à LL. MM., pour donner exemple à tous autres d'obéir; qu'à cette fin il avoit commencé par envoyer vers M. le Chancelier, afin de tenir les moyens qui seroient avisés pour se raccommoder avec LL. MM., en leur rendant ce qui est de son devoir ; que, depuis, la reine Marguerite[1] avoit été employée pour cet effet, et que Madame la Comtesse[2] s'en étoit entremise; que, par les conseils de ceux qui lui vouloient mal, le Roi et la Reine, desquels il ne se plaignoit point, avoient été portés contre lui, et qu'il n'avoit trouvé la porte

1. Marguerite de France (1553-1615), fille de Henri II, mariée le 18 août 1572 à Henri, prince de Béarn, depuis Henri IV; leur mariage avait été annulé en 1599.
2. Anne de Montafié, dame de Bonnétable et de Lucé, avait épousé Charles de Bourbon, comte de Soissons (ci-dessus, p. 92, note 4); veuve le 1er novembre 1612, elle mourut en 1644.

ouverte auprès de LL. MM.; qu'il savoit ce qui s'étoit passé le jour de devant au cabinet; qu'il n'étoit de qualité pour être jugé en un conseil de cabinet, où il savoit ceux qui s'y étoient trouvés, et ce qui s'y étoit passé; qu'il n'avoit espéré du Roi et de la Reine que toute bonté, s'ils n'en étoient divertis par la violence de ses ennemis; qu'il étoit de qualité pour être jugé en la cour des pairs, le Roi y étant assisté des ducs et pairs, mais que la faveur, l'ire et la violence[1] empêchoient qu'il n'eût contentement, étant cause de toutes les injustices qui se font en l'État[2]; que, puisqu'il ne pouvoit avoir justice et qu'elle lui étoit déniée, sa juste douleur, conjointe à l'intérêt de ceux qui étoient accusés, apporteroit, comme il espéroit envers eux et comme il les en supplioit, quelque considération pour adoucir et amollir l'aigreur et la dureté de la chose; qu'il vouloit retirer ses requêtes (comme il fit, et lui furent données par le rapporteur); qu'il épioit l'occasion pour leur dire, toutes les chambres assemblées, ce qu'il avoit à leur dire pour le bien de l'État.

Messieurs du Parlement lui firent réponse qu'ils ne devoient ouïr parler des affaires d'État sans les commandements du Roi, ni ouïr des plaintes de ses serviteurs particuliers.

Nonobstant tout ce que fit Monsieur le Prince, M. de Bullion, poursuivant l'affaire pour la Reine, eut décret de prise de corps.

1. *Var.* : La faveur, la colère et la violence (H).
2. Dans le manuscrit B, il y a, après *l'État* : « et obéissez au Roi et jugez le particulier ». Cette phrase, qui a été supprimée dans les autres manuscrits et dans les éditions, semble être une intercalation qui ne s'explique guère.

Il est à noter que Monsieur le Prince avoit présenté sa requête au Parlement, par laquelle il avoit soutenu[1] la violence faite par Rochefort, prétendant que les princes du sang peuvent faire impunément telles violences; mais, depuis, ayant eu avis que tant s'en faut que son aveu pût garantir Rochefort, que le Parlement eût procédé contre lui pour l'aveu qu'il en avoit fait, étant vrai que les princes du sang ne peuvent user de telle violence sans en être repris par la justice, il retira sa requête.

L'affaire se termina en sorte[2] qu'après le décret de Rochefort, Monsieur le Prince demanda son abolition[3].

Un autre attentat fut commis en la personne du sieur de Riberpré[4], qui ne fit pas tant de bruit, mais ne fut pas moins étrange. Le maréchal d'Ancre, qui étoit fort mal avec le duc de Longueville sur le sujet de leur charges, comme nous avons dit en l'année pré-

1. *Var.* : Par laquelle il avouoit (M, H).
2. Dans le manuscrit B, les deux mots *en sorte* sont ajoutés en interligne par Charpentier.
3. Rochefort obtint, grâce à l'appui de Condé, des lettres d'abolition. « LL. MM. promirent d'oublier tout ce qui s'étoit passé; et, de fait, quelques semaines après, Monsieur le Prince vint au Louvre danser en présence de LL. MM. un ballet qu'il avoit fait faire » (*Mémoires de Pontchartrain*, éd. Michaud, p. 340).
4. Nicolas de Moÿ, seigneur de Riberpré et de Richebourg, lieutenant au régiment des Gardes, gouverneur de Corbie, fils de Nicolas de Moÿ, capitaine de cinquante hommes d'armes, gentilhomme de la chambre du Roi, grand maître des eaux et forêts de Normandie, et de Roberte de Pellevé (voyez Bibl. nat., Cabinet des titres, fonds Chérin, vol. 144, dossier Moÿ, p. 69, et *Mémoires de Fontenay-Mareuil*, éd. Michaud, p. 102).

cédente[1], se défiant de Riberpré, qu'il avoit mis dans la citadelle d'Amiens[2], récompensa[3] le gouvernement de Corbie pour le lui donner et se défaire de lui.

Riberpré, offensé de cette défiance, se mit, avec ladite place, du parti de M. de Longueville. Peu après, étant allé à Paris, les États y tenant encore, il fut attaqué seul, en plein jour, par trois ou quatre personnes inconnues, d'entre lesquelles il se démêla bravement, non sans une opinion commune que c'étoit une partie qui lui avoit été dressée par le maréchal d'Ancre : ce qui indigna d'autant plus les États contre lui, que les assassinats sont inusités et en horreur en ce royaume.

Quand on approcha du temps de la clôture des États, les trois chambres appréhendant que, si tous les conseillers d'État du Roi jugeoient les choses demandées par les États, ou si, après la présentation des cahiers, on n'avoit plus de pouvoir de s'assembler en corps d'États, la faveur des personnes intéressées dans les articles desdits cahiers ne les fît demeurer sans effet, l'Église et la noblesse résolurent de supplier S. M. d'avoir agréable que les princes et officiers de la couronne jugeassent seuls de leurs cahiers, ou, s'il lui plaisoit qu'ils fussent assistés de quelques autres de son Conseil, ce ne fût que cinq ou six qu'ils lui nommeroient; que trois ou quatre des députés de chaque chambre fussent au Conseil lorsqu'il s'agiroit de leurs affaires, et que les États ne fussent rompus

---

1. Ci-dessus, p. 266.
2. Dans le manuscrit B, les mots *d'Amiens* ont été ajoutés en interligne de la main de Sancy.
3. Le sens de ce verbe a déjà été indiqué p. 165, note 3.

qu'après que S. M. auroit répondu à leurs demandes.

S. M., ayant eu avis de cette résolution, leur témoigna qu'elle ne l'avoit pas agréable : ce qui fit qu'ils se restreignirent à la dernière demande et à ce que six des plus anciens de son Conseil seulement, avec les princes et officiers de sa couronne, fussent employés à donner avis à S. M. sur leurs cahiers.

Le Roi leur manda par le duc de Ventadour que ce seroit une nouveauté trop préjudiciable que la présentation de leurs cahiers fût différée jusques après la résolution de leurs demandes, comme aussi que les États continuassent à s'assembler après que leurs cahiers auroient été présentés; que ce qu'elle leur pouvoit accorder étoit qu'ils députassent d'entre eux ceux qu'ils voudroient pour déduire les raisons de leurs articles devant S. M. et au Conseil, et que les réponses de S. M. seroient mises ès mains des trois ordres, qui demeureroient à Paris et ne seroient point obligés de se séparer jusques alors.

Après cette réponse, toutes les trois chambres firent une seconde instance au Roi, que S. M. eût agréable qu'après avoir présenté leurs cahiers ils se pussent encore assembler, jusques à ce qu'ils eussent été répondus.

S. M. refusa leur requête pour la seconde fois, leur mandant néanmoins que, si, après la présentation de leurs cahiers, il survenoit quelque occasion pour laquelle ils dussent s'assembler de nouveau, elle y pourvoiroit. Lors, se soumettant entièrement à la volonté du Roi, ils présentèrent leurs cahiers le 23° février. Les principaux points qui y étoient contenus étoient : le rétablissement de la religion catholique

en Gex et en Béarn, et particulièrement que le
revenu des évêchés de Béarn, qui avoit été mis entre
les mains des officiers royaux depuis le temps de
la reine Jeanne[1], mère du feu Roi, fût rendu aux
évêques, au lieu des pensions que le Roi leur donnoit
pour entretenir leur dignité, attendu que cette promesse leur avoit toujours été faite par le feu Roi et,
depuis sa mort, leur avoit été confirmée par la Reine
régente, et le temps de l'éxécution remis à la majorité
du Roi; l'union de la Navarre et du Béarn à la couronne; la supplication[2] qu'ils faisoient à S. M. d'accomplir le mariage du Roi avec l'infante d'Espagne; qu'elle
eût agréable de composer son Conseil de quatre prélats,
quatre gentilshommes et quatre officiers par chacun
des quartiers de l'année, outre les princes et officiers
de la couronne; d'interdire au Parlement toute connoissance de choses spirituelles, tant de matière de
foi que sacrements de l'Église, règles monastiques et
autres choses semblables; de commettre quelques-uns
pour régler les cas des appellations comme d'abus,
réformer l'Université, et y rétablir les jésuites; ne
donner plus de bénéfices, ni pensions sur iceux, qu'à
personnes ecclésiastiques, et n'en donner plus aucune
survivance; députer des commissaires de deux ans en
deux ans pour aller sur les provinces pour recevoir
les plaintes de ses sujets et en faire procès-verbal,
sans faire pour cela aucune levée sur le peuple; d'ôter

---

1. Jeanne d'Albret (1528-1572).
2. Ce passage a été ainsi modifié après coup dans le manuscrit H : « A la majorité du Roi. Les autres points consistoient
en la demande de l'union de la Navarre et du Béarn à la couronne, et en la supplication... »

la vénalité des offices, gouvernements et autres charges; supprimer le droit annuel, abolir les pensions, régler les finances, et établir une chambre de justice pour la recherche des financiers.

Je fus choisi[1] par le clergé pour porter la parole au Roi et présenter à S. M. le cahier de son ordre, et déduisis les raisons des choses desquelles il étoit composé, en la harangue suivante, laquelle je n'eusse volontiers non plus rapportée ici que celle des députés de la noblesse et du tiers état, n'eût été que, pour ce qu'elles sont toutes trois sur un même sujet, et que j'ai essayé d'y traiter, le plus brièvement et nettement qu'il m'a été possible, tous les points résolus dans les États, il m'a semblé ne les pouvoir mieux représenter que par ce que j'en ai dit; outre que, s'il y a quelque faute de l'insérer toute entière, et non les principaux chefs seulement, un équitable lecteur excusera, à mon avis, facilement si j'ai voulu rapporter en historien tout ce que j'en ai prononcé en orateur[2].

Sire,

On célébroit autrefois à Rome une fête annuelle, en laquelle, par l'espace de plusieurs jours, il étoit permis aux serviteurs de parler librement de toutes choses à leurs maîtres, jusqu'à leur reprocher sans crainte le mauvais traitement qu'ils avoient reçu d'eux, les peines qu'ils avoient souffertes pendant toute l'année.

1. On remarquera que Richelieu se met lui-même en scène.
2. Le texte de la harangue fait défaut dans le manuscrit B, où on lit : « Il faut ici transcrire la harangue, » d'une main qui est certainement celle de Sancy. Elle manque aussi dans les autres manuscrits, et par conséquent dans l'*Histoire de la Mère et du Fils*, où on lit en note : « La harangue manque dans

Votre Majesté ayant assemblé tous ses sujets en la ville capitale de son royaume, Rome de la France, siège ordinaire de ses rois, et ne leur permettant pas seulement, mais leur commandant de déposer aujourd'hui toute crainte et prendre une honnête hardiesse, pour lui déclarer les maux qui les pressent et les accablent, il semble que son intention soit d'introduire une fête semblable en son État.

Il le semble de prime face; mais son dessein va plus avant, et cette journée surpasse de beaucoup la fête des Romains.

l'original. » — Il a paru logique d'intercaler ici ce discours auquel Richelieu lui-même avait assigné cette place. Le texte que nous en donnons est exactement reproduit de l'édition originale parue l'année même chez le libraire Sébastien Cramoisy, auquel l'évêque de Luçon écrivait en mai 1615 : « Je vous avois aussi écrit par ci-devant que vous m'envoyassiez une vingtaine de copies de ma harangue. Je vous en prie derechef. Vous les ferez relier en papier... » (Avenel, *Lettres et papiers d'État*, t. I, p. 144). Voici le titre de cette première édition : « *Harangue prononcée en la sale du Petit Bourbon, le xxiij février 1615, à la closture des Estats tenus à Paris, par Révérend P. en Dieu messire Armand-Jean du Plessis de Richelieu, évesque de Luçon;* à Paris, en la boutique de Nivelle, chez Sébastien Cramoisy, rue Sainct-Jaques, aux Cicognes, MDCXV; » petit in-8°, 64 p. Successivement, Claude Malingre, dans son *Histoire de Louis XIII* (1616), Pierre de Behety, dans le *Procès-verbal contenant les propositions délibératives et résolutives prises et reçues en la chambre ecclésiastique des Estats généraux de 1614* (p. 350-366), en 1650, et le Recueil déjà cité de Lalourcé et Duval (t. VIII des Pièces justificatives, n° 98) l'ont rééditée intégralement, mais avec des erreurs et des incorrections. Avenel, qui a donné sur elle, au tome I des *Lettres et papiers d'État* (p. 140), une étude intéressante, fait le même reproche aux éditions Petitot et Michaud. Le *Mercure françois* (t. III, éd. 1616, 3° continuation, p. 404) n'en avait cité qu'un extrait.

Cette fête étoit accordée aux serviteurs pour relâche, et non pour délivrance de leurs peines, puisque, la solennité passée, ils retournoient en leur première servitude; elle leur donnoit lieu de se plaindre, mais non d'espérer guérison, là où cette célèbre journée n'a autre fin que la délivrance absolue de nos misères. En suite de nos plaintes, vous nous commandez de proposer des remèdes à nos maux, et vous conseiller pour notre guérison, et, qui plus est, vous vous obligez à recevoir nos conseils, les embrasser et les suivre, en tant que vous les reconnoîtrez utiles à notre soulagement et au bien général de cette monarchie.

Ces avantages sont fort grands; aussi y a-t-il grande différence entre les maîtres et serviteurs romains et Votre Majesté, qui seule est notre maître, et nous ses serviteurs.

Ces maîtres étoient païens, et Votre Majesté est premier roi des rois chrétiens.

Leurs serviteurs étoient esclaves, et ceux qui naissent vos sujets ne le sont pas; leur nom témoigne leur franchise.

Ils ne le sont pas, Sire, et le sont toutefois; ils sont libres et exempts de fers, mais esclaves par des liens libres, puisque leur affection leur tient lieu de ceps qui les lient indissolublement à votre service.

Cette différence, qui fait que nous sommes aujourd'hui traités de Votre Majesté plus favorablement que les serviteurs romains ne l'étoient de leurs maîtres, nous oblige à nous gouverner, en la liberté que vous nous donnez, tout autrement qu'ils ne faisoient en celle qu'on leur accordoit. Ils se plaignoient et se louoient de leurs maîtres en même temps : s'en plaignoient, leur imputant une partie des maux qu'ils avoient reçus toute l'année, et s'en louoient à cause du relâche dont ils jouissoient pour quelques jours.

Et, parlant aujourd'hui de Votre Majesté, on n'ouïra sortir de nos bouches que louanges et bénédictions, et, lorsque l'excès de nos douleurs donnera lieu à nos plaintes, nous ne vous mettrons en avant que pour rechercher en votre autorité et mendier de votre bonté des remèdes à nos maux, desquels nous imputons la cause aux malheurs du temps, à nos péchés et à nos fautes, et non à vous, Sire, que nous reconnoissons en conscience n'en pouvoir être dit auteur.

Voilà, sans fard et sans déguisement de paroles (èsquelles nous voulons être fort simples pour être exquis en nos effets), comme nous userons de la liberté que vous nous donnez; voilà le respect avec lequel nous nous gouvernerons en cette action et en toute autre.

Maintenant, pour ne perdre point temps, sans différer davantage, nous viendrons à nos plaintes, et vous découvrirons nos maux, afin de donner lieu à Votre Majesté d'accomplir ses desseins, y apportant remède.

Et, d'autant qu'on ne parvient à une fin que par des moyens qui y conduisent, et qu'entre ceux qui sont convenables pour guérir un mal, un des principaux est de connoître sa cause, nous vous représenterons d'abord d'où procèdent les nôtres, afin que, le sachant, vous puissiez entièrement arracher leurs racines et tarir toutes leurs sources.

Il n'y a rien plus séant, plus utile et plus nécessaire à un prince que d'être libéral, puisque les dons sont les armes plus propres à conquérir les cœurs[1], dont les rois ont tant de besoin, qu'un grand homme d'État[2] ne craint point de dire que ceux qui viennent à déchoir de leur trône royal se perdent plutôt par défaut de personnes dont ils possèdent les affections, que par manque d'argent; mais il faut qu'il y ait de la proportion entre ce qui se donne et ce qu'on peut donner légitimement; autrement,

---

1. En marge de l'édition de 1615 : « Arist., lib. 4 des Éthi., chap. i. » — Nous donnons textuellement ces gloses et renvois, tels qu'ils se trouvent dans cette première édition.
2. « Platon, en la I Épist. à Denis. »

les dons nuisent au lieu de profiter. Et il faut avouer que la plupart des maux de toutes les communautés du monde, et particulièrement de cet État, tirent leur origine des excessives dépenses, et des dons immenses qui se distribuent sans règle et sans mesure.

Si nous jetons premièrement les yeux sur le peuple, dont l'Église, qui est mère des pauvres et des affligés, doit avoir soin, nous connoissons aussitôt que sa misère procède principalement de cette cause, puisqu'il est clair que l'augmentation des mises fait par nécessité croître les recettes, et que plus on dépense, plus est-on contraint de tirer des peuples, qui sont les seules mines de la France.

S'il faut rechercher la cause originaire des défauts qui se remarquent en la justice, des grands frais qu'on est contraint de faire pour obtenir ce que les princes devroient libéralement départir à leurs sujets, n'est-il pas certain que la source principale de ces maux est la vénalité des charges et des offices, qui n'ont été mis en commerce que pour subvenir aux nécessités où l'État a été réduit par les profusions et l'excès des dépenses ?

Et, comme on a vu que, vendant les offices, plus il y en auroit, plus pourroit-on avoir d'argent, on les a multipliés par une infinité de nouvelles créations. Et ainsi, les maux s'entresuivant et se prêtant la main, la vénalité des charges en a apporté la multiplicité, qui achève d'accabler le peuple, augmentant le faix qu'on lui impose à raison des gages attribués à tous offices, et diminuant les forces qui lui sont nécessaires pour porter tel fardeau, attendu que, plus il y a d'officiers exempts de subsides et de tailles, moins reste-t-il de sujets pour les payer ; et, ce qui est à noter, ceux qui demeurent sont tous pauvres, les riches se tirant du pair par le moyen de leur argent qui leur donne des charges.

On penseroit peut-être que les grandes dépenses, les dons immenses et profusions des rois fussent utiles à la noblesse, comme étant la plus proche pour recevoir ce qui tombe de leurs mains; mais, pour peu qui s'en enrichissent, tout le commun des nobles en pâtit et participe aux maux qui en arrivent, particulièrement à celui de la vénalité, vu qu'étant aussi pauvres d'argent que riches en honneur et en courage, ils ne peuvent avoir ni charges en la maison du Roi, ni offices en la justice, puisqu'on ne parvient plus à tels honneurs que par des moyens dont ils sont dépourvus.

De là vient la ruine de l'Église : car, la noblesse ne pouvant plus être obligée par les voies ordinaires et sortables à leur profession, on s'est relâché jusque-là que de leur départir les biens de Dieu, et les récompenser au préjudice de l'Église, aux maux de laquelle je m'arrêterai davantage, y étant obligé par ma profession, et parce que, y ayant plusieurs plaies en un corps, la raison veut qu'on s'attache plus à la guérison de celles qui sont aux parties nobles, d'autant qu'elles sont plus dangereuses que les autres.

C'est chose assurée qu'ès siècles passés, en toutes les nations du monde, soit pendant qu'elles ont été attachées au culte des fausses déités, soit depuis qu'elles n'ont servi ni adoré que le vrai Dieu, les personnes consacrées au ministère de la religion ont auprès des princes souverains (si eux-mêmes ne l'ont été) tenu les premiers rangs, non seulement en ce qui concerne le spirituel, mais en outre en ce qui regarde le gouvernement civil et politique : ce que je pourrois montrer aisément par la suite de toute l'histoire, si, pour n'abuser de la patience de Votre Majesté et de l'honneur de son audience, je ne me restreignois à notre France, me contentant de faire voir en peu de mots comme on s'y est gouverné par le passé.

Tandis que l'erreur des païens a sillé les yeux de ce royaume, il a tant déféré aux druides, qui étoient dédiés au service de ses dieux, que rien ne se faisoit sans leur avis.

Depuis qu'il a reçu les trésors de la foi, ceux à qui il

appartient d'en dispenser les mystères ont été en telle considération jusqu'à certain temps, que rien ne s'est passé sans leurs conseils et leur approbation : ce qui paroît par l'ancienne forme des patentes de nos rois, où leur consentement étoit inséré comme pour leur donner force[1].

S'il étoit question de traiter du mariage des rois, de la paix entre eux, ou de quelque autre affaire des plus importantes et épineuses, telles charges leur étoient données. Le maniement des finances et l'intendance des affaires leur sont mis en main. Nous trouvons en l'histoire plusieurs chanceliers de leur ordre : un seul auteur[2] en remarque trente-cinq. Nous les voyons parrains des rois; on leur en commet l'éducation, la tutelle de leurs personnes et la régence de leur État. La croyance qu'on a que la religion qui les lie à Dieu rend leur foi inviolable, fait qu'on désire leur parole pour caution des promesses de leurs maîtres; on les demande, et les accepte-t-on pour otages des rois, conjointement avec leurs enfants, comme si leur dignité rendoit aucunement leurs personnes royales. Enfin, ils sont honorés jusques à ce point que leurs propres princes les rendent arbitres de leurs différends, et se soumettent à leur jugement, quoiqu'ils soient sous leur puissance. Et ce qui est grandement considérable, est que les plus grands de nos rois sont ceux qui s'en sont servis davantage : ce qui se justifie clairement en ce que ce grand prince[3] qui le premier joignit en sa personne le diadème de l'Empire à la couronne de France, ne faisoit rien ni en paix ni en guerre sans l'avis des évêques, dont, pour cet effet et plusieurs autres, on assembloit les synodes presque tous les ans.

1. « Les preuves de ces charges et honneurs déférés à l'Église ne sont pas ici employées, parce que les François ne sont pas étrangers en France, et qu'il faudroit un discours plus grand que cette harangue pour les rapporter toutes. »
2. « Bodin en sa Rép. »
3. « Charlemagne. »

Lors, les prélats étoient employés de leurs princes; l'Église gallicane étoit pleine de majesté; au lieu que, maintenant, elle est tellement déchue de cette ancienne splendeur, qu'elle n'est pas reconnoissable : car, tant s'en faut qu'on recherche les conseils des ecclésiastiques en ce qui regarde l'État, qu'au contraire il semble qu'on estime que l'honneur qu'ils ont de servir Dieu les rende incapables de servir leur roi, qui en est la plus vive image.

S'il leur est libre d'entrer au Conseil, c'est seulement par forme; ce qui paroît assez puisqu'ils y sont reçus avec tel mépris, qu'il suffit d'être laïque pour avoir lieu de préséance par-dessus eux, là où anciennement leur ordre, qui les rend préférables à tous autres, les y rendoit aussi préférés.

Ainsi l'on avilit la dignité de ceux qui servent aux saints autels, et, de plus, bien qu'ils rendent au Roi ce que chacun rend à son Dieu, lui donnant volontairement la dîme de leurs biens, on ne laisse de les dépouiller de tout le reste, pour en favoriser des personnes du tout incapables de le posséder, ou pour s'être dédiées au monde et non à Dieu, ou pour être dépourvues de la foi et ennemis déclarés de l'Église, des biens temporels de laquelle l'on ne peut jouir que sacrilègement, si l'on ne participe aux spirituels.

Encore qu'ils soient exempts de tous impôts, il y en a peu à quoi on ne les veuille assujettir; on les prive de leur juridiction, on souffre que les ennemis de la foi polluent tous les jours impunément les lieux les plus sacrés par leurs profanes sépultures, et, de plus, que, contre les édits et la raison, ils retiennent par force et violence leurs églises, empêchant d'y publier la parole de Dieu, pour y annoncer celle des hommes.

Et, partant, on peut dire avec vérité que l'Église se trouve en même temps privée d'honneurs, dépouillée de biens, frustrée d'autorité, profanée, et tellement abattue, qu'il ne lui resteroit pas de forces pour se plaindre, si, se ressentant aux derniers abois et voyant devant elle le médecin de qui seul elle peut recevoir guérison, elle ne faisoit un dernier effort pour lui toucher le cœur, de telle sorte qu'il soit mu par pitié, convié par religion, et forcé par raison à lui rendre la vie, le bien et l'honneur tout ensemble.

Or, afin que Votre Majesté connoisse la justice de ses plaintes et de ses très humbles remontrances, elle considérera, s'il lui plaît, quelle raison il peut y avoir d'éloigner les ecclésiastiques de l'honneur de ses conseils et de la connoissance de ses affaires, puisque leur profession sert beaucoup à les rendre propres à y être employés, en tant qu'elle les oblige particulièrement à acquérir de la capacité, être pleins de probité, se gouverner avec prudence, qui sont les seules conditions nécessaires pour dignement servir un État, et qu'ils sont en effet, ainsi qu'ils doivent être par raison, plus dépouillés que tous autres d'intérêts particuliers, qui perdent souvent les affaires publiques, attendu que, gardant le célibat comme ils font, rien ne les survit après cette vie que leurs âmes, qui, ne pouvant thésauriser en terre, les obligent à ne penser ici-bas, en servant leur roi et leur patrie, qu'à s'acquérir pour jamais, là-haut au ciel, une glorieuse et du tout parfaite récompense.

En vain, les anciens conciles[1], aux mêmes lieux où ils condamnent la licence des évêques qui abandonnent leurs troupeaux pour suivre la cour des princes et des rois, en auroient-ils permis le séjour à ceux qui y sont appelés par leurs commandements et par la nécessité des affaires publiques, s'ils n'y étoient employés lorsque les occurrences le requièrent?

Quelle apparence y a-t-il de disposer des biens qui appartiennent à l'Église en faveur des personnes profanes? N'est-ce pas contre les règles de la justice de donner au monde ce qui appartient à Dieu, au lieu de sacrifier à Dieu ce qui est au monde?

---

1. « De Sardique, can. 8 et 11 ; le 2ᵉ de Lyon, can. 3. »

Il semble que donner une abbaye à un gentilhomme laïque, ou la mettre ès mains de quelqu'un qui soit de religion contraire à la nôtre, soit chose qui porte peu de préjudice à l'Église. Cependant il est vrai et est aisé à connoître que sa perte et sa ruine vient de là, en tant principalement que la présentation de la plus grande part des cures de la France est annexée aux abbayes : ce qui fait qu'étant possédées par personnes de ces conditions, il est presque impossible d'avoir de bons pasteurs, qui toutefois sont les vraies bases qui soutiennent l'Église et la maintiennent en son honneur, étant clair qu'un courtisan, ou autre plus lié à la terre qu'au ciel, aura peu de soin d'en choisir qui vivent selon Dieu, et qu'un ennemi de notre créance se plaira à la décrier, en nous donnant des hommes ignorants et de vie scandaleuse.

En cela, l'événement condamne le conseil. Que Votre Majesté y pense, et qu'elle sache, s'il lui plaît, que non seulement y a-t-il abus à départir le bien de Dieu à telles gens, mais, en outre, à personnes de notre profession indignes de le posséder pour leurs mauvaises mœurs et leur ignorance. Oui, Sire, c'est un grand abus, qui tire après soi la perte d'un nombre infini d'âmes, dont la vôtre répondra un jour devant le souverain juge des humains.

On pense, dans le monde, que pourvoir aux bénéfices soit un droit fort avantageux aux princes; mais ce grand saint d'entre nos rois[1] dont Votre Majesté porte le nom n'eut pas cette pensée, puisqu'il ne voulut point se servir de la bulle par laquelle le Pape lui en accordoit le pouvoir. Et, si celui de ses successeurs[2] qui, ne suivant pas son exemple, accepta ce qu'il avoit refusé, eut cette créance pour un temps, il la perdit lorsqu'étant au lit de la mort, prêt à comparoître devant Dieu, qui juge les rois comme leurs sujets, il déclara à son fils que rien ne le

1. « Saint Louis. »
2. « François Ier. »

travailloit davantage que le compte qu'il avoit à rendre de la nomination des bénéfices dont il étoit chargé, abolissant les élections. Si saint Grégoire reprend aigrement une de nos reines[1] pour seulement tolérer des abus en la distribution des bénéfices, si plusieurs princes ont été notablement punis à cette occasion, que doit-on craindre si on autorise tels abus, et que devons-nous faire en ce sujet? On doit craindre la main de Dieu qui ne laisse rien impuni, et nous sommes obligés en conscience d'en avertir, comme nous faisons, ceux qui peuvent arrêter le cours de tels désordres.

Bien qu'il y ait plus d'apparence d'accorder aux laïques des pensions sur les bénéfices, que de leur en donner le titre pour jouir, ou sous leurs noms, ou sous celui d'un tiers par confidence, il n'y a toutefois aucune raison, puisque c'est contre l'équité, de faire part des fruits à ceux qui ne participent pas aux peines, qu'il est impossible, en de grandes charges, de s'acquitter de son devoir sans grandes dépenses, et qu'une expérience très honteuse nous fait connoître que priver un homme de ce qui lui appartient légitimement le porte quelquefois à prendre injustement ce qui ne lui est pas dû.

Si des pensions nous venons aux réserves, qui peut trouver juste de donner un successeur à un homme vivant, duquel, par ce moyen, on met la vie à la merci de celui qui doit profiter de sa mort? Les conciles ont condamné cette pratique comme très dangereuse[2]. Aussi, le roi Henri III, en ses derniers États, s'obligea-t-il par serment solennel[3] de l'abolir, et révoqua toutes les réserves et survivances obtenues sous son règne. Et il est vrai de dire qu'il est très à propos, et comme nécessaire, de faire le même maintenant, non seulement pour ce qui est des

1. « En ses Épîtres à Brunehaut. »
2. « Conc. de Latran sous Alex. 3, can. 8, c. 2, de concess. præb. in 6. »
3. « En sa harangue. »

bénéfices, mais, en outre, pour toutes les charges et offices de ce royaume, tant parce qu'autrement Votre Majesté, Sire, ayant par ce moyen les mains liées, seroit longtemps roi sans le pouvoir faire paroître, que parce aussi qu'étant impossible en un État de contenter un chacun par bienfaits, il est important de laisser au moins l'espérance à ceux à qui on ne peut donner mieux; ce qui ne se peut faire si les charges, offices et bénéfices demeurent promis et assurés à des enfants, qui, au comble de leur mérite et de leur âge, n'oseroient peut-être penser à parvenir aux honneurs et aux grades qu'on leur a donnés au berceau.

Quant aux vexations que quelques-uns des nôtres ont reçues par les recherches du sel et les impôts de la taille[1], auxquels on a voulu les assujettir indirectement à raison des biens roturiers qu'ils possèdent, n'est-ce pas une honte d'exiger de personnes consacrées au vrai Dieu ce que les païens n'ont jamais désiré de ceux qui étoient dédiés au service des idoles? Les constitutions des empereurs et des conciles sont expresses pour nos exemptions. On a toujours reconnu[2] par le passé que le vrai tribut qu'on doit tirer des ecclésiastiques est la prière, et même quelques-uns ont été religieux jusqu'à ce point que d'estimer qu'il faut avoir plus de confiance en leurs oraisons et en leurs larmes qu'en l'argent qu'on tire du peuple, et aux armes que la noblesse porte. Nonobstant tout cela, nous payons une taille volontaire, et cependant on ne laisse pas de nous en imposer d'autres[3], au paiement desquelles on nous veut contraindre comme si nous étions sujets à telles charges[4].

1. « Ceci est dit pour quelques prêtres du Maine qui, ayant été, il y a deux ans, imposés à la taille, en ont depuis peu de temps été déchargés par arrêts. »
2. « Lib. 2 et 26 Codi. Theo., de Episc. et clericis. L. Sancimus. »
3. « Décimes. »
4. Dans certaines éditions anciennes de la harangue, cette

Pour ce qui est du trouble qu'on nous fait en notre juridiction, il est aisé de reconnoître qu'il est impossible que nous fassions nos charges, si de juges à tous coups on nous rend parties, et qu'on borne tellement l'autorité que Dieu nous a commise, que, si nous avons de bonnes intentions, elles demeurent sans effet, faute de puissance.

Si le concile de Chalcédoine[1], l'un des quatre premiers œcuméniques auxquels l'Église gallicane soumet ses libertés, ce qui est à noter; si le troisième de Carthage[2], auquel assista cette grande lumière de l'Église, saint Augustin; si le premier de Mâcon, tenu en France il y a plus de mille ans; si le troisième de Tolède, célébré presque au même temps dans le vi[e] siècle; si plusieurs autres enfin interdisent aux laïques la connoissance de ce qui concerne les clercs et l'Église[3]; si tous les empereurs chrétiens ont tenu pour sacré ce qui étoit ordonné par les évêques; si le grand Constantin ne voulut pas connoître de leurs différends; si, en outre, il ordonne que ce qui est jugé et décidé par eux soit exécuté et inviolablement gardé par tous les autres juges[4]; si Charlemagne renouvelle cette ordonnance en ses capitulaires[5]; s'il a fait grand nombre

phrase est remplacée par la suivante : « Nonobstant tout cela, nous payons une taille volontaire, et cependant la malice et la corruption du siècle est si extrême, qu'il se trouve des gens qui voudroient bien nous obliger à d'autres charges, comme si nous pouvions y être assujettis. »

1. « Act. 15, can. 9. »
2. « Can. 9. »
3. « Can. 3; can. 13. Le canon est inséré au corps du Décret II, q. I, Can. Inolita. — Conc. d'Arles, tenu dans le ve siècle, can. 2. — Milevi. auquel assista S. Aug., can. 19, etc. — Sozomène, l. 1, ch. 16. — Lib. I de Episc. judicio, Cod. Theod. »
4. « Théodose, Arcadius, Honorius, Justinien et autres ont fait de même. »
5. « L. 6, ch. 281. Lib. 5, ch. 20, 21, 39, 225, etc. Lib. 6, ch. 143. »

de constitutions pour la conservation de nos immunités ; quelle raison, mais quelle apparence y auroit-il de souffrir maintenant que ceux qui sont obligés d'obéir à l'Église lui commandent et décident des points dont ils doivent recevoir la résolution de sa bouche ?

L'autorité ecclésiastique est tellement dictincte de celle qu'ont ès mains les magistrats laïques, que saint Cyprien[1] ose témoigner que les entreprises sur l'Église et le mépris du tribunal des évêques donnent naissance et entrée aux schismes, et rompent le lien qui unit tous les enfants de Jésus-Christ en son épouse. « Ce n'est pas, dit saint Grégoire de Nazianze[2], aux brebis à paître les pasteurs, aux parties à juger les juges, à ceux qui sont sujets aux lois à en prescrire aux législateurs; Dieu n'est pas un Dieu de confusion, mais de paix et d'ordre. »

En ce qui concerne la foi et l'Église, celui seul doit juger qui est de profession ecclésiastique, dit saint Ambroise. Aussi reprend-il[3] aigrement quelques prêtres qui, au lieu de se pourvoir et s'arrêter aux tribunaux de l'Église, avoient recours à l'autorité des empereurs, auxquels il résista courageusement, lorsque, de son temps, ils voulurent entreprendre ce qui n'appartient qu'à ceux à qui Dieu a commis la conduite des âmes.

L'Église exerçoit si pleinement sa juridiction en ses premiers siècles, que ce grand saint Martin[4], riche ornement de la France, parlant à l'empereur Maximus, dit absolument que c'est un crime nouveau et inouï qu'un juge séculier connoisse des causes de l'Église.

Les bons empereurs, les bons rois, Sire, ont toujours été curieux de maintenir et conserver cette sainte épouse du souverain monarque du monde en son autorité, et Votre

---

1. « Epist. 69 à Pupianus. »
2. « En l'orais. à Julien l'Apostat. »
3. « Lib. 5, epist. 32. — Lib. 10, epist. 78. »
4. « Sévère Sulpice, lib. 2 de son hist. »

Majesté remarquera soigneusement que tous les souverains y sont étroitement obligés, et par conscience, ce qui est manifeste, et par raison d'État, puisque c'est chose très certaine qu'un prince ne sauroit mieux enseigner à ses sujets à mépriser sa puissance qu'en tolérant qu'ils entreprennent sur celle du grand Dieu de qui il tient la sienne. Ce mot comprend beaucoup; je n'en dirai pas davantage.

Le deuil de la profanation des lieux saints, et le juste ressentiment de l'usurpation des églises, m'appellent à leur rang, et m'obligent à ne me taire pas de ces sacrilèges.

Jésus-Christ assignant pour marque de la fin du monde[1] la désolation que Daniel prédit qu'on verra dans le temple, nous avons grand sujet de craindre que celle qui se voit tous les jours dans les nôtres soit un signe de la fin de cette monarchie.

Quelle pitié qu'on prêche le mensonge où on doit annoncer la vérité; que des pays entiers de votre obéissance, comme le Béarn, soient troublés au saint exercice de leur religion; que les temples consacrés au service de Dieu soient détournés de cette fin à une autre du tout contraire!

C'est une chose lamentable d'ouïr que les lieux saints soient ainsi souillés; mais les cheveux me hérissent, l'horreur me saisit, la voix me manque, quand je pense à exprimer l'indignité d'un forfait si exécrable, qu'à peine pourroit-on croire qu'il eût été commis en la plus cruelle barbarie du monde.

Cependant c'est la France, autrefois exempte de monstres, qui a produit les auteurs d'un crime si horrible. Je pâlis, je frémis en le disant. O patience indicible du ciel! Que la terre ne s'est-t-elle ouverte pour les engloutir en leur naissance! En votre État, Sire, en pleine

---

1. « Matth. 24. »

paix, on foule aux pieds Celui qui doit être adoré non seulement des hommes, mais des anges; on foule aux pieds ce précieux et sacré corps qui purifie les nôtres, et qui sauve nos âmes, le corps de ce grand Dieu qui de soi-même s'est abaissé jusqu'à la croix pour nous élever jusqu'à la gloire.

Cela s'est fait depuis peu de jours[1], je le dis hardiment; et si je m'en taisois, je serois coupable devant Dieu comme fauteur et complice d'une exécration si abominable.

Nous avons grand sujet de dire avec Jérémie[2] que notre face est couverte de honte et d'ignominie, parce que les étrangers souillent et polluent les saints et sacrés temples du grand Dieu, et plus grande occasion d'appréhender pour ce royaume l'horrible punition dont il menace ceux qui remplissent d'abomination ce que Dieu s'est particulièrement affecté pour son héritage[3].

Si ceux qui autrefois exposèrent aux chiens le pain des anges furent déchirés par eux[4], que les monstres qui, l'abandonnant depuis peu de jours à leur rage, l'ont exposé à des bêtes pires que des chiens, que ces monstres sachent que, si, en ce monde, ils ne sont mis en pièces par les chiens, brisés sur les roues, réduits en poudre par les flammes, qu'ils sachent qu'ils seront en l'autre dévorés par les furies d'enfer, cruciés à jamais par toute sorte de tourments et de tortures, sans cesse et sans fin consumés par les feux qui y sont allumés pour toujours.

Je ne parle, Sire, que de ceux qui ont commis un acte si barbare; car, pour les autres qui, aveuglés de l'erreur, vivent paisiblement sous votre autorité, nous ne pensons

---

1. Note de l'éd. de 1615 : « Ce crime fut commis à Milhau en Rouergue, la nuit de Noël dernier passé, par quelques-uns de la Religion prétendue réformée. »
2. « Chap. 51, vers. 51. »
3. « Chap. 16, vers. 18. »
4. « Optat. Milevitain, livre 2, contra Parmen. »

en eux que pour désirer leur conversion, et l'avancer par nos exemples, nos instructions et nos prières, qui sont les seules armes avec lesquelles nous les voulons combattre ; et nous ne doutons point qu'ils ne détestent eux-mêmes une impiété si étrange, que je dirai librement à Votre Majesté devoir être promptement suivie de châtiment, étant à craindre que notre connivence en telles occasions n'oblige enfin le Tout-Puissant à s'élever, prendre sa cause en main, venger ses injures, en sorte qu'on reconnoisse, par effets rigoureux pour ceux qui les ressentiront, que, s'il diffère ses supplices, il en augmente les peines.

Voilà, Sire, pour ce qui est de nos maux et de nos plaintes, ce que nous avons à mettre ici devant les yeux de Votre Majesté, que j'ai réduit au moins de chefs, et traité le plus succinctement qu'il m'a été possible, pour n'être pas importun à vos oreilles, pour donner lieu à ceux qui doivent parler après moi de s'étendre sur certains points qui les touchent de près, que je n'ai qu'effleurés, et parce enfin que, même en ce qui concerne l'Église, il suffit et est à propos de ne représenter ici qu'en général les désordres qui sont particulièrement déduits en nos cahiers, avec leurs remèdes : désordres, Sire, qui ne peuvent être négligés qu'on n'ait juste sujet d'appréhender, pour Votre Majesté et pour son État, des événements du tout contraires à ceux que nous leur souhaitons, puisque, comme la piété et la religion sont cause de la prospérité des princes et de la durée des républiques, ainsi le mépris des choses saintes est-il occasion de leur malheur et de leur fin[1]. Les menaces que Dieu fait à ceux qui ne feront compte de sa loi et de ses saints commandements, et les funestes châtiments dont elles ont été suivies, nous apprennent cette vérité.

1. « Liv. I des Rois, ch. 12, 14 et 25. Liv. 3 des Rois, chap. 1, 12 et 13. Ecclesiast., ch. 10, v. 8. »

La chute de l'empire d'Orient[1], la ruine des anciennes Gaules, l'anéantissement de plusieurs États, qui ont vu leur fin peu éloignée de leur commencement, nous la confirment; et, si nous avons du sentiment, plusieurs punitions exemplaires que notre France a reçues par le passé, en la première et seconde race de ses rois, ne nous peuvent permettre d'en douter.

Or, d'autant qu'en une maladie en vain un médecin ordonne-t-il ce qui est déjà prescrit par un autre, nous vous supplions de considérer que, pour nous soulager en nos misères, il n'est pas tant question de faire de nouvelles ordonnances, comme de tenir la main à l'observation des anciennes, desquelles, si les François remportent cet avantage que de faire paroître leur esprit à reconnoître leurs défauts et les moyens de les régler, ils reçoivent aussi cette honte, qu'on s'aperçoit du peu de conscience qu'ils ont, par le mépris irréligieux qu'ils font de leurs saints établissements : ce qui fait qu'on dit d'eux, et à juste titre, ce qu'on disoit anciennement des Athéniens, qu'ils savent bien les choses bonnes, mais qu'ils ne les pratiquent pas.

Votre Majesté, faisant religieusement exécuter ce qui a été saintement ordonné par ses prédécesseurs, les surpassera d'autant en ce point que les effets surmontent les paroles, et l'exécution des choses bonnes la proposition qui s'en fait. Et, qui plus est, elle remettra par ce moyen tous les ordres de ce royaume, puisque le rétablissement des monarchies dépend de l'observation et accomplissement des lois : ce qui fait que nous vous supplions très humblement d'avoir agréable qu'avec une liberté pleine de

1. En marge de l'éd. de 1615 : « Éginart, en la Vie de Charlemagne, attribue la ruine de cet empire au dérèglement et à l'irréligion. Salvian, évêque de Marseille, fait le même des Gaules, rapportant pour raison de leur fin le mépris des choses saintes. Paul Diacre impute la perte et la ruine du royaume des Lombards à la même cause. »

respect nous déclarions maintenant, en votre présence, que nous ne pouvons recevoir aucun contentement sur nos plaintes, par quelques nouvelles ordonnances ou renouvellement des anciennes qui se puissent faire, qu'en tant que tels établissements seront suivis d'exécution, non pour un jour, mais pour toujours.

Que si on en vient là, toutes choses se feront avec poids et juste mesure : on verra le règne de la raison puissamment établi; la justice recouvrera l'intégrité qui lui est due; les dictatures ne seront plus perpétuelles en des familles, les états héréditaires par cette invention pernicieuse du droit annuel; la vénalité des offices, qui en rend l'administration vénale, et que l'antiquité a remarquée pour signe de la décadence et chute des empires, sera abolie selon nos désirs; les charges supernuméraires supprimées; le mérite aura prix, et, si la faveur a quelque cours, ce ne sera plus au préjudice de la vertu; le mal recevant punition, le bien ne sera pas sans récompense; les lettres et les arts fleuriront; les finances, vrais nerfs de l'État, seront ménagées avec épargne, les dépenses retranchées, les pensions réduites, ainsi que nous le demandons, aux termes où ce grand Henri les avoit établies, la raison voulant qu'en ce point sa prudence nous serve de règle, et l'équité ne pouvant permettre qu'on donne plus par cette voie que les levées qui se faisoient anciennement sur ce royaume ne montoient, et qu'ainsi on ruine la plus grande part des sujets de la France pour en enrichir quelques-uns.

La religion fleurira de nouveau, [par la] résidence de ceux qui sont obligés d'en instruire les peuples, étant à l'avenir aussi soigneux de paître de leurs propres mains les âmes qui leur sont commises, qu'ils l'ont négligé par le passé, au préjudice de leur propre conscience et à leur honte.

L'Église reprendra son lustre, étant rétablie en son autorité, ses biens et ses honneurs; les simonies, les confidences, toutes saletés et tous vices, en seront bannis, et la seule vertu y aura règne.

La noblesse rentrera en jouissance des prérogatives et des honneurs qu'elle s'est acquis par ses services. Les duels étant abolis, son sang (qu'elle est toujours prête de répandre pour le service de son Dieu, de son roi et de son pays) sera épargné, et, par ce moyen, son salut facilité, et le Roi soulagé d'une grande charge de conscience, étant certain que les princes sont responsables devant Dieu de toutes les âmes qui se perdent par cette voie inhumaine, et que rien n'est plus capable d'empêcher que le mérite du sang de Jésus-Christ leur soit appliqué, que celui qui, en telles occasions, s'épand tous les jours par leur faute.

Le peuple sera délivré des oppressions qu'il souffre par la corruption de quelques officiers, préservé des outrages qu'il reçoit de plus puissants que lui, et soulagé en ses impôts à mesure que les nécessités de l'État le pourront permettre. En un mot, toute la France sera remise au meilleur état où nos vœux la puissent porter, et, ce qui est à noter, avec tant de facilité, que je puis dire sa réformation autant aisée qu'elle est juste, nécessaire, et pleine de gloire pour Votre Majesté.

Elle est aisée, Sire, puisqu'en la plupart des choses bonnes il est des rois comme de Dieu, auquel le vouloir est le faire;

Juste, puisque la raison et l'équité requièrent que toutes choses déréglées soient remises en leur point;

Nécessaire, puisque de là dépend la durée de l'État, qui, comme un corps plein de pourriture et de mauvaises humeurs, ne peut subsister si on ne le purge;

Glorieuse, car, si Josias, pour avoir commencé son règne par le rétablissement du Temple et la restauration des saints autels, mérita un honneur qui surpasse la portée de ma langue, quelle gloire n'acquerrez-vous point, Sire, si, au commencement de votre majorité, vous relevez le règne du grand Dieu, redressez ses autels, rendez la vie (s'il faut ainsi parler de l'Église, qui ne peut mourir) à celle de qui vous l'avez reçue, si enfin vous rétablissez de tous points ces États ?

La gloire étant un aiguillon qui pique vivement les généreux esprits, nous ne pouvons douter que vous n'entrepreniez cette réformation tant glorieuse ; les marques évidentes de votre inclination aux choses bonnes, de votre piété envers Dieu, de votre affection envers vos sujets nous en assurent. Et, qui plus est, nous sommes confirmés en cette assurance par la digne action que fit Votre Majesté, lorsqu'en sa majorité, après avoir reçu et pris en main les rênes de ce grand empire, elle les remit en celles de la Reine sa mère, afin que, sous son autorité, elle eût pour quelques ans la conduite de son État ; car, encore que nous puissions dire de nos rois ce qu'on a remarqué d'un certain peuple des Indes dont les enfants naissent tous chenus[1], et que, particulièrement, l'esprit de Votre Majesté produise des traits de sagesse et de prudence qui surpasse son âge, si est-ce toutefois que, le gouvernement d'un grand royaume étant plein d'un monde de difficultés qui naissent tous les jours des diverses occurrences et rencontres des choses humaines, la science ne s'en peut acquérir que par le temps, pendant lequel heureux le roi à qui Dieu donne une mère pleine d'amour envers sa personne, de zèle envers son État, et d'expérience pour la conduite de ses affaires !

Entre une infinité de grâces que Votre Majesté a reçues du ciel, une des plus grandes dont vous lui soyez redevable est le don et la conservation d'une telle mère, et, entre toutes vos actions, la plus digne et la plus utile au rétablissement de votre État est celle que vous avez faite lui en commettant la charge.

Car que ne devez-vous attendre, et que ne devons-nous espérer d'elle, sous les heureux auspices de votre majorité,

---

1. « Pline, liv. 7, chap. 2. »

après qu'en la foiblesse d'une minorité, à la merci de mille orages et d'autant d'écueils, elle a heureusement conduit le vaisseau de l'État dans le port de la paix, où elle l'a fait voir à Votre Majesté avant que lui remettre entre les mains?

Toute la France se reconnoît, Madame, obligée à vous départir tous les honneurs qui s'accordoient anciennement aux conservateurs de la paix, du repos et de la tranquillité publique.

Elle s'y reconnoît obligée, non seulement à cause qu'avec tant de merveilles vous nous avez jusqu'à cette heure conservés au repos que les armes invincibles de ce grand Henri nous ont acquis, mais, en outre, parce que vous avez voulu comme attacher pour jamais la paix à cet État, du plus doux et du plus fort lien qui se puisse imaginer, étreignant par les nœuds sacrés d'un double mariage (dont nous souhaitons et requérons l'accomplissement) les deux plus grands royaumes du monde, qui n'ont rien à craindre étant unis, puisque, étant séparés, ils ne peuvent recevoir de mal que par eux-mêmes.

Vous avez beaucoup fait, Madame; mais il n'en faut pas demeurer là : en la voie de l'honneur et de la gloire, ne s'avancer et ne s'élever pas, c'est reculer et déchoir. Que si, après tant d'heureux succès, vous daignez encore vous employer courageusement à ce que ce royaume recueille les fruits qu'il se promet et qu'il doit recevoir de cette assemblée, vous étendrez jusqu'à l'infini les obligations qu'il vous a, attirerez mille bénédictions sur le Roi pour vous avoir commis la conduite de ses affaires, sur vous pour vous en être si dignement acquittée, sur nous pour la supplication très humble et très ardente que nous faisons à S. M. de vous continuer cette administration. Et lors, vos mérites ajoutant mille couronnes de gloire à celle qui entoure votre chef, pour comble de récompense le Roi ajoutera aussi au titre glorieux que vous avez d'être sa mère celui de mère de son royaume, afin que la postérité, qui lira ou entendra proférer votre nom, y aperçoive et reconnoisse des marques de votre piété envers son État, et de la sienne envers vous, voyant que votre zèle envers la France ne vous aura plutôt fait mériter un titre de gloire immortelle, que l'amour filial qu'il vous porte ne vous l'ait donné.

Nous croyons, Madame, que vous n'oublierez rien pour faire que cette assemblée, mise en pied par vos conseils, réussisse à notre avantage : les maux qui nous pressent vous y convient; votre affection envers nous vous y porte; votre honneur et celui du Roi (qui vous est si cher) le requièrent, et l'intérêt de vos consciences vous y oblige tous deux.

C'est, Sire, ce qui fait que plus hardiment nous conjurons Votre Majesté de ne nous point licencier d'auprès d'elle que nous ne remportions à nos provinces de quoi contenter leur attente et les consoler en leurs misères.

Mais que fais-je? Je demande ce qui nous est très assuré, puisque par plusieurs fois vous l'avez promis, et que vos paroles sont, ainsi qu'elles doivent être, inviolables et sacrées comme votre personne.

Vous l'avez promis, et, qui plus est, vous nous permettez à cette fin de députer quelques-uns des nôtres pour assister ceux qui, dès demain, sans perdre temps, travailleront de votre part à la réponse de nos cahiers, dont par ce moyen l'expédition sera fort prompte, et d'autant plus fructueuse que, par une douce conférence de vos commissaires et des députés de vos États, Votre Majesté sera mieux instruite de nos intérêts et de la justice de nos plaintes.

Toutes saisons n'étant pas propres aux guérisons des maladies, les rois peuvent innocemment souffrir pour un temps le dérèglement de leur État, à l'exemple de Dieu, qui permet en cette façon le cours du mal; mais, si on ne peut les accuser pour telles tolérances, il est impossible de les excuser si enfin ils ne mettent la main à l'œuvre pour procurer sa guérison.

Votre Majesté, Sire, y est étroitement obligée. Qu'elle y pense et repense plusieurs fois ; le temps permet qu'elle y travaille dès cette heure, particulièrement en ce qui concerne l'Église, le rétablissement de laquelle ne heurte en aucune façon les nécessités présentes des affaires : ce qui fait que sans délai on le doit entreprendre, principalement puisque c'est chose très certaine que l'unique moyen de régner heureusement en terre est d'y faire fleurir le règne de ce grand monarque qui habite le ciel.

Je sais bien qu'on peut dire que le dérèglement de nos mœurs est la principale cause de nos maux, et que, par conséquent, notre guérison dépend plus de nous que de tout autre. Nous le confessons avec larmes ; mais il faut considérer que les maux de l'Église sont divers, qu'il y en a de deux natures : les uns qui tirent leur être de nos fautes, et les autres qui viennent d'autrui. A ceux-ci Votre Majesté seule peut apporter remède, et c'est à nous principalement de travailler à la guérison des autres. Aussi sommes-nous résolus de reprendre notre première pureté, et le désir que nous en avons fait que nous supplions très humblement Votre Majesté de nous donner un aiguillon nouveau pour nous porter plus fortement à cette fin, et une règle pour y conduire.

Un aiguillon : faisant telle estime de ceux qui s'acquitteront de leur devoir, et méprisant en sorte ceux qui, le négligeant, feront gloire de leur honte, qu'au lieu d'un seul motif que nous avons maintenant pour nous porter au bien nous en ayons deux : la gloire de Dieu et l'honneur du monde.

Une règle : nous accordant le saint et sacré concile de Trente, tant utile pour la réformation des mœurs. Je pourrois m'étendre sur ce sujet, et mon dessein étoit de le faire ; mais, pressé du temps, je me contenterai de faire voir, en peu de mots, à Votre Majesté que toutes sortes de considérations la convient à recevoir et faire publier ce saint concile. La bonté de la chose, l'autorité de sa cause, la sainteté de sa fin, le fruit que produisent ses constitutions, le mal que nous cause le délai de sa réception, l'exemple des princes chrétiens, et la parole du feu Roi son père.

La bonté de la chose : nous offrant à justifier qu'il n'y a rien en ce concile qui ne soit très saint;

L'autorité de sa cause : puisqu'il est fait par l'Église universelle, dont l'autorité est si grande, que sans elle saint Augustin ne veut pas croire à l'Évangile;

La sainteté de sa fin : puisqu'elle n'est autre que la conservation de la religion, et l'établissement d'une vraie discipline en l'Église;

Le fruit que produisent ses constitutions : puisqu'en tous les pays qui l'observent l'Église y subsiste avec règle;

Le mal que nous cause le délai de sa réception : puisqu'à ce sujet beaucoup font mauvais jugement de notre créance, estimant que, n'admettant pas ce concile, nous en rejetons la doctrine, que nous sommes obligés de professer sur peine d'hérésie;

L'exemple des princes chrétiens : puisque l'Espagne, l'Italie, la Pologne, la Flandre et la plus grande partie de l'Allemagne l'ont reçu;

La parole du feu Roi son père : puisque c'est une des conditions auxquelles il s'obligea solennellement lorsque l'Église le reçut entre ses bras.

La moindre de ces considérations est suffisante pour porter Votre Majesté à nous accorder cette requête, d'autant plus raisonnable, que, s'il y a quelques articles en ce concile qui, bons en eux-mêmes, semblent moins utiles à ce royaume pour être répugnants à ses anciennes usances, nous nous soumettons très volontiers à en demander modification.

Nous espérons, Sire, de votre bonté cette grâce, et plusieurs autres nécessaires pour la guérison de nos maux; et, qui plus est, devant que de finir, j'ose dire que, si l'on peut mériter par affection, nous le méritons pour l'extrême passion que nous avons à son service.

Passion, Sire, dont toutes nos actions seront autant de

témoignages, protestant devant Dieu, en présence de Votre Majesté, à la face de toute la France, qu'avec l'avancement de la gloire du Tout-Puissant, le plus grand soin que nous veuillions avoir est d'imprimer plus par exemple qu'autrement aux cœurs de vos sujets, qui reçoivent instruction de nous, le respect et l'obéissance qu'ils vous doivent; mendier du ciel, par vœux continuels, une abondante effusion de bénédictions sur Votre Majesté; supplier celui qui en est le maître de détourner son ire de dessus cet État; et, au cas qu'il le voulût punir, nous offrir à supporter en ce monde le feu de ses foudres pour en garantir votre personne, à qui nos souhaits sont si avantageux, que, quelques maux qui nous pressent, jamais nous ne serons touchés d'aucun désir qui égale celui que nous avons de voir la dignité royale tellement affermie en elle, qu'elle y soit comme un ferme rocher qui brise tout ce qui le heurte.

Ce sont, Sire, les désirs de vos très humbles et très fidèles sujets et serviteurs les ecclésiastiques de votre royaume, et les vœux qu'ils présentent à Dieu, le suppliant qu'il ouvre en sorte l'œil de sa Providence pour la direction de Votre Majesté, échauffe sa bonté pour sa conservation, arme son bras pour sa défense, qu'elle puisse régner sagement, longuement et glorieusement, étant la règle de son État, la consolation de ses sujets et la terreur de tous ses ennemis.

Après que j'eus ainsi parlé au Roi, le baron de Senecey[1] présenta le cahier de la noblesse, et le président Miron celui du tiers état[2]. S. M., pour plus

1. Henri de Bauffremont, marquis de Senecey, mort en 1622. Le texte de son discours a été imprimé dans le *Recueil des États généraux* publié par Lalourcé et Duval, 1788-1789, t. VIII des Pièces justificatives, n° 99.
2. La harangue du président Miron a été imprimée dans la *Relation des États* de Florimond Rapine, p. 443, et dans le

promptement donner ses réponses aux cahiers des États, commanda que, sur chaque matière, on fît extrait de ce qui en étoit demandé dans les trois cahiers, et ordonna quelques-uns des plus anciens de son Conseil pour examiner les choses qui regarderoient l'Église, les maréchaux de France et le sieur de Villeroy pour celles qui concerneroient[1] la noblesse et la guerre, les présidents Jeannin et de Thou et les intendants pour celles des finances, et autres personnes pour les autres matières contenues dans les cahiers.

Cependant, pour ce que quelques députés des États qui étoient de la Religion prétendue s'étoient émus sur la proposition que quelques-uns des catholiques avoient faite, que le Roi seroit supplié de conserver la religion catholique, selon le serment qu'il en avoit prêté à son sacre, S. M. fit, le 12ᵉ mars, une déclaration par laquelle elle renouvelle les édits de pacification; et, pour ce que le temps étoit venu que l'assemblée de ceux de ladite Religion prétendue se devoit tenir pour élire de nouveaux agents, le Roi la leur accorda à Jargeau[2], bien qu'il changeât depuis ce lieu en la ville de Grenoble.

Quelque presse que l'on apportât à l'examen des cahiers des États, les choses tirant plus de longue qu'on ne s'étoit imaginé, S. M. jugea à propos de congédier les députés des États et les renvoyer dans leurs provinces; et, afin que ce fût avec quelque satisfaction,

Recueil de Lalourcé et Duval, t. VIII des Pièces justificatives, nº 100.

1. Le mot *concerneroient* a été substitué après coup par Charpentier, dans le manuscrit B, au mot *regarderoient*.

2. Chef-lieu de canton du Loiret.

elle leur manda que les chefs des gouvernements des trois ordres la vinssent trouver, le 24ᵉ mars, au Louvre, où S. M. leur dit qu'elle étoit résolue d'ôter la vénalité des charges et offices, de régler tout ce qui en dépendroit, rétablir la chambre de justice, et retrancher les pensions. Quant au surplus des demandes, S. M. pourvoiroit aussi au plus tôt qu'elle pourroit.

Par cette réponse la paulette étoit éteinte; mais elle ne demeura pas longtemps à revivre; car le tiers état, qui y étoit intéressé, en fit une si grande plainte, que, le 13ᵉ mai ensuivant[1], le Roi, par arrêt de son Conseil, rétablit le droit annuel, déclarant que la résolution que S. M. avoit prise pour la réduction des officiers au nombre porté par l'ordonnance de Blois[2], la révocation du droit annuel et la défense de vendre les offices seroient exécutées dans le premier jour de l'an 1618, et cependant, pour bonnes causes, seroient sursises jusques alors.

Ainsi ces États se terminèrent comme ils avoient commencé. La proposition en avoit été faite sous de spéciaux[3] prétextes, sans aucune intention d'en tirer avantage pour le service du Roi et du public, et la conclusion en fut sans fruit, toute cette assemblée n'ayant eu d'autre effet sinon que de surcharger les provinces de la taxe qu'il fallut payer à leurs députés

---

1. Le 18 mai 1615, d'après le *Mercure françois*, t. IV, p. 47.
2. C'est l'ordonnance rendue en novembre 1576, à la suite des États généraux tenus à Blois. Les articles 210 à 255 de cette ordonnance traitaient des offices et de leur réduction ou suppression.
3. Au sens moderne de spécieux.

et de faire voir à tout le monde que ce n'est pas assez de connoître les maux si on n'a la volonté d'y remédier, laquelle Dieu donne quand il lui plaît faire prospérer le royaume, et que la trop grande corruption des siècles n'y apporte pas d'empêchement[1].

Le 27ᵉ mars, trois jours après que le Roi eut congédié les députés des États, la reine Marguerite passa de cette vie en l'autre. Elle se vit la plus grande princesse de son temps, fille, sœur et femme de rois, et, nonobstant cet avantage, elle fut depuis le jouet de la fortune, le mépris des peuples qui lui devoient être soumis, et vit une autre tenir la place qui lui avoit été destinée. Elle étoit fille de Henri II et de Catherine de Médicis, fut, par raison d'État, mariée au feu Roi, qui lors étoit roi de Navarre, lequel, à cause de la Religion prétendue réformée[2] dont il faisoit profession, elle n'aimoit pas. Ses noces, qui sembloient devoir apporter une réjouissance publique et être cause de la réunion des deux partis qui divisoient le royaume, furent au contraire l'occasion d'un deuil général et du renouvellement d'une guerre plus cruelle que celle qui avoit été auparavant; la fête en fut la Saint-Barthélemy, les cris et les gémissements de laquelle retentirent par toute l'Europe; le vin du festin, le sang[3] des massacrés; la viande,

1. Ces appréciations défavorables concordent avec celles de la majorité des contemporains : voyez la *Relation* de Fl. Rapine, p. 503, 504, 505. Les études modernes d'Augustin Thierry, *Essai sur l'histoire... du tiers état*, chap. vii, et de G. Picot, *Histoire des États généraux*, t. IV, p. 250, ont conduit ces auteurs à des conclusions analogues.

2. Le mot *réformée* a été ajouté en interligne dans le manuscrit B, et n'existe pas dans les deux autres.

3. *Var. :* Le vin du festin fut le sang (M, II).

les corps meurtris des innocents pêle-mêle avec les coupables, toute cette solennité n'ayant été chômée avec joie que par la seule maison de Guise, qui y immola pour victimes à sa vengeance et à sa gloire, sous couleur de piété, ceux dont ils ne pouvoient espérer avoir raison par la force des armes.

Si ces noces furent si funestes à toute la France, elles ne le furent pas moins à elle en son particulier. Elle voit son mari en danger de perdre la vie : on délibère si on le doit faire mourir; elle le sauve. Est-il hors de ce péril, la crainte qu'il a d'y rentrer fait qu'il la quitte et se retire dans ses États. Il se fait ennemi du Roi son frère; elle ne sait auquel des deux adhérer : si le respect de son mari l'appelle, celui de son frère et de son Roi et celui de la religion la retiennent[1]. L'amour enfin a l'avantage sur son cœur : elle suit celui duquel elle ne peut être séparée qu'elle ne le soit d'elle-même. Cette guerre finit quelquefois, mais recommence incontinent après, comme une fièvre qui a ses relâches et ses redoublements. Il est difficile qu'en tant de mauvaises rencontres il n'y ait entre eux quelque mauvaise intelligence; les soupçons, nés des mauvais rapports fort ordinaires à la cour et de quelques occasions qu'elle lui en donne, séparent l'union de leurs cœurs, comme la nécessité du temps fait celle de leurs corps. Cependant ses trois frères meurent l'un après l'autre, dans la misère de ces guerres[2]. Son mari succède à la couronne; mais, comme elle n'a point de part en son amitié, il ne lui

1. Il y a *la retient* dans le manuscrit B.
2. François II en 1560, Charles IX en 1574, Henri III en 1589.

en donne point en son bonheur. La raison d'État le persuade facilement à prendre une autre femme[1] pour avoir des enfants, qu'il ne pouvoit plus avoir de celle-ci. Elle, non si touchée de se voir déchoir de la qualité de grande reine de France en celle d'une simple duchesse de Valois, qu'ardente et pleine[2] de désirs du bien de l'État et du contentement de son mari, n'apporte aucune résistance à ce qu'il lui plaît, étant, se dit-elle, bien raisonnable qu'elle cède de son bon gré à celui qui avoit rendu la fortune esclave de sa valeur. Et, au lieu que les moindres femmes brûlent tellement d'envie et de haine contre celles qui tiennent le lieu qu'elles estiment leur appartenir, qu'elles ne les peuvent voir, ni moins encore le fruit dont Dieu bénit leurs mariages, elle, au contraire, fait donation de tout son bien au Dauphin que Dieu donne à la Reine, et l'institue son héritier comme si c'étoit son fils propre, vient à la cour, se loge vis-à-vis du Louvre, et non seulement va voir souvent la Reine, mais lui rend jusques à la fin de ses jours tous les honneurs et devoirs d'amitié qu'elle pouvoit attendre de la moindre princesse. L'abaissement de sa condition étoit si relevé par la bonté et les vertus royales qui étoient en elle, qu'elle n'en étoit point en mépris. Vraie héritière de la maison de Valois, elle ne fit

---

1. Le premier mariage de Henri IV fut annulé en octobre 1599 par l'autorité ecclésiastique, Marguerite de Navarre ayant consenti à cette annulation en faveur de Marie de Médicis, après s'y être toujours refusée quand il s'agissait de Gabrielle d'Estrées.

2. Dans le manuscrit B, la main de Sancy a corrigé *que pleine* en *qu'ardente et pleine*.

jamais don à personne sans excuse de donner si peu, et le présent ne fut jamais si grand qu'il ne lui restât toujours un désir de donner davantage, si elle en eût eu le pouvoir; et, s'il sembloit quelquefois qu'elle départît ses libéralités sans beaucoup de discernement, c'étoit qu'elle aimoit mieux donner à une personne indigne que manquer de donner à quelqu'un[1] qui l'eût mérité. Elle étoit le refuge des hommes de lettres, aimoit à les entendre parler; sa table en étoit toujours environnée, et elle[2] apprit tant en leur conversation, qu'elle parloit mieux que femme de son temps et écrivoit plus élégamment que la condition ordinaire de son sexe ne portoit[3]. Enfin, comme la charité est la reine des vertus, cette grande reine couronne les siennes par celle de[4] l'aumône, qu'elle départoit si abondamment à tous les nécessiteux, qu'il n'y avoit maison religieuse dans Paris qui ne s'en sentît, ni pauvre qui eût recours à elle sans en tirer assistance. Aussi, Dieu récompensa avec usure, par sa miséricorde, celle qu'elle exerçoit envers les siens, lui donnant la grâce de faire une fin si chrétienne, que, si elle eut sujet de porter envie à d'autres durant sa vie, on en eut davantage de lui en porter à sa mort.

Quand[5] Monsieur le Prince et ceux de son parti demandèrent les États, ce ne fut que pour dresser un

1. Les mots *quelqu'un* ont été substitués par Charpentier, dans le manuscrit B, aux mots *une personne*.
2. Le mot *elle* a été effacé dans le manuscrit B.
3. Les mots *ne portoit* ont été substitués dans le manuscrit B aux mots *ne permet*.
4. Les mots *celle de* ont été ajoutés dans le manuscrit B par Sancy.
5. *Quand* a été ajouté de la main de Charpentier.

piège à la Reine, espérant d'y faire naître beaucoup de difficultés et de divisions qui mettroient le royaume en combustion ; mais, lorsqu'ils virent qu'au contraire toutes choses alloient au contentement de la Reine, et que, s'il y avoit quelquefois de la diversité dans les opinions des députés, leur intention n'étoit qu'une, et, conspirant tous au repos de l'État, ils n'étoient en différend que du choix des moyens pour y parvenir, ils se tournèrent alors vers le Parlement et essayèrent d'y produire l'effet qu'ils n'avoient pu aux États. Ils semèrent en ce corps de la jalousie contre le gouvernement, les persuadant qu'après s'être servi d'eux en la déclaration de la régence, on les méprisoit, ne leur donnant pas la part que l'on devoit dans les grandes affaires que l'on traitoit lors. Ces paroles n'étoient pas sans leur promettre de les assister à maintenir leur autorité, et appuyer les instances qu'ils en feroient près de LL. MM.

Ces inductions[1] à des personnes qui d'eux-mêmes n'ont pas peu d'opinion de l'estime qu'on doit faire d'eux, eurent assez de pouvoir pour faire que, le 24ᵉ mars, quatre jours après que les députés des États furent congédiés, la cour assemblât toutes ses chambres ; et, sur ce que le Roi avoit répondu aux cahiers des États sans avoir ouï la cour et entendu ce qu'elle avoit à lui remontrer, nonobstant la promesse que, quelque temps auparavant, il leur avoit faite au contraire, elle arrêta[2] que, sous le bon plaisir du Roi, les princes, ducs, pairs et officiers de la cou-

1. Dans le sens de suggestion.
2. Arrêt du 28 mars 1615 (*Mercure françois*, t. IV, p. 26).

ronne seroient invités de se trouver en ladite cour, pour, avec le Chancelier, les chambres assemblées, aviser sur les propositions qui seroient faites pour le service du Roi, le soulagement de ses sujets et le bien de son État.

Cet arrêt fut incontinent cassé par un arrêt du Conseil, et le Roi envoya quérir ses procureur et avocats généraux[1], leur témoigne le mécontentement qu'il a de cet attentat : que, lui présent à Paris, le Parlement ait osé[2], sans son commandement, s'assembler pour délibérer des affaires d'État ; lui majeur et en plein exercice de son autorité royale, ils aient convoqué les princes pour lui donner conseil, ce qui, nonobstant que le Chancelier fût requis de s'y trouver, ne se pouvoit faire que par exprès commandement de S. M. Ils disent pour excuse que ce qu'ils en ont fait n'est que sous le bon plaisir du Roi, et non par entreprise sur son autorité ; mais elle n'est reçue pour valable. On leur dit qu'on sait bien les mauvais propos qu'ils ont tenus en leurs opinions, que ces mots n'y furent pas mis par résolution de la compagnie, mais seulement par le greffier qui dressa l'arrêt, outre qu'ils n'étoient pas suffisants pour les exempter de coulpe[3] ; et, partant, S. M. leur commande de lui apporter l'arrêt de la cour, à laquelle il défend de

1. Ces magistrats furent mandés au Louvre le 29 mars 1615. C'étaient le procureur général Molé et les avocats généraux Servin et Le Bret (*Mercure françois*, t. IV, p. 27). Mathieu Molé, dans ses *Mémoires*, t. I, p. 20 et suivantes, donne un compte-rendu détaillé de ces incidents.

2. Les mots *le Parlement* ont été substitués dans le manuscrit B, de la main de Charpentier, au mot *ils*.

3. *Var.* : Pour les empêcher de coulpe (M, H). — Le mot

passer outre à l'exécution d'icelui : ce qui ayant été fait, le Roi, le 9ᵉ avril, manda les présidents et quelques-uns des plus anciens conseillers de la cour, auxquels il fit une réprimande de l'entreprise qu'ils avoient faite : qu'ils se devoient ressouvenir des offenses et ressentiments contre eux des rois ses prédécesseurs en pareilles occasions; qu'ils devoient, comme son premier Parlement, employer l'autorité qu'ils tenoient de S. M. à faire valoir la sienne, non à la déprimer et en sa présence, et qu'il leur défendoit de délibérer davantage sur ce sujet.

Ils ne délaissèrent pas de le faire le lendemain, arrêtant entre eux de dresser des remontrances. S. M. les appelle, les reprend et leur renouvelle les défenses, nonobstant lesquelles, ils dressent leurs remontrances, qu'ils apportèrent au Roi le 22ᵉ mai[1].

Ils commencèrent par excuser et justifier leur arrêt du 28ᵉ mars, puis apportèrent quelques raisons et exemples peu solides pour prouver que, de tout temps, le Parlement prend part aux affaires d'État, et que les rois ont même accoutumé de leur envoyer les traités de paix pour lui en donner leur avis.

De là, ils passèrent à improuver ce que le cardinal du Perron avoit dit touchant l'article du tiers état,

coulpe, au sens de faute, n'est plus usité qu'en matière de religion.

1. Voyez le *Discours de ce qui s'est passé en la présentation des remontrances par escrit que le Parlement alla faire en corps au Roy le mardy xxij*ᵉ *de may 1615*, vol. France 770, fol. 2-20. Ce texte a été imprimé dans le *Mercure françois*, t. IV, p. 54 et suivantes, dans plusieurs plaquettes du temps, et reproduit dans les *Mémoires de Mathieu Molé*, t. I, p. 28 et suivantes.

supplier S. M. d'entretenir les anciennes alliances, ne retenir en son Conseil que des personnes expérimentées, ne permettre la vénalité des charges de sa maison, n'admettre les étrangers aux charges, défendre toute communication avec les princes étrangers, ni prendre aucune pension d'eux, ne permettre qu'il soit entrepris sur les libertés de l'Église gallicane, réduire les dons et pensions au même état qu'elles étoient du temps du feu Roi, remédier aux désordres et larcins de ses finances, ne souffrir que ceux qui en ordonnent achètent à bon marché de vieilles dettes notables dont ils se fassent payer entièrement, ne permettre qu'ils accordent de grands rabais et dédommagements frauduleux, ni qu'on fasse des créations d'offices[1] dont les deniers soient convertis au profit des particuliers et les finances du Roi demeurent à perpétuité chargées des gages qui sont attribués, établir une chambre de justice, défendre la vaisselle d'or et la profanation de celle d'argent jusques aux moindres ustensiles de feu et de cuisine, ne casser ou surseoir sur requête les arrêts du Parlement, ni faire exécuter aucuns édits, déclarations et commissions qui ne soient vérifiés aux cours souveraines, et surtout permettre l'exécution de leur arrêt du 28e mars, se promettant que, par ce moyen, S. M. connoîtroit beaucoup de choses importantes à son État, lesquelles on lui cache, ce que si S. M. ne leur accorde, ils protestent qu'ils nommeront ci-après les auteurs des désordres de l'État.

Ces remontrances furent mal reçues : le Roi leur

1. *Var.* : Des collations d'offices (H).

dit qu'il en étoit très mal content ; la Reine, avec quelque chaleur, ajoutoit qu'elle voyoit bien qu'ils attaquoient sa régence, qu'elle vouloit que chacun sût qu'il n'y en avoit jamais eu de si heureuse que la sienne.

Le Chancelier leur dit, de la part du Roi, qu'il ne leur appartenoit pas de contrôler le gouvernement de S. M. ; que les rois prenoient quelquefois avis du Parlement aux grandes affaires, mais que c'étoit quand il leur plaisoit, non qu'ils s'y pussent ingérer d'eux-mêmes ; que les traités de paix ne se délibéroient point au Parlement, mais que, l'accord étant fait, on le faisoit publier à son de trompe, puis on l'envoyoit enregistrer au Parlement ; que le feu Roi en avoit encore ainsi usé en la paix de Vervins ; davantage, qu'outre qu'ils s'étoient mal comportés en ces remontrances, qu'ils avoient délibérées contre le commandement du Roi, ils les avoient faites à contretemps, vu que, s'ils eussent attendu que le Roi eût achevé de faire réponse aux cahiers des États et la leur eût envoyée pour la vérifier, ils eussent pu lors faire leurs remontrances, s'ils eussent eu lieu de le faire et que le Roi eût oublié quelque chose de ce qu'ils avoient à lui représenter.

Dès le lendemain, qui fut le 23e mai, le Roi donna un arrêt[1] en son Conseil, par lequel il cassoit derechef leur arrêt du 28e mars[2] et leurs remontrances présentées le jour précédent, déclara qu'ils avoient en cela outrepassé le pouvoir à eux attribué par les

1. Le texte s'en trouve dans le *Mercure françois*, t. IV, p. 80.
2. L'*Histoire de la Mère et du Fils* porte par erreur : « du 28 de mai. »

lois de leur institution, et commanda que, pour effacer la mémoire de cette entreprise et désobéissance, ledit arrêt et remontrances fussent biffés et ôtés des registres, et qu'à cet effet le greffier fût tenu les apporter à S. M., incontinent après la signification qui lui seroit faite du présent arrêt.

Ensuite, les gens du Roi[1] sont appelés au Louvre le 27ᵉ mai; la lecture leur en est faite, et leur est commandé de le porter, faire lire et enregistrer au Parlement. Après plusieurs refus, ils sont contraints de s'en charger, et le Parlement, après diverses délibérations, d'en ouïr la lecture; mais ils ne se purent jamais résoudre d'en faire l'enregistrement, ni apporter au Roi leurs registres pour en voir biffer leur arrêt du 28ᵉ mars et leurs remontrances. Mais ils donnèrent un autre arrêt le 23ᵉ juin[2], par lequel il fut arrêté que le premier président et autres de la cour iroient trouver le Roi pour l'assurer de leurs très humbles services, et supplier S. M. de considérer le préjudice que le dernier arrêt de son Conseil apporte à son autorité, et que leurs remontrances sont très véritables. L'affaire en demeura là; l'opiniâtreté du Parlement l'emporta sur la volonté du Roi.

Durant toutes ces brouilleries du Parlement, Monsieur le Prince ne se trouva point à Paris, afin de ne donner point de sujet de les lui imputer, mais étoit à Saint-Maur[3], d'où néanmoins étant revenu sur la fin

---

1. C'est-à-dire le procureur général et les avocats généraux, ce qu'on appelle de nos jours le parquet.

2. *Mercure françois*, t. IV, p. 115.

3. Saint-Maur-des-Fossés (Seine). Le château et le domaine avaient été achetés par Charlotte de la Trémoïlle, princesse de

de mai, lorsque le dernier arrêt du Conseil fut donné, la Reine craignant qu'il voulût assister au Parlement lorsqu'il délibéreroit là-dessus, envoya Saint-Géran à son lever, lui en faire défense de la part du Roi, d'où il prit le prétexte qu'il cherchoit, il y avoit longtemps, de se retirer de la cour, sous couleur qu'il n'y avoit pas d'assurance pour lui.

Il s'en alla à Creil, place dépendante de son comté de Clermont, dont le château est assez fort pour se défendre de surprise[1].

LL. MM., qui, dès lors que les États se tenoient, se disposoient à partir le plus tôt qu'ils pourroient pour faire le voyage de Guyenne et recevoir et donner mutuellement les deux princesses de France et d'Espagne, avoient souvent sollicité Monsieur le Prince et autres grands de se tenir prêts pour les y accompagner. Ils en avoient redoublé leurs instances depuis que les États eurent demandé l'exécution desdits mariages, laquelle il sembloit qu'il fût préjudiciable à l'honneur du Roi de retarder, d'autant que cela feroit croire au roi d'Espagne ou qu'on n'eût pas la volonté[2] de les accomplir, ou que l'on ne l'osât pas

Condé, après la mort de Catherine de Médicis, qui l'avait fait bâtir.

1. Ce château, dans une île de l'Oise, avait été bâti par Charles V. Il s'y trouvait une petite garnison sous les ordres du sieur Raimbaut, capitaine du château et maître des eaux et forêts du comté de Clermont. Menacée d'un siège par les comtes de Bassompierre et de Praslin, avec deux compagnies de Suisses et deux couleuvrines, cette place dut se rendre le 2 septembre 1615, et l'on y cantonna une compagnie du régiment de Piémont (comte de Luçay, *le Comté de Clermont-en-Beauvaisis*, p. 36-37).

2. *Var.* : Qu'on n'eût pas assez la volonté (H).

entreprendre : ce qui le rendroit notre ennemi ou lui donneroit lieu de nous mépriser.

Monsieur le Prince, du commencement, ne se laissant pas encore entendre de ne vouloir pas suivre LL. MM., essayoit néanmoins de leur faire trouver bon de différer quelque temps leur résolution, en laquelle, comme étant importante, il disoit n'être à propos d'user de précipitation ; mais, quand il fut une fois parti de la cour, et les autres princes aussi, et qu'il fut à Creil, il dit tout hautement qu'il ne consentoit point à ce voyage et qu'il n'y suivroit point le Roi, si on ne le différoit en un temps où il pût être maître de ses volontés, et que ses sujets fussent plus contents, ses voisins plus assurés, et toutes choses avec sa personne disposées au mariage.

Les ministres furent divisés en leur opinion : M. de Villeroy et le président Jeannin sont d'avis qu'on diffère, et qu'on défère à Monsieur le Prince ; le Chancelier, au contraire, presse fort le partement. Ledit sieur de Villeroy n'étoit pas si bien avec la Reine qu'il étoit l'année précédente, d'autant que la maréchale d'Ancre s'étoit remise en la bonne grâce de S. M. à son retour du voyage de Nantes, et avoit remis en son esprit le Chancelier. Ce qui faisoit que M. de Villeroy conseilloit de retarder[1] le voyage, étoit le regret qu'il avoit que la Reine eût donné, durant les États, au commandeur de Sillery la commission de porter, de la part du Roi, le bracelet que S. M. envoyoit à l'Infante, dont ledit sieur de Villeroy désiroit que le sieur de Puyzieulx[2] fut le porteur.

1. Les mots *conseilloit de retarder* ont été substitués au mot *retardoit* dans le manuscrit B.
2. Il était son petit-gendre : ci-dessus, p. 103.

Le maréchal d'Ancre, qui étoit en froideur avec ledit sieur de Villeroy, et principalement depuis la paix de Mézières, à laquelle il s'étoit ardemment opposé, et que plusieurs occasions dans les États augmentèrent encore, lui fit recevoir ce déplaisir, ne lui en pouvant faire davantage; car, voyant qu'aux États il se faisoit beaucoup de propositions contre lui, auxquelles les amis dudit sieur de Villeroy ne s'opposoient point, et[1] que lui-même sollicitoit, s'entendant pour cet effet avec Ribier[2], et sachant d'autre part qu'il étoit déchu de crédit dans l'esprit de la Reine par les artifices du Chancelier, qui lui avait persuadé qu'il s'entendoit avec Monsieur le Prince et le voyoit en cachette à l'insu de S. M., n'ayant plus de peur qu'il lui pût nuire, eut volonté, pour se venger, de lui faire l'affront de rompre le contrat de mariage passé entre eux.

Mais le marquis de Cœuvres le lui déconseilla, de peur[3] qu'il lui fût imputé à lâcheté; au moins lui voulut-il faire ce déplaisir de préférer le commandeur de Sillery, qu'il savoit qu'il haïssoit, au sieur de Puyzieulx, à qui il avoit de l'affection.

1. Le passage qui va suivre, jusqu'à *Ribier*, a été ajouté en marge de la main de Sancy, dans le manuscrit B.

2. Guillaume Ribier (1578-1663), sieur de Hautvignon, conseiller du Roi, lieutenant général au bailliage de Blois, député du tiers état aux États généraux de 1614, était très écouté de la Reine, qu'il continua à conseiller pendant sa retraite à Blois; il refusa la charge de secrétaire de ses commandements.

3. Ce passage, jusqu'à la fin de l'alinéa, a été ainsi corrigé dans le manuscrit H : « De peur qu'il ne lui fût imputé à lâcheté; au moins le maréchal lui vouloit-il faire ce déplaisir, en faisant donner cette commission d'aller en Espagne au commandeur de Sillery, qu'il savoit qu'il haïssoit, et le préférer au sieur de Puyzieulx, à qui il avoit de l'affection. »

Cela le piqua[1] de telle sorte, qu'il faisoit tout ce qu'il pouvoit pour retarder l'exécution de cette alliance[2], jusques à faire intervenir même Don Iñigo de Cardenas, ambassadeur d'Espagne, qui supposa à la Reine que le Roi son maître en désiroit le retardement[3].

Le maréchal d'Ancre, pour éviter que l'on vînt à la guerre, qu'il craignoit et croyoit être le moyen de sa ruine, se joignit à M. de Villeroy, et d'ami du Chancelier devint le sien, fortifiant son avis auprès de la Reine par son autorité, ce qu'il a toujours fait jusques ici, n'ayant jamais opiné qu'à la paix, et s'étant toujours rendu ennemi de celui qui conseilloit la guerre, se souciant peu duquel des deux avis, ou la paix ou la guerre, étoit le plus avantageux pour l'État, mais ayant l'œil seulement à sa sûreté et conservation.

Maintenant un nouveau sujet l'obligeoit à être de l'avis de la paix et différer le partement de S. M., d'autant qu'il espéroit que Messieurs le Prince et de Bouillon porteroient M. de Longueville à s'accommoder du gouvernement de Picardie, qu'il désiroit, et recevoir en échange celui de Normandie, qui étoit en sa puissance[4]; mais, ni toutes les raisons du sieur de Vil-

---

1. *Var.* : Cela piqua le sieur de Villeroy (H).
2. Dans le manuscrit H, les mots *l'exécution de cette alliance* ont été corrigés et remplacés par les mots *l'exécution du mariage du Roi*.
3. Dans le manuscrit B, les mots *le retardement*, de la main de Sancy, ont remplacé les mots suivants, biffés, *la dilation du mariage*.
4. Tout ce commencement du paragraphe a été ajouté, en marge du manuscrit B, de la main de Charpentier. La phrase

leroy et du président Jeannin, ni la faveur du maréchal ne put faire incliner l'esprit de la Reine à leur avis, tant elle avoit le mariage à cœur et lui sembloit qu'il y alloit de son honneur et de l'autorité du Roi à l'accomplir, joint que M. le Chancelier trouva moyen d'arrêter l'opposition dudit maréchal d'Ancre, M. d'Épernon et lui lui promettant que la Reine lui donneroit le commandement de l'armée qu'elle laisseroit ès provinces de deçà pour s'opposer à celle des princes[1].

Elle commença lors à se plaindre tout ouvertement dudit sieur de Villeroy, de ce qu'au lieu d'avancer cette affaire selon son intention, il traitoit avec l'ambassadeur d'Espagne pour la reculer, et tout cela pour son propre intérêt, ayant dessein de gagner temps pour se pouvoir auparavant établir en créance auprès du Roi, et y affermir les sieurs de Souvré et le marquis de Courtenvaux[2], afin que, les mariages s'achevant, ils en reçussent seuls tout le gré de S. M.

Ces plaintes de la Reine et la presse que, de jour en jour, le roi d'Espagne faisoit d'autant plus grande, pour l'exécution de ces mariages, qu'il se doutoit qu'on les voulût rompre, firent que ledit sieur de Villeroy, pour éviter la mauvaise grâce d'Espagne, y écrivit que ce n'étoit pas lui qui retardoit l'exécution

---

se termine ainsi dans le manuscrit H : *qu'il désiroit recevoir en échange de celui de Normandie, qui étoit en sa puissance.*

1. Tout ce qui précède, depuis *joint que*, a été ajouté en marge du manuscrit B de la main de Charpentier.

2. Jean de Souvré, marquis de Courtenvaux (ci-dessus, p. 244), avait épousé, le 5 mai 1610, Catherine de Neufville, petite-fille de Villeroy.

de ce dessein, mais la Reine, vers qui le maréchal et la maréchale avoient tout pouvoir; mais, comme rien d'écrit n'est secret[1], cet artifice fut depuis découvert par le comte Orso[2], principal ministre de Florence, à qui on envoya d'Espagne la copie de l'article de la lettre dudit sieur de Villeroy, qui, le sachant, demanda pardon à la Reine, la suppliant qu'en considération des bons services qu'il avoit rendus, il lui plût oublier cette méprise, ajoutant que, s'il s'étoit voulu décharger d'envie, ce n'étoit pas à ses dépens, mais à ceux du maréchal et de la maréchale, qu'il ne tenoit pas ses amis jusques au point qu'il estimoit le mériter.

LL. MM., auparavant que partir, crurent ne devoir oublier aucun moyen qu'elles pussent apporter pour persuader aux princes mécontents de les accompagner en ce voyage, leur remontrer leur devoir, et leur faire voir la faute signalée qu'ils commettoient s'y opposant. Elle envoya à Creil vers Monsieur le Prince le sieur de Villeroy, qu'elle jugea ne lui devoir pas être désagréable. N'ayant rien pu gagner sur l'esprit dudit sieur Prince, la Reine le renvoya vers lui à Clermont, où il s'étoit avancé, et enfin, pour la troisième fois, avec le président Jeannin[3], à Coucy[4], où il s'étoit assemblé avec les princes de son parti, pour prendre, ce

---

1. *Var.* : Mais comme rien de secret n'est secret (H).

2. Le comte Orso d'Elci, qui avait été ambassadeur du grand-duc à Madrid (Zeller, *la Minorité de Louis XIII; Marie de Médicis et Villeroy*, p. xiv, et *Memorie recondite* de Vittorio Siri, t. II, p. 350 et suivantes).

3. Les mots *avec le président Jeannin* ont été ajoutés en interligne, de la main de Sancy, dans le manuscrit B.

4. Les princes se trouvèrent réunis à Coucy le 25 juillet 1615 (*Mercure françois*, t. IV, p. 141). Ce château apparte-

disoient-ils, avis ensemble sur le sujet des remontrances du Parlement.

En ce troisième voyage, les affaires ne semblant pas s'acheminer à un plus prompt raccommodement qu'aux deux premiers, la Reine se lassa de tant attendre, étant avertie aussi que, ce pendant, ils armoient de tous côtés pour arracher de force ce qu'ils ne pouvoient obtenir par leurs remontrances. Le Chancelier, pour achever de perdre le sieur de Villeroy, rendant sa négociation inutile, poussoit à la roue tant qu'il pouvoit, remontrant[1] à la Reine que le président Jeannin et lui entretenoient exprès cette négociation pour retarder son départ, et qu'ils l'engageroient enfin insensiblement à promettre des choses dont elle auroit de la peine à se dédire, ce qui serviroit aux princes de prétexte d'entreprendre avec plus de couleur, joint qu'il étoit assuré que le sieur de Villeroy s'étoit uni avec les princes et leur servoit de conseil au lieu de les détourner de leur dessein. Cela fit que la Reine[2] envoya le sieur de Pontchartrain[3], le 26ᵉ juillet, avec lettres du Roi à Monsieur le Prince[4], par les-

---

nait alors à François de Valois-Angoulême, comte d'Alais, petit-fils naturel de Charles IX.

1. Les neuf lignes qui suivent, jusqu'à *Cela fit*, ont été ajoutées en marge, de la main de Charpentier, dans le manuscrit B.

2. Les mots *Cela fit que la Reine* ont été substitués par Sancy dans le manuscrit B aux mots *Le Roi lui*.

3. Paul Phélypeaux (1569-1621), seigneur de Pontchartrain, secrétaire des commandements de la Reine et secrétaire d'État en 1610. Il a laissé des *Mémoires* qui embrassent la période de 1610 à 1620 et qui furent écrits à la demande de Richelieu.

4. La lettre du Roi au prince de Condé portait la date du 26 juillet. Elle est imprimée dans le *Mercure françois*, t. IV,

quelles il lui mandoit[1] qu'il étoit résolu de partir le premier jour d'août, qu'il le prioit de l'accompagner, ou de dire en présence dudit Pontchartrain si, contre ce qu'il lui en avoit fait espérer, il lui vouloit dénier ce contentement.

Monsieur le Prince répond[2] à S. M. que son voyage étoit trop précipité; qu'il devoit auparavant avoir donné ordre aux affaires de son État et pourvu aux désordres qui lui avoient été représentés par les États et par son Parlement, desquels désordres le maréchal d'Ancre, le Chancelier, le commandeur de Sillery, Bullion et Dolet étoient les principales causes; que, jusque-là, il supplioit S. M. de l'excuser s'il ne la pouvoit accompagner.

Tandis qu'il se plaignoit des désordres, il essayoit de s'en prévaloir d'un contre le service du Roi, qui étoit arrivé en la ville d'Amiens.

Prouville[3], sergent-major de ladite ville, n'étoit pas fort serviteur du maréchal d'Ancre, non plus que beaucoup d'autres d'icelle, et étoit pour ce sujet mal voulu de lui et des siens. Le jour de la Madeleine[4], se pro-

p. 143. Dans ses *Mémoires*, Pontchartrain dit qu'il partit pour remplir cette mission le 28 juillet (éd. Michaud, p. 345).

1. Les seize mots qui précèdent ont été substitués de la main de Charpentier aux mots *et lui écrivit par lui*.

2. La réponse du prince de Condé au Roi, datée du 27 juillet 1615, fut imprimée dans le *Mercure françois*, t. IV, p. 144 et suivantes.

3. Ci-dessus, p. 167.

4. La Sainte-Madeleine est le 22 juillet. Arnauld d'Andilly (*Journal*, p. 91) mentionne cet incident à la date du 17 juillet, tandis que les autres récits indiqués dans la note suivante disent le 22.

menant sur le fossé, un soldat italien[1] de la citadelle le rencontra et, l'ayant tué de deux ou trois coups de poignard, se retira dans la citadelle, où celui qui y commandoit[2], non seulement le reçut, et refusa de le rendre à la justice, mais monta à cheval avec lui et le conduisit en Flandre jusques en lieu de sûreté.

Tout le peuple en fut merveilleusement ému[3]. Les princes, espérant qu'il le pourroit être jusques à les vouloir aider à s'emparer de la citadelle, sous couleur d'en chasser le maréchal d'Ancre, envoient des gens de guerre tout autour de la ville et y font venir de la noblesse de leurs amis, et M. de Longueville va dans la ville même pour les y animer; mais, des lettres de cachet du Roi, par lesquelles on leur défendoit de laisser entrer M. de Longueville le plus fort[4] dans la ville,

---

1. Cet Italien s'appelait Alfonso Marianna (*Journal d'Arnauld d'Andilly*, p. 90, et *Journal historique de Jehan Patte, bourgeois d'Amiens (1587-1617)*, dans les *Mémoires de la Société des Antiquaires de Picardie*, t. XIX, p. 349 et suivantes). On publia à l'époque un écrit intitulé : *Récit véritable de ce qui s'est passé en la mort de Prouville, sergent-major de la ville d'Amiens, et en la retraite du duc de Longueville à Corbie*, qui fut inséré dans le *Mercure françois*, t. IV, p. 148 et suivantes.

2. Le sieur de Hauteclocque (*Journal de Jehan Patte*, p. 350, et *Mercure françois*, t. IV, p. 151).

3. Prouville, « gentilhomme de bonne maison de Picardie, qui avoit très bien servi, avoit une jambe de bois et sept enfants » (*Journal d'Arnauld d'Andilly*, p. 90). — Sa veuve, pour obtenir justice, publia un mémoire ayant pour titre : *Mémoire ou conclusions civiles pour Marie Bochart de Champigny, veuve en premières noces de Guillaume de Gomer, seigneur de Cuignières, et en secondes noces de Pierre de Prouville, chevalier*, etc.; Paris, 29 p. in-8°.

4. Cette expression, déjà rencontrée ci-dessus, p. 267, signi-

ayant été montrées à quelques-uns des principaux, il ne trouva pas un seul bourgeois de son côté, et fut contraint de se retirer et s'en aller à Corbie, de peur que ceux de la citadelle se saisissent de sa personne.

Durant ces brouilleries, le feu de la guerre qui avoit été au commencement de cette année plus allumé que jamais en Italie, s'assoupit pour quelque temps par l'entremise de S. M. Les Espagnols, pour contraindre le duc de Savoie à désarmer, étoient entrés avec une grande armée en Piémont; le duc de Savoie se défendoit avec une armée non moindre que la leur, en laquelle les François accouroient de toutes parts, nonobstant les défenses que le Roi put faire au contraire. Les offices du marquis de Rambouillet ne faisoient pas grand effet auprès du duc, qui disoit n'oser désarmer le premier, de peur que les ministres d'Espagne, en la parole desquels[1] il ne se fioit pas, prissent ce temps d'envahir ses États; mais il reconnut que ce n'étoit qu'un prétexte pour continuer la guerre, d'autant que, pour découvrir son intention qu'il tenoit cachée, lui ayant proposé exprès des conditions fort avantageuses pour lui à la charge qu'il désarmât le premier, il [n']y consentit[2] : ce dont ledit marquis avertit LL. MM., afin que, puisque ledit duc agissoit avec fraude, elles convinssent avec le roi d'Espagne des conditions justes et raisonnables avec lesquelles elles le contraignissent de désarmer le premier. Le commandeur de Sillery en traita à Madrid et en demeura

---

fiait qu'il leur était défendu de laisser entrer M. de Longueville avec des troupes plus fortes que la garnison.

1. *Var.* : En la partie desquels (M, H).
2. *Var.* : Il n'y voulut pas consentir (H).

d'accord avec les ministres d'Espagne. Le duc, en ayant avis, se résolut de ne pas obéir : à quoi il étoit fortifié par les ambassadeurs d'Angleterre[1] et de Venise[2] qui étoient près de lui, et beaucoup de grands qui lui écrivoient de France que, quoi que lui dît le marquis de Rambouillet, le Roi ne l'abandonneroit point.

Le marquis y remédia, faisant que LL. MM. écrivissent en Angleterre et à Venise, pour savoir s'ils vouloient assister le duc de Savoie, en cas qu'il refusât des conditions justes et raisonnables sous lesquelles il pût sûrement désarmer le premier, S. M. lui promettant de le secourir de toutes ses forces si, ayant désarmé, on lui vouloit courre sus ; car le roi d'Angleterre et la République répondirent que non, et mandèrent à leurs ambassadeurs qu'ils eussent à le déclarer au duc de Savoie. D'autre part, il fit que le maréchal de Lesdiguières manda aux troupes françoises, la plupart desquelles dépendoient de lui, qu'ils eussent créance audit marquis, qui leur conseilla de se tenir toutes ensemble, et ne permettre que le duc de Savoie les séparât, comme il avoit dessein, afin de les rendre par ce moyen à sa merci, ne se soucier de leur payer leur solde, et leur faire aussi mauvais traitement qu'ils pourroient recevoir de leurs ennemis. Le duc de Savoie, qui, à peu de temps, les voulut séparer, et n'en

---

1. L'ambassadeur d'Angleterre à Turin était alors sir Dudley Carleton, qui était aussi accrédité à Venise (Guichenon, t. II, p. 384).

2. Rainero Zeno, envoyé en 1614 comme ambassadeur extraordinaire par la République de Venise auprès du duc de Savoie (*Ibidem*, p. 382 et 384).

put venir à bout, reconnoissant par là qu'il n'en étoit pas le maître contre la volonté du Roi, joint qu'il se voyoit abandonné des autres princes ses alliés s'il persistoit en une opiniâtreté déraisonnable, fut contraint de recevoir et signer au camp près d'Ast, le 21° juin, les articles concertés entre les deux couronnes par le marquis de Rambouillet.

La substance de ce traité[1] étoit que dans un mois il désarmeroit, et ne retiendroit de gens de guerre que le nombre qui étoit nécessaire pour la sûreté de son pays, n'offenseroit les États du duc de Mantoue, n'agiroit contre lui que civilement devant la justice ordinaire de l'Empereur; que les places et prisonniers pris durant cette guerre seroient restitués de part et d'autre; que le duc de Mantoue pardonneroit à tous ses sujets qui en ces mouvements ont servi contre lui; que S. M. pardonne à tous les siens qui, contre ses défenses, sont venus assister le duc de Savoie, et qu'en cas que les Espagnols, contre la parole donnée à S. M., voulussent troubler directement ou indirectement le duc de Savoie en sa personne ou en ses États, S. M. le protégera et assistera de ses forces, et commandera au maréchal de Lesdiguières, et à tous les gouverneurs desdites provinces voisines dudit duc, de le secourir en ce cas de toutes leurs troupes, non seulement sans attendre pour cela nouveau commandement de la cour, mais même contre celui qu'ils pourroient recevoir au contraire.

1. Le texte s'en trouve dans les *Memorie recondite* de Vittorio Siri, t. III, p. 361, dans le t. I des *Traités publics de la royale maison de Savoie*, par le comte Solar de la Marguerite, p. 295, et dans le *Recueil* de Du Mont, t. V, part. II, p. 271.

Mêmes promesses furent faites au duc de Savoie par les ambassadeurs d'Angleterre et de Venise, au nom de leurs maîtres.

Par ce traité, la paix d'Italie sembloit être bien cimentée et n'y avoir rien qui la pût ébranler[1] ; mais l'inadvertance qui fut apportée en ce traité de n'obliger pas le roi d'Espagne à désarmer aussi bien que le duc de Savoie, sera cause de nouveaux et plus dangereux mouvements, comme nous verrons ci-après.

Puisque nous sommes sur le discours de ce qui se passa en Italie, il ne sera pas hors de propos d'ajouter ici une chose bien étrange qui arriva à Naples. Une religieuse, nommée Julia, qui étoit en telle réputation de sainteté qu'on l'appeloit béate[2], ayant une plus étroite familiarité avec un moine de l'ordre de la Charité[3] que la condition religieuse[4] ne porte, changea enfin son amitié spirituelle en amour ; elle ne s'arrêta pas simplement à pécher avec lui, mais passa jusques à la créance que c'étoit une chose licite. Et, comme l'estime de piété en laquelle elle étoit faisoit que les plus honnêtes femmes et filles la visitoient, elle eut moyen d'épandre en leur esprit les semences de cette opinion, et l'inclination naturelle que nous avons au

1. Dans le manuscrit B, le mot *troubler* a été biffé et remplacé, de la main de Sancy, par *esbranler*.
2. Qualificatif honorifique qu'on donnait autrefois aux religieux remarquables par leurs vertus et leur dévotion ; il impliquait qu'on les considérait dès lors comme destinés à la dignité posthume de bienheureux (*beatus*).
3. Ordre fondé en France au XIIIe siècle, et qui se fondit, vers 1650, dans celui des Carmes.
4. Le mot *religieuse* a été ajouté en interligne dans le manuscrit B par Harlay de Sancy.

péché, et la facilité d'y consentir, en persuada un grand nombre à suivre son exemple. Ce mal alloit toujours croissant, jusques à ce qu'étant découvert par un confesseur, l'Inquisition en fut avertie, et la béate et son moine envoyés à Rome, où ils furent châtiés.

En même temps, un autre Italien, nommé Côme[1], abbé de Saint-Mahé, en Bretagne, à qui la reine Catherine de Médicis avoit fait du bien, lequel étoit aimé du maréchal d'Ancre, qui se servoit de lui en plusieurs choses, ayant vécu toute sa vie en grand libertinage, mourut sans vouloir reconnoître pour Rédempteur celui devant lequel il alloit comparoître pour en être jugé. Le maréchal d'Ancre fit de grandes instances afin qu'on l'inhumât en terre sainte; mais l'évêque de Paris[2] résista courageusement et le fit jeter à la voirie.

Ce prodige fit que le Roi, par un édit nouveau[3], bannit tous les Juifs qui, depuis quelques années, à la faveur de la maréchale d'Ancre, se glissoient à Paris.

1. Côme Ruggieri, auteur d'almanachs publiés sous les noms de *Querberus* et de *Vannerus* (*Mercure françois*, t. IV, éd. 1618, année 1615, p. 46), était originaire de Florence, d'où Catherine de Médicis, dont on sait le goût pour l'astrologie, l'avait fait venir. Successivement gratifié du prieuré de Saint-Nicolas de Josselin et de l'abbaye bénédictine de Saint-Mahé ou Saint-Mathieu, près Brest, il mourut le 28 mars 1615.

2. Henri de Gondy, né en 1572 et sacré évêque de Paris le 1er avril 1598, sur la démission de son oncle le cardinal Pierre de Gondy, mourut le 22 août 1622.

3. Les lettres patentes qui proscrivirent les Juifs portent la date du 23 avril 1615 (*Mercure françois*, t. IV, p. 45).

Mais la hâte que le Roi a de partir pour son voyage nous rappelle et ne nous permet pas de faire une plus longue digression.

Monsieur le Prince ayant, comme nous avons dit ci-dessus, écrit au Roi, par M. de Pontchartrain, qu'il ne l'y pouvoit accompagner, S. M. ensuite manda[1] par toutes les villes de son royaume qu'elles se tinssent sur leurs gardes et ne donnassent entrée à aucun des princes et seigneurs unis à Monsieur le Prince.

Ce que ledit seigneur Prince ayant su, il envoya au Roi, le 9ᵉ août, un manifeste en forme de lettre[2] par lequel il se plaint que quelques mauvais esprits, desquels S. M. est prévenue et environnée, lui ont jusques ici fait mal recevoir toutes ses remontrances, qu'il les a faites désarmé, et néanmoins ont fait lever à S. M.[3] des gens de guerre pour lui courre sus et l'opprimer, ce qui l'a obligé d'amasser ses amis et faire quelques troupes pour se défendre; qu'il a montré la bonne intention qu'il avoit en ce qu'incontinent qu'on lui a accordé à Sainte-Menehould la convocation des États du royaume pour remédier aux désordres qui s'y font, il a posé les armes; mais qu'à peine les a-t-on promis, qu'on les a voulu élu-

---

1. Déclaration du 30 juillet 1615 (*Mercure françois*, t. IV, p. 155 et suivantes).

2. Le texte manuscrit de ce manifeste, qui fut porté à LL. MM. par le sieur de Marcognet, se trouve dans le volume France 770, fol. 57 et suivants; il fut imprimé dans le *Mercure françois*, t. IV, p. 160 et suivantes.

3. La phrase a été ainsi retouchée dans le manuscrit II : *Toutes ses remontrances, que, après avoir désarmé de son côté, ils ont néanmoins fait lever à S. M...*

der; puis, quand on s'est vu par honneur obligé de tenir la parole qu'on avoit donnée, on a usé de tant d'artifice, qu'on a mandé en la plupart des lieux ce qu'on vouloit qu'on mît dans les[1] cahiers, sans qu'en plusieurs villes les communautés aient eu connoissance de ce qui y étoit; et, depuis encore, nonobstant toutes ces fraudes, les États étant clos et leurs cahiers présentés, on n'a pas répondu à tous leurs articles, et on n'observe rien de ce qui a été accordé en aucuns[2].

On a rejeté la proposition du tiers état, si nécessaire pour la sûreté de la vie de nos rois; on a fait rayer des cahiers l'article qui porte la recherche du parricide détestable commis en la personne du feu Roi; on lui[3] a envoyé défendre d'assister aux États pour y proposer ce qu'il jugeroit nécessaire pour le service du Roi; on s'est moqué des remontrances du Parlement; on a entrepris contre sa vie et celle des autres princes. On reçoit toutes sortes d'avis, dont l'argent entre en la bourse du maréchal d'Ancre, qui, depuis la mort du feu Roi, a tiré six millions de livres; qu'il n'y a accès aux charges que par lui, qui ordonne de toutes choses à sa discrétion; qu'il a, durant les États, voulu faire assassiner Riberpré; qu'il a depuis peu fait tuer Prouville, sergent-major d'Amiens; que

---

1. *Dans les* corrige *en la plupart des*.
2. Ici se termine le récit des événements de l'année 1615 dans les manuscrits M et H, et dans l'*Histoire de la Mère et du Fils*. Les pages qui vont suivre, jusqu'au commencement de l'année 1616, ne se trouvent que dans le manuscrit original (ms. B).
3. A Monsieur le Prince.

ceux de la Religion prétendue se plaignent qu'on avance ces mariages afin de les exterminer pendant le bas âge du Roi; qu'on voit courir des livres qui attribuent les malheurs de la France à la liberté de conscience que l'on y a accordée et à la protection que l'on y a prise de Genève et de Sedan; que le clergé, assemblé à Paris à la face du Roi, a solennellement juré l'observation du concile de Trente sans la permission de S. M. : ce qui fait qu'il la supplie de vouloir différer son partement jusques à ce que ses peuples aient reçu le soulagement qu'ils espèrent de l'assemblée des États, de faire cependant vérifier son contrat de mariage au Parlement, ainsi que par les termes d'icelui elle y est obligée, et déclarer qu'aucuns étrangers ne seront admis aux charges du royaume, ni même aux offices domestiques de la Reine future; enfin, qu'il proteste que, si on continue à lui refuser tous les moyens propres et convenables à la réformation des désordres, il sera contraint d'en venir aux extrémités par la violence du mal.

Monsieur le Prince accompagna cette lettre ou manifeste, qu'il envoya au Roi, d'autres lettres au Parlement de semblable teneur, toutes lesquelles, n'étant pas jugées provenir d'un cœur sincère au service du Roi et bien de l'État, demeurèrent sans effet.

Incontinent que ce manifeste eut été envoyé à LL. MM. par Monsieur le Prince, le duc de Bouillon s'en alla loger dans les faubourgs de Laon et pria le marquis de Cœuvres, qui étoit dans la ville et en étoit gouverneur, de lui faire la faveur de le venir voir, d'autant qu'il n'osoit s'enfermer dans la ville. Il fit de grandes plaintes audit marquis de la violence du duc d'Épernon et du Chancelier, qui étoient ceux desquels la Reine suivoit maintenant les conseils ; qu'on les avoit forcés de se défendre par le manifeste qu'il avoit vu ; que, contre son sens, on s'étoit plaint nommément du maréchal d'Ancre, mais que M. de Longueville avoit refusé de le signer sans cela, et que ledit maréchal avoit tort de se laisser aller aux persuasions de personnes qui ne l'avoient jamais aimé, et de l'affection nouvelle desquelles il ne se pouvoit guère assurer[1].

La commune créance étoit si grande que ledit maréchal et sa femme faisoient tout ce que bon leur sembloit auprès de la Reine, qu'on ne pouvoit croire que rien se passât contre leur opinion. Il étoit bien vrai qu'en ce qui regardoit leur établissement et leur grandeur S. M. ne leur refusoit rien ; mais, en ce qui touchoit les affaires générales, le peu de connoissance qu'y avoit la Reine, le peu d'application de son esprit, qui refuit[2] la peine en toutes choses, et ensuite l'irrésolution perpétuelle en laquelle elle étoit, lui faisoit prendre créance en ceux qu'elle pensoit lui pouvoir donner meilleur conseil ; et, soit qu'elle n'eût pas assez de lumières pour reconnoître celui qui étoit le plus habile à la conseiller, ou que, par une condition ordinaire à celles de son sexe, elle fût facile à soupçonner et à croire ce qu'on imposoit aux uns et aux autres, elle se laissoit conduire tantôt à l'un, tantôt à l'autre des ministres, selon qu'il lui sembloit

---

1. Tout ce passage est manifestement tiré des *Mémoires d'Estrées,* p. 406.
2. C'est-à-dire *évite.*

s'être bien ou mal trouvée du dernier conseil qui lui avoit été donné : d'où venoit que sa conduite n'étoit pas uniforme et d'une suite assurée, ce qui est un grand manquement, et le pire qui soit en la politique, où l'unité d'un même esprit et la suite des mêmes desseins et moyens conservent la réputation, assurent ceux qui travaillent dans les affaires, donnent terreur à l'ennemi, et atteignent bien plus certainement et promptement à la fin, que non pas quand la conduite générale n'est pas correspondante à toutes ses parties, mais comme d'une personne qui erre et qui, prenant tantôt un chemin, tantôt un autre, travaille beaucoup sans s'avancer au lieu où elle tend. La Reine donc se gouvernant ainsi, le maréchal d'Ancre avoit ce déplaisir qu'elle ne suivoit pas son avis aux affaires qui concernoient l'État; et néanmoins toute l'envie en retomboit sur lui, et ceux qui étoient offensés du gouvernement lui attribuoient la cause du mauvais traitement qu'ils croyoient recevoir; à quoi néanmoins il aidoit bien par sa faute, d'autant que, par vanité ou autrement, il essayoit de faire croire à tout le monde que rien ne se passoit que par son avis[1].

Quand le marquis de Cœuvres eut vu M. de Bouillon, il dépêcha un courrier exprès au maréchal d'Ancre pour l'informer de tout ce que ledit sieur de Bouillon lui avoit dit; mais il trouva le maréchal d'Ancre en assez mauvaise posture auprès de la Reine, qui étoit

1. Toute cette appréciation du caractère versatile et indécis de la Régente, invoqué comme circonstance atténuante en faveur de Concini, est incontestablement personnelle à Richelieu.

tellement offensée contre lui de ce qu'il insistoit à ce qu'elle retardât le voyage, qu'elle lui commanda de se retirer à Amiens. Il y alla, outré de colère contre le Chancelier et M. d'Épernon, d'autant que, lui ayant dès le commencement, comme nous avons dit, fait espérer qu'il auroit le commandement de l'armée que le Roi assembloit auprès de Paris pour s'opposer aux princes, il l'avoit depuis, sous couleur de la haine que les Parisiens portoient audit maréchal, déconseillé à la Reine, qui y condescendit, leur disant que, comme elle n'avoit eu pensée de lui donner cette charge que par eux, elle la quittoit volontiers puisqu'ils avoient changé d'opinion.

Le commandeur de Sillery, à quelques jours de là, soit pour se moquer dudit maréchal, ou pour faire bonne mine, comme s'il ne l'avoit point offensé, ayant prié Monglat[1], qui l'alloit visiter à Amiens, de le saluer de sa part, ledit maréchal donna charge à Monglat de lui dire pour réponse qu'il ne retourneroit point à la cour que lui et son frère[2] ne fussent pendus.

Avant le partement de LL. MM., l'abbé de Saint-Victor[3], coadjuteur de Rouen, les vint supplier, au

---

1. Robert de Harlay, baron de Monglat, grand louvetier de France le 27 octobre 1612, mourut cette même année 1615.

2. C'est-à-dire le commandeur et son frère le chancelier.

3. François de Harlay (1586-1653), abbé de Saint-Victor en 1603, coadjuteur en 1613 du cardinal de Joyeuse, archevêque de Rouen, lui succéda au mois d'octobre 1615. La remontrance qu'il fit au Roi, et dont il est ici question, eut lieu le 8 août 1615; le texte en a été imprimé dans Mignot, *Histoire de la réception du concile de Trente;* Amsterdam, 1756, t. II, p. 383.

nom du clergé de France, d'avoir agréable la réception du concile de Trente, qui avoit, disoit-il, été faite en l'assemblée des États, signée et jurée par ledit clergé, qui le devoit être en peu de temps encore par les conciles provinciaux, et S. S. suppliée de s'accommoder aux raisons qu'on lui représenteroit pour ce qui regarderoit les droits de la France.

La harangue qu'il fit à LL. MM. sur ce sujet fut fort mal reçue d'elles, et M. le Chancelier lui témoigna que, S. M. ayant intérêt à la réception dudit concile pour les choses qui concernoient la discipline extérieure de l'Église, elle ne se pouvoit ni ne se devoit faire sans elle.

Ledit sieur abbé ayant fait imprimer sa harangue, elle fut supprimée par sentence du Châtelet, l'imprimeur condamné à quatre cents livres d'amende et banni, et ordonné que ledit abbé seroit ouï sur le contenu en icelle.

Aussi mal fut reçue la remontrance qu'au même temps l'ambassadeur d'Angleterre[1] vint faire au Roi, de la part du roi son maître, sur le sujet de son partement[2], lequel disoit devoir être retardé à raison du mécontentement des grands, des mouvements qui s'en ensuivroient, du peu de satisfaction qu'avoit le Par-

1. Sir Thomas Edmunds, qui fut chargé, de 1592 à 1617, de nombreuses missions en France. Il fut nommé en 1616 contrôleur, puis en 1618 trésorier de la maison royale d'Angleterre, représenta divers comtés au Parlement à partir de 1620, et mourut le 20 septembre 1639.

2. Ces représentations de l'ambassadeur d'Angleterre et la réponse du Roi ont été imprimées sous les titres : *Remontrances faites par l'ambassadeur de la Grande-Bretagne au Roy*

lement et de la disposition du peuple à suivre leurs sentiments, joint que, si cette double alliance avec l'Espagne avoit mis en quelque jalousie les anciens alliés de la couronne, l'exécution qui en seroit faite si à contretemps et si à la hâte les y confirmeroit bien davantage;

Que ce qui lui faisoit représenter ces choses à LL. MM. étoit la promesse mutuelle qui étoit entre le feu Roi et le roi son maître que le dernier vivant des deux prendroit en sa protection les enfants de l'autre; car, au demeurant, il étoit avantageux à son maître que le Roi fît ce qu'il faisoit, d'autant qu'il recueilleroit toutes les bonnes volontés des anciens amis de cette couronne qui s'en estimeroient abandonnés; mais que le roi son maître ne pouvoit manquer à rendre ce devoir à l'étroite union qu'il avoit toujours entretenue avec la France, de laquelle il ne se sépareroit jamais, si le changement de deçà ne l'y contraignoit.

Tout cela ne fit pas changer à la Reine de résolution ni retarder un seul jour son partement. Après avoir fait la fête de la mi-août à Paris, LL. MM. en partirent le 17e, font mettre force canon dans le Bois-de-Vincennes, sous prétexte qu'il seroit plus près pour empêcher les désordres d'autour de Paris, mais en effet pour s'en servir en cas qu'il arrivât une émeute dans Paris même, à la suscitation des princes, et mandent par toutes les villes qu'on fasse garde et qu'on n'y laisse entrer personne le plus fort.

et à la Reine sa mère en juin 1615, et *Réponse du Roy faite aux remontrances présentées à LL. MM. par le sieur Edmondes, ambassadeur du roy de la Grande-Bretagne;* 1615, in-8º.

Le jour même qu'ils partirent, elles envoyèrent prendre le président Le Jay[1] en sa maison par deux exempts des gardes et quinze archers du corps, qui le firent mettre dans un carrosse, les portières abattues, et le firent suivre S. M. jusques à Amboise, où il fut mis dans le château[2].

La cour en écrivit au Chancelier, duquel n'ayant pas reçu la satisfaction qu'ils désiroient, ils envoyèrent quelques conseillers d'entre eux vers le Roi même; mais ils n'eurent de S. M. autre réponse sinon qu'à son retour la cour sauroit la raison pour laquelle il avoit été emmené. La cause pour laquelle LL. MM. ne le voulurent pas laisser à Paris pendant leur absence fut qu'elles l'estimoient homme de créance parmi le peuple, à raison de la charge de lieutenant civil qu'il avoit eue, et croyoient qu'il eût intelligence particulière avec Monsieur le Prince, à cause des fréquentes visites qu'il en avoit reçues à Charonne[3] et qu'il lui avoit rendues à Saint-Maur.

1. Nicolas Le Jay, baron de Tilly, conseiller au Parlement en 1600, lieutenant civil en 1609, était alors président en la grand'chambre du Parlement; premier président en 1630, il devint ensuite garde des sceaux en 1636, et mourut le 30 décembre 1640, âgé de soixante-six ans.

2. Le président Le Jay fut arrêté le 17 août 1615, à cinq heures du matin, par M. de Launay, lieutenant des gardes, comme suspect d'attachement au prince de Condé. Arnauld d'Andilly (*Journal*, p. 104-106) donne de longs détails sur cet incident et sur les démarches qui furent faites par sa femme, par le prince de Condé et par le Parlement pour obtenir son élargissement. Voyez aussi les *Mémoires du comte de Brienne*, éd. Michaud, p. 5, ceux *de Pontchartrain*, p. 348, et ceux *de Mathieu Molé*, t. I, p. 72 et suivantes.

3. Le président Le Jay y avait une maison de campagne, dont parle l'abbé Lebeuf (*Histoire du diocèse de Paris*, t. I, p. 480).

Avec le Roi partirent M. de Guise, le Chancelier, et M. d'Épernon, qui avoit lors tel crédit auprès de la Reine qu'elle se reposoit entièrement sur lui, tant pour la conduite du Roi et d'elle en ce voyage, que pour la disposition des armes qu'il falloit opposer aux princes.

Les ducs de Nevers et de Vendôme accompagnèrent seulement le Roi hors de Paris, où ils revinrent le même jour, le premier pour aller faire quelques troupes et les conduire à S. M., ce qu'il ne fit pas néanmoins, mais tout le contraire, comme nous verrons ci-après.

La maréchale d'Ancre, dont l'esprit mélancolique étoit tout abattu de courage pour la résolution du voyage que la Reine avoit prise contre son gré, et[1] la mauvaise chère qu'il lui sembloit qu'elle lui[2] faisoit, et pour l'indisposition perpétuelle en laquelle les personnes de son humeur pensent être, étoit résolue de demeurer à Paris; mais le sieur de Villeroy et le président Jeannin, desquels le premier étoit demeuré d'accord avec les princes qu'ils devoient prendre les armes, les assurant qu'étant auprès de la Reine, il les assisteroit en ce qu'il pourroit[3], et les lettres continuelles qu'elle recevoit de son mari, lui remontrèrent si bien qu'elle donnoit elle-même le dernier coup

---

1. Les treize mots qui précèdent ont été ajoutés en interligne, de la main de Sancy, dans le manuscrit B.

2. Dans le manuscrit B, les mots *qu'elle lui* ont été substitués, de la main de Sancy, aux mots *que la Reine lui*.

3. Les mots qui précèdent, depuis *desquels le premier*, ont été ajoutés en marge du manuscrit B, de la main de Charpentier.

à sa ruine si elle n'accompagnoit la Reine en ce voyage, et que l'absence, qui éteint les amitiés, principalement celle des grands, l'éloigneroit tellement de l'esprit de la Reine et donneroit un si long temps à ses ennemis pour s'y affermir, qu'elle ne trouveroit plus de lieu de s'y remettre, qu'enfin elle changea de résolution et suivit S. M., se raccommodant avec ledit sieur de Villeroy à l'italienne, c'est-à-dire pour s'en servir et agir en temps et lieu tous deux ensemble contre le Chancelier et sa cabale[1].

LL. MM., en partant, donnèrent le commandement de l'armée qui devoit demeurer aux environs de Paris, au maréchal de Boisdauphin[2], qui commença à l'assembler auprès de Dammartin[3], et LL. MM., en partant, firent raser les citadelles de Mantes et de Melun pour obliger la ville de Paris.

Elles arrivèrent à Orléans le 20°, et le 30° à Tours, où les députés de l'assemblée de Grenoble[4] lui présentèrent une lettre de l'assemblée, et quelques articles[5] des choses qu'ils demandoient à S. M., les princi-

---

1. Les mots qui précèdent, depuis *se raccommodant*, ont été ajoutés en marge du manuscrit B, de la main de Charpentier, sauf les mots *en temps et lieu*, qui sont de l'écriture de Sancy.

2. Urbain de Montmorency-Laval, seigneur de Boisdauphin, marquis de Sablé, maréchal de France en 1595, gouverneur d'Anjou en 1604, mourut le 27 mars 1629.

3. Dammartin-en-Goëlle, à une vingtaine de kilomètres au nord-est de la capitale.

4. Ces députés étaient les sieurs de Champeaux, des Bordes et Mallerat (*Mercure françois*, t. IV, p. 211).

5. Le texte de cette lettre et de ces articles se trouve dans le *Mercure françois*, t. IV, p. 211. Ils furent imprimés sous ce titre : *Extraict du cahier de l'assemblée des églises réformées*

paux desquels étoient qu'il lui plût accorder le premier article demandé par le tiers état, touchant l'indépendance de la couronne et conservation de la personne royale, et la condamnation de la doctrine contraire, suivant les remontrances du Parlement; approfondir la recherche de l'assassinat du feu Roi; refuser absolument, en la réponse aux cahiers du clergé et de la noblesse, la réception du concile de Trente; déclarer que le serment de son sacre ne doit préjudicier à l'observation des édits de pacification faits en leur faveur; entretenir la protection de la ville de Sedan et faire payer les appointements accordés pour icelle; et, enfin, à cause, disoient-ils, que[1] Monsieur le Prince leur avoit écrit, les priant de se joindre à ses justes ressentiments, ils supplioient S. M. avoir agréable de surseoir son voyage pour l'accomplissement de son mariage, ainsi que sa cour de Parlement l'en avoit suppliée. Mais, ceux de ladite assemblée ayant appris qu'auparavant que leurs députés fussent arrivés à Paris, le Roi en étoit parti, ils lui dépêchèrent le sieur de Brison[2], par lequel ils mandèrent

---

de France, tenant, par la permission du Roy, en sa ville de Grenoble, présenté à S. M., à Tours, par les députez de ladite assemblée le 28 août 1615; in-8°, s. l. n. d.

1. Les mots *et enfin à cause, disoient-ils, que* ont été substitués, de la main de Sancy, dans le manuscrit B, aux mots *et qu'enfin qu'à cause de*.

2. Il faut rétablir de la sorte l'orthographe du nom de ce personnage, appelé du Buisson dans le manuscrit B et dans les éditions Petitot et Michaud. Dans les lettres de créance qui lui furent remises par l'assemblée de Grenoble pour sa mission à la cour (Bibl. nat., mss. Colbert, vol. 17, fol. 133), il est nommé le *sieur de Brison* ou *de Brisson*. Il s'agit de Joachim

à S. M., avec plus d'insolence que devant, qu'ils la supplioient de ne passer pas outre en son voyage, à quoi ils prenoient intérêt, non seulement comme de la Religion prétendue réformée, mais comme bons François : ce qu'ils espéroient que S. M. leur accorderoit, attendu que le même Dieu qui commande aux sujets la fidélité envers leur prince commande aussi au prince l'amour vers ses sujets.

Sur quoi, S. M., pour opposer les derniers remèdes à l'extrémité de ces maux et à la rébellion manifeste du prince de Condé et de ses adhérents, les déclara à Poitiers criminels de lèse-majesté le 17e; la déclaration en fut enregistrée au Parlement de Paris le 18e[1].

Ce qu'ayant été rapporté à Monsieur le Prince, il en fit une autre[2], par laquelle il déclaroit ladite déclaration du Roi être nulle, comme étant faite sans aucun légitime pouvoir et par gens qui faussement usurpoient le titre de conseillers du Roi. Autant en disoit-il de l'arrêt de la cour portant l'enregistrement d'icelle, lequel il disoit être faux et contraire à la délibération de ladite cour; exhortoit tous ceux qui disoient servir le Roi sous

---

de Beauvoir du Roure de Beaumont, seigneur de Brison (1577-1628), député des protestants du Vivarais à l'assemblée de Grenoble (*France protestante*, t. II, p. 167; *Journal d'Arnauld d'Andilly*, p. 113). L'erreur commise par le rédacteur des *Mémoires* vient du *Mercure françois* (t. IV, p. 222), auquel, très vraisemblablement, il emprunte ce passage.

1. La déclaration porte la date du 10 septembre, et non du 17; elle fut enregistrée au Parlement et affichée dans les carrefours de Paris le 18 (*Mercure françois*, t. IV, p. 237).

2. Datée du 14 octobre; le texte en fut imprimé dans le *Mercure françois*, p. 251.

autre autorité que celle dudit sieur le Prince à revenir à résipiscence dedans le mois, à faute de quoi il les déclaroit atteints et convaincus du crime de lèse-majesté.

Tandis que ces choses se passoient, le maréchal de Boisdauphin avoit assemblé une armée de dix mille hommes de pied et deux mille chevaux, avec laquelle il avoit charge de s'opposer à celle des princes et leur empêcher le passage des rivières.

Si la Reine eût voulu, selon le bon avis qu'on lui donnoit[1], différer au moins quinze ou vingt jours son voyage et faire un tour à Laon et à Saint-Quentin, elle eût assuré toutes ces provinces au Roi et les eût nettoyées de tous les partisans des princes, qu'elle eût empêchés de joindre leurs levées si facilement qu'ils firent, et mettre leur armée sur pied; mais l'opiniâtreté ordinaire à la grandeur, la fermeté à faire ce qu'elle veut, l'impatience de voir sa volonté combattue et retardée la firent partir à la hâte, et son éloignement leur donna la liberté de faire tout ce qu'ils voulurent.

Le maréchal de Boisdauphin, au lieu de prendre pour sa place d'armes Crécy-sur-Serre[2], qui est en telle situation qu'il ôtoit la communication des provinces de la Normandie et de la Picardie avec la Champagne, et, attendu que M. de Nevers, n'étant pas encore déclaré pour les princes, les obligeoit de se retirer

---

1. Allusion aux conseils fournis par d'Estrées, dont les *Mémoires* (éd. Michaud, p. 407 et suivantes) ont inspiré tout ce passage.
2. Ch.-l. de cant. du dép. de l'Aisne, à seize kilomètres nord de Laon.

loin vers Sedan pour mettre toutes leurs troupes ensemble, amassa son armée autour de Dammartin, peut-être à bon dessein et craignant, s'il s'éloignoit de Paris, qu'il se fît quelque soulèvement; mais les princes, à son défaut, ne manquèrent pas de prendre pour places d'armes ledit Crécy, lieu très favorable pour leur dessein, et qui l'avança beaucoup.

Le duc de Bouillon envoya incontinent Justel[1], son secrétaire, à Laon, pour tâcher à gagner le marquis de Cœuvres : ce que ne pouvant faire, il lui fit quelques propositions d'accommodement[2]. A quoi le maréchal de Boisdauphin n'ayant aucun pouvoir d'entendre, il les envoya à la cour, qu'il trouva à Poitiers, où elle étoit arrivée le 4ᵉ septembre; mais, s'étant adressé à M. de Villeroy, il n'en eut autre réponse sinon qu'il dit à celui qui les lui apportoit que jusques ici on avoit gouverné par finance et par finesse, mais qu'il ne savoit ce qui arriveroit maintenant que l'on étoit à bout de l'un et de l'autre. Il étoit en une extrême défaveur, et la maréchale d'Ancre aussi, qui,

---

1. Christophe Justel (1580-1649), érudit et canoniste calviniste, attaché, en qualité de secrétaire, à la personne du duc de Bouillon, publia plusieurs ouvrages théologiques et des travaux généalogiques importants, notamment un *Discours du duché de Bouillon et du rang des ducs de Bouillon en France* (1633), un *Stemma Arvernicum* (1644), une *Histoire généalogique de la maison d'Auvergne* (1645); la critique moderne a suspecté sa science et sa critique, et peut-être son honnêteté historique.

2. Ce passage, relatif à l'envoi de Justel auprès du marquis de Cœuvres, a été emprunté aux *Mémoires d'Estrées* (éd. Michaud, p. 408). Il n'en est pas question dans l'*Histoire du duc de Bouillon*, écrite cent ans plus tard par Marsollier.

étant venue contre son propre gré, avoit volonté de s'en retourner, tant le traitement qu'elle recevoit de la Reine lui étoit insupportable.

Barbin, intendant de la maison de la Reine, la retira de ce dessein plus qu'aucun autre, lui remontrant qu'il connoissoit, en toutes occasions où il alloit du bien particulier de ladite maréchale, que[1] la Reine l'aimoit autant qu'elle avoit jamais fait[2], et qu'il n'y avoit de l'éloignement d'elle en son esprit qu'en ce qui regardoit la conduite des affaires.

La Reine fut contrainte de faire un plus long séjour à Poitiers qu'elle ne pensoit, d'où elle ne partit que le 27ᵉ septembre, tant à cause que Madame y eut la petite vérole, que pour ce que S. M.[3] y fut malade elle-même[4] d'une défluxion[5] sur un bras, et d'une gratelle universelle[6].

Cette maladie fut cause de la santé[7] de la maréchale; car, par ce moyen, étant obligée d'être tous les jours en la chambre de la Reine, elle y entra insensiblement

---

1. Dans le manuscrit B, le mot *que* a été ajouté en interligne.
2. Les mots *qu'elle avoit jamais fait* ont été substitués par Sancy, dans le manuscrit B, aux mots *qu'elle fit jamais*.
3. C'est-à-dire Marie de Médicis.
4. Les mots qui terminent le paragraphe ont été ajoutés de la main de Charpentier dans le manuscrit B.
5. Fluxion. Déjà, au XVIIᵉ siècle, le mot *défluxion* n'était plus guère en usage : voyez le *Dictionnaire de l'Académie françoise*, éd. 1694.
6. *Gratelle*, menue gale (*Ibidem*).
7. La santé politique. Ce mauvais jeu de mots est bien dans le goût du temps.

en sa familiarité première. Un[1] médecin juif[2] qu'elle avoit, et en qui la Reine n'avoit pas peu de créance, la servit à ses fins, lui persuadant que le commandeur de Sillery l'avoit ensorcelée. Elle n'étoit pas aussi peu aidée[3] des instructions que lui donnoient M. de Villeroy et le président Jeannin : desquelles s'étant bien trouvée, elle disposa par après la Reine à prendre plus de créance en eux, à quoi ne donna pas peu de facilité le mauvais ordre qu'apportèrent ceux auxquels on avoit donné charge de s'opposer aux princes, qui, avec une misérable armée qui ne montoit pas le tiers de celle du Roi, prirent à leur barbe Château-Thierry le 29ᵉ septembre, et, par le moyen de cette place, s'ouvrirent un passage sur la rivière de Marne, et de là passèrent la rivière de Seine à Bray[4], ne leur restant plus que la Loire pour passer en Poitou et se joindre à ceux de la Religion prétendue qui les attendoient.

La Reine, partant de Poitiers, alla à Angoulême, où elle arriva le 1ᵉʳ octobre. La comtesse de Saint-Pol[5] la vint assurer de la fidélité de son mari et

1. Toute la phrase qui va suivre a été ajoutée en marge du manuscrit B de la main de Charpentier.
2. Il s'agit probablement ici du médecin juif Montalto, dont il sera question dans l'histoire de l'année 1617.
3. Les mots *elle n'étoit pas aussi peu aidée* ont été ajoutés par Charpentier en marge du manuscrit B et substitués à *se servant*.
4. Bray-sur-Seine, à seize kilomètres sud-ouest de Provins.
5. Anne de Caumont, née en 1574, fille de Charles, seigneur de Castelnau, veuve de Henri de Pérusse des Cars, avait épousé, le 5 février 1595, François d'Orléans-Longueville, comte de Saint-Pol ; elle mourut le 2 juin 1642.

des places de Fronsac¹ et de Caumont²; mais le duc de Candale³ en partit pour s'aller joindre à M. de Rohan contre le service du Roi et faire profession de la Religion prétendue : ce qu'il fit bientôt après, ayant dessein de mettre Angoulême entre les mains des huguenots et prendre la Reine et le Conseil⁴.

Ces mauvais desseins n'empêchèrent pas que LL. MM. n'arrivassent sûrement à Bordeaux, le 7ᵉ octobre, où les fiançailles de Madame et du prince d'Espagne se firent le 18ᵉ, celles du Roi et de l'Infante se devant faire le même jour à Burgos⁵.

Il fut remarqué qu'en ce jour on lisoit en l'église l'évangile d'un roi qui faisoit les noces de son fils⁶, auxquelles les invités refusèrent de venir, et aucuns

---

1. Ce bourg, à deux kilomètres nord-ouest de Libourne, avait été érigé en 1608 en duché-pairie en faveur du comte de Saint-Pol.

2. Caumont, bourg du département de Lot-et-Garonne, près de Marmande.

3. Henri de Nogaret d'Épernon, qui ne devint duc de Candale qu'en 1621 : ci-dessus, p. 266.

4. Les mots qui précèdent, depuis *ayant dessein*, ont été ajoutés dans le manuscrit B de la main de Charpentier.

5. On trouve des détails très complets sur le cérémonial de ces fêtes dans les *Memorie recondite*, t. III, p. 391 et suivantes, et dans le *Mercure françois*, t. IV, p. 290 et suivantes. Don François de Sandoval, duc de Lerme, premier ministre de Philippe III, avait reçu une procuration spéciale du roi Louis XIII et de la reine Marie de Médicis pour les représenter au mariage célébré à Burgos.

6. Il s'agit de l'évangile du xixᵉ dimanche après la Pentecôte, d'après saint Mathieu, chap. xxii, verset 1 à 14. Cette particularité avait été signalée par le *Mercure françois*.

d'eux firent violence à ceux qui les en étoient venus semondre[1], et les tuèrent, ce qui obligea ce grand roi à les perdre tous malheureusement. Cela sembloit n'être pas tant arrivé par hasard que par un ordre secret de la Providence divine, qui désignoit la ruine de ces sujets infidèles qui s'opposoient au mariage de S. M.

Le Roi, sachant que le duc de Rohan, le sieur de la Force[2] et les autres huguenots de ce côté-là avoient armé, leur envoya La Brosse[3], lieutenant de ses gardes, pour savoir d'eux à quel dessein et avec quelle autorité ils le faisoient.

Ils répondirent que l'assemblée de Grenoble leur avoit mandé qu'ils se tinssent en état de se pouvoir défendre en cas que leurs députés ne reçussent contentement, lequel ils savoient bien qu'ils n'avoient pas reçu, S. M. n'ayant point eu d'égard aux remontrances de Monsieur le Prince ni du Parlement.

Cette réponse insolente obligea le Roi à envoyer tout ce qu'il avoit de troupes pour accompagner Madame en Espagne et lui amener sûrement la Reine sa future épouse.

Madame se mit en chemin le 21e. Le duc de Rohan

1. C'est-à-dire *avertir, prier*.
2. Jacques-Nompar de Caumont (1559-1652), marquis de la Force, fit son accommodement avec la cour en 1621. Nommé maréchal de France le 27 mai 1622, il devint duc par lettres du mois de juillet 1637. Il a laissé des *Mémoires*, que le marquis de la Grange a publiés en 1843.
3. D'après le *Mercure françois* (t. IV, p. 282), M. de la Brosse était enseigne et non lieutenant des gardes du Roi ; il devint maréchal de camp en 1645.

n'osa entreprendre de s'opposer à son passage; elle arriva heureusement à Bayonne le dernier octobre. Elle en partit le 6ᵉ novembre, pour aller à Saint-Jean-de-Luz, en même temps que le roi d'Espagne arrivoit à Fontarabie, et, au 9ᵉ, on fit l'échange des deux princesses au milieu de Bidasse[1] ou d'Irun[2], avec toute l'égalité qui se put entre les deux nations.

La Reine[3] entra à Bayonne le 11ᵉ novembre, où le sieur de Luynes arriva le jour même de la part du Roi, avec une lettre de S. M. par laquelle il lui offroit et donnoit en son royaume le même pouvoir qu'il y avoit, et lui témoignoit l'attendre avec impatience à Bordeaux, où elle arriva le 21ᵉ; et, dès le lendemain, se fit la bénédiction nuptiale[4], avec un contentement indicible du Roi et de tout le peuple,

Quatre jours auparavant, le cardinal de Sourdis[5] fit une action qui témoignoit, ou le peu d'estime en laquelle étoit en ce temps-là l'autorité royale, ou la

1. La Bidassoa.
2. Petite ville sur la rive espagnole de la Bidassoa. C'est en réalité dans l'île située au milieu de la rivière qu'eut lieu l'échange des princesses.
3. C'est-à-dire la future reine Anne d'Autriche. Les *Mémoires* vont désigner de ce seul nom tantôt Marie de Médicis et tantôt sa belle-fille : ce qui parfois pourra prêter à confusion.
4. Après un simulacre de consommation du mariage, les jeunes époux demeurèrent encore longtemps séparés; l'union ne devint effective que le 25 janvier 1619 (A. Baschet, *le Roi chez la Reine*, p. 196-202 et 361-380; *Mémoires de Bassompierre*, t. II, p. 142).
5. François d'Escoubleau de Sourdis, archevêque de Bordeaux en 1591, cardinal en 1599, célèbre par ses démêlés avec son clergé et avec le parlement de Bordeaux, mourut en 1628.

hardiesse inconsidérée de celui qui l'entreprit impunément.

Un huguenot nommé Hautcastel[1], coupable de mort par plusieurs crimes, s'étant rendu dans les prisons sur la parole dudit cardinal, qui croyoit avoir tiré promesse de la Reine de lui faire donner sa grâce, ayant été promptement condamné par le Parlement à être exécuté dans la prison même auparavant qu'elle fût expédiée, le cardinal, sur l'avis qu'il en eut, s'y en alla comme pour l'exhorter à se convertir et, y étant entré, le délivra par force, étant assisté de plusieurs hommes armés qu'il avoit amenés avec lui pour cet effet; mais le geôlier, qui étoit gagné et avoit concerté avec ledit cardinal qu'il feindroit, pour sa décharge, de vouloir faire quelque résistance, fut tué par les siens, qui n'en avoient pas été avertis.

Cette action d'un cardinal et d'un archevêque, faite en plein midi, non seulement à la face de la cour, mais du Roi même, en laquelle un meurtrier hérétique avoit été délivré, et un catholique non condamné meurtri[2], fut trouvée si mauvaise, que le Roi, sur la plainte du Parlement, trouva bon qu'il donnât un arrêt pour en

---

1. L'incident qui va être raconté se passa le 17 novembre 1615 : *Mercure françois*, t. IV, p. 342. M. Tamizey de Larroque a donné la liste de toutes les publications et des documents qu'on peut consulter sur l'affaire Hautcastel dans une étude ayant pour titre : *Louis XIII à Bordeaux*, publiée au tome II des *Mémoires de la Société des bibliophiles de Guyenne*, p. 231 et suivantes.

2. C'est-à-dire *tué*. Dès le xviie siècle, le mot *meurtrir* n'était plus guère en usage dans ce sens, et on ne s'en servait plus ordinairement que pour signifier faire une contusion (voyez le *Dictionnaire de l'Académie françoise*, éd. 1694).

informer et un autre de prise de corps contre ceux qui étoient accusés de ce crime ; mais l'affaire ne passa pas plus avant, S. M., par sa piété, donnant son intérêt à l'Église.

Cependant, l'assemblée de ceux de la Religion prétendue à Grenoble ayant su que le Roi avoit déclaré, passant à Poitiers[1], Monsieur le Prince et ses adhérents criminels de lèse-majesté, voyant que les affaires s'échauffoient et que l'armée de Monsieur le Prince avoit déjà passé une partie des rivières et s'approchoit du Poitou, eurent volonté de transporter leur assemblée à Nîmes, où ils seroient en lieu plus commode pour délibérer et résoudre librement ce qu'ils voudroient.

Le maréchal de Lesdiguières, auquel ils en demandèrent avis, le leur déconseilla, leur représentant qu'ils ne pouvoient, de leur autorité privée, transférer ladite assemblée sans préjudicier à l'édit de Nantes, et qu'ils ne devoient même le faire sans le communiquer premièrement aux provinces ; qu'il n'est plus le temps de penser au retardement du mariage, qu'on en est trop avant ; que, le Roi ayant gagné ce point, comme on ne l'en pouvoit empêcher, il s'accorderoit facilement avec Monsieur le Prince[2].

Mais ces remontrances ne produisirent autre effet, sinon qu'ils le soupçonnèrent d'être faux frère et de prendre plus d'intérêt en la volonté du Roi qu'au bien de leur parti.

Ils s'en allèrent à Nîmes, où ils attendoient les nou-

1. Les mots *passant à Poitiers* ont été ajoutés en interligne par Sancy dans le manuscrit B.
2. *Mercure françois*, t. IV, p. 266 et suivantes.

velles de ce que deviendroit l'armée de Monsieur le Prince, qui, après avoir eu et failli[1] une entreprise sur Sens le 20ᵉ octobre, passa la Loire à Bonny[2] le 29ᵉ[3].

Le maréchal de Boisdauphin fut blâmé de ne l'avoir pas combattu ; mais il s'excusoit sur ce qu'il avoit défense expresse de combattre[4].

Incontinent que les nouvelles de ce passage furent arrivées à Nimes, l'assemblée écrivit à toutes leurs prétendues Églises qu'elle avouoit la prise des armes du duc de Rohan et des autres huguenots de ces quartiers-là, exhortant toutes les provinces de les assister, et qu'elle avoit jugé à propos de répondre aux semonces de Monsieur le Prince et se joindre à lui avec mutuelle promesse de ne point traiter les uns sans les autres : ce que S. M. sachant, elle fit une déclaration[5] le 20ᵉ novembre, par laquelle elle déclaroit tous lesdits huguenots qui avoient pris les armes contre elle, criminels de lèse-majesté, si dans un mois ils ne revenoient à résipiscence.

Monsieur le Prince, ayant passé la Loire, s'en vint, à petites journées, avec son armée, par le Berry et la Touraine, en Poitou, pillant et saccageant tous les lieux où il passoit.

Les députés de l'assemblée le vinrent rencontrer le

1. C'est-à-dire : « Après avoir fait une tentative, qui ne réussit point, pour s'emparer de Sens... »
2. Bonny, cant. de Briare, à vingt kilomètres de Gien.
3. La date *le 29ᵉ* a été ajoutée par Sancy.
4. Ce passage est emprunté aux *Mémoires d'Estrées*, p. 409. Richelieu lui-même critiqua vivement alors cette inaction du maréchal, dans une lettre au cardinal du Perron du mois de novembre (*Lettres et papiers d'État*, t. I, p. 154).
5. *Mercure françois*, t. IV, p. 321-330.

27ᵉ à Parthenay[1], où ils convinrent ensemble de plusieurs articles qui se rapportoient à prendre soin et sûreté de la conservation de la personne et de la vie du Roi, comme si eux seuls, par leur rébellion, ne mettoient pas en compromis et l'une et l'autre :

Qu'ils empêcheroient la réception du concile de Trente, préviendroient les mouvements qui pourroient naître des mutuels mariages, pourvoiroient à faire maintenir l'édit de Nantes, établir un bon Conseil selon les remontrances du Parlement, ne s'abandonner les uns les autres, et n'entendre à aucun traité sans un mutuel consentement.

Le Roi, de sa part, pour s'opposer à eux, déclara le même jour le duc de Guise général de l'une et de l'autre de ses armées, qu'il vouloit être jointes en une.

Tous ces progrès de l'armée de Monsieur le Prince, qui, nonobstant celle du Roi qui étoit plus forte, étoit passée en Poitou et avoit donné lieu à tous les huguenots du royaume de faire des levées et se joindre à lui, donnèrent le dernier coup pour remettre en grâce M. de Villeroy et décréditer le Chancelier, et ce d'autant plus que ledit sieur Chancelier avoit célé à la Reine le passage de la rivière de Loire par l'armée de Monsieur le Prince, ce que ces

---

1. Cette rencontre n'eut pas lieu à Parthenay, mais à Sanxay, petite localité du Poitou, dans le canton actuel de Lusignan, et non à Sanzay, proche Bressuire. Le *Mercure françois*, t. IV, p. 344-349, a donné l'itinéraire suivi par l'armée des princes et le texte des articles sur lesquels on se mit d'accord. Les députés protestants étaient MM. de Nouaillé, Josias Mercier des Bordes et Le Clusel.

Messieurs ne manquoient pas de représenter à la Reine, et lui faisoient le mal plus grand qu'il n'étoit, protestant que, si elle n'éloignoit le Chancelier de la cour, elle perdoit l'État, d'autant qu'il avoit de coutume de céler en la même manière beaucoup de choses importantes au service du Roi.

Le Chancelier, se reconnoissant affoibli, les rechercha d'accommodement. Ils y consentirent comme bons courtisans qu'ils étoient, n'ayant pas crainte de se laisser tromper par celui auquel ils ne vouloient avoir aucune créance. La maréchale d'Ancre ne s'y voulut jamais réconcilier, disant qu'il l'avoit si souvent trompée, qu'elle ne savoit plus quelle assurance y pouvoir prendre. Le comte Orso, agent du Grand-Duc[1] près le roi d'Espagne, et qui étoit venu accompagner la Reine régnante à Bordeaux, découvrit à la Reine mère beaucoup de choses qui s'étoient passées en l'ambassade extraordinaire du commandeur de Sillery en Espagne, desquelles la Reine avoit grand sujet d'être mécontente de lui. La maréchale prit cette occasion pour décréditer son frère et lui encore davantage, et le sieur de Villeroy et le président Jeannin n'en firent pas moins de leur part, quelque raccommodement qu'il y eût entre eux : de sorte que, le Chancelier demeurant sans aucun pouvoir, il fut aisé audit sieur de Villeroy de faire qu'elle entrât en traité avec Monsieur le Prince.

Le duc de Nevers en donna l'occasion. Il avoit sous main favorisé le passage de la Loire à Monsieur le

1. Le grand-duc de Toscane était alors Côme II de Médicis (1590-1621), cousin germain de la Reine mère.

Prince, mais ne s'étoit pas ouvertement déclaré pour lui. Il vint à Bordeaux au commencement de décembre, s'offrit à S. M. de s'entremettre pour la paix; autant en fit l'ambassadeur d'Angleterre de la part du roi son maître, lequel il dit avoir refusé à Monsieur le Prince l'assistance d'hommes et d'argent qu'il lui avoit envoyé demander par le marquis de Bonnivet. S. M l'ayant agréé, ils partirent l'un et l'autre pour aller trouver Monsieur le Prince à Saint-Jean-d'Angély[1].

En même temps, Sauveterre[2] se sentit de la défaveur du Chancelier, ou plutôt reçut l'effet de l'envie du sieur de Luynes, qui, ayant jalousie de la bonne volonté que le Roi lui témoignoit, ne le put souffrir plus longtemps auprès de S. M. Luynes se tenoit pour lors fort bien avec la maréchale, par la faveur de laquelle et de son mari, comme nous avons déjà dit, il avoit eu le gouvernement d'Amboise, et depuis avoit encore eu, par ce même moyen, en ce voyage, la charge de capitaine des gardes pour Brantes, son troisième frère, et autres diverses gratifications que la maréchale sollicitoit avec grand soin pour eux.

Il la vint avertir, comme son serviteur obligé, que ledit Sauveterre avoit une étroite intelligence avec le Chancelier et à heures secrètes l'avertissoit de ce qui se passoit chez la Reine, et lui dit encore que ledit Sauveterre parloit mal de la Reine au Roi, et la mettoit mal en son esprit. Il fit en sorte que le Roi même

---

1. Tout cet alinéa n'est qu'un résumé du *Mercure françois*, t. IV, p. 366.
2. Valet de garde-robe du Roi : ci-dessus, p. 223.

dit à la Reine qu'il lui disoit souvent qu'elle aimoit mieux Monsieur[1] son frère que lui, ce qu'il étoit aisé à juger de son visage quand l'un ou l'autre entroit en sa chambre, et qu'on avoit mille peines à obtenir d'elle tout ce qu'on demandoit pour S. M.

La Reine envoya quérir Sauveterre et le lui reprocha avec grande colère. Il se défendit jusques à ce que la Reine lui dit que c'étoit le Roi même qui l'en avoit avertie; mais lors il avoua sa faute, et supplia seulement la Reine de lui faire donner récompense[2] de la charge de premier valet de la garde-robe du Roi qu'il avoit : ce qu'elle fit.

LL. MM. enfin partirent de Bordeaux le 27ᵉ décembre et arrivèrent le 29ᵉ à la Rochefoucauld[3], où ils passèrent le premier jour de l'an.

Cette année, le cardinal de Joyeuse mourut en Avignon chez Monsignor[4] Bagni[5], vice-légat d'Avignon, ayant longtemps devant été averti qu'il se donnât de garde des bains : ce qu'il ne devina jamais devoir être entendu du nom de l'hôte chez lequel il devoit mourir.

1. Gaston d'Orléans, frère cadet de Louis XIII.
2. Au sens de le dédommager.
3. Ch.-l. de cant. du dép. de la Charente. Le château qui reçut Marie de Médicis et Louis XIII fut élevé par parties successives du ıxᵉ au xvıᵉ siècle; il est surtout remarquable par les agrandissements et les transformations effectués à l'époque de la Renaissance.
4. Dans le manuscrit B, on avait écrit d'abord *le cardinal;* c'est la main de Sancy qui a corrigé en *Monsignor*.
5. Jean-François Bagni (1565-1641), fils de Fabricio, marquis de Montebello, et de Pompeïa Colonna, devint nonce en France et fut promu cardinal en 1627.

Il vit en sa jeunesse son frère en si haute faveur auprès du Roi[1], qu'il le fit son beau-frère[2], fut cardinal jeune et plein de biens, eut bonne part à l'élection de deux papes, fut doyen des cardinaux, protecteur de France, eut l'honneur de nommer[3], comme légat au nom du Pape, le Roi à présent régnant, et, au sien, Monsieur, frère unique du Roi, fut le principal entremetteur pour la composition des différends d'entre S. S. et la république de Venise[4], sacra la Reine à Saint-Denis et le Roi à Reims, et vit sa nièce, héritière de toute sa maison, mariée à un prince du sang[5], et une fille unique[6] provenant de ce mariage promise à M. d'Orléans, à la mort duquel elle fut destinée à M. d'Anjou, devenu, par cette mort, frère unique du Roi, qui l'a depuis épousée en 1626. Mais toutes ces félicités ne l'ont pas rendu si illustre qu'il a été remarquable par la vanité et instabilité de la grandeur qui a paru en toute sa maison ; car, de cinq frères qu'ils

---

1. Henri III.
2. Anne, duc de Joyeuse, pair et amiral de France, tué à Coutras le 20 octobre 1587, avait été marié le 24 septembre 1581 à Marguerite de Lorraine, sœur puînée de la reine Louise de Lorraine.
3. Au baptême.
4. L'intervention du cardinal de Joyeuse ne put faire plier l'intransigeance des Vénitiens, qui se montrèrent intraitables vis-à-vis du pape Paul V (Daru, *Histoire de la République de Venise*, t. IV, p. 192-258).
5. Henriette-Catherine, duchesse de Joyeuse, née le 8 janvier 1585, mariée le 15 mai 1597 à Henri de Bourbon, duc de Montpensier.
6. Marie de Bourbon-Montpensier, mariée le 6 août 1626 à Gaston de France, duc d'Orléans.

étoient¹, dont lui seul étoit d'église, les trois autres sont morts en batailles et rencontres où ils ont été vaincus, le quatrième est mort² capucin, et tous quatre sans laisser après eux aucun de leur nom, qui est demeuré, dans le point même de son élévement, éteint en la maison de Guise³.

1. D'après l'*Histoire généalogique* (t. III, p. 839), le cardinal de Joyeuse eut six frères : 1º Anne, duc de Joyeuse (ci-dessus, p. 419, note 2); 2º Henri, comte du Bouchage, puis duc de Joyeuse, né à Toulouse en 1567, maréchal de France, qui se fit capucin, sous le nom de Père Ange, après la mort de sa femme en septembre 1587, puis rentra dans le monde en 1592, après la mort de son frère le grand prieur, pour se mettre à la tête de la Ligue, reprit la vie monastique en 1599, et mourut le 28 septembre 1608; 3º Antoine-Scipion de Joyeuse, chevalier de Malte, grand prieur de Toulouse, et qui se noya dans le Tarn après le combat de Villemur, le 20 octobre 1592; 4º Georges, vicomte de Saint-Didier, mort d'apoplexie le 16 avril 1584; 5º Honorat, mort jeune; 6º Claude de Joyeuse, seigneur de Saint-Sauveur, tué à Coutras comme son frère aîné.

2. Dans le manuscrit B, les mots *est mort* ont été ajoutés en interligne de la main de Sancy, qui avait écrit *s'est faict et est mort*, mais a biffé comme inutiles les quatre premiers mots.

3. Henriette-Catherine de Joyeuse, veuve du duc de Montpensier, épousa en secondes noces, en 1611, Charles de Lorraine, duc de Guise : ci-dessus, p. 114.

APPENDICE

I.

Discours[1] *de ce qui s'est passé le vendredi xvij*[e] *d'octobre MDCIX entre le Roi et M. le maréchal de Lesdiguières*[2], *dans la galerie de la Reine à Fontainebleau.*

Le Roi avoit envoyé quérir M. le maréchal par le sieur Conchine, et y a apparence qu'il avoit au même temps parlé à la Reine pour lui faire entendre son dessein[3]. Il attendoit mondit sieur le maréchal dans ladite galerie, en laquelle M. le président Jeannin entra au même temps, lequel S. M. dépêcha auparavant que d'entamer discours,

---

1. Voyez ci-dessus, p. 35, note 1. — Nous connaissons de ce *Discours* encore inédit trois manuscrits : 1° aux archives du ministère des Affaires étrangères (fonds France, vol. 767, fol. 120 et suivants), un cahier de papier, au dos duquel on lit, de l'écriture de Charpentier : « Discours entre le Roy et M. le mareschal Desdiguières, à Fontainebleau, le 17e octobre 1609, touchant les enfans de S. M.; » 2° à la Bibliothèque nationale (ms. Franç. 4020, t. II, fol. 404), une copie anonyme; 3° au même dépôt (collection Dupuy, t. LXXXIX, fol. 288), une autre copie exécutée par Dupuy. Il semble, d'après ce qui est dit à la fin de l'avant-dernier paragraphe, que le rédacteur de cette pièce est Bullion, qui était présent à l'entretien du Roi et du maréchal, ainsi qu'on l'a vu ci-dessus, p. 34-35.

2. Il y a dans le texte : *le mareschal Desdiguières.*

3. C'est sans doute à cause de cela que le rédacteur des Mémoires a cru devoir insérer dans son récit la relation de cet entretien.

lequel il commença par la comparaison d'un architecte, lequel, pour bâtir sur un bon et solide fondement et faire sa structure à propos, use de plusieurs pièces de bois : les unes servent de poutre, les autres d'étançons, les autres d'arcs-boutants, les autres de poteaux, mais que le but de l'architecte est de bien assurer son fondement, qui est le principal appui du bâtiment. Que, le Roi s'étant mis dans l'esprit, comme aussi la raison l'obligeoit, que le principal fondement de l'État étoit son fils le Dauphin, et que là, comme au centre, toutes les lignes de la puissance du royaume se devoient rapporter, qu'il vouloit établir ses enfants légitimes et autres en telle façon qu'ils s'opposassent aux entreprises et usurpations de la maison de Lorraine et de Guise, lesquels de tout temps avoient eu le but d'empiéter l'État. Qu'en cela il vouloit découvrir son secret à M. le maréchal et lui témoigner qu'il étoit habile prince et qu'il songeoit bien souvent à autre chose qu'à son canal[1] lorsqu'il s'y alloit promener. Qu'il espéroit que Dieu lui feroit la grâce de vieillir encore dix ans, et que, par ce moyen, il établiroit les choses en telle façon, qu'après sa mort il n'y auroit autre chose à faire qu'à le pleurer et regretter. Que S. M. avoit établi son autorité très grande en tout son royaume et parmi tous les ordres d'icelui; qu'il fortifioit ses villes; qu'il avoit et de l'argent et des munitions de guerre en quantité; que cela le rendoit redoutable et étoit cause que tous les princes de la chrétienté le redoutoient et envoyoient vers lui comme à l'arbitre commun; que tout cela regardoit le dehors et servoit aussi au dedans du royaume, mais qu'il vouloit reprendre les premiers discours de ses enfants et qu'il commenceroit par Mgr le Dauphin; que son intention étoit de l'établir roi absolu et lui donner toutes les vraies et essentielles marques de la royauté, et obliger tous ses frères et sœurs, soit légitimes, soit naturels, de le reconnoître comme leur

---

1. Le canal de Fontainebleau.

vrai maître, en la disposition duquel résideroit la puissance de leur montrer sa bonne volonté, lorsqu'ils s'en rendroient dignes, par des effets qui pussent convenir à leur condition; qu'il se résolvoit de faire le mariage de Mlle de Lorraine avec mondit seigneur le Dauphin, si tant étoit que le duc d'aujourd'hui n'eût autres enfants; que ce ne seroit pas peu d'ajouter à la couronne de France la Lorraine.

Pour Mgr d'Orléans, qu'il l'avoit marié avec la plus riche héritière du royaume, qui étoit Mlle de Montpensier; que c'étoit une alliance qui lui donnoit une très grande succession, mais néanmoins non étrangère, et qui ne l'obligeoit à entrer en aucunes pratiques ni avec le roi d'Espagne, ni avec d'autres, et qu'il étoit très certain que les rois de France et d'Espagne étoient tellement établis[1] qu'il ne s'y pouvoit mettre une bonne amitié, parce que la grandeur de l'un étoit la ruine de l'autre et que l'affermissement de la puissance de France étoit l'ébranlement de celle d'Espagne; que les alliances étoient comme inutiles pour ce regard entre ces deux grandes maisons, et que l'exemple de la princesse Élisabeth mariée au roi Philippe étoit un témoignage très assuré de la vérité de son discours; que Mgr d'Orléans, par cette alliance, demeuroit avec tous ses biens sujet de la couronne de France, et qu'il étoit encore en incertitude s'il lui donneroit le duché d'Orléans ou non; que, s'il lui donnoit, il ne lui donneroit que le simple domaine, sans aucune marque de souveraineté, et qu'il laisseroit la nomination des bénéfices et offices au Roi comme au souverain, et qu'il n'en falloit point user autrement, et que cela étoit énerver l'autorité royale de communiquer celle du maître à ceux qui doivent obéir comme sujets.

Pour M. d'Anjou, que son intention étoit de le jeter hors du royaume, et que du côté de Gênes il avoit

1. Étaient établis de telle sorte, que, etc.

quelque dessein duquel il espéroit venir à bout. S. M. ne s'étendit guère sur ce discours.

Pour Madame l'aînée, qu'il la vouloit marier en Savoie, et que c'étoit une alliance utile à la France; que S. M. avoit fait dessein de la donner à Monsieur le Prince, afin de chercher appui pour ses enfants dans l'État, et qu'il s'étoit ouvert à ce dessein à M. le maréchal, il y avoit trois ou quatre ans; mais qu'il reconnoissoit de si malheureuses conditions en la personne dudit Prince, qu'il aimeroit mieux que sa fille, qu'il chérit extrêmement, fût dans le fond d'un puits que d'avoir épousé ledit Prince. S. M. entra en un grand discours sur les mœurs dudit Prince, et qu'il étoit tellement entaché du vice de sodomie, qu'il oublioit l'amitié qu'il devoit porter à sa femme, et que même il couchoit un demi-quart d'heure avec sa femme et le reste de la nuit avec Rochefort[1].

Quant à Madame Chrétienne, que S. M. se promettoit de faire un mariage d'un des enfants d'Espagne avec madite dame, second ou troisième fils, auquel on donneroit en partage la Flandre, en laquelle S. M. aura toujours bonne part à cause des intelligences qu'il a avec Messieurs des États; que ce seroit un grand point gagné de démembrer les Pays-Bas du royaume d'Espagne; qu'il entretiendroit si soigneusement sa fille et la verroit trois ou quatre mois de l'année, et même obligeroit quelquefois son mari de venir à la cour, afin de l'attacher entièrement d'affection et d'intérêt à la conservation de son état et n'avoir autre but que de conserver les bonnes grâces du Roi son beau-père. Qu'il sembloit que la bénédiction dont Dieu avoit obligé S. M. et son royaume en lui donnant des enfants fût tournée en malédiction du côté d'Espagne, où il y a déjà six ou sept enfants, et qu'il y a

---

1. Le rédacteur des Mémoires n'a pas cru devoir insérer dans son récit tout ce passage relatif aux mœurs du prince : ci-dessus, p. 36.

apparence que le roi et la reine d'Espagne en auront encoré grand nombre, étant tous deux jeunes comme ils sont.

Voilà donc le dessein que S. M. avoit fait pour les légitimes, qui tend principalement à assurer le règne de Mgr le Dauphin. Quant aux enfants naturels, que c'étoient autant de serviteurs du Roi, et qui ne manqueroient jamais à leur devoir, en y apportant l'ordre que S. M. s'étoit proposé.

M. de Vendôme étoit d'un tel naturel, qu'il avoit occasion d'être content de sa nourriture; qu'il l'avoit marié avec la plus riche héritière de France, lui avoit donné le gouvernement de Bretagne, mais que néanmoins son établissement dépendroit toujours des bonnes grâces du Roi; que S. M. le faisoit marcher devant les princes de la maison de Savoie, de Lorraine, Nevers, Longueville; que le rang qu'on lui donnoit l'obligeroit toujours de servir le Roi, parce que, du jour qu'il se méconnoîtroit, on le feroit marcher après les autres, qui enragent de le voir élevé par-dessus eux; qu'il demeureroit perpétuellement à la cour, et lui et tous ceux de sa qualité, si ce n'étoit lorsque le Roi auroit besoin de leur service dans les provinces; que Mme de Mercœur reconnoissoit quel avantage ce lui étoit d'avoir fait le mariage de sa fille avec M. de Vendôme, et qu'elle estimoit aujourd'hui que tout son appui et toute sa faveur venoit de ce côté-là; que ce n'étoit pas peu d'être appelé frère par le Roi; que cette qualité apportoit de grandes commodités; que S. M. établiroit M. de Vendôme aux affaires et le rendroit tellement capable, qu'il auroit moyen de servir l'État; que le Roi vouloit opposer ses enfants naturels à tous les princes de Lorraine, qui ont toujours l'image d'un roi de Sicile devant les yeux, et aux maisons de Savoie, de Longueville et de Nevers, auxquelles maisons il ne veut allier ses enfants naturels, et, sans la qualité d'héritière qu'avoit Mlle de Mercœur, il n'auroit fait le mariage de son fils de

Vendôme; que ces princes croiroient l'obliger, s'ils épousoient une de ses filles, et leur faire de l'honneur, et néanmoins qu'ils sont tellement incommodés et endettés, que ce seroit les mettre à l'hôpital; que M. de Guise avoit un esprit pétillant, et lequel en apparence faisoit semblant d'être capable de choses grandes, mais néanmoins que c'étoit un fainéant, et que, la plupart du temps, il demeuroit étendu sur un lit sans songer à autre chose qu'à son plaisir, et qu'il ne le tenoit pour avoir le courage duquel on lui donnoit la réputation; que tous ces autres princes avoient de mauvais desseins dans l'esprit.

Quant à M. de Nemours, qu'il ne feroit point de race, et partant que l'une des quatre maisons reconnues pour princes par les rois s'en alloit par terre.

Quant à M. de Nevers, que c'étoit un esprit bizarre, rempli de fantaisies; qu'il avoit le gouvernement de Champagne, mais qu'il vouloit que les lieutenants comme Praslin et La Vieuville, lieutenants en la province, eussent plus d'autorité que lui.

Pour M. le chevalier de Vendôme, qu'il y avoit déjà un grand prieuré vacant, lequel il lui donneroit; qu'il avoit une dispense de pouvoir tenir d'autres bénéfices comme abbayes et prieurés; qu'il lui destinoit la charge d'amiral et général des galères, avec le gouvernement de Lyonnois et celui de Provence; que c'étoit un fort gentil esprit et fort complaisant, et qu'il se rendoit agréable à tout le monde.

Quant à Mlle de Vendôme, que le bruit couroit et étoit véritable qu'il feroit le mariage de M. de Montmorency avec elle; qu'il avoit désiré le mariage du marquis de Rosny, mais que Dieu en avoit disposé autrement; que le cardinal du Perron lui avoit parlé le premier de ce mariage et l'avoit assuré que le marquis se feroit catholique; qu'il sait que ceux de la Religion se sont plaints de ce que le Roi étoit curieux de désirer la conversion de ceux de cette qualité, mais qu'il répondoit qu'il pouvoit pour le moins avoir autant de liberté que les ministres et autres de la Religion qui souhaitoient tous les jours que les catholiques se fissent de la Religion; que, comme roi et comme particulier, il avoit deux volontés : comme particulier, il désiroit qu'il n'y eût qu'une religion en tout l'État; comme roi, qu'il désiroit la même chose, mais néanmoins qu'il savoit se commander, et même qu'il se servoit des uns et des autres où il falloit, et qu'il en usoit mieux que nul autre.

Qu'il avoit désiré faire le mariage avec M. de Longueville; que le contrat en avoit été passé entre feu Madame la Duchesse[1] et Mme de Longueville; qu'il y avoit une peine[2] de cent mille écus, mais que M. le Chancelier l'avoit assuré qu'il ne se payoit rien de telles peines; que Mme de Longueville étoit d'une étrange humeur; qu'elle avoit eu des amourettes avec M. de Guise et avoit montré un extrême dédain de cette alliance et l'avoit trop méprisée; que, lorsqu'il maria son fils de Vendôme, S. M. fit prier Mme de Longueville; qu'elle refusa de venir aux noces et ne permit à son fils d'y venir; que le duc de Longueville ne caressa jamais sa fille, et lui sembloit qu'il s'abaissoit en l'épousant; que c'étoit fantaisies que la mère lui avoit mis dans la tête; qu'il étoit extrêmement petit, et que S. M. ne vouloit mettre des nains en sa race; que le feu duc de Longueville étoit le plus dissimulé, le plus traître et poltron qu'il eût jamais vu, et qui disoit toujours le contraire de ce qu'il pensoit; que Mme de Longueville s'étoit plainte de la continuation du Parlement, et qu'elle s'étoit figuré que c'étoit contre elle, pour favoriser Mme de Mercœur, qui poursuit le jugement d'un procès; qu'il aimoit mieux un gentilhomme qu'un prince, et que M. de Montmorency étoit d'un très bon naturel; qu'il étoit courageux et seroit fort vaillant; que Madame la Princesse lui avoit recommandé; qu'il ressembleroit au

1. Gabrielle d'Estrées, duchesse de Beaufort.
2. Un dédit.

grand-père et non au père; que ce n'étoit pas peu de faveur à un homme d'épouser la fille du Roi; qu'une des plus grandes marques de l'affection que portoit le roi Henri II au feu connétable avoit été celle de lui donner sa sœur; qu'il ne désiroit pas se mêler du démariage d'avec Mlle de Chemillé[1]; que ce jeune seigneur avoit toujours dit qu'il n'auroit jamais autre volonté que celle de son père; et, quand on lui parloit de Mlle de Vendôme, qu'il se mettoit à genoux, et, tendant les yeux au ciel, joignoit les mains.

Quant à M. de Verneuil, qu'il se résolvoit d'en faire un cardinal; qu'il l'avoit destiné à l'Église pour obvier aux fausses prophéties et ôter tous les prétextes qu'on se pouvoit imaginer à cause de ce qui s'étoit passé; qu'il étoit résolu d'en faire un grand cardinal et lui donner cent mille écus de rente; qu'il étoit nécessaire d'avoir un homme de cette qualité à Rome, qui pût maintenir les affaires de France en réputation et en être le protecteur; qu'il avoit déjà l'évêché de Metz et plusieurs autres bénéfices; qu'il vouloit le rendre homme entendu aux affaires.

Sur ce discours, S. M. se mit à parler de Mme de Verneuil: qu'elle avoit été mal conseillée par M. d'Entragues et autres; qu'il avoit désiré qu'elle pût vivre en paix avec la Reine, mais que les mauvais rapports de Mmes de Guise et princesse de Conti avoient empêché ce dessein; que la Reine s'étoit mis en la fantaisie que la marquise avoit pratiqué de ses officiers pour l'empoisonner; qu'on lui mettoit dans la tête qu'elle n'avoit autres discours avec le Roi que pour ruiner la Reine; que le Roi avoit été contraint de lui dire qu'elle se trompoit, et que, au temps qu'elle étoit plus belle et plus jeune, elle n'avoit pu empêcher la résolution que le Roi avoit pris d'épouser la Reine, elle absente; que, à plus forte raison, ayant l'obligation à la Reine de tant de beaux enfants qu'elle avoit donnés à la France, qu'il n'y avoit point d'apparence de croire qu'en

1. Voyez ci-dessus, p. 43, note 4.

sa présence il eût un dessein, lequel étoit du tout contraire au témoignage de l'amitié qu'il lui avoit rendu en son absence; que le Roi avoit fait tout ce qu'il avoit pu pour détromper la Reine et lui faire connoître les mauvais desseins de Mmes de Guise et la princesse[1], lesquelles mirent dans l'esprit de la Reine d'empêcher que les dames allassent voir la marquise ; que, nonobstant que la marquise et la princesse se haïssent à mort, néanmoins que la princesse ne laissoit de donner des avis et mettoit en avant des discours que la Reine avoit faits, auxquels elle n'avoit jamais songé; qu'un jour il dit à la Reine : « Je vous veux faire voir clairement que ces deux femmes vous trompent; et, pour cet effet, faites-leur quelque discours dont je ne sache rien, et vous verrez que la marquise le saura aussitôt. » Sur ce fait, la Reine dit devant elles qu'elle savoit que la marquise devoit aller à Argenteuil trouver le Roi, mais qu'au bac elle feroit trouver une douzaine d'hommes armés, afin d'effrayer ladite marquise; qu'aussitôt on dépêcha la nuit vers icelle marquise, et qu'on lui fit entendre que c'étoit un gentilhomme de la part de M. de Guise, qui lui donnoit avis qu'il y avoit entreprise sur sa vie. La marquise dépêcha au même temps vers le Roi, afin de lui envoyer gardes. La Reine fit avertir M. de Sully par sa femme de son dessein, et écrivit au Roi, et, par ce moyen, reconnut la mauvaise pratique de ces princesses. Que c'étoit un malheur de ce que la Reine n'étoit accompagnée d'autres princesses; que la princesse de Conti étoit une parfaite brouillonne et qui vouloit paroître gouverner et avoir de l'autorité près de sa femme, et qu'elle étoit si hardie qu'elle médisoit de la maison de Bourbon devant sa femme, nonobstant qu'elle eût cette perfection d'être la plus dissimulée du monde, et que, lorsqu'elle haïssoit une personne mortellement, c'étoit lorsqu'elle lui faisoit la meilleure chère ; que Madame la Princesse et les autres princesses, par leur

---

1. La princesse de Conti : ci-dessus, page précédente.

éloignement, leur avoient donné moyen d'entreprendre ce qu'elles font à la cour, mais que la princesse de Condé la mère, par ses déportements, s'étoit rendue si pleine de mépris, que personne n'en pouvoit faire état. Quant à Mme de Montpensier, que c'étoit une bonne femme, et qui ne brouilleroit jamais, et qui aimoit parfaitement le Roi et la Reine et ne diroit jamais rien à la Reine que ce qu'il plairoit au Roi.

Pour le regard de Mlle de Verneuil, qu'il avoit dessein de la marier à un gentilhomme; qu'il la vouloit mettre en une bonne maison et accommoder; qu'il avoit jeté les yeux sur le petit-fils de M. de Lesdiguières; qu'il étoit fils d'un père et d'un grand-père qui avoient du courage; que S. M. croyoit qu'il falloit mieux honorer un gentilhomme de son alliance que non pas un prince; que Du Moulin et Chamier disoient déjà qu'il falloit prendre garde à M. de Lesdiguières et aviser aux moyens qu'on doit tenir pour lui ôter les places qui sont données en garde à ceux de la Religion; qu'il donnera des charges et des honneurs à M. de Canaples; que ce sera du contentement à M. le maréchal de voir son petit-fils destiné gouverneur d'une province en laquelle il a été lieutenant général; que Mme la comtesse de Sault étoit extrêmement contente de ce mariage; que le Roi s'étoit ouvert de son dessein et m'en avoit premièrement parlé; qu'il avoit reconnu que j'étois en peine de ce que je n'avois été déchargé de la parole qu'il m'avoit commandé de porter à M. de Lesdiguières; qu'il se vouloit du tout fier en M. le maréchal et lui témoigner l'honneur de ses bonnes grâces; qu'il vouloit savoir l'état des biens et aviser aux particularités lorsque je serois de retour[1]; qu'il ne parleroit point de la religion, et qu'il y avoit de la différence au fait de M. de Sully à la proposition qu'il fait maintenant, parce que le cardinal du Perron lui

---

1. Bullion reçut, le 23 octobre 1609, six jours après cet entretien, des instructions pour aller traiter avec le duc de Savoie.

en avoit parlé le premier, et qu'ici tout au contraire c'étoit lui qui en parloit; qu'il ne désiroit point que M. de Sully en sût rien, parce qu'il auroit de la jalousie et qu'il voudroit donner conseil à autrui qu'il avoit pris lui-même[1].

M. le maréchal remercia le Roi, lui disant que ni Mme la comtesse[2], ni M. de Créquy, ni lui n'eussent eu garde d'espérer un tel honneur, et qu'en un mot le Roi avoit tout pouvoir de leur commander, et qu'ils obéiroient à toutes ses volontés.

II.

Lettre de l'abbé Bouthillier d'Arçay au cardinal de Richelieu sur l'assassinat de Henri IV[3].

De Paris, ce 16e avril[4] 1610.

Monsieur,

Comme je me disposois à vous écrire quelque chose de ce qui s'étoit passé au couronnement de la Reine et des

---

1. C'est-à-dire que Sully voudrait dissuader Lesdiguières de marier son petit-fils avec Mlle de Verneuil, comme lui-même avait repoussé pour son fils Rosny l'alliance de Mlle de Vendôme; ci-dessus, p. 426.
2. La comtesse de Sault.
3. Ci-dessus, p. 50 et suivantes. — Il a paru intéressant, à côté des détails donnés par les *Mémoires* sur la fin tragique de Henri IV, de reproduire une lettre inédite par laquelle M. Bouthillier d'Arçay avisait l'évêque de Luçon de l'assassinat du Roi et des premiers événements de la Régence. Cette pièce se trouve au Dépôt des Affaires étrangères, vol. France 770, fol. 173-174. Le signataire est Sébastien Bouthillier, dit l'abbé d'Arçay, prieur de la Cochère en 1611, doyen du chapitre de Luçon en 1614, évêque d'Aire en 1622, mort le 17 janvier 1625, à quarante-quatre ans. C'était un familier de Richelieu, qui le chargea en 1620 d'aller à Rome pour presser sa promotion au cardinalat.
4. Pour 16 mai.

préparatifs qui se faisoient pour son entrée, il est arrivé le plus étrange et le plus funeste accident dont la France pouvoit être affligée, si que vous l'aurez déjà pu apprendre par le bruit qui en a couru et par les nouvelles qui en ont été envoyées partout. La Reine ayant été couronnée le jeudi à Saint-Denis, le Roi assista à la cérémonie qui y fut faite avec toute la démonstration de réjouissance et de contentement qu'il pouvoit témoigner. Le vendredi quatorzième, S. M. étoit allée voir à la rue Saint-Denis ce qu'on préparoit pour l'entrée de la Reine, et, en revenant, étant en la rue appelée de la Ferronnerie, un méchant homme, ou plutôt un monstre le plus exécrable de la terre, monta sur les branches du carrosse au fonds duquel étoit S. M., et, sans être retenu du respect et de la crainte qui étoient dus à l'oint du Seigneur et au plus grand prince du monde, prenant par derrière celui dont la face apportoit de la terreur à ses ennemis et de l'assurance à tous ses sujets, il lui donna deux coups de couteau, dont le premier n'étoit pas mortel, encore qu'ils fussent au milieu du corps. Comme le bruit commença à courir par Paris que le Roi étoit mort, vous ne sauriez penser, Monsieur, combien tout le peuple étoit désolé, la noblesse étonnée, et un chacun triste et abattu, et, néanmoins, au milieu de cette tristesse commune, on prit une résolution courageuse d'établir la Reine régente, de sorte que, trois heures après ce malheur, le Roi ayant expiré, la cour de Parlement s'assembla aux Augustins, où M. le prince de Conti, MM. de Guise, d'Épernon, de Montbazon et plusieurs autres se trouvèrent, et la cour vérifia les lettres patentes de la Régence que le feu Roi avoit fait expédier. Il ne se peut dire combien la Reine fut saisie et vivement touchée de cet accident, et toutefois S. M. a eu tant de constance et de vertu qu'elle commanda incontinent à sa douleur et essuya pour un peu de temps ses larmes, afin d'aviser à donner ordre aux affaires. Elle reçut dès le soir les assurances et les protestations de fidélité des principaux seigneurs de la cour. Le lendemain, qui étoit le samedi quinzième, le Roi fut au Palais, où la cour le déclara Roi et légitime successeur de la couronne. M. le prince de Conti, M. d'Enghien, au défaut de M. le comte de Soissons absent, y assistèrent, et MM. les cardinaux tous quatre. Le Roi passa à cheval, habillé de violet, qui est son habit de deuil. Tous les seigneurs alloient au devant de lui à pied ; entre autres, je vis M. de Sully[1] qui alloit avec M. de Montbazon. Tout le peuple crioit : « Vive le Roi ! » mais leurs cris étoient fort tristes pour le ressentiment d'une plaie si récente. Tout le monde remarqua que le Roi avoit la façon infiniment bonne et assurée, et que sa contenance et ses actions ne ressentoient rien de son âge. Il fut mis à la cour en son lit de justice, et la Reine y assista couverte d'un grand voile, et prêta le serment entre les mains de la cour. On se promet beaucoup de son gouvernement, étant reconnue pour princesse très vertueuse et très sage. Tout le monde semble ne respirer que le service du Roi et le contentement de la Reine mère. Monsieur le Comte, qui s'étoit retiré de la cour à cause de quelque mécontentement, pour ce que le feu Roi ne trouva pas bon que Madame sa femme portât des fleurs de lys en son manteau de cérémonie, revint hier au soir. Voilà, Monsieur, tout ce que je vous en puis écrire... Cependant je vous dirai que M. le cardinal du Perron fait paroître en toutes occasions l'estime qu'il fait de vous ; car j'ai su que, comme on parloit, il y a quelques mois, en sa présence, des jeunes prélats de France, et que quelqu'un vint à vous nommer et vous louer selon la réputation que vous avez acquise, M. le cardinal dit lors qu'il ne vous falloit point mettre entre les jeunes prélats, que les plus vieux vous devoient céder, et que pour lui il en désiroit montrer l'exemple

1. Ce mot est écrit *Seuilly*.

aux autres. M. de Richelieu[1], à qui on le dit, me l'a rapporté en ces propres termes. Voilà, Monsieur, tout ce que je vous puis faire savoir, et excusez, s'il vous plaît, si c'est et en mauvais ordre et en mauvais termes ; car je n'ai pu encore me bien remettre de l'accident qui est advenu, et j'oserai vous dire que je n'eusse jamais pensé qu'une perte commune m'eût pu tant affliger en mon particulier. Je ne faudrai point de rechercher toutes les occasions de vous écrire et de vous témoigner que je n'ai autre dessein au monde que de demeurer à jamais,

Monsieur,

Votre très humble et très obéissant serviteur.

BOUTHILLIER D'ARÇAY.

Au dos : A Monsieur,
Monsieur l'Évêque de Luçon.

1. Le frère du Cardinal.

SOMMAIRES DU TOME PREMIER

Années 1600-1610.

Mariage de Henri IV avec Marie de Médicis, p. 1-5. — Traité de Lyon avec le duc de Savoie, p. 5. — Affection réciproque du Roi et de la Reine; accident du bac de Neuilly, p. 6-7. — Infidélités du Roi et jalousie de la Reine, p. 8-14. — Refus fait par Henri IV à Marie de Médicis de la grâce du duc de Biron, et de la place de Saint-Maixent pour le duc de Sully, p. 15-18. — Religion de Henri IV; conseils à la Reine sur la politique religieuse, p. 19-20. — Jugement du Roi sur les caractères de la Reine et du Dauphin, p. 20-22. — Desseins politiques de Henri IV, p. 23-27. — Renvois de Sully et de Villeroy médités par Henri IV au profit d'Arnauld et de Jeannin, p. 27-29. — Conseils à la Reine sur sa régence éventuelle, p. 29-32. — Projets d'établissement pour ses enfants, dont il entretient le maréchal de Lesdiguières, p. 34-44. — Appréciation sur Henri IV, p. 44-48. — Sacre de la Reine et assassinat du Roi, p. 49-51. — Premières mesures prises par la Reine et les ministres; abstention de Sully; établissement de la régence, p. 50-60. — Retour et protestations du comte de Soissons, p. 60-65. — Procès et supplice de Ravaillac, p. 65-69. — Attentats divers sur la vie du Roi et pronostics sur sa mort, p. 69-82. — Renouvellement de l'édit de Nantes, p. 83. — Condamnation des livres de Mariana et de Bellarmin, p. 85-90. — Le comte de Soissons est gagné par les ministres; le prince de Condé revient à la cour, p. 91-95. — Le duc d'Épernon s'empare de Metz; d'Arquien est nommé gouverneur de Calais, p. 96-99. — Jugement sur la régence et les quatre différents aspects qu'elle présentera, p. 100-104. — Envoi d'une armée dans le duché de Juliers, p. 104-107. — Obsèques du Roi, p. 107-108. — La Reine supprime quelques impôts, p. 108-

109. — Largesses aux princes et seigneurs, p. 109-111. — Le maréchal de Bouillon travaille à réunir Monsieur le Prince et le comte de Soissons, p. 112-114. — Projet de mariage entre les enfants de France et d'Espagne; protestations du duc de Savoie, p. 114-116. — Sacre de Louis XIII à Reims, p. 116-117. — Dispute entre M. de Bellegarde et le marquis d'Ancre, p. 118-120. — Différend entre Villeroy et le duc de Sully, p. 120-124. — Les Morisques sont chassés d'Espagne; humanité de la France à leur égard, p. 125-128.

Année 1611.

Autres querelles entre le duc de Bellegarde et le marquis d'Ancre, p. 128-131; — entre le comte de Soissons et le prince de Conti, p. 131-133; — entre La Châtaigneraie, Bellegarde et Épernon, p. 134-135. — Retraite du duc de Sully; division de sa charge de surintendant des finances, p. 135-141. — Accord entre l'Espagne et le duc de Savoie, qui entreprend d'assiéger Genève, p. 141-143. — Assemblée des huguenots à Saumur; intrigues du duc de Bouillon, p. 144-153. — Condamnation par la Sorbonne des livres de Mayerne et de Philippe du Plessis-Mornay, p. 154-157. — Controverses à la Faculté de théologie, p. 158-160. — Tumulte à Troyes contre les Jésuites, p. 160-161. — La Reine décharge le peuple des arrérages des tailles et défend les académies de jeux et les duels, p. 161-163. — Condamnation de Jacqueline d'Écoman, p. 164. — Ambition et menées de Concini; il achète le marquisat d'Ancre et obtient les gouvernements de Péronne et d'Amiens, p. 154-168. — Guet-apens du chevalier de Guise contre le marquis de Cœuvres, p. 169-170. — Union entre Monsieur le Prince et Monsieur le Comte, p. 171-172. — Mort du duc de Mayenne; son éloge, p. 173-174. — Mort du premier duc d'Orléans, frère du Roi; compétitions qu'occasionne la constitution de la maison du second duc, p. 174-176. — Tumulte à Aix-la-Chapelle, p. 176-179. — Les Jésuites reçoivent défense d'enseigner, p. 180-181. — L'empereur Rodolphe II est supplanté par son frère Mathias, p. 182. — Mort de Charles IX, roi de Suède, p. 182-183. — Mort d'Antonio Perez; son histoire, p. 183-187.

Année 1612.

Vaines tentatives pour désunir Monsieur le Prince et Monsieur le Comte, p. 187-189. — Publication par Marie de Médicis des mariages arrêtés entre les enfants de France et d'Espagne, 189-191. — Elle obtient, par le moyen du marquis d'Ancre, le retour des princes à la cour, p. 191-194. — Condamnation de Richer; différend entre la Sorbonne et le Parlement, p. 195-198. — Mécontentement des princes et des grands; la Reine refuse au comte de Soissons le gouvernement de Quillebœuf, p. 199-201. — Jalousie de Bellegarde contre Concini; affaire de Moisset, p. 201-204. — Mort du comte de Soissons, p. 205-206. — Concini s'appuie sur le prince de Condé, et Bellegarde sur les Guises, p. 206-207. — Révolte du sieur de Vatan étouffée, p. 207-208. — Rohan soulève Saint-Jean-d'Angély; les huguenots s'assemblent à la Rochelle; la Reine mère apaise la sédition, p. 209-214. — La Sorbonne demande la condamnation du livre du jésuite Bécanus, p. 214-215. — Mort de l'empereur Rodolphe II, p. 215. — Gustave II Adolphe, roi de Suède, force à la paix Christian IV, roi de Danemark, p. 215-216. — Mort de François IV, duc de Mantoue; mariage d'Élisabeth Stuart avec Frédéric V, électeur palatin; mort du prince de Galles, p. 216-217.

Année 1613.

Le baron de Lux est tué en duel par le chevalier de Guise; mécontentement de la Reine contre le Chancelier, p. 217-220. — Projet de renvoi du Chancelier; le marquis d'Ancre l'empêche, p. 221-222. — Défaveur des Concini, p. 223-225. — Le fils du baron de Lux tué en duel par le chevalier de Guise; nouvelles pénalités contre les duels, p. 225-226. — Mécontentement des princes qui s'éloignent de la cour, p. 227-233. — Les huguenots semblent calmés; condamnation du livre de Bécanus, p. 233-235. — Les ministres attirent à leur parti le marquis d'Ancre par la proposition du mariage de sa fille avec le petit-fils de Villeroy, p. 235-237. — Charles-Emmanuel Ier, duc de Savoie, envahit les États de

Mantoue et ravage le Montferrat, p. 238-242. — Rappel des princes à la cour, p. 243. — Condamnation de Magnac; brouille entre Villeroy et Concini, qui est envoyé en disgrâce à Amiens, p. 243-244. — Le duc de Savoie est obligé à restituer ses conquêtes et à faire la paix, p. 244-245. — Célébration du mariage de la princesse Élisabeth avec l'Électeur palatin, p. 245-246. — Sigismond Bathory perd ses États de Transylvanie, p. 246-249. — Réconciliation du marquis d'Ancre et de Villeroy; signature du contrat de mariage de Marie Concini et du marquis de Villeroy, p. 249-251. — Soulèvement à Nîmes; transfert du présidial de Nîmes à Beaucaire, p. 252-253. — Fondations pieuses de Marie de Médicis, p. 253-254. — Construction du palais du Luxembourg, p. 255. — Premier projet du canal de Bourgogne, p. 256. — Froideur entre le marquis d'Ancre et Villeroy, p. 256. — Difficultés nouvelles entre les ducs de Savoie et de Mantoue; mission de Cœuvres en Italie, p. 257-258. — Mort de Gabriel Bathory, prince de Transylvanie, dépouillé de ses États par Gabriel Bethlen, p. 259-261.

Année 1614.

Les princes, mécontents, s'éloignent de la cour; arrestation du duc de Vendôme, p. 261-264. — Condamnation de Morgard, p. 265. — Faveur de MM. d'Épernon, de Termes et de Guise aux dépens du marquis d'Ancre; évasion du duc de Vendôme; succès du duc de Nevers à Mézières, p. 266-268. — Marie de Médicis veut se démettre de la régence, p. 269-270. — Division dans le Conseil sur le parti à adopter vis-à-vis des princes; le chancelier et le marquis d'Ancre décident la Reine à tenter une conciliation, p. 270-273. — Manifeste du prince de Condé et réponse du Conseil, p. 274-277. — Mort du connétable de Montmorency, p. 278-279. — Conférences de Soissons et prise de Sainte-Menehould, p. 280-284. — Résultats de la mission du marquis de Cœuvres en Italie, p. 284-285. — Mort du chevalier de Guise, p. 288. — Le Parlement fait brûler un livre de Suarez, p. 289-290. — Différend entre Monsieur le Prince, l'évêque et les habitants de Poitiers, p. 290-293. — Voyage de la Reine mère et du Roi en Poitou et en Bretagne, p. 293-297. — Mort du prince de Conti, p. 297. — Majorité de Louis XIII; il pose la première pierre du Pont-Marie; convocation et ouverture des États généraux, p. 298-302. — Don du château d'Amboise à M. de Luynes; détails sur la maison d'Albert et le début de sa fortune, p. 303-308. — Violences du duc d'Épernon à l'égard du Parlement, p. 309-311. — Exactions du maréchal d'Ancre, p. 311-312. — Soulèvement des huguenots à Milhau, p. 312. — Différend entre le roi d'Espagne et le duc de Savoie; troubles en Italie et en Allemagne, p. 313-315. — Prise d'Aix-la-Chapelle par Spinola, de Juliers et d'Emmerick par les Hollandais, p. 315-316.

Année 1615.

Délibérations des États généraux; discussions élevées entre les trois ordres sur l'ordre du vote, le maintien de la paulette, la réduction des tailles, la suppression de la vénalité des offices, la publication du concile de Trente, etc., p. 317-326. — Harangue du cardinal du Perron, p. 327-331. — Article du cahier du clergé contre les duels, p. 332. — Arrêts du Parlement contre un député de la noblesse, et contre Rochefort, coupable d'avoir bâtonné Marcillac, p. 332-336. — Guet-apens du maréchal d'Ancre contre Riberpré, p. 336-337. — Présentation au Roi des cahiers de doléances des trois chambres; sa réponse; harangue de clôture prononcée par l'évêque de Luçon, p. 338-368. — Mort de la reine Marguerite, première femme de Henri IV; son éloge, p. 368-371. — A l'instigation des princes, le Parlement convoque une assemblée pour délibérer des affaires de l'État; son arrêt est cassé; ses remontrances au Roi, p. 372-377. — Le prince de Condé se retire à Creil et refuse d'accompagner le Roi au voyage de son mariage, p. 378-379. — Nouvelles intrigues du maréchal d'Ancre; disgrâce momentanée de Villeroy, p. 380-383. — Monsieur le Prince refuse de nouveau d'accompagner le Roi, p. 384-385. — Assassinat de Prouville; tentative du duc de Longueville pour s'emparer d'Amiens, p. 386-387. — Paix imposée aux ducs de Savoie et de Mantoue par la France et l'Espagne, p. 388-390. — Punition d'une religieuse napolitaine; mort de Côme Ruggieri; bannissement des Juifs, p. 390-391. — Manifeste adressé au Roi par Monsieur le Prince, p. 392-394. — Le duc de Bouillon expose à M. de Cœuvres ses plaintes contre le duc d'Épernon, Sillery et le maréchal d'Ancre; exil de ce dernier à Amiens, p. 394-397. — Mauvais accueil fait par le Roi aux remontrances de l'abbé de Saint-Victor sur la réception du concile de Trente et à celles de l'ambassadeur d'Angleterre sur le voyage de Guyenne, p. 397-399. — Départ de la cour; le président Le Jay est emprisonné à Amboise; protestations du Parlement, p. 399-401. — Lettre de l'assemblée des huguenots de Grenoble présentée au Roi; le prince de Condé et ses adhérents déclarés criminels de lèse-majesté, p. 402-404. — Déclaration de Monsieur le Prince, p. 404-405. — Le maréchal de Boisdauphin rassemble à Paris une armée pour l'opposer à celle des princes, p. 405-406. — Rentrée en grâce de la maréchale d'Ancre, p. 407-408. — Prise de Château-Thierry par l'armée des princes, qui passe la Seine à Bray, p. 408. — Fiançailles de Madame Élisabeth et du prince d'Espagne à Bordeaux; de Louis XIII et d'Anne d'Autriche à Burgos, p. 409-410. — Mouvements des huguenots, p. 410. — Action singulière du cardinal de Sourdis, p. 411-413. — L'assemblée des huguenots se transporte à Nîmes; ses déclarations, p. 413-415. — L'armée de Condé ravage le Berry, la Touraine et le Poitou; le prince traite avec les députés de l'assemblée de Nîmes; le duc de Guise est nommé au commandement des deux armées royales, p. 414-415. — La Reine se décide à négocier avec le prince de Condé par l'entremise du duc de Nevers, p. 416-417. — Disgrâce de Sauveterre, p. 418. — Mort du cardinal de Joyeuse; son éloge, p. 418-420.

Appendice.

I. Discours de ce qui s'est passé le vendredi xvij^e d'octobre MDCIX entre le Roi et M. le maréchal de Lesdiguières, dans la galerie de la Reine à Fontainebleau, p. 421. — II. Lettre de l'abbé Bouthillier d'Arçay à l'évêque de Luçon, p. 431.

TABLE ALPHABÉTIQUE

A

Abaffy ou Apaffy (Georges), *260.
Achmed Ier, sultan de Turquie, 27.
Acquaviva (le P. Claude), *88, 289, 290.
Aix (la ville d'), en Provence, 304, 305.
Aix-la-Chapelle (la ville d'), 176, 178, 179, 315.
Ajots (François d'Alloue, seigneur des), *209.
Alba (la ville d'), 241.
Albert (la maison d'), 304. Voy. Luynes.
Alençon (le duché d'), 168.
Alexandre le Grand, roi de Macédoine, 183.
Aligre (Étienne d'), *192.
Alincourt (Charles de Neufville-Villeroy, marquis d'), *120, 122, 143, 156.
Allemagne (l'), 74, 75, 76, 104, 106, 115, 216, 234, 247, 312, 314, 364.
Amboise (la ville et le château d'), 281, 282, 291, 303, 308, 400.
— (le gouvernement d'), 281, 286, 294, 307, 417.
Ambroise (saint), 353.
Amiens (la ville d'), 98, 165, 167, 173, 249, 273, 337, 385, 386, 393, 397.
— (le gouvernement d'), 166, 244.
Ancre (Concino Concini, marquis et maréchal d'), *9, 11-13, 53, 54, 100, 101, 103, 104, 114, 119, 121-123, 129-131, 136, 137, 165-169, 171, 176, 187, 188, 191-194, 200-204, 206, 207, 221-232, 235-237, 243, 244, 249-251, 256, 266, 267, 269, 270, 273, 282, 283, 293, 294, 296, 303, 307, 308, 311, 312, 336, 337, 380-383, 385, 391, 393, 395-397, 401, 417.
Ancre (Léonora Dori Galigaï, marquise et maréchale d'), *11, 100, 101, 104, 114, 129, 166, 201-204, 221-224, 227, 228, 235, 236, 244, 259, 269, 273, 282, 283, 293, 294, 379, 383, 391, 395, 401, 402, 406-408, 416, 417.
— (le marquisat d'), 165, 228.
Andalousie (l'), 126.
Anet (le château d'), 199.
Anglais (les), 104.
Angleterre (l'), 37, 99, 186, 217, 245, 388, 390, 398, 417.
— (le roi d'). Voy. Jacques Ier.
— (les reines d'). Voy. Élisabeth, Henriette de France.
— (l'ambassadeur d'), à Paris. Voy. Dudley Carleton, Edmunds (Th.).
Angoulême (Charles de Valois, duc d'), *205.
— (la ville d'), 69, 408, 409.
Anjou (le duc d'). Voy. Orléans (le duc d').
— (la province d'), 307.
Anne d'Autriche, infante d'Espagne et reine de France, 190, 339, 378, 379, 394, 409-411, 416.
Anvers (la ville d'), 75.
Ardillon (André d') ou d'Ardaillon, *305.

TABLE ALPHABÉTIQUE.

Argenteuil (le bac d'), 45.
Aristote (le philosophe), 322.
Armançon (l'), rivière, 256.
Armand (le P. Ignace), *289, 290.
Arnauld (Isaac), *27.
Arquien (Antoine de la Grange, seigneur d'), *96, 97, 99.
Arradon (Pierre de Lannion, seigneur d'), *287.
Arsenal (l'), à Paris, 52, 54, 78, 221.
Asti (le traité d'), en 1614, *314, 389.
Athéniens (les), 357.
Atlantique (l'océan), 256.
Augustin (saint), 352, 364.
Auch (l'archevêché d'), 282.
Augustins (le couvent des Grands-), à Paris, *58, 300.
Aumale (Claude de Lorraine, chevalier d'), *97, 98.
Autriche (Albert, archiduc d'), *315.
— (Léopold, archiduc d'), *25, 26, 182.
— (la maison d'), 25, 261, 314.
Autruy (N. d'), maire de Troyes, 160.
Auvergne (le gouvernement d'), 205.
Avignon (la ville d'), 418.

B

Bagni (Jean-François, cardinal), *418.
Balbazès (le marquis de los). Voy. Spinola (Ambroise).
Barbarie (la), 125, 127.
Barbin (Claude), *269, 295, 407.
Barcelone (la ville de), 73.
Barclay (Jean), *90.
Baronius (César, cardinal), *91.
Barrault (Aimery Jaubert, comte de), *109, 142, 143.
Barrière (Pierre), ou Barrère, *70.
Bassompierre (François, maréchal de), *76.
Basta (Georges, comte de), *247.

Bastille (la), à Paris, 54, 110, 135, 205, 221, 262.
— (le gouvernement de la), 98, 140.
Bathory (la maison), 261.
— (Gabriel), prince de Transylvanie, *259-261.
— (Sigismond), prince de Transylvanie, *246-249, 261.
Baux (le bourg des), en Provence, 289.
Bayonne (la ville de), 411.
— (l'évêque de). Voy. Échaux (B. d').
Béarn (le), 339, 353.
Beaucaire (la ville de), 253.
Beaufort (Gabrielle d'Estrées, duchesse de), *43.
Beaulieu (Martin Ruzé, seigneur de), *55.
Beaumont (Christophe II de Harlay, comte de), *171.
Bécan (Martin), *214, 234.
Bellarmin (Robert, cardinal), *90.
Bellegarde (Roger de Saint-Lary, duc de), *4, 119, 129, 130, 134, 139, 140, 143, 201-207, 226, 266.
Benoit (saint), 79.
Berland (l'huissier), 291, 292.
Berry (le), 232, 414.
Bertichères (Abdias de Chaumont-Guitry, seigneur de), *152.
Bertin (Claude), docteur de Sorbonne, *159.
Bethlen (Gabriel), prince de Transylvanie, *259, 260.
Béthune (Philippe, comte de), *174, 175.
Béziers (l'évêque de). Voy. Bonsy (Jean de).
Bidassoa (la), rivière, 411.
Biron (Charles de Gontaut, duc de), *15, 16, 279.
Blaisois (le gouvernement de), 251.
Blanche de Castille, reine de France, 49, 299, 300.
Blandy (le château de), *205.

Blavet (le port de) ou Port-Louis, *267, 288, 296.
Blois (l'ordonnance de), en 1576, 367.
— (les États de). Voy. États généraux (les).
Boesse (Pierre d'Escodeca, baron de), *143, 144.
Bohême (le royaume de), 182.
Boisdauphin (Urbain de Laval, maréchal de), *402, 405, 406, 414.
Boissise (Jean de Thumery, sieur de), *66, 149, 265, 266, 279.
Bonneval (Henri de), *332, 333.
Bonnivet (Henri Gouffier, marquis de), *292, 417.
Bonnouvrier (Pépin), *99.
Bonny (le village de), *414.
Bonsy (Jean, cardinal de), évêque de Béziers, *214, 215, 234.
Bordeaux (la ville de), 222, 224, 409, 411, 416-418.
— (l'archevêque de). Voy. Sourdis (le cardinal de).
— (le gouvernement de), 222.
— (le parlement de). Voy. Parlement.
Bordes (Josias Mercier, sieur des), *149.
Boucherat (Nicolas), abbé de Citeaux, *301.
Bouconville (M. de), *280.
Bouillon (Henri de la Tour, vicomte de Turenne, puis duc et maréchal de), *17, 100, 105-107, 109, 110, 112, 113, 117, 118, 128, 135, 137, 146-149, 151, 156, 157, 193, 200, 211, 221, 222, 228-232, 236, 243, 249, 263, 264, 277, 279, 280, 282, 286, 381, 394-396, 406.
— (l'hôtel de), à Paris, *156, 157.
Bourbon (la maison de), 133, 139.
Bourg-en-Bresse (la ville de), 143, 144.
Bourgogne (la), 256.

Bourgogne (le canal de), 255, 256.
— (le gouvernement de), 203, 206.
— (les lieutenants de Roi de), 226.
Brandebourg (Jean-Sigismond, électeur de), *24, 177.
— (Anne de Clèves, électrice de), *24.
Brantes (Léon d'Albert, seigneur de), *306, 417.
— (la métairie de), *305.
Brassac (Jean de Galard de Béarn, baron de la Rochebeaucourt et comte de), *151, 209-212.
Bray-sur-Seine (le village de), *408.
Bretagne (la), 211, 267, 269, 287, 293, 297, 299, 391.
— (les États de), 199, 296.
— (le gouvernement de), 38, 294.
Brèves (François Savary, comte de), *175.
Briquet (Pierre de), notaire, *170.
Brison (Joachim de Beauvoir du Roure de Beaumont, seigneur de), *403.
Brissac (Charles de Cossé, duc et maréchal de), *199.
Brosse (M. de la), 410.
Brunehaut (la reine), 350.
Bruxelles (la ville de), 75, 76, 94, 109.
Bullion (Claude de), *34, 55, 91, 92, 116, 121, 149-151, 156, 157, 229, 230, 279, 282-284, 334, 335, 385.
Burgos (la ville de), 409.

C

Cabinet aux livres (le), au Louvre, *55.
Cadenet (Honoré d'Albert, seigneur de), *306. Voy. Chaulnes (le duc de).
— (l'île de), *305.
Calais (la ville de), 98.

TABLE ALPHABÉTIQUE.

Calais (le gouvernement de), 97.
Calvin (Jean), 329.
Camerarius (Jean-Rodolphe), *72.
Candale (Henri de Nogaret d'Épernon, duc de), *266, 409.
Capucins (le couvent des), à Paris, *254.
Carbonel (Grégoire), évêque de Diocésarée, *241.
Cardenas (don Iñigo de), *191, 381, 382.
Carmes déchaussés (le couvent des), à Paris, *253.
Carthage (la république de), 322.
— (le concile de), 352.
Casal (la ville de), en Piémont, 241.
Cassine (le village de la), *268.
Castiglione (François de Gonzague, prince de), *284.
Castillon. Voy. Castiglione.
Catherine de Médicis, reine de France, 96, 107, 155, 270, 368, 391.
Caumont (le village de), *409.
César (Jules), 272.
Chalcédoine (le concile de), 352.
Chambre des comptes (la), à Paris, 139.
Chamier (Daniel), *148, 149, 155, 156.
Champagne (la), 24, 105, 271, 280, 405.
— (le gouvernement de), 263.
Charité (l'ordre de la), *390.
Charlemagne, empereur, 179, 352.
Charles Borromée (saint), *180.
Charles-Quint, empereur, 240.
Charles V, roi de France, 297.
Charles IX, roi de France, 96, 155, 270, 369.
Charles IX Vasa, roi de Suède, *182, 183, 215.
Charonne (le village de), 400.
Châtaigneraie (André de Vivonne, baron de la), *7, 21, 134, 135.

Château-Thierry (la ville de), 408.
Château-Trompette (le), à Bordeaux, *222, 224, 227, 228, 230.
Châteaudun (la ville de), 81.
Châteauneuf (Guillaume de l'Aubespine, baron de), *137.
Châteauroux (la ville de), 263, 265, 294.
Châtel (Jean), *70.
Châtelet (le), à Paris, 398.
Châtellerault (la ville de), 292.
— (le gouvernement de), 212.
Châtillon (Gaspard de Coligny, maréchal de), *151.
Châtre (Claude de la), baron de la Maisonfort, *106.
Chaulnes (Honoré d'Albert, seigneur de Cadenet, duc de), *206, 307.
Chavailles (Jacques de), sieur de Fougières, *332.
Chemillé (Jeanne de Scépeaux, comtesse de), *43.
Chioppio (le sieur), *245.
Christian IV, roi de Danemark, *216, 316.
Citeaux (l'abbaye de), *301.
— (l'abbé de). Voy. Boucherat (N.).
Clairvaux (l'abbaye de), *301.
— (l'abbé de). Voy. L'Argentier (Denis).
Clément (Jacques), *87, 180.
Clermont (le collège de), à Paris, *89, 180.
Clermont-en-Beauvaisis (le comté et la ville de), 111, 378, 383.
Clèves (Jean-Guillaume, duc de), *23-25, 104.
— (la ville et le duché de), 23. 104.
Coeffeteau (Nicolas), général des Dominicains, *158, 159.
Cœuvres (François-Annibal d'Estrées, marquis de), *112, 113, 117, 122, 123, 129, 135, 137, 167, 169-171, 176, 187, 188, 192, 200, 204, 207, 218, 226, 235-237, 258, 284-286,

TABLE ALPHABÉTIQUE. 445

288, 294, 312, 380, 394-396, 406.
Collège royal (le), à Paris, *255.
Cologne (la ville de), 75.
— (Ernest de Bavière, archevêque-électeur de), *177.
— (Ferdinand de Bavière, archevêque-électeur de), *325.
Concini (Concino). Voy. Ancre (le maréchal d').
— (Henri), *167, 168.
— (Marie), *206, 227, 236.
Condé (Henri II, prince de), dit Monsieur le Prince, *63, 64, 93-95, 100, 107-110, 112-115, 117, 129, 130, 132, 135, 136, 144, 157, 165, 169, 171, 172, 187, 189, 190, 194, 199, 206, 207, 217, 218, 221-224, 226-232, 236, 244, 249, 250, 263, 265, 266, 272-282, 286, 287, 290-295, 297, 299, 300, 303, 307, 308, 310, 333-336, 371, 377-381, 383-385, 392-394, 400, 403-405, 410, 413-417.
— (Charlotte-Marguerite de Montmorency, princesse de), dite Madame la Princesse, *26.
Conflans-l'Archevêque (le village de), *123.
Connétable de Castille (François de Velasco, duc de Frias, dit le), *185.
Conseil d'État (le), 66, 88, 95, 96, 123, 133, 145, 149, 162, 190, 211, 236, 243, 255, 270, 296, 299, 331, 337-339, 347, 366, 367, 373, 375, 376-378, 404, 409, 415.
Constance (le concile de), 86, 88, 160, 290.
Constantin, empereur, 352.
Conti (François de Bourbon, prince de), *63, 131, 132, 205, 297.
— (Louise-Marguerite de Lorraine-Guise, princesse de), *44, 45, 227, 282, 283, 297.
— (Marie de Bourbon-), *297.
Corbie (la ville de), 387.

Corbie (le gouvernement de), 337.
Coton (le P. Pierre), *87.
Coucy (le château de), 383.
Coudray (Jean Rochelle, sieur du), *212, 213.
Courtenvaux (Jean de Souvré, marquis de), *244, 250, 303, 382.
— (Catherine de Neufville-Villeroy, marquise de), *244.
Crécy-sur-Serre (le bourg de), *405, 406.
Creil (la ville de), 378, 379, 383.
Crémonais (le), 23.
Créquy (Charles, duc de), *44, 165.
Croix-du-Trahoir (la), à Paris, *54.
Curée (Gilbert Filhet de la), *166.
Cyprien (saint), 353.

D

Dammartin-en-Goelle (le village de), *402, 406.
Danemark (le), 216.
— (le roi de). Voy. Christian IV.
Daniel (le prophète), 353.
Dauphin (le), 307. Voy. Louis XIII.
Dauphiné (le), 24, 105, 243.
— (le gouvernement de), 44, 92, 205.
Davesnes (le sieur), *71.
Desbordes-Mercier. Voy. Bordes (J. Mercier des).
Dijon (la ville de), 207, 256.
Diocésarée (l'évêque de). Voy. Carbonel (Grégoire).
Dissay (le château de), *292.
Dolet (Louis), *188, 192, 219, 221, 236, 244, 256, 257, 385.
Dordogne (la), rivière, 127.
Douvres (la ville de), 186.
Dudley-Carleton (sir), ambassadeur d'Angleterre, *388, 390.
Düsseldorf (la ville de), 314.

446

E

Échaux (Bertrand d'), évêque de Bayonne, *127.
Écoman (Jacqueline Le Vayer, dame d'), *163, 164.
Edmunds (Thomas), ambassadeur d'Angleterre, *398, 417.
Égypte (l'), 126.
Égyptiens (les), 126.
Elbeuf (Charles II de Lorraine, duc d'), *206, 227.
— (Catherine-Henriette, légitimée de France, duchesse d'), *42, 206, 227.
Électeur Palatin. Voy. Palatin.
Électeurs de l'Empire (les), 179.
Élisabeth, reine d'Angleterre, *186.
Élisabeth de France, reine d'Espagne, *6, 33, 36, 190, 191, 275, 378, 407, 409-411.
Élisabeth de Valois, reine d'Espagne, *33.
Emmerick (la ville d'), *315.
Empereurs d'Allemagne (les). Voy. Charlemagne, Charles-Quint, Ferdinand Ier, Frédéric III, Mathias, Rodolphe II.
Empire d'Allemagne (l'), 25, 176, 179, 215, 315, 316, 346.
Empire d'Orient (l'), 357.
Enghien (Louis de Bourbon-Soissons, comte d'), puis comte de Soissons, *92, *119, 123, 129, 131, 205.
Épernon (Jean-Louis de Nogaret de la Valette, duc d'), *46, 59, 96, 99, 100, 107, 119, 130, 131, 134, 144, 164, 169, 191, 199, 201, 204, 218, 219, 221, 231, 249-251, 266, 272, 282, 283, 295, 308-311, 382, 395, 397, 401.
— (Gabrielle-Angélique, demoiselle de Verneuil, duchesse d'), *34, 44.
Escures (Pierre Fougeu, seigneur d'), *286.
Escurolles (le lieutenant d'), 267, 268.
Espagne (l'), 19, 33, 34, 39, 94, 105, 106, 115, 124, 125, 181, 184, 185, 187, 189, 195, 203, 216, 242, 245, 258, 285, 312, 326, 364, 381-383, 387, 388, 399, 416.
Espagne (les ambassadeurs d'). Voy. Cardenas (Iñigo de), Pastrana (le duc de).
— (le Conseil d'), 125, 126.
— (les infants d'), 93, 115.
— (les rois d'). Voy. Philippe II, Philippe III, Philippe IV.
— (les reines d'). Voy. Élisabeth de France, Élisabeth de Valois.
Espagnols (les), 23, 76, 91, 95, 98, 104, 105, 141, 173, 181, 185, 191, 285, 286, 312, 316, 387, 389.
Estrées (François-Annibal, duc et maréchal d'). Voy. Cœuvres (le marquis de).
— (Gabrielle d'). Voy. Beaufort (la duchesse de).
États généraux (les), 62.
États généraux de Blois (les), en 1576, 350.
États généraux de 1614 (les), 275, 276, 280, 281, 298-301, 303, 309, 310, 317, 326, 331, 333, 337, 338, 340, 366-368, 371, 372, 376, 378-380, 385, 392-394, 398.
États-Généraux des Provinces-Unies (les), 106, 315.
Europe (l'), 2, 25, 27, 368.
Évangile (l'), 364.

F

Faculté de théologie (la), à Paris, 86, 158, 159, 181, 195-198, 234.
Fenouillet (Pierre de), évêque de Montpellier, *327, 331.
Ferdinand Ier, empereur d'Allemagne, *3.
Feria (Gomez de Figueroa et de Cordova, duc de), *114.
Ferrare (Nicolas d'Este, marquis de), *239.

Ferrier (Jérémie), *252, 253.
Ferronnerie (la rue de la), à Paris, 72.
Fervacques (Guillaume de Hautemer, duc de Grancey, maréchal de), *200, 250.
Filesac (Jean), *198.
Flandre (la), 23, 24, 33, 34, 37, 74, 94, 106, 115, 364, 386.
Fleury (le sieur de), 167.
Florence (la ville de), 2, 4, 11, 242, 383.
Fontainebleau (le château de), 11, 19, 22, 34, 171, 173, 243, 249.
Fontarabie (la ville de), 411.
Force (Jacques-Nompar de Caumont, marquis de la), *410.
Foucault (le capitaine), *211.
France (la), 1, 4-6, 17, 18, 24, 30, 34, 36, 40, 42, 49, 50, 65, 67, 85, 101, 102, 105, 108, 124, 125, 144, 184-187, 189, 195, 205, 210, 215, 217, 233, 256, 277, 289, 312-314, 317, 326, 331, 341, 344-346, 349, 352, 353, 357-359, 361, 362, 369, 370, 394, 398, 399.
— (le grand prieuré de), 42.
— (les enfants de), 93, 115.
— (les rois de). Voy. Charles V, Charles IX, François Ier, François II, Henri III, Henri IV, Louis IX, Louis XII, Louis XIII.
— (les reines de). Voy. Anne d'Autriche, Blanche de Castille, Brunehaut, Catherine de Médicis, Marguerite de Valois, Marie de Médicis.
Français (les), 4, 30, 61, 81, 91, 100, 357, 387, 404.
François Ier, roi de France, 322, 349, 350.
François II, roi de France, 369.
Frédéric III, empereur d'Allemagne, *240.
Frères Humiliés (l'ordre des), *181.
Fresnes (Pierre Forget, seigneur de), *55.

Fronsac (le bourg de), 409.
Fuentès (Pedro Henriquez d'Azevedo, comte de), *93, 94, 115.

G

Gaguin (Simonne), *81.
Galerie des Merciers (la), au Palais de Justice à Paris, 309, 311.
Galigaï (Sébastien Dori), archevêque de Tours, *258.
— (Léonora Dori). Voy. Ancre (la maréchale d').
Galles (Henri-Frédéric, prince de), *217.
Gamache (Philippe de), *67, 68.
Gardes françaises (le régiment des), 271, 309.
Garonne (la), rivière, 127.
Gauguin (Simonne). Voy. Gaguin.
Gaules (les), 357.
Gênes (la rivière de), 313.
— (la ville de), 23.
Genève (la ville de), 141-143, 394.
Génois (les), 313.
Gesvres (Louis Potier de), *55.
Gex (le pays de), 339.
Gondy (Henri de), évêque de Paris, *391.
— (l'hôtel de), à Paris, *111.
Gonzague (la maison de), 37.
Gramont (Antoine de), *11.
Grand Seigneur (le). Voy. Achmed Ier, Mahomet III.
Gratteloup (Jean Dorin, sieur de), *211.
Grenade (le royaume de), 124.
Grégoire Ier (saint), pape, 350.
Grégoire de Nazianze (saint), 353.
Grenoble (la ville de), 366.
— (l'assemblée des protestants, à), 402, 410, 413.
Guise (Charles de Lorraine, duc de), 38, *40, 41, 45, 114, 116, 117, 119, 170, 204, 218, 219, 231, 249, 266, 272, 273, 281, 282, 288, 295, 310, 401, 415.

Guise (François-Alexandre-Paris de Lorraine, chevalier de), *169, 170, 171, 218-220, 225, 288, 289.
— (Henri Ier de Lorraine, duc de), *218, 271.
— (Catherine de Clèves, duchesse de), *44, 45.
— (Henriette - Catherine de Joyeuse, duchesse de Montpensier, puis duchesse de), *114, 119, 120. Voy. Montpensier (H.-C. de Joyeuse, duchesse de).
— (la maison de), 40, 100, 101, 107, 120, 131-133, 139, 191, 199, 201, 204, 207, 219, 278, 283, 288, 369, 420. Voy. Lorraine (la maison de).
Guitry (Philippe de Chaumont, seigneur de), *152.
Gustave II Adolphe, roi de Suède, *183, 215.
Guyenne (la), 224, 378.
— (le gouvernement de), 144.

H

Haraucourt (Jacques de Longueval, sieur de), *188.
Harlay (Achille Ier de), *58, 137, 171.
— (François de), abbé de Saint-Victor, *397, 398.
— Voy. Beaumont.
Hautcastel (le sieur), 412.
Hauteclocque (le sieur de), 386.
Haye (la ville de la), 246.
Hébreux (les), 126.
Henri II, roi de France, 72, 349, 368.
Henri III, roi de France, 48, 87, 107, 108, 142, 224, 250, 266, 350, 369, 419.
Henri IV, roi de France, 1, 4-54, 56, 59-61, 64-70, 72-80, 89, 91, 92, 96, 97, 99, 102, 104-110, 114, 116, 118, 121, 122, 125-128, 138-142, 144-146, 155, 156, 161-165, 173, 175, 176, 185, 186, 209, 211, 219, 224, 232, 251, 276, 278, 279, 297, 307, 316, 319, 323, 325, 339, 358, 361, 364, 368-370, 375, 393, 399, 403.
Henriette de France, reine d'Angleterre, *6, 37.
Hinojosa (Juan de Mendoza, marquis de), *230, 242, 245, 257, 258, 284.
Hollande (la), 246.
Hollandais (les), 33, 104, 315, 316.
Hongrie (la), 248.
Hospitalières de la Charité Notre-Dame (les), dites Petites Hospitalières, *81.

I

Ile-de-France (le gouvernement de l'), 271, 281.
Innocents (le cimetière des) à Paris, 72.
Inquisition (l'), 325, 391.
Irun (la ville d'), 411.
Italie (l'), 23, 24, 216, 232, 241-243, 245, 251, 257, 258, 284, 312-314, 364, 387, 390.
Ivrée (la ville d'), 240.
Ivry (la bataille d'), 97, 297.

J

Jacobins de la rue Saint-Honoré (le couvent des), à Paris, *253.
Jacques Ier, roi d'Angleterre, *190, 216, 316, 388, 398, 399, 417.
Jacquinot (le P. Barthélemy), *178.
Jargeau (la ville de), 366.
Jeanne d'Albret, reine de Navarre, *339.
Jeannin (Pierre, président), *27, 28, 55, 57, 65, 92, 102, 137, 139, 230, 237, 256, 261, 271, 279, 282, 286, 366, 379, 382-384, 401, 408, 416.
Jérémie (le prophète), 355.
Jésuites (les), 31, 32, 87-91, 160-162, 176, 178-181, 214, 215, 290, 339.

Josias, roi de Judée, 359.
Joyeuse (Anne, duc de), *419, 420.
— (Antoine-Scipion de), *420.
— (Claude de), seigneur de Saint-Sauveur, *420.
— (François, cardinal de), *106, 114, 117, 131, 264, 271, 282, 418-420.
— (Georges de), vicomte de Saint-Didier, *420.
— (Henri, comte du Bouchage, puis duc de), *420.
Juifs (les), 126, 391.
Julia (la sœur), 390, 391.
Juliers (Jean-Guillaume, duc de). Voy. Clèves (Jean-Guillaume, duc de).
— (la ville et le pays de), 23, 24, 25, 26, 104, 177, 314, 315.
Justel (Christophe), *406.

L

La Brosse (le médecin), 76, 78.
L'Argentier (Denis), abbé de Clairvaux, *301.
Lamballe (la ville de), 267, 287, 296.
Languedoc (le), 252, 278.
Laon (la ville de), 394, 405, 406.
Le Clerc (Antoine), *67, 68.
Le Duc (le P. Fronton), *289, 290.
Le Fèvre (Nicolas), *164.
Le Jay (Nicolas), *400.
Lesdiguières (François de Bonne, maréchal, puis connétable et duc de), *24, 34, 35, 44, 100, 105, 137, 143, 172, 194, 200, 211, 388, 389, 413.
— (François de Créquy, comte de Sault, puis duc de), *34, 44.
Ligue (la), 97, 271, 320.
Limen (l'île de) ou Liman, sur le Rhône, *306.
Limousin (le), 222, 332, 333.
Loire (la), fleuve, 283, 408, 414-416.
Londres (la ville de), 246.

Longueville (Henri Ier d'Orléans, duc de), *39, 251.
— (Henri II d'Orléans, duc de), 38, *39, 43, 117, 228, 251, 264, 282, 287, 336, 337, 381, 386, 395.
— (Catherine de Gonzague-Nevers, duchesse de), *43.
Lorraine (Henri II, duc de), 32.
— (Nicole, duchesse de), *32.
— (la maison de), 35, 37, 40, 109. Voy. Guise (la maison de).
Louis IX, roi de France, 195, 254, 299, 300, 322, 349.
Louis XII, roi de France, 322.
Louis XIII, roi de France, 6, 22, 26, 30, 32, 35, 37, 42, 46, 51, 52, 55, 56, 59, 60, 64, 65, 78, 84, 90, 94, 99-102, 104-106, 108-110, 112-114, 116-118, 120-122, 131, 140, 144-146, 149-153, 155, 156, 161, 163, 164, 168, 172-176, 181, 189, 191, 193, 196, 198, 200, 201, 208, 213-216, 221-223, 229, 231-234, 253, 262-264, 268-272, 274-277, 280-282, 284-288, 290, 293-299, 301-303, 307, 308, 310, 311, 313, 316-321, 324-326, 331-335, 337-343, 345, 347-349, 351, 353-357, 359-368, 370, 372-379, 381-389, 391-395, 397-405, 408-419.
Louvre (le palais du), 51, 52, 54, 55, 65, 78, 129, 133, 169, 191, 234, 264, 267, 309, 367, 370, 377.
Lude (François de Daillon, comte du), *307.
— (la maison du), 307.
Lux (Edme de Malain, baron de), *207, 218-220, 225-227, 229, 288, 334.
— (Claude de Malain, baron de), *225, 226.
Luxembourg (le palais du), *230, 255.
Luynes (Charles d'Albert, duc et connétable de), *303, 304, 306, 307, 308, 411, 417.

Luynes (Honoré d'Albert, seigneur de), *304, 305.
— (Anne de Rodulf, dame de), *305, 306.
— (la terre de), *304.
Lyon (la ville de), 5, 120, 122, 143.
— (l'archevêque de). Voy. Marquemont (Denis-Simon de).
— (le gouvernement de), 42, 120.
— (le traité de), en 1601, 5.

M

Madrid (la ville de), 73, 387.
Maëstricht (la ville de), 76.
Magnac (le sieur), 243, 244.
Mahomet III, sultan de Turquie, 247.
Maine (le duc du). Voy. Mayenne.
— (Renée de Lorraine, dite Mlle du), *232, 241.
Malines (la ville de), 75.
Mantes (la ville de), 402.
Mantoue (Ferdinand de Gonzague, duc de), *238-241, 245, 258, 284-286, 389.
— (François IV de Gonzague, duc de), *216, 238.
— (Frédéric II, duc de), *240.
— (Vincent Ier de Gonzague, duc de), *23.
— (Vincent II de Gonzague, duc de), *238, 241.
— (Marguerite de Savoie, duchesse de), *216, 238, 239, 241, 285.
— (la ville de), 284, 285.
Marcillac (Bertrand de Crugy, seigneur de), *333.
Maréchaux de France (les), 282, 366.
Marguerite de Valois, reine de France, 368, 369, 370, 371.
Mariana (le P. Juan), *87, 91.
Marianna (Alfonso), 386.
Marie (Christophe), 298. Voy. Pont-Marie.
Marie de Médicis, reine de France, *3-23, 26-32, 44, 45, 48-56, 58-62, 64, 65, 75, 77-79, 85, 88, 91-102, 104, 106-121, 127-129, 131-134, 136-146, 154, 155, 164-168, 170-176, 178, 187-190, 192, 193, 198-200, 202-207, 209, 210, 212, 213, 218-237, 242, 244, 245, 249-251, 253-255, 261, 263-277, 279-288, 291-300, 303, 308, 310, 312, 333-335, 339, 360-362, 370-372, 376, 378-384, 387, 394-402, 405, 407-409, 412, 415-419.
Marne (la), rivière, 408.
Marobod, roi des Marcomans, 248.
Marquemont (Denis-Simon de), archevêque de Lyon, *301.
Marseille (la ville de), 4, 304.
Martin (saint), 353.
Mathias, archiduc d'Autriche, puis empereur d'Allemagne, *115, 182, 215, 238-241, 245, 246, 260, 261, 285, 313, 315, 316, 389.
Maures (les), 124, 126.
Maxime (l'empereur), 353.
Mayenne (Charles de Lorraine, duc de) ou du Maine, *40, 41, 133, 172-174.
— (Henri de Lorraine, duc de) ou du Maine, *174, 191, 195, 203, 206, 226-228, 232, 249, 263, 280-282, 287, 294.
— (Henriette de Savoie-Villars, duchesse de), *174.
— (Mlle de). Voy. Maine (Mlle du).
Mayerne (Louis de), dit Turquet, *154.
Médicis (Jean de), *54.
— Voy. Catherine, Marie.
Medina-Sidonia (Emmanuel, duc de), *126.
Méditerranée (la mer), 256.
Melun (la ville de), 402.
Metz (la ville de), 99, 251.
— (le gouvernement de), 96.
Mézières (la ville et le château de), 264-268, 271, 277.
— (le gouvernement de), 282.
— (la paix de), 380.
Michau (le capitaine), *69.

Milan (la ville de), 23, 93, 94, 239, 245, 257, 258, 284, 313.
Milanais (le), 23.
— (les gouverneurs du). Voy. Feria (le duc de), Fuentès (le comte de), Hinojosa (le marquis de).
Milhau (la ville de), 312.
Milletière (Théophile Brachet, sieur de la), *213.
Miron (Robert), *302, 365.
Modène (la ville de), 238.
— (César Ier d'Este, duc de), *23, 238, 239.
Moisset (Jean), *202-204.
Mondovi (la ville de), 240.
Monglat (Robert de Harlay, baron de), *397.
Monsieur. Voy. Orléans (Gaston, duc d').
Montafié (le duché d'), *92.
Montalto (le médecin), 408.
Montargis (la ville de), 73.
Montbard (la ville de), 256.
Montferrat (Jean-Jacques Paléologue, marquis de), *239, 240.
— (Blanche de), *240.
— (le), 23, 237, 239, 241, 245, 285.
Montmirail (le fief de), *305.
Montmorency (Anne, connétable de), *278.
— (Henri Ier, duc de), *48, 278, 279.
— (Henri II, duc de), *42, 43.
— (Mathieu Ier, connétable de), *278.
— (Mathieu II, connétable de), *278.
— (la maison de), 278.
Montpellier (la ville de), 327.
— (l'évêque de). Voy. Fenouillet (Pierre de).
Montpensier (Henri de Bourbon, duc de), *92, 419.
— (Henriette-Catherine de Joyeuse, duchesse de), puis duchesse de Guise, *114, 119, 419. Voy. Guise (la duchesse de).

Montplaisir (Louis d'Estienne, seigneur de), *170.
Morelles (le P. Côme), *158.
Morgard (Noël-Léon), *265.
Morisques (les), 124, 126.
Mornas (le village de), *305.
Moscovie (la), 216.
Mühlheim (la ville de), *315.

N

Nantes (la ville de), 379.
— (l'édit de), 85, 118, 145, 296, 413, 415.
Naples (la ville de), 29, 390.
Navarre (la), 339, 368.
Nemours (Henri Ier de Savoie, duc de), *38.
Neubourg (Philippe-Louis de Bavière, duc de), *25, 177.
— (Wolfgang-Guillaume, comte palatin de), *314.
— (Anne de Clèves, duchesse de), *25.
— (Madeleine de Bavière, comtesse palatine de), *314.
Nevers (Charles de Gonzague-Clèves, duc de), 38, *39, 117, 228, 232, 241, 243, 263, 267, 268, 280, 282, 287, 401, 405, 416, 417.
— (Catherine de Lorraine, duchesse de), *232.
— (Henriette de Clèves, duchesse de), *39.
— (la ville de), 287.
Nice (la ville et le comté de), 23, 242.
Nîmes (la ville de), 252, 413, 414.
— (le présidial de), 253.
Noirmoutier (Louis de la Trémoille, marquis de), *250.
Nonces du Pape (les). Voy. Savelli (J.), Ubaldini (R.).
Normandie (la), 129, 192, 200, 201, 205, 405.
— (le gouvernement de), 92, 123, 381.
— (les États de), 124, 171, 187.
Notre-Dame (l'église), à Paris, 198.
— (les îles), à Paris, 298.

O

Ognano (Mario Sforza, duc d'), comte de Santa Fiore, *232.
Oller (Jérôme), *73.
Oneglia (la ville d'), 313.
Orient (l'), 27, 39.
Orléans (Gaston de France, duc d'Anjou, puis duc d'), *6, 36, 131, 175, 176, 188, 418, 419.
— (Nicolas de France, duc d'), *6, 35, 120, 174-176, 419.
— (Marie de Bourbon-Montpensier, duchesse d'), *36, 119, 120, 123, 129, 131, 419.
— (la ville d'), 81, 294, 296, 402.
— (le duché d'), 36.
— (le gouvernement d'), 251.
Orso d'Elci (le comte), *383, 416.
Ouche (l'), rivière, 256.

P

Palais (le), à Paris, 53, 59, 60, 309, 311.
Palatin (Frédéric IV, électeur), *127.
— (Frédéric V, électeur), roi de Bohême, *128, 216, 245, 246.
Palatine (Elisabeth Stuart, électrice), *216, 245, 246.
Paléologues (les), 39, 239.
Papes (les), 154, 158, 160, 195, 330, 349. Voy. Grégoire Ier, Paul V.
Parabère (Jean de Baudéan, comte de), *151.
Paris (la ville de), 9, 11, 49, 51, 61, 73, 97, 98, 110, 114, 116, 117, 124, 158, 180, 181, 185, 200, 206, 208, 249, 253, 255, 264, 266, 271, 279, 280, 286, 290, 294, 295, 297-300, 337, 338, 371, 373, 377, 391, 394, 397, 399-403, 406.
— (l'évêque de). Voy. Gondy (H. de).
— (le gouvernement de), 281.
Parisiens (les), 397.
Parlement de Bordeaux (le), 412.
Parlement de Paris (le), 57, 58, 60, 61, 62, 63, 64, 81, 85, 87, 90, 99, 109, 110, 163, 164, 195-198, 203, 204, 212, 268, 269, 289, 290, 292, 297, 309-311, 325, 331, 338-336, 339, 372-378, 384, 385, 393, 394, 399, 400, 403, 404, 410, 415.
Parlements (les), 101.
Parme (Rainuce Ier, duc de), *23.
Parthenay (la ville de), 415.
Pastrana (Rodrigue de Silva, duc de), *195.
Patay (le village de), *81.
Paul V, pape, *66, 95, 190, 214, 241, 245, 290, 313, 398, 419.
Pays-Bas espagnols (les), 69.
Pères de l'Église (les), 289.
Perez (Antonio), *183-187.
Péronne (la ville de), 224, 227-230.
— (le gouvernement de), 165.
Perron (Jacques Davy, cardinal du), *19, 43, 109, 160, 196, 327, 374.
Persans (les), 27.
Philippe II, roi d'Espagne, *33, 312.
Philippe III, roi d'Espagne, *74, 90, 91, 94, 114, 124, 125, 180, 181, 184, 185, 191, 195, 239, 241, 242, 245, 258, 313, 378, 381, 382, 387, 390, 411, 416.
Philippe IV, roi d'Espagne, *33, 378, 409.
Picardie (la), 227, 251, 405.
— (le gouvernement de), 251, 381.
— (la lieutenance de Roi de), 165.
Piémont (le), 23, 92, 141, 313, 387.
Pierrelatte (le bourg de), *313.
Piney-Luxembourg (Léon d'Albert, seigneur de Brantes, duc de). Voy. Brantes (M. de).
Pitham (Frédéric), *314.
Pithiviers (la ville de), 79.
Plainville (Charles d'Estourmel, seigneur de), *227.

Plessis-Mornay (Philippe de Mornay, dit du), *19, 147, 148, 150, 152, 153.
Poitiers (l'évêque de). Voy. Roche-Posay (Henri de la).
— (la ville de), 290-293, 295, 404, 406-408, 413.
Poitou (la province de), 297, 299, 408, 413-415.
— (le gouvernement de), 137.
— (la lieutenance de Roi de), 250, 295.
Pologne (la), 216, 364.
— (le roi de). Voy. Sigismond III.
Pont-de-Trajan (le), en Transylvanie, 260.
Pont-Marie (le), à Paris, *298.
Pont-Saint-Esprit (le gouvernement du), 305, 306.
Pont-Saint-Pierre (Pierre de Roncherolles, baron de), *302.
Pontchartrain (Paul Phélypeaux, seigneur de), *384, 385, 392.
Port-Louis. Voy. Blavet.
Portugal (le), 180.
Prague (la ville de), 182, 248.
Praslin (Charles de Choiseul, marquis de), *161, 268, 269, 311.
Préau (Hector, sieur de), *212.
Prince (Monsieur le). Voy. Condé (le prince de).
Princesse (Madame la). Voy. Condé (la princesse de).
Privas (la ville de), 252.
Protestants (les), 145, 224, 233-235, 252, 283, 366, 368, 394, 404, 408, 409, 413.
Prouville (Pierre de), *167, 385, 386, 393.
Provence (la), 40, 232.
— (le gouvernement de), 42.
Puyzieulx (Pierre Brûlart, vicomte de), *55, 103, 379, 380.
— (Madeleine de Neufville-Villeroy, vicomtesse de), *103, 257, 283.

Q

Quillebœuf (la ville et le gouvernement de), 192, 193, 194, 198, 200, 201, 204.
Quimper (la ville de), 287, 296.

R

Rambouillet (Charles d'Angennes, marquis de), *167, 313, 387, 389.
Ravaillac (François), 50, 65, 66, 67, 68, 69, 72, 81, 84, 86.
Rees (la ville de), *315.
Reims (la ville de), 116-118, 271, 419.
René d'Anjou, roi de Sicile, *37.
Rethel (la ville de), 281.
Rethélois (Marie de Gonzague-Mantoue, duchesse de), *238, 239, 258.
Retz (Henri de Gondy, duc de), *267, 287.
Rhin (le), 24, 315, 316.
Rhône (le), 256, 305.
Riberpré (Nicolas de Moÿ, sieur de), *336, 337, 393.
Ribier (Guillaume), sieur de Hautvignon, *380.
Richelieu (Armand du Plessis, cardinal de), évêque de Luçon, 12, 25, 27, 81-83, 107, 121, 124, 206, 340-365.
Richer (Edmond), *158, 159, 195-198.
Roannois (Louis Gouffier, duc de), *292.
Roche (le baron de la), *243.
Roche-Posay (Henri-Louis Chasteignier de la), évêque de Poitiers, *290-292, 295.
Rochefort (Louis d'Alloigny, marquis de), *224, 250, 295, 333, 334, 336.
Rochefoucauld (François V, comte de la), *295.
— (la ville de la), 418.
Rochelle (la ville de la), 209, 212, 213, 233.
Rodolphe II, empereur d'Alle-

magne, *25, 106, 115, 176, 179, 182, 190, 215, 247-249, 261.
Roger (Nicolas), *74.
Rohan (Henri, duc de), *100, 147, 148, 201, 209-212, 282, 409, 410, 414.
Roissy (Jean-Jacques de Mesmes, seigneur de), *221, 222.
Romains (les), 323, 341, 342.
Rome (la ville et la cour de), 42, 95, 215, 235, 290, 340, 341, 391.
Rosny (Maximilien de Béthune, marquis de), *43, 137.
— (Françoise de Créquy, marquise de), *137.
Rouen (la ville de), 397.
Rougemont (le sieur), 69, 70.
Rouvray (Jacques de Jaucourt, seigneur du), *213, 233.
Ruggieri (Côme), *391.
Rungis (les eaux de), *255.

S

Saint-Antoine (la porte), à Paris, 225.
Saint-Barthélemy (la), 368.
Saint-Chamond (Melchior Mitte de Miolans, marquis de), *120.
Saint-Cloud (la ville de), 61, 218.
Sainte-Croix (Alvaro Bassano, marquis de), *313.
Saint-Denis (l'abbaye de), 107, 419.
— (la ville de), 78, 97, 98.
— (le gouvernement de), 97.
Saint-Georges (Guy Aldobrandini, comte de), *285.
Saint-Géran (Jean-François de la Guiche, seigneur de), *54, 300, 333, 378.
Saint-Germain-des-Prés (l'abbaye de), à Paris, 309.
Saint-Germain (le faubourg), à Paris, 111, 157, 230, 253-255. 309-311.
Saint-Germain-en-Laye (la ville de), 6.

Saint-Honoré (le faubourg), à Paris, 254.
Saint-Jacques (le faubourg), à Paris, 254.
Saint-Jean (la fête de la), 291.
Saint-Jean-d'Angély (la ville de), 201, 209-212, 417.
Saint-Jean-en-Grève (l'église), à Paris, 198.
Saint-Jean-de-Luz (la ville de), 411.
Saint-Mahé ou Saint-Mathieu (l'abbaye de), *391.
Saint-Maixent (la ville de), 18.
Saint-Marceau (le faubourg), à Paris, 254.
Sainte-Marthe (Nicolas de), *291.
Saint-Maur-des-Fossés (le château de), *377, 400.
Sainte-Menehould (la ville de), 280.
— (le traité de), 284, 293, 392.
Sainte-Mesme (Jean de la Rochebeaucourt, seigneur de), *209.
Saint-Paul (le quartier), à Paris, 298.
Saint-Paul près Beauvais (l'abbaye de), *79.
Saint-Paulet (la maison de), 305.
Saint-Pol (François d'Orléans-Longueville, comte de), *40, 251, 408.
— (Anne de Caumont, comtesse de), *408.
Saint-Quentin (la ville de), 405.
Saint-Victor (le faubourg), à Paris, 254.
Saint-Xandre (Jean Salbert, sieur de), *213, 234.
San-Germano (le marquisat de), *239.
Sancy (Nicolas de Harlay, sieur de), *141, 142.
Saône (la), rivière, 256.
Sarred (le capitaine). Voy. Vic (Dominique de).
Sanxay (le village de), *415.
Saumur (la ville de), 145, 148.

Saumur (l'assemblée de), 118, 144, 145, 146, 147, 149-151, 153, 154, 156, 166, 208, 209, 212, 234, 253.
Sauveterre (Jacques de Bésiade, sieur de), *223, 417, 418.
Savaron (Jean), *320.
Savelli (Julio), nonce du pape, *313.
Savoie (Charles-Emmanuel Ier, duc de), *6, 23, 24, 92, 115, 141-143, 216, 237-243, 245, 258, 285, 286, 312-314, 387-390.
— (Catherine-Michelle d'Espagne, duchesse de), *312.
— (Chrétienne ou Christine de France, duchesse de), *6, 37.
— (la maison de), 37, 240.
— (le duché de), 23, 36, 141, 240, 313.
Savone (la ville de), 241.
Saxe (Christian II, électeur de), *241.
Sedan (la ville de), 17, 117, 232, 268, 277, 286, 394, 403, 406.
Ségur (Guillaume), 304.
— (Jeanne de), 304.
Seine (la), fleuve, 256, 408.
Senecey (Henri de Bauffremont, marquis de), *365.
Senlis (la ville de), 109.
Sens (l'archevêché de), 196.
— (la ville de), 298, 299, 414.
Sicile (la), 91.
Sigismond III, roi de Pologne, *183.
Sillery (Nicolas Brûlart, chancelier de), *4, 28, 55, 57, 92, 102, 192, 131, 122, 139, 155, 191, 197, 200, 201, 203, 204, 218-221, 229, 234, 237, 256, 257, 272, 273, 282, 283, 293, 295, 301, 334, 373, 376, 379-382, 384, 385, 387, 395, 397, 398, 400-402, 415-417.
— (Noël Brûlart, commandeur de), *103, 282, 295, 296, 379, 380, 385, 397, 408, 416.
— (Pierre Brûlart, vicomte de Puyzieulx, puis marquis de). Voy. Puyzieulx.

Sirmond (le P. Jacques), *290.
Soissons (Charles de Bourbon, comte de), *57, 60, 61, 63, 64, 65, 77, 91-93, 100, 106, 109, 110, 112, 113, 119, 120, 122, 123, 129-133, 135, 136, 139, 167-172, 176, 187-190, 192-194, 198-201, 204-207, 217, 231.
— (Louis de Bourbon, comte d'Enghien, puis comte de). Voy. Enghien (comte d').
— (Anne de Montafié, comtesse de), *92, 334.
— (l'hôtel de), à Paris, *132.
— (la ville de), 249, 263, 278-281.
— (la conférence de), 278, 279, 281.
Sologne (la), 208.
Sorbonne (la), 67, 88, 154, 196, 275.
Soubise (Benjamin de Rohan, seigneur de), *210, 111.
Sourdis (François d'Escoubleau, cardinal de), archevêque de Bordeaux, *411, 412.
Souvré (Gilles, marquis de), *244, 250, 303, 382.
— (Jean de). Voy. Courtenvaux, (le marquis de).
Spinola (Ambroise), marquis de los Balbazès, *315, 316.
Suarez (le P. François), *289, 290.
Suède (la), 215.
— (les rois de). Voy. Charles IX, Gustave II.
Suisses (les cantons ou les ligues), 142, 143, 273.
Suisses (les troupes), au service de France, 120, 121, 185, 200, 219, 280, 288, 296.
Sully (Maximilien de Béthune, duc de), *10, 12, 13, 14, 15, 17, 18, 27, 28, 52, 53, 54, 79, 102, 107, 109, 110, 120, 122-124, 128, 131, 135-141, 146-148, 175, 294.
— (Anne de Courtenay, duchesse de), *52.

T

Tarascon (la ville de), 306.
Tavannes (Claude de Saulx, vicomte de), *226.
Termes (César de Saint-Lary, baron de), *266.
Terrail (Louis de Comboursier, seigneur du), *142.
Thiange (Charles Damas, baron, puis comte de), *226.
Thomas d'Aquin (saint), 32.
Thou (Jacques-Auguste de), *137, 138, 277-279, 366.
Tibère (l'empereur), 248.
Tokai (la ville de), *260.
Tolède (les conciles de), 352.
Toscane (Côme II de Médicis, grand-duc de), *416.
— (Ferdinand Ier de Médicis, grand-duc de), *423.
— (François-Marie de Médicis, grand-duc de), *3.
— (Christine de Lorraine, grande-duchesse de), *14.
— (Jeanne d'Autriche, grande-duchesse de), *3.
Touraine (la), 414.
Tournelle (la), à Paris, 298.
Tours (la ville de), 295, 402.
— (l'archevêque de). Voy. Galigaï (Sébastien Dori).
Transylvanie (la), 247, 259-261.
— (les princes de). Voy. Abaffy, Bathory, Bethlen.
Treiguy (François de l'Isle, seigneur de), *165.
Trente (le concile de), 325, 363, 394, 398, 403, 415.
Trin (la ville de) ou Trino-Vercellese, 240, 241.
Trousse (Sébastien Le Hardy, seigneur de la), *295.
Troyes (la ville de), 160-162.
Trye (François de Bardye, seigneur de la), *291.
Turcs (les), 247, 248, 260.
Turin (la ville de), 285.
Turquie (la), 260.

U

Ubaldini (Robert), nonce du pape, *90, 91, 137, 160, 235.
Université de Paris (l'), 89, 90, 180, 181, 255, 339. Voy. Sorbonne (la).
Ursins (François Jouvenel des), *290.
Ursulines de la rue Saint-Jacques (les), *254.
Uzerche (la ville d'), 332.

V

Valachie (la), 260.
Valençay (Jacques d'Étampes, seigneur de), *98, 99.
— (Louise Blondel de Joigny, dame de), *98.
Valence (la ville et le royaume de), en Espagne, 73, 74, 124.
Vallery (le château de), *189, 286.
Valois (la maison d'), 370.
— (le duché de), 370.
Vannes (la ville et château de), 287.
Varenne (Guillaume Foucquet, marquis de la), *143, 307.
Vatan (Florimond du Puy, seigneur de), *207, 208.
— (le château de), *208.
Vaud (le pays de), 142.
Vendôme (Alexandre, grand prieur de), *41, 42, 46.
— (César, duc de), *38, 41, 45, 46, 60, 78, 120, 199, 264, 267, 282, 286-288, 293, 294, 296, 401.
— (Françoise de Mercœur-Lorraine, duchesse de), *38, 41, 60.
Venise (la république de), 23, 388, 390, 419.
— (l'ambassadeur de). Voy. Zeno (R.).
Vénitiens (les), 215, 322.
Ventadour (Anne de Lévis, duc de), *265, 266, 279, 338.
Verceil (la ville de), 313.
— (le traité de), en 1614, 313.

TABLE ALPHABÉTIQUE.

Verneuil (Henri, duc de), *41.
— (Catherine-Henriette de Balzac d'Entraigues, marquise de), *9, 42, 44, 45.
— (Gabrielle-Angélique, demoiselle de), duchesse d'Épernon, *34, 44.
Vervins (la paix de), 98, 142, 376.
Vic (Dominique de), dit le capitaine Sarred, *97, 98.
— (Jeanne de Morainvilliers, dame de), *98.
Vieuville (Charles, marquis de la), *268.
— (Robert, marquis de la), *178, 179.
Vignier (Jacques), *189, 281.
Villemade (le sieur de), *152.
Villeroy (Nicolas de Neufville, seigneur de), *55, 57, 74, 92, 102, 103, 120-123, 155, 175, 193, 194, 204, 235, 237, 243, 244, 249, 250, 256, 257, 271, 273, 282, 283, 293, 295, 366, 379-384, 401, 402, 406, 408, 415, 416.
— (Nicolas de Neufville, marquis, puis duc et maréchal de), *236.
— (Madeleine de Neufville-). Voy. Puyzieulx (la vicomtesse de).

Villers-Houdan (François de Monceaux, sieur de), *79.
Villiers-Hotman (Jean Hotman de Villiers, dit), *179.
Vincennes (le château du Bois-de-), *109, 305, 399.
Virey (Claude-Enoch), *94.
Voysin (Daniel), *197.

W

Warasdin (la ville de), *260.
Wesel (la ville de), 315, 316.
Westphalie (la), 315.
Wurtemberg (Jean-Frédéric, duc de), *168.

X

Xanten (les conférences de), 316.

Y

Yonne (l'), rivière, 256.
Yveteaux (Nicolas Vauquelin, sieur des), *164.

Z

Zamet (Sébastien), *221.
Zeno (Rainero), ambassadeur de Venise, *388, 390.

Nogent-le-Rotrou, imprimerie DAUPELEY-GOUVERNEUR.

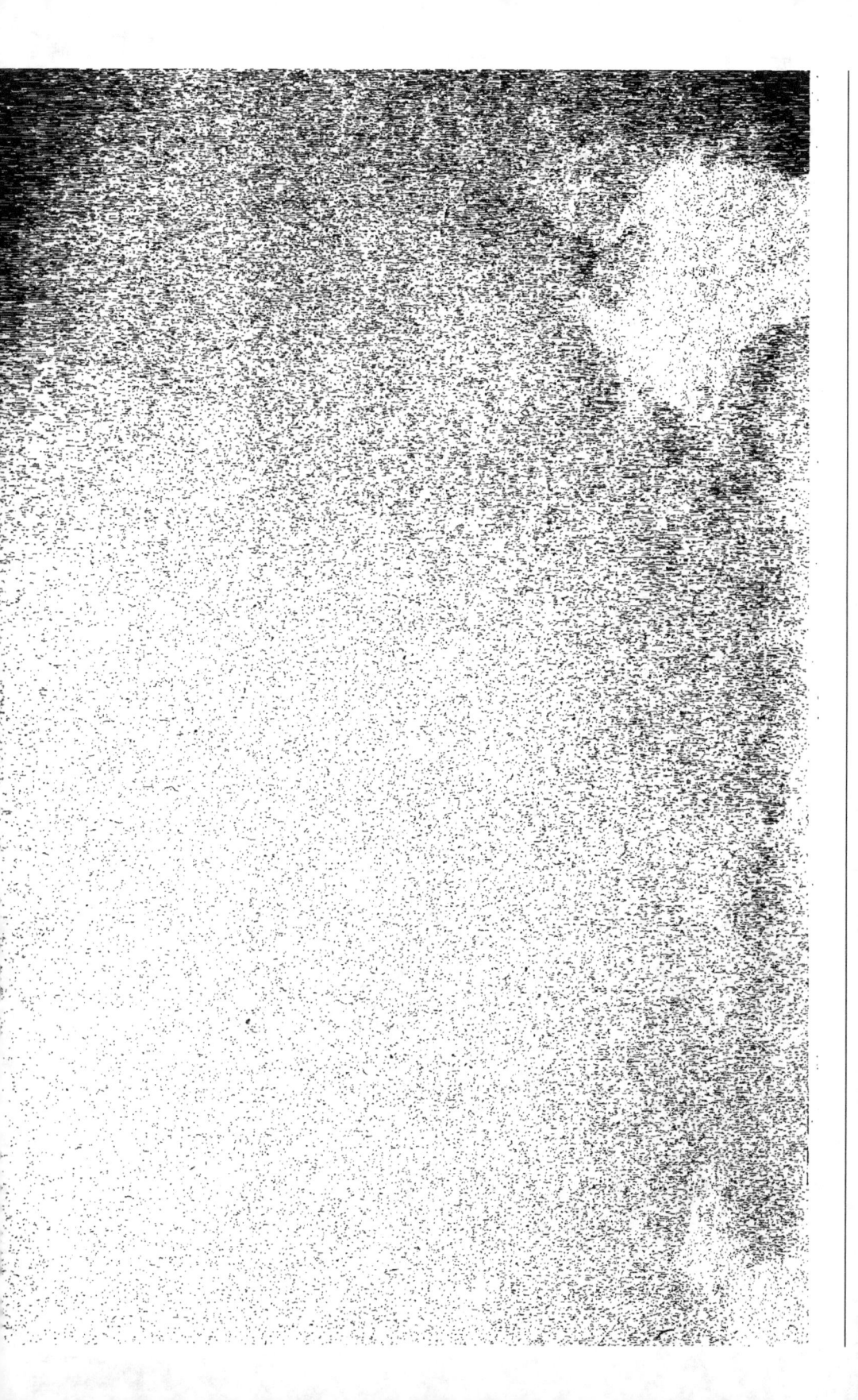

Ouvrages publiés par la Société de l'Histoire de France
depuis sa fondation en 1834.

In-octavo à 9 francs le volume, 7 francs pour les Membres de la Société.

Ouvrages épuisés.

L'Ystoire de li Normant. 1 vol.
Lettres de Mazarin. 1 vol.
Villehardouin. 1 vol.
Histoire des Ducs de Normandie. 1 vol.
Grégoire de Tours. Histoire ecclésiast. des Francs. 4 v.
Beaumanoir. Coutumes de Beauvoisis. 2 vol.
Mémoires de Coligny-Saligny. 1 vol.
Mémoires et Lettres de Marguerite de Valois. 1 vol.
Comptes de l'Argenterie des Rois de France. 1 vol.
Mémoires de Daniel de Cosnac. 2 vol.
Journal d'un Bourgeois de Paris sous François Ier. 1 v.
Chroniques des Comtes d'Anjou. 1 vol.
Lettres de Marguerite d'Angoulême. 2 vol.
Joinville. Hist. de Saint Louis. 1 vol.
Chronique des quatre premiers Valois. 1 vol.
Chronique de Guillaume de Nangis. 2 vol.
Mém. de P. de Fenin. 1 vol.
Œuvres de Suger. 1 vol.
Histoire de Bayart. 1 vol.

Ouvrages épuisés en partie.

Œuvres d'Éginhard. 2 vol.
Barbier. Journal du règne de Louis XV. 4 vol.
Mémoires de Ph. de Commynes. 3 vol.
Registres de l'Hôtel de Ville de Paris pendant la Fronde. 3 vol.
Procès de Jeanne d'Arc. 5 v.
Choix de Mazarinades. 2 vol.
Histoire de Charles VII et de Louis XI, par Th. Basin. 4 vol.
Grégoire de Tours. Œuvres diverses. 4 vol.
Chron. de Monstrelet. 6 vol.
Chron. de J. de Wavrin. 3 vol.
Journal et Mémoires du Marquis d'Argenson. 9 vol.
Œuvres de Brantôme. 11 v.
Commentaires et Lettres de Blaise de Monluc. 5 vol.
Mém. de Bassompierre. 4 vol.

Ouvrages non épuisés.

Bibliographie des Mazarinades. 3 vol.
Orderic Vital. 5 vol.
Correspondance de Maximilien et de Marguerite. 2 v.
Richer. Hist. des Francs. 2 v.
Le Nain de Tillemont. Vie de Saint Louis. 6 vol.
Mém. de Mathieu Molé. 4 v.
Miracles de S. Benoît. 1 vol.
Mém. de Beauvais-Nangis. 1 v.
Chronique de Mathieu d'Escouchy. 3 vol.
Choix de Pièces inédites relatives au règne de Charles VI. 2 vol.
Comptes de l'Hôtel des Rois de France. 1 vol.
Rouleaux des morts. 1 vol.
Mém. et Corresp. de Mme du Plessis-Mornay. 2 vol.
Chron. des Églises d'Anjou. 1 v.
Introduction aux Chroniques des Comtes d'Anjou. 1 vol.
Chroniques de J. Froissart. T. I à XI. 13 vol.
Chroniques d'Ernoul et de Bernard le Trésorier. 1 v.
Annales de S.-Bertin et de S.-Vaast d'Arras. 1 vol.
Histoire de Béarn et de Navarre. 1 vol.
Chroniques de Saint-Martial de Limoges. 1 vol.
Nouveau Recueil de Comptes de l'Argenterie. 1 vol.
Chanson de la Croisade contre les Albigeois. 2 vol.
Chronique du duc Louis II de Bourbon. 1 vol.
Chronique de J. Le Fèvre de Saint-Remy. 1 vol.
Récits d'un ménestrel de Reims au XIIIe siècle. 1 v.
Lettres d'Ant. de Bourbon et de Jeanne d'Albret. 1 vol.
Mém. de La Huguerye. 3 vol.
Anecdotes et Apologues d'Étienne de Bourbon. 1 vol.
Extraits des auteurs grecs concern. la géographie et l'hist. des Gaules. 6 vol.
Mémoires de N. Goulas. 3 v.
Gestes des Évêques de Cambrai. 1 vol.
Les Établissements de Saint Louis. 4 vol.
Chron. Normande du XIVe s. 1 v.
Relation de Spanheim. 1 vol.
Œuvres de Rigord et de Guillaume le Breton. 2 v.
Mém. d'Ol. de la Marche. 4 v.
Lettres de Louis XI. T. I à IX.
Mémoires de Villars. 6 vol.

Notices et Documents, 1884. 1 v.
Journal de Nic. de Baye. 2 v.
La Règle du Temple. 1 vol.
Hist. univ. d'Agr. d'Aubigné. T. I à IX.
Le Jouvencel. 2 vol.
Chroniques de Louis XII, par Jean d'Auton. 4 vol.
Chronique d'Arthur de Richemont. 1 vol.
Chronographia regum Francorum. 3 vol.
L'Histoire de Guillaume le Maréchal. 3 vol.
Mémoires de Du Plessis-Besançon. 1 vol.
Éphéméride de La Huguerye. 1 vol.
Hist. de Gaston IV, comte de Foix. 2 vol.
Mémoires de Gourville. 2 vol.
Journal de J. de Roye. 2 vol.
Chron. de Richard Lescot. 1 v.
Brantôme, sa vie et ses écrits. 1 vol.
Journal de J. Barrillon. 2 v.
Lettres de Charles VIII. 5 v.
Mém. du Chev. de Quincy. 3 v.
Chron. de Morosini. 4 vol.
Documents sur l'Inquisition. 2 vol.
Mém. du Vicomte de Turenne. 1 vol.
Chron. de Perceval de Cagny. 1 vol.
Journal de J. Vallier. T. I.
Mém. de Saint-Hilaire. T. I et II.
Journal de Fauquembergue. T. I.
Chron. de Jean le Bel. 2 v.
Mémoriaux du Conseil de 1661. 3 v.
Chron. de Gilles le Muisit. 1 vol.
Rapports et Notices sur les Mém. du Card. de Richelieu. T. I.
Mémoires de Souvigny. T. I et II.
Mém. du Card. de Richelieu. T. I.

SOUS PRESSE :

Lettres de Louis XI. T. X.
Journal de J. Vallier. T. II.
Mémoires de Martin du Bellay. T. I.
Mém. de Saint-Hilaire. T. III.

ANNUAIRES, BULLETINS ET ANNUAIRES-BULLETINS (1834-1907).

In-18 et in-8°, à 2 et 5 francs.

(Pour la liste détaillée, voir à la fin de l'Annuaire-Bulletin de chaque année.)

Nogent-le-Rotrou, imprimerie Daupeley-Gouverneur.

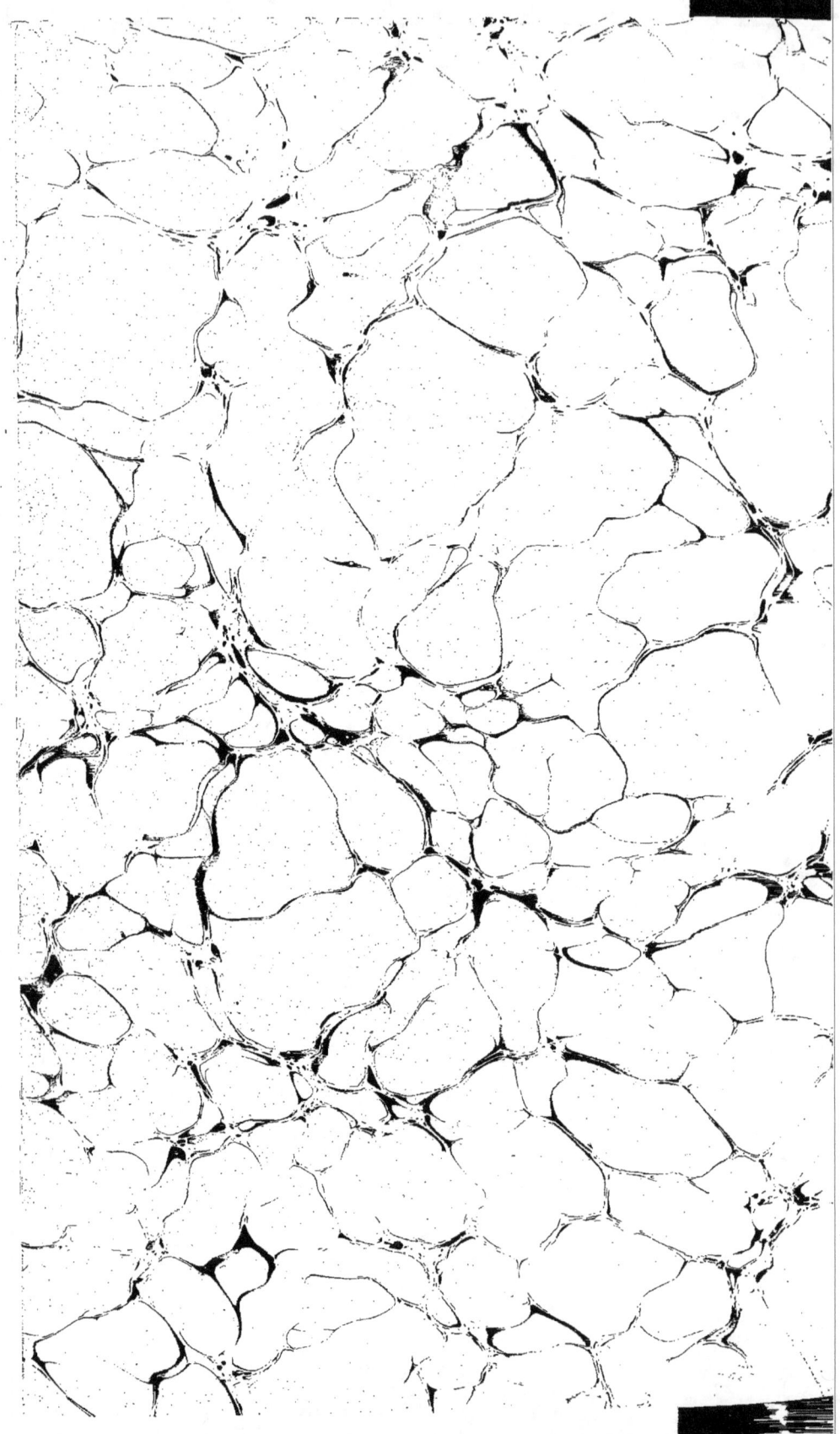

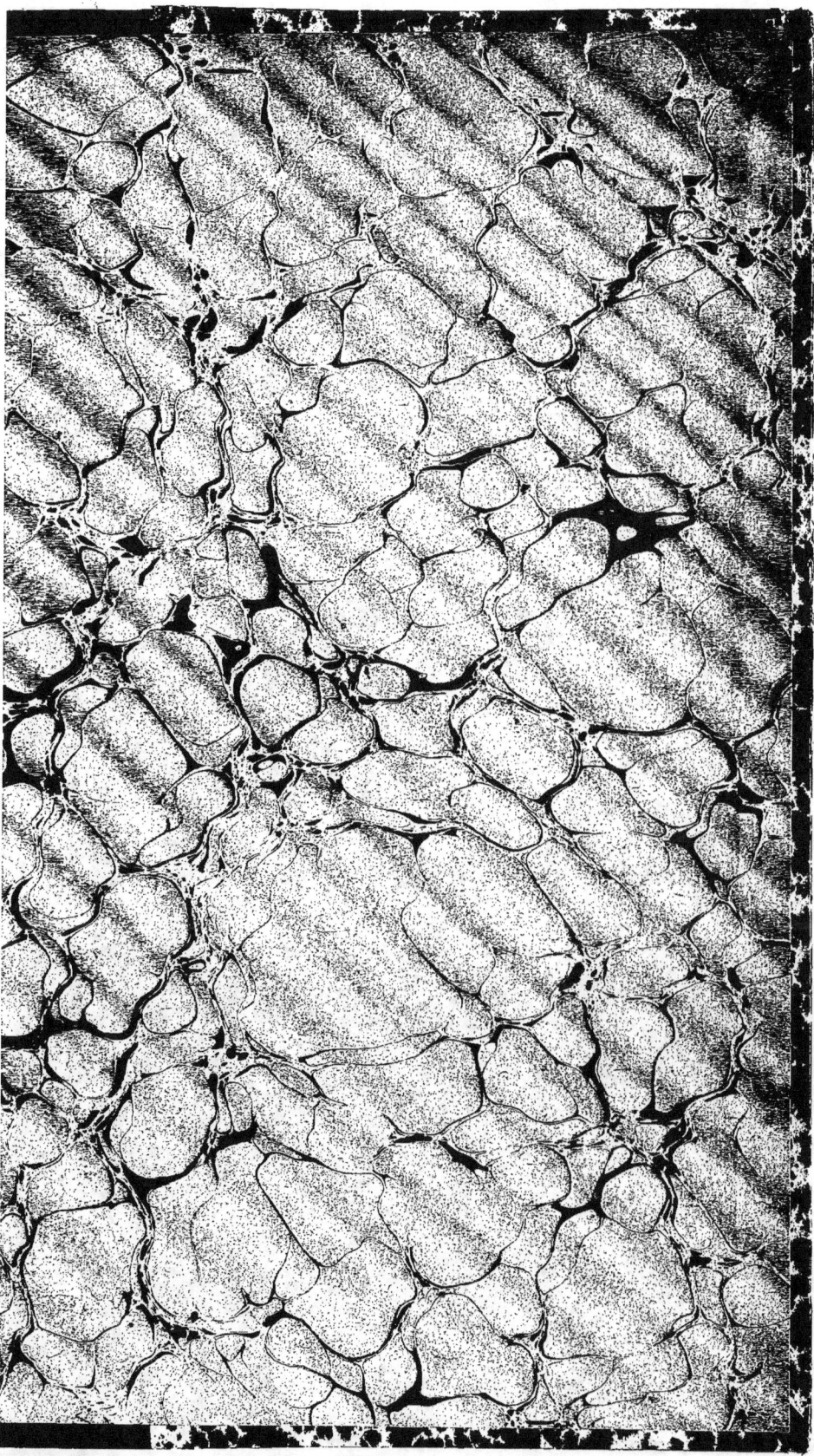

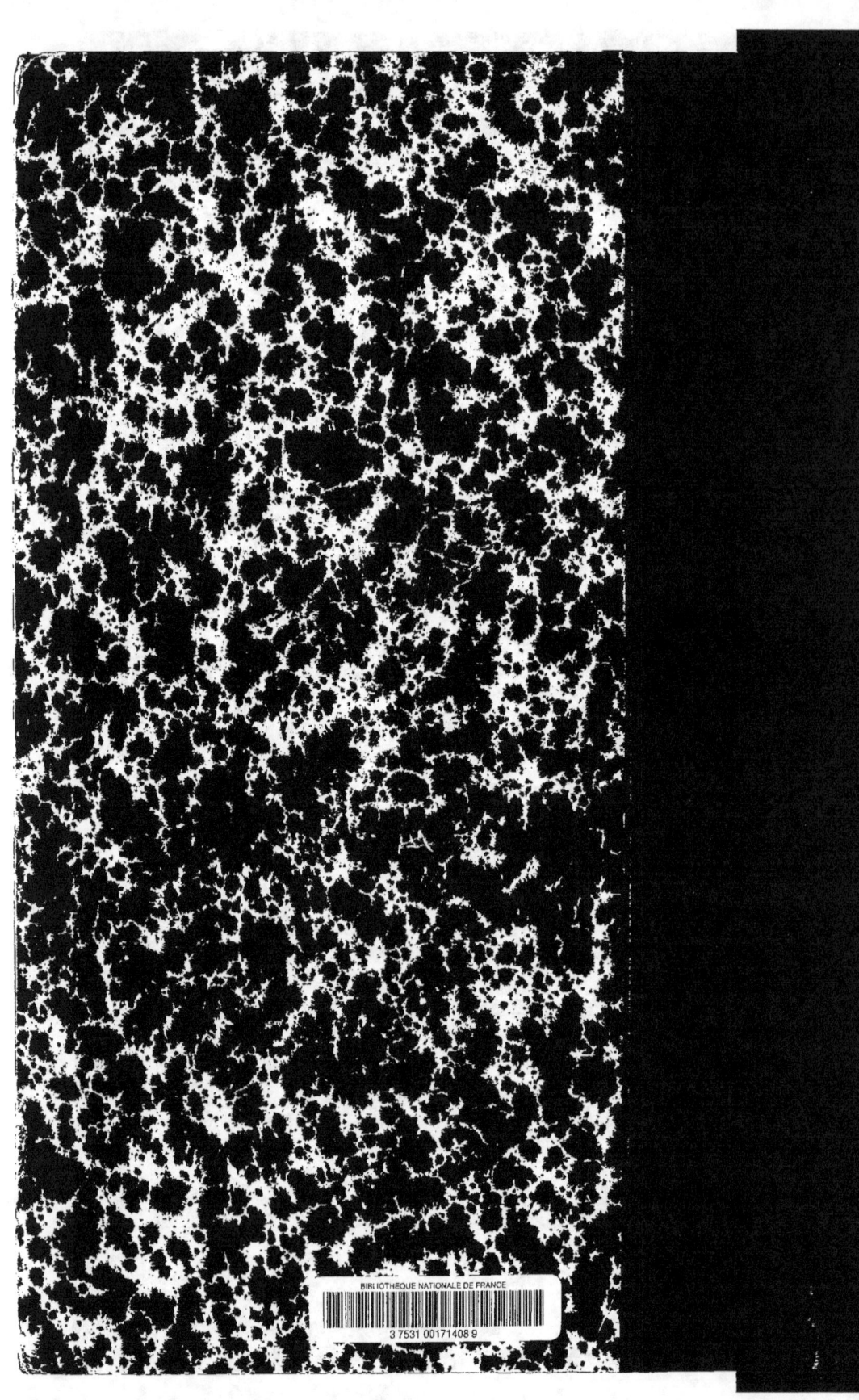

www.ingramcontent.com/pod-product-compliance
Lightning Source LLC
Chambersburg PA
CBHW050607230426
43670CB00009B/1294